REVISTA TRIMESTRAL DE

DIREITO PÚBLICO

29/2000

MALHEIROS EDITORES

Revista Trimestral de Direito Público

Órgão do

INSTITUTO GERALDO ATALIBA
IDEPE — INSTITUTO INTERNACIONAL
DE DIREITO PÚBLICO E EMPRESARIAL

INSTITUTO DE DIREITO ADMINISTRATIVO PAULISTA
IDAP

RTDP
Publicação trimestral de
MALHEIROS EDITORES LTDA.
Rua Paes de Araújo, 29, cj 171
CEP 04531-940 - São Paulo, SP - Brasil
Tel.: (011) 3078-7205 - FAX.: (011) 3168-5495

Diretor responsável: Álvaro Malheiros
Diretora: Suzana Fleury Malheiros

Assinaturas e comercialização:
CATAVENTO DISTRIBUIDORA DE
LIVROS S.A.
Rua Conselheiro Ramalho, 928
CEP 01325-000 - São Paulo, SP - Brasil
Tel.: (011) 289-0811 - FAX (011) 251-3756

Supervisão Gráfica: Vânia Lúcia Amato
Editoração Eletrônica: Letra por Letra Studio

SUMÁRIO

DOUTRINA

DA JURISDIÇÃO CONSTITUCIONAL: ASPECTOS INOVADORES NO CONTROLE CONCENTRADO DE CONSTITUCIONALIDADE
— *Carlos Mário da Silva Velloso* 5

DESAPROPRIAÇÃO DE IMÓVEL RURAL POR ESTADOS E MUNICÍPIOS
— *Celso Antônio Bandeira de Mello* 19

A MP DOS PREGÕES: INCONSTITUCIONALIDADES E ILEGALIDADES
— *Toshio Mukai* 26

FUNDAMENTOS TEÓRICOS E FILOSÓFICOS DO NOVO DIREITO CONSTITUCIONAL BRASILEIRO (Pós-modernidade, teoria crítica e pós-positivismo)
— *Luís Roberto Barroso* 31

ASPECTOS REGULATÓRIOS A SEREM CONSIDERADOS NA FORMULAÇÃO DE UM NOVO MODELO PARA O SETOR DE SANEAMENTO BÁSICO NO BRASIL
— *Floriano de Azevedo Marques Neto* 58

O PODER DO ESTADO E O EXERCÍCIO DA POLÍCIA ADMINISTRATIVA
— *Fernando Andrade de Oliveira* 71

INVALIDAÇÃO ADMINISTRATIVA NA LEI FEDERAL N. 9.784/99
— *Vladimir da Rocha França* 99

PARECERES

IMPOSSIBILIDADE ECONÔMICA DE CUMPRIMENTO DE CONTRATO CELEBRADO ENTRE ESTADO-MEMBRO E A UNIÃO — TEORIA DA BASE OBJETIVA DO NEGÓCIO JURÍDICO
— *Eros Roberto Grau* 121

DISPENSA DE LICITAÇÃO POR MOTIVO DE URGÊNCIA — FUNDAÇÃO ESTADUAL DO BEM-ESTAR DO MENOR-FEBEM
— *Adilson Abreu Dallari* 128

OS HONORÁRIOS ADVOCATÍCIOS DOS PROCURADORES PÚBLICOS E A LEI DE RESPONSABILIDADE FISCAL
— *Clóvis Beznos* 135

ESTUDOS E COMENTÁRIOS

O FEDERALISMO E O FINANCIAMENTO DE POLÍTICAS SOCIAIS NO BRASIL — UMA ANÁLISE DO FUNDEF
— *Gilberto Bercovici* 147

O PRINCÍPIO DA SEPARAÇÃO DOS PODERES E AS INTERFERÊNCIAS LEGISLATIVAS NA AÇÃO ADMINISTRATIVA
— *Paulo Roberto de Gouvêa Medina* 162

ANOTAÇÕES À MODALIDADE PREGÃO
— *Joel de Menezes Niebuhr* 168

A PROTEÇÃO DO REFUGIADO NO ORDENAMENTO JURÍDICO BRASILEIRO: O FUNDAMENTO CONSTITUCIONAL E AS MEDIDAS LEGISLATIVAS E ADMINISTRATIVAS APLICÁVEIS
— *Fernando Fernandes da Silva* 180

INEXISTÊNCIA DE FORO PRIVILEGIADO PARA AÇÃO CIVIL DE IMPROBIDADE ADMINISTRATIVA
— *Antônio Souza Prudente* 193

APONTAMENTOS DA REFORMA ADMINISTRATIVA
— *Heraldo Garcia Vitta* 197

A REALIDADE ATUAL E A SITUAÇÃO JURÍDICA DO TRANSPORTE ALTERNATIVO EM AUTOLOTAÇÃO NOS MUNICÍPIOS DA GRANDE SÃO PAULO
— *Hélcio de Abreu Dallari Júnior* 210

JURISPRUDÊNCIA 213

DOUTRINA

DA JURISDIÇÃO CONSTITUCIONAL: ASPECTOS INOVADORES NO CONTROLE CONCENTRADO DE CONSTITUCIONALIDADE*

CARLOS MÁRIO DA SILVA VELLOSO

Ministro do Supremo Tribunal Federal
— Professor-Emérito da PUC/MG e da Universidade de Brasília/UnB

1. Introdução. 2. A supremacia constitucional. 3. O controle de constitucionalidade. 4. A jurisdição constitucional no Brasil: controle difuso e controle concentrado. 5. O recurso constitucional. 6. A ação declaratória de constitucionalidade n. 4: liminares e tutela antecipada. 7. Controle concentrado: questões inovadoras: 7.1 A argüição de descumprimento de preceito fundamental: a Lei 9.882, de 3.12.1999; 7.2 Da medida cautelar na ADPF; 7.3 Trâmites finais da ação; 7.4 Ação direta de inconstitucionalidade e ação declaratória de constitucionalidade: a Lei 9.868, de 1999; 7.5 A ação direta de inconstitucionalidade; 7.6 Da medida cautelar; 7.7 Da ação declaratória de constitucionalidade; 7.8 Da medida cautelar na ADC; 7.9 Trâmites finais. 8. Fazer vingar a Constituição.

1. Introdução

Devo falar-lhes sobre a jurisdição constitucional, sobre alguns aspectos inovadores da jurisdição constitucional no Brasil. O tempo não vai nos permitir vastas considerações. O tema é, realmente, fascinante, tanto que fascinou Hans Kelsen, na década de 1920. Em trabalho que escrevi em homenagem ao Ministro Oscar Dias Corrêa — *A Argüição de Descumprimento de Preceito Fundamental* — registrei que, em seguida à conferência de Hans Kelsen,[1] proferida há mais de setenta anos, na qual o notável filósofo do Direito propugnou pela criação de tribunais constitucionais, a fim de realizar a jurisdição constitucional, tendo em vista que o ordenamento jurídico configu-

* Texto básico da palestra proferida no "Encontro Minas-Brasília de Juízes Federais", realizado em Belo Horizonte, MG, de 29.11 a 1º.12.2000, sob o patrocínio da Escola de Magistratura Federal do TRF-1ª Região.

1. Hans Kelsen, "La Garantie Juridictionnelle de la Constitucion", in *Revue de Droit Public et de la Science Politique*, 1928, p. 197

ra-se "*como uma pirâmide hierárquica de normas, garantindo-se a hierarquia normativa através do controle da conformidade de normas de grau inferior com as determinantes normativas de grau superior*",[2] seguiu-se, em 1929, o famoso debate que Kelsen travou com Carl Schmitt,[3] em que Kelsen sustentou que a guarda da Constituição deveria ser deferida a um tribunal constitucional, que apreciaria as questões jurídico-constitucionais, realizando a supremacia da Constituição. É que esta é pressuposto de validade e de eficácia de toda a ordem normativa instituída pelo Estado e "*uma Constituição, na qual não exista a garantia de anulabilidade dos atos inconstitucionais não é plenamente obrigatória em sentido técnico*".[4] Carl Schmitt, a seu turno, recusava a idéia da instituição de uma jurisdição constitucional, porque a decisão que resolve a questão de constitucionalidade teria natureza política. Não caberia, então, a um tribunal "*fazer política*", na defesa da Constituição. Essa defesa caberia, sim, a um órgão político. Essas duas posições exprimem, leciona Cardoso da Costa, "*duas concepções diferentes de Constituição, ou do seu momento essencial e verdadeiramente radical (a uma concepção 'normativista' de Constituição, como era a de Kelsen, contrapunha-se uma sua concepção 'decisionista-unitária', como era a de Schmitt), e, conseqüentemente, do que deva ser a sua 'defesa' ou a sua 'guarda'; como nela se exprimem, também, entendimentos diversos acerca da natureza da 'justiça' ou da função jurisdicional*".[5]

Do debate, saiu vitorioso Hans Kelsen. Pode-se afirmar, aliás, que Kelsen iniciou e pôs fim à polêmica. Sua conferência representou, felizmente, o alfa e o ômega da questão.

Anotei mais, no aludido trabalho, que a partir daí, e após a 2ª Guerra, foi notável o florescimento da jurisdição constitucional no velho mundo, registra Mauro Cappelletti, com a consolidação e alargamento do controle de constitucionalidade e sua introdução onde ainda não existia.[6] As causas desse florescimento da jurisdição constitucional foram mesmo estas: o renascimento do constitucionalismo após a 2ª Guerra, a redescoberta da idéia de Constituição e a necessidade de protegê-la.[7]

A Constituição da Áustria, de 1920, sob a inspiração de Kelsen, criou a Corte Constitucional austríaca, aperfeiçoada com a Reforma Constitucional de 1929, também inspirada por Kelsen, e suprimida em 1938 com a ocupação alemã. A Tchecoslováquia e a Espanha, em 1921 e 1931, respectivamente, criaram as suas Cortes Constitucionais, as quais tiveram, entretanto, duração efêmera.[8] Após a 2ª Guerra é que se deu o florescimento da jurisdição constitucional: a Corte Constitucional da Áustria foi reaberta em 1945. A Constituição italiana, de 1947, com vigência a partir de 1º de janeiro de 1948, criou a Corte Constitucional da Itália. O mesmo ocorreu com a Alemanha Federal, com a Lei Fundamental de Bonn, de 1949. Seguiu-se a instituição de Cortes Constitucionais no Chipre, em 1960; na Turquia, em 1961; na Iugoslávia, de 1963 a 1974; na

2. J. J. Gomes Canotilho, *Direito Constitucional*, 5ª ed., Coimbra, 1991, p. 976.

3. José Manuel M. Cardoso da Costa, *Studia Juridica* 41, Boletim de Faculdade de Direito da Universidade de Coimbra, 1999, p. 113.

4. Hans Kelsen, ob. e loc. cits.

5. José Manuel M. Cardoso da Costa, ob. e loc. cits.

6. Mauro Cappelletti, *O Controle Judicial da Constitucionalidade das Leis no Direito Comparado*, Porto Alegre, Sérgio Fabris Editor, 1984. "Necesidad y legitimidad de la justicia constitucional", in *Tribunales Constitucionales Europeos y Derechos Fundamentales*, L. Favoreu *et alii*, Centro de Estudios Constitucionales, Madri, 1984, pp. 599 e ss.

7. Ana Cândida da Cunha Ferraz, "Apontamentos sobre o controle da constitucionalidade", Revista da Procuradoria-Geral do Estado de São Paulo 34/27.

8. Ana Cândida da Cunha Ferraz, ob. e loc. cits.

Tchecoslováquia, em 1968; na Grécia, em 1975; em Portugal, na primeira reforma da Constituição de 1976, ocorrida em 1982; na Espanha, em 1978 e na Polônia, em 1986.

2. A supremacia constitucional

A jurisdição constitucional visa a tornar realidade a supremacia constitucional, supremacia constitucional que, aliás, constitui, segundo bons constitucionalistas, Pinto Ferreira, por exemplo, o alicerce do moderno direito político, do moderno direito público.

Ora, a Constituição é pressuposto de validade da eficácia de toda a ordem normativa. Portanto, a sua supremacia deve ser efetivada, deve ser tornada realidade.

A supremacia constitucional pode ser visualizada sob o ponto de vista substancial, sociológico, e sob o ponto de vista formal ou jurídico. Sob o ponto de vista substancial, material, o simples fato de que as normas que estabelecem as competências ou atribuições dos órgãos do Estado, dos poderes do Estado, estão na Constituição, só isto confere supremacia à Constituição. Vejamos a questão sob o ponto de vista sociológico: a Constituição dos Estados Unidos, a velha Constituição da Filadélfia, de 1787, sob o ponto de vista jurídico, é uma Constituição rígida. Talvez seja ela a Constituição mais rígida do planeta. É mesmo difícil emendá-la, já que, depois de aprovada a proposta de emenda pelo Congresso, mediante *quorum* qualificado, deve essa proposta ser submetida à aprovação, também por *quorum* qualificado, das Assembléias Legislativas dos Estados-membros. De outro lado, a Constituição britânica, a Constituição da Inglaterra, é uma Constituição que se diz flexível, já que pode ser alterada pelo Parlamento da mesma forma como são elaboradas e alteradas as leis ordinárias. Já se disse, aliás, que o Parlamento britânico pode tudo, só não pode transformar homem em mulher. Na verdade, segundo o modelo inaugurado pelo constitucionalismo da Revolução Americana de 1776 e da Revolução Francesa de 1789, a Constituição britânica não é uma Constituição escrita e é uma Constituição flexível. Mas vejam, senhores: não obstante, pode-se dizer que é ela mais rígida, sob o ponto de vista sociológico, do que a Constituição norte-americana. A questão elucida-se de modo simples. Indago: poderia o Parlamento suprimir ou alterar o ato de *habeas corpus* de 1679, ou o "Bill of Rights" de 1689, ou preceitos da Magna Carta de 1215? Quando os franceses comemoraram, com pompa e circunstância, em 1989, o bicentenário da Revolução Francesa, lá estiveram chefes de Estado de diversos países, presidentes, primeiros ministros, reis e imperadores, enfim, quase uma centena de chefes de Estado. Na ocasião, a então primeira-ministra da Inglaterra, Margaret Thatcher, entrevistada por jornalistas, disse que considerava muito importante comemorar o bicentenário da Revolução Francesa. Mas, acrescentou que, um século antes, os ingleses praticaram, em termos empíricos, os princípios afirmados, em termos doutrinários, pelos revolucionários franceses. É verdade. O "Bill of Rights" data de cem anos antes da Revolução dos franceses. Ele é de 1689. E foi aí que se estabeleceu, por exemplo, em termos empíricos, a separação dos poderes: o rei governaria, o Parlamento legislaria e os juízes seriam independentes. É a partir daí que se tem, de certa forma, o sistema de governo presidencial. E num paradoxo, é a partir daí que surge, também, o parlamentarismo. Então, pergunta-se: será que o Parlamento teria condições de alterar esse documento, esse pacto celebrado entre o rei e o povo inglês? Será que o Parlamento alteraria os arestos dos Tribunais, arestos memoráveis, que também integram a Constituição britânica e que reconhecem direitos dos cidadãos ingleses? Então, sob o ponto de vista sociológico, é possível a afirmativa no sentido de que a Constituição inglesa, constituição flexível, é uma Constituição mais rígida do que a Constituição norte-americana.

Interessa-nos, entretanto, a supremacia constitucional sob o ponto de vista formal ou jurídico. É dizer, porque a Constituição é produto de poder distinto dos poderes constituídos, o poder constituinte originário, e que somente pode ser alterada por um processo especial nela estabelecido, vale dizer, estabelecido pelo poder constituinte originário, ela é rígida.

3. O controle de constitucionalidade

O controle de constitucionalidade se realiza na medida em que verifica a compatibilização vertical das normas, ou seja, a compatibilização das normas com a Constituição, verificação essa que se faz a partir do exame de certos requisitos, formais e substanciais. Os requisitos formais são subjetivos e objetivos. São subjetivos os que dizem com a competência do órgão que elaborou a norma. São objetivos, os que dizem respeito à forma, aos prazos e aos ritos que devem ser observados na elaboração da norma. Já os requisitos substanciais dizem respeito aos direitos e garantias e às disposições inscritas na Constituição. A inconstitucionalidade formal resulta do descumprimento, na elaboração da norma, de requisitos formais, e a inconstitucionalidade material da violação de requisitos substanciais ou materiais.

O florescimento da jurisdição constitucional, a instituição do controle ou o seu alargamento, tem como causa o redescobrimento da idéia de Constituição. Os povos do velho continente se esqueceram da idéia de Constituição e, por isso, pagaram caro, porque foram submetidos aos desmandos do autoritarismo: o fascismo na Itália, o nazismo na Alemanha, o franquismo na Espanha, o salazarismo em Portugal, o comunismo estalinista na Rússia e no leste europeu e vai por aí afora.

Após a 2ª Guerra, redescobriu-se, então, a idéia de Constituição e a necessidade de ser ela defendida e protegida. Daí, então, o florescimento da jurisdição constitucional de que nos fala Cappelletti.[9]

4. A jurisdição constitucional no Brasil: controle difuso e controle concentrado

No Brasil, a jurisdição constitucional — a jurisdição constitucional propriamente dita, o controle de constitucionalidade e a jurisdição constitucional das liberdades, na classificação de Cappelletti — tem sido ampliada, significativamente.

A Constituição do Império, de 1824, consagrava o controle político. Com a República, adotamos o controle jurisdicional, segundo o padrão norte-americano, controle difuso, portanto. Este foi o modelo consagrado na Constituição republicana de 1891. A Constituição de 1934 "*introduz a 'ação direta interventiva', modalidade de controle de constitucionalidade que se aproxima do modelo concentrado, vez que o único foro competente para julgá-la era o Supremo Tribunal Federal*", cuja decisão representava um *prius* para a intervenção federal no Estado-membro.[10] E mais: estabeleceu a Constituição de 1934 que a decisão de inconstitucionalidade somente seria tomada pelo voto da maioria absoluta dos membros dos Tribunais e atribuiu ao Senado competência para suspender a execução de lei declarada inconstitucional pelo Supremo Tribunal Federal. A Carta de 1937, que simplesmente dava forma de legalidade à ditadura do Estado Novo, trouxe retrocesso. A Constituição de 1946 restaurou o controle de constitucionalidade. A Emenda Constitucional 16, de 1965, criou a ação direta genérica, ao instituir a representação de inconstitucionalidade da competência do Supremo Tribunal Federal, que seria proposta pelo Procurador-Geral da República. E prescreveu, ademais, que a lei poderia estabele-

9. Mauro Cappelletti, obs. cits.

10. Ana Cândida da Cunha Ferraz, ob. e loc. cits.

cer processo de competência originária dos Tribunais de Justiça para declarar a inconstitucionalidade de lei ou ato municipal em face da Constituição do Estado. A partir daí, portanto, passamos a contar com os dois tipos de controle, o difuso e o concentrado, em abstrato, de lei ou ato normativo federal ou estadual em face da Constituição Federal, da competência exclusiva do Supremo Tribunal Federal. A Constituição de 1967, com e sem a Emenda Constitucional n. 1/69, manteve o sistema, ampliado pela Constituição de 1988, que criou a ação direta de inconstitucionalidade por omissão, alargou a legitimação ativa para a ação direta de inconstitucionalidade e instituiu a argüição de descumprimento de preceito constitucional fundamental. A Emenda Constitucional n. 3, de 1993, criou a ação declaratória de constitucionalidade, ampliando e fortalecendo o controle concentrado.

Temos, portanto, os dois tipos de controle de constitucionalidade, o controle difuso e o controle concentrado, ou em abstrato. Aquele realiza-se num caso concreto, vale dizer, numa ação entre partes, que tenha como objeto uma pretensão. O concentrado, em termos abstratos, vale dizer, realiza-se numa ação direta de inconstitucionalidade, cujo objeto é a própria lei que se diz inconstitucional.

Esses dois controles apresentam vantagens e desvantagens. A Professora Ana Cândida Ferraz, da Faculdade de Direito da USP, dissertou a respeito.[11] Segundo ela, as vantagens e desvantagens dos controles difusos e concentrados podem ser assim resumidas. ***Controle difuso.*** *Vantagens*: a eficácia e rapidez da decisão no caso concreto; a possibilidade de o lesado por ato inconstitucional defender-se direta e imediatamente; a natureza "jurídica" e não "política" da questão constitucional. *Desvantagens*: a desarmonia dos julgados, com a desvalorização das decisões de declaração de inconstitucionalidade; a diluição do poder de controle pelas centenas de juízos e tribunais; o descrédito diante de decisões díspares. ***Controle concentrado***. *Vantagens*: a certeza do direito; a economia processual. Uma só decisão põe fim a milhares de ações; o aprofundamento do exame das questões de inconstitucionalidade; a maior autoridade do órgão julgador. *Desvantagens*: o perigo da exacerbação do poder do órgão julgador único; a subtração, na prática, da interpretação constitucional aos juízes e tribunais. Acrescentaria: a declaração de inconstitucionalidade é proferida quase que imediatamente à promulgação do ato normativo, sem que a norma seja debatida e examinada por juristas e doutrinadores. No controle difuso o julgamento pela Corte Suprema dá-se após debate exaustivo nas instâncias inferiores, o que constitui, sem dúvida, uma vantagem deste.

Temos, no Brasil, os dois tipos de controle. Podemos, então, realizar o equilíbrio entre esses dois tipos, explorando as vantagens e minimizando as desvantagens de um e de outro. Realmente, no sistema misto — controle difuso e concentrado — é possível eliminar as desvantagens de um e de outro.

5. O recurso constitucional

Por isso mesmo, tenho propugnado pela adoção do recurso constitucional: estando sendo debatida, numa demanda, questão constitucional, ou existente controvérsia sobre determinado tema constitucional, em demandas que correm em diversos juízos ou tribunais, poderia essa questão constitucional ser submetida, de logo, ao julgamento da Corte Constitucional. Proferida a decisão pela Corte Constitucional, a demanda prosseguiria no juízo ou tribunal de origem. Vejam, senhores, que o Supremo Tribunal ainda aprecia, hoje, questões constitucionais, oriundas dos planos econômicos que datam de mais de dez anos. Se tivéssemos o recurso constitucional, isto não estaria

11. Ana Cândida da Cunha Ferraz, ob. e loc. cits.

ocorrendo. Quantas e quantas demandas poderiam ser solucionadas com uma só decisão.

Esse recurso constitucional constitui o que, no Tribunal Constitucional alemão, é denominado de controle concentrado em concreto.

6. A ação declaratória de constitucionalidade n. 4: liminares e tutela antecipada

A Emenda Constitucional n. 3, de 1993, criou a ação declaratória de constitucionalidade. Interessa muito aos Juízes Federais, creio, o decidido pelo Supremo Tribunal Federal na Ação Declaratória de Constitucionalidade n. 4, que teve como Relator o Ministro Sydney Sanches. Examinemos a questão, dada a sua importância para os Juízes Federais. Escrevi um artigo a respeito do tema — "Liminares e tutela antecipada: um convite à reflexão" — no qual anotei que a reforma processual introduzida pela Lei 8.952, de 13.12.1994, instituiu a tutela antecipada, ou o adiantamento da tutela que advém do julgamento do mérito, desde que, existindo prova inequívoca, convença-se o juiz da verossimilhança da alegação e haja fundado receio de dano irreparável ou de difícil reparação, ou fique caracterizado o abuso de direito de defesa ou o manifesto propósito protelatório do réu (CPC, art. 273).

Essa tutela antecipada — deferimento antecipado da pretensão objeto da causa — poderá ser requerida em qualquer ação, na inicial, ou no curso da lide. Na inicial, quanto ao inc. I do art. 273, CPC — haja fundado receio de dano irreparável ou de difícil reparação — ou no curso da lide, relativamente ao inc. II do citado art. 273, CPC — fique caracterizado o abuso de direito de defesa ou o manifesto propósito protelatório do réu.

A lei que instituiu a tutela antecipada deixou expresso, fazendo remissão ao inc. II do art. 588, CPC, que, sem caução, não haverá levantamento de depósito em dinheiro e que a tutela antecipada não abrange atos que impliquem alienação de domínio.

A tutela antecipada, no fundo, é uma espécie de medida liminar, que poderá ser pedida em qualquer ação, assemelhando-se a uma medida cautelar, certo, entretanto, que esta não pode antecipar a prestação jurisdicional pleiteada no processo principal (CPC, arts. 796 e ss.) e só em casos excepcionais, expressamente autorizados por lei, será concedida sem a audiência das partes (CPC, art. 797).

A Lei 9.494, de 10.9.1997, lei de conversão da Medida Provisória n. 1.570, de 26.3.1997, estabeleceu, no seu art. 1º, que se aplica à tutela antecipada o disposto nos arts. 5º e seu parágrafo único e 7º da Lei 4.348, de 26.6.1964, no art. 1º e seu § 4º da Lei 5.021, de 1966, e nos arts. 1º, 3º e 4º da Lei 8.437, de 1992.

É dizer, o art. 1º da Lei 9.494, de 10.9.1997, estende à tutela antecipada as restrições à concessão de liminares em mandado de segurança (Lei 4.348/64, art. 5º e seu parágrafo único; Lei 5.021/66, art. 1º e seu § 4º) e as restrições à concessão de medida liminar contra atos do Poder Público, no procedimento cautelar, toda vez que providência semelhante não puder ser concedida em ações de mandado de segurança (Lei 8.437/92, art. 4º), bem assim empresta ao recurso voluntário ou *ex officio* de sentença em processo cautelar proferida contra o poder público, que importe em outorga ou adição de vencimentos ou de reclassificação funcional, efeito suspensivo (Lei 8.437/92, art. 3º), e confere ao Presidente do Tribunal, competente para o recurso cabível, a faculdade de suspender a execução da liminar nas ações promovidas contra o Poder Público, em caso de manifesto interesse público ou de flagrante ilegitimidade, e para evitar grave lesão à ordem, à saúde, à segurança e à economia públicas (Lei 8.437/92, art. 4º).

A Medida Provisória 1.570, de 26.3.1997, que se converteu na Lei 9.494/97, foi objeto da ação direta de inconstitucionalidade n. 1.576-DF, Relator o Ministro Marco Aurélio. No julgamento do pedido de suspensão cautelar do art. 1º, da citada Medida Provisória 1.570, o Supremo Tribunal Federal seguiu o voto do Relator, indeferindo o pedido. Ou seja, não foi suspensa a eficácia do referido art. 1º, que constitui o art. 1º da Lei 9.494, de 1997, objeto este da ação declaratória de constitucionalidade n. 4, Relator o Ministro Sydney Sanches. Coerente com a decisão proferida na ADIn 1.576-DF, o Supremo Tribunal deferiu a medida cautelar. Vale dizer, porque a citada norma não apresentava, pelo menos em sede de cautelar, vício de inconstitucionalidade, suspendeu, com efeito *ex nunc*, decisões antecipatórias da tutela jurisdicional que, contrariando o art. 1º da Lei 9.494, de 1997, foram proferidas contra o Poder Público.

Na verdade, a Suprema Corte não poderia decidir de outra forma. A uma, porque deveria guardar coerência com o que decidira na ADIn 1.576-DF. A duas, porque, em última análise, conforme registrei no voto que proferi, as disposições das Leis 4.384/64, 5.021/66 e 8.437/92, basicamente, procuram adequar ao mandado de segurança e às cautelares a execução própria da Fazenda Pública, disciplinada no art. 100 da Constituição. E estendem, à tutela antecipada, a norma que possibilita a suspensão, pelo Presidente do Tribunal, da liminar. As duas primeiras — Leis 4.348/64 e 5.021/66 — dizem respeito ao mandado de segurança. São leis que datam de mais de trinta anos e, não obstante se referirem a uma ação que se constitui em garantia constitucional — o mandado de segurança — nunca foram declaradas inconstitucionais. A Lei 8.437, de 1992, pouco ou nada acrescentou. Bons especialistas em direito processual constitucional, Galeno Lacerda e Teori Albino Zavascki, por exemplo, sustentam que "*não há como considerar inconstitucionais as restrições impostas pela Lei 8.437, de 30 de junho de 1992, à concessão de liminares contra o Poder Público*",[12] ou "*Pode a lei, também, proibir simplesmente as liminares. Desde que não vedado o direito à ação principal, o que ofenderia a Constituição, nada impede coíba o legislador, por interesse público, a concessão de liminares*".[13] Foi com base, aliás, nas lições de Galeno Lacerda, que o Tribunal de Justiça do Rio Grande do Sul, reconhecidamente uma Corte de escol, editou, muito antes da Lei 8.437, de 1992, as Súmulas ns. 8 e 9, assim, respectivamente: "*Não é admissível, no juízo de primeiro grau, a concessão de cautelar inominada, ou sua liminar, quando impugnado ato de autoridade sujeito, na via do mandado de segurança, à competência originária do Tribunal*" e "*Não é admissível, em ação cautelar inominada, a concessão de liminar nos casos em que, na via do mandado de segurança, houver vedação ao deferimento de liminares*".[14]

No voto que proferi, na citada ADC n. 4-DF, anotei que tenho as minhas reservas quando se trata de crédito de natureza alimentícia, e salários e vencimentos têm tal natureza. Ao que penso, esses créditos independem de precatório. Destarte, as normas mencionadas, que procuram, basicamente, adequar, ao mandado de segurança, às cautelares e à tutela antecipada, a execução própria da Fazenda Pública, inscrita no art. 100 da Constituição, sofreriam restrições. Mas esse meu entendimento pessoal restou vencido. Doutrina e jurisprudência, hoje, não dispensam, tratando-se de salários e vencimentos devidos pela Fazenda Pública, o precatório. Não devo, portanto, a esta altura, insistir na tese vencida.

De outro lado, convém não esquecer que a própria lei que instituiu a tutela antecipada deixou expresso, conforme linhas atrás registramos, fazendo remissão ao inc. II do art. 588, CPC, que, sem caução, não haverá levantamento de depósito em dinheiro. Ora,

12. Teori Albino Zavascki, *Antecipação da Tutela*, Saraiva, p. 170.

13. Galeno Lacerda, *Comentários ao CPC*, VIII/188, t. 1º, 2ª ed.

14. Teori Albino Zavascki, ob. cit., pp. 170-171.

a concessão de aumento ou diferenças de vencimentos e vantagens pecuniárias não deixa de implicar levantamento de dinheiro.

De uma feita, participando de um painel com a então Juíza Eliana Calmon, hoje eminente Ministra do STJ, na OAB/DF, veio à baila o tema, ainda tratado na Medida Provisória 1.570. Aquela ilustre magistrada desarmou um inquieto debatedor, que deblaterava contra as restrições, invocando o Estado Democrático de Direito, com esta frase: "*mas o senhor já leu o teor das leis de que cuida a Medida Provisória 1.570? Já verificou que o que dela consta já existe, na ordem jurídica brasileira, há anos e anos?*". O debatedor não havia lido, ou, se lera, não entendera.

7. *Controle concentrado: questões inovadoras*

Examinemos, agora, algumas questões inovadoras do controle concentrado, que vieram com as Leis 9.868, de 10.11.1999 (ação direta de inconstitucionalidade e ação declaratória de constitucionalidade) e 9.882, de 3.12.1999 (argüição de descumprimento de preceito fundamental).

7.1 A argüição de descumprimento de preceito fundamental: a Lei 9.882, de 3.12.1999

Examinemos, em primeiro lugar, a argüição de descumprimento de preceito fundamental, Lei 9.882, de 3.12.1999. No trabalho que escrevi em homenagem ao Ministro Oscar Dias Corrêa, linhas atrás referido, anotei que a Constituição de 1988 estabeleceu, no parágrafo único do art. 102, depois transformado em § 1º, pela Emenda Constitucional n. 3/93, que acrescentou o § 2º, a argüição de descumprimento de preceito fundamental decorrente da Constituição, a ser apreciada pelo Supremo Tribunal Federal, na forma da lei.

A norma constitucional em apreço — § 1º do art. 102 — é norma constitucional não auto-executável, ou não auto-aplicável, ou, na classificação de José Afonso da Silva, norma constitucional de eficácia limitada ou reduzida, porque dependente de normatividade ulterior.[15]

A Lei 9.882, de 3.12.1999, que dispõe sobre o processo e julgamento da argüição de descumprimento de preceito fundamental, veio conferir eficácia plena à norma constitucional mencionada.

O art. 1º, *caput*, da Lei 9.882, de 3.12.1999, cria a argüição autônoma, com a natureza de ação, que poderá ter como objeto ato do Poder Público, federal, estadual ou municipal. É dizer, nessa ação poderá ser impugnado ato do Poder Público, a fim de evitar ou reparar lesão a preceito fundamental inscrito na Constituição.

Estabelece, em seguida, o parágrafo único do referido art. 1º:

"Parágrafo único. Caberá também argüição de descumprimento de preceito fundamental:

"I — quando for relevante o fundamento da controvérsia constitucional sobre lei ou ato normativo federal, estadual ou municipal, incluídos os anteriores à Constituição."

Tem-se, aí, hipótese de ação incidental, que pressupõe a existência de controvérsia constitucional relevante sobre lei ou ato normativo federal, estadual ou municipal, incluídos os anteriores à Constituição.

Em síntese: o art. 1º e seu parágrafo único, da Lei 9.882/99, criam dois tipos de argüição de descumprimento de preceito fundamental: a) a argüição autônoma e b) a argüição incidental.

Nesse sentido decidiu o Supremo Tribunal Federal, na ADPF n. 3-CE (questão de ordem), Relator o Ministro Sydney Sanches.

15. José Afonso da Silva, *Aplicabilidade das Normas Constitucionais*, 2ª ed., Ed. RT, 1982, pp. 53 e ss.

Uma questão deve ser posta: preceito fundamental seria o mesmo que princípio constitucional fundamental? Estes, os princípios constitucionais fundamentais, estão inscritos nos arts. 1º a 4º da Constituição. Impõe-se resposta negativa. Os preceitos constitucionais fundamentais não são apenas os princípios fundamentais inscritos nos arts. 1º a 4º da Constituição. Ensina José Afonso da Silva: "*Preceitos fundamentais*" não é expressão sinônima de "*princípios fundamentais. É mais ampla, abrange a estes e a todas as prescrições que dão o sentido básico do regime constitucional, como são, por exemplo, as que apontam para a autonomia dos Estados, do Distrito Federal e especialmente as designativas de direitos e garantias fundamentais* (tít. II)".[16]

O Ministro Oscar Dias Corrêa, que integrou a Comissão que elaborou o anteprojeto de que resultou a Lei 9.882/99, lecionou, conforme citação do Ministro Néri da Silveira, no voto que proferiu na ADPF n. 01, que "*Cabe exclusiva e soberanamente ao STF conceituar o que é descumprimento de preceito fundamental decorrente da Constituição, porque promulgado o texto constitucional é ele o único, soberano e definitivo intérprete, fixando quais são os preceitos fundamentais, obediente a um único parâmetro — a ordem jurídica nacional, no sentido mais amplo. Está na sua discrição indicá-los*".

E acrescentou: "*Parece-nos, porém, que, desde logo, podem ser indicados, porque, pelo próprio texto, não objeto de emenda, deliberação e, menos ainda, abolição: a forma federativa do Estado, o voto direto, secreto, universal e periódico; a separação dos poderes, os direitos e garantias individuais. Desta forma, tudo o que diga respeito a essas questões vitais para o regime pode ser tido como preceitos fundamentais. Além disso, admita-se: os princípios do Estado democrático, vale dizer, soberania, cidadania, dignidade da pessoa humana, valores sociais do trabalho, livre iniciativa, pluralismo político; os direitos fundamentais individuais e coletivos; os direitos sociais; os direitos políticos, a prevalência das normas relativas à organização político administrativo*; (...)".

Celso Bastos ensina que na argüição de descumprimento de preceito fundamental não "*se discute qualquer norma constitucional. Na nova hipótese só cabe a ação se houver desrespeito a preceito fundamental. Este fator faz uma enorme diferença, pois não se trata de fiscalizar a lesão a qualquer dispositivo da que é, sem dúvida, a maior Constituição do mundo, mas tão-somente aos grandes princípios e regras brasileiras deste diploma. Dentre estes, podemos de antemão frisar alguns que, dada sua magnitude e posição ocupada na Carta, não deixam dúvidas quanto à caracterização de fundamentais: a soberania, a cidadania, a dignidade da pessoa humana, os valores sociais do trabalho e da livre iniciativa, o pluralismo político, a forma federativa do Estado, o voto direto, secreto, universal e periódico, a separação dos poderes e os direitos e garantias individuais*".[17]

Não há dúvida de que não será objeto da argüição a lesão a qualquer norma constitucional. A lesão a qualquer norma constitucional será objeto da ação direta de inconstitucionalidade. A norma constitucional objeto da argüição de descumprimento é a que compreende prescrição constitucional fundamental. Todavia, é preciso deixar claro, também, que preceito fundamental é expressão que abrange mais do que princípios fundamentais (CF, arts. 1º a 4º).

A argüição de descumprimento de preceito fundamental poderá ser proposta pelos legitimados para a ação direta de inconstitucionalidade (Lei 9.882/99, art. 2º, I), mas

16. José Afonso da Silva, *Curso de Direito Constitucional Positivo*, 10ª ed., Malheiros Editores, 1994, p. 530.

17. Celso R. Bastos e Alexis Galiás de S. Vargas, "Argüição de descumprimento de preceito fundamental", in *Revista Consulex* 44/36.

qualquer interessado poderá solicitar ao Procurador-Geral da República a propositura da argüição (art. 2º, § 1º).

O § 1º do art. 4º da Lei 9.882/99 estabelece que "*não será admitida argüição de descumprimento de preceito fundamental quando houver qualquer outro meio eficaz de sanar a lesividade*".

O Supremo Tribunal Federal deverá, ao construir a doutrina da argüição de descumprimento de preceito fundamental, debruçar-se sobre essa disposição legal. É que, praticamente, sempre existirá, no controle concentrado ou difuso, a possibilidade de utilização de ação ou recurso a fim de sanar lesão a preceito constitucional fundamental. Então, se o Supremo Tribunal Federal der interpretação literal, rigorosa, ao § 1º do art. 4º da Lei 9.882/99, a argüição será, tal qual está ocorrendo com o mandado de injunção, posta de lado. De outro lado, o Supremo Tribunal Federal, na construção da doutrina dessa argüição, deverá proceder com cautela, sob pena de consagrar, por exemplo, a ação direta de inconstitucionalidade de ato normativo municipal em face da Constituição Federal, inclusive dos atos anteriores a esta. E isto o constituinte não quis nem seria suportável pelo Supremo Tribunal, dado que temos mais de cinco mil Municípios.

Dominado o processo da argüição de descumprimento de preceito fundamental pelo princípio da subsidiariedade, não será ela admitida quando houver qualquer outro meio eficaz de sanar a lesividade. O Supremo Tribunal Federal, ao julgar a ADPF n. 03, Relator o Ministro Sydney Sanches, reconheceu a aplicabilidade do princípio. Há os que sustentam que esse outro meio eficaz deverá ser buscado no controle concentrado, apenas. Vale dizer, com a ação direta de inconstitucionalidade, inclusive a ação direta de inconstitucionalidade por omissão e a ação declaratória de constitucionalidade. Esse parece ser o entendimento de Gilmar Ferreira Mendes, que leciona: "*Assim, tendo em vista o caráter acentuadamente objetivo da argüição de descumprimento, o juízo de subsidiariedade há de ter em vista, especialmente, os demais processos objetivos já consolidados no sistema constitucional*". E mais adiante observa que, "*assim, tendo em vista o perfil objetivo da argüição de descumprimento, com legitimação diversa, dificilmente poder-se-á vislumbrar uma autêntica relação de subsidiariedade entre o novel instituto e as formas ordinárias ou convencionais de controle de constitucionalidade do sistema difuso, expressas, fundamentalmente, no uso do recurso extraordinário*".[18]

O Supremo Tribunal Federal, entretanto, no julgamento da ADPF n. 03, Relator o Ministro Sydney Sanches, decidiu no sentido de que outro meio eficaz de sanar a lesividade poderia ser buscado no controle difuso, vale dizer, em qualquer ação ou recurso, inclusive o recurso extraordinário, ou em quaisquer meios judiciais eficazes para se sanar a lesividade.

A questão, ao que penso, não está solucionada em definitivo e o Supremo Tribunal Federal certamente voltará ao tema, devendo considerar, repito as palavras ditas anteriormente, que, praticamente, sempre existirá, no controle difuso, ações e recursos que poderiam ser utilizados a fim de sanar a lesividade. Para que serviria, então, a argüição de descumprimento de preceito fundamental?

7.2 Da medida cautelar na ADPF

A medida liminar poderá ser concedida por decisão da maioria absoluta dos membros do Tribunal (art. 5º). Em caso de extrema urgência ou perigo de lesão grave, ou em período de recesso, poderá o relator conceder a liminar, *ad referendum* do Tribu-

18. Gilmar Ferreira Mendes, "Argüição de descumprimento de preceito fundamental, demonstração de inexistência de outro meio eficaz", in *Revista Jurídica Virtual* 13, jun.-2000.

nal Pleno (art. 5º, § 1º). O relator poderá ouvir os órgãos ou autoridades responsáveis pelo ato questionado, bem como o Advogado-Geral da União ou o Procurador-Geral da República, no prazo comum de cinco dias (art. 5º, § 2º) e a liminar poderá consistir na determinação de que juízes e tribunais suspendam o andamento de processo ou os efeitos de decisões judicias, ou de qualquer outra medida que apresente relação com a matéria objeto da argüição de descumprimento do preceito fundamental, salvo se decorrentes da coisa julgada (art. 5º, § 3º).

Apreciado o pedido de liminar, o relator solicitará informações aos responsáveis pelo ato questionado, no prazo de dez dias (art. 6º). Poderá o relator, ainda, se entender necessário, ouvir as partes nos processos que ensejaram a argüição, requisitar informações adicionais, designar perito ou comissão de peritos para que emita parecer sobre a questão, ou ainda, fixar data para declarações, em audiência pública, de pessoas com experiência e autoridade na matéria (art. 6º, § 1º). Esta é uma inovação interessante. Professores de Direito Constitucional, por exemplo, de reconhecida capacidade profissional, poderão ser convocados a emitir o seu parecer a respeito da questão em debate, publicamente.

7.3 Trâmites finais da ação

Julgada a ação, far-se-á a comunicação às autoridades ou órgãos responsáveis pela prática dos atos questionados, fixando-se as condições e o modo de interpretação e aplicação do preceito fundamental (art. 10). Tem-se, no ponto, a consagração da famosa frase do *Justice* Charles Hugges: temos uma Constituição, mas a Constituição é aquilo que os juízes dizem que é. No caso, a Constituição é aquilo que a Corte Constitucional, o Supremo Tribunal Federal, diz que é.

O cumprimento da decisão faz-se independentemente de acórdão (art. 10, § 1º) e a decisão será publicada no *Diário da Justiça* e no *Diário Oficial da União* (art. 10, § 2º). A decisão terá eficácia contra todos e efeito vinculante relativamente aos demais órgãos do Poder Público (art. 10, § 3º).

O art. 11 é também inovador e se inspira na Constituição portuguesa de 1976: ao declarar a inconstitucionalidade de lei ou ato normativo, na argüição de descumprimento de preceito fundamental, e tendo em vista razões de segurança jurídica ou de excepcional interesse social, poderia o Supremo Tribunal Federal, por maioria de dois terços de seus membros, restringir os efeitos daquela declaração ou decidir que ela só tenha eficácia a partir de seu trânsito em julgado ou de outro momento que venha a ser fixado.

Há quem sustente que o *quorum* de dois terços seria inconstitucional, dado que a decisão mais importante, que é a declaração de inconstitucionalidade, é tomada por maioria absoluta dos membros do Tribunal (CF, art. 97).

A decisão é irrecorrível e não poderá ser objeto de ação rescisória (art. 12), cabível reclamação (CF, art. 102, I, l) contra o descumprimento da decisão proferida pelo Supremo Tribunal Federal, na forma do seu Regimento Interno (art. 13).

7.4 Ação direta de inconstitucionalidade e ação declaratória de constitucionalidade: a Lei 9.868, de 1999

A Lei 9.868, de 1999, que dispõe sobre o processo e julgamento da ação direta de inconstitucionalidade e da ação declaratória de constitucionalidade, inovou a respeito, absorvendo a doutrina que o Supremo Tribunal Federal vem criando a respeito dessas duas ações.

7.5 A ação direta de inconstitucionalidade

A lei estabelece, no art. 3º, que a petição indicará o dispositivo do ato normativo impugnado e os fundamentos jurídicos do pedido em relação a cada uma das impugnações. Indicará, também, o pedido, com suas especificações. Essas disposições, entretanto, não implicam alteração da doutrina criada pelo Supremo Tribunal, de que a *causa petendi* da ADIn é uma causa aberta, no sentido de que o Tribunal examinará a questão tendo em vista a Constituição no seu todo. É dizer, na ADIn, ao contrário do que ocorre no recurso extraordinário, tem aplicação o brocardo *jura novit curia*.

A petição inicial inepta, não fundamentada e a manifestamente improcedente serão liminarmente indeferidas pelo relator (art. 4º), cabendo agravo dessa decisão (art. 4º, parágrafo único).

Proposta a ação direta ou ação declaratória de constitucionalidade, não se admitirá a desistência (arts. 5º e 16), o que já era da jurisprudência do Supremo Tribunal. As informações serão prestadas no prazo de trinta dias (art. 6º, parágrafo único) e não será admitida a intervenção de terceiros (art. 7º). O relator poderá admitir a manifestação de outros órgãos ou entidades (art. 7º, § 2º), tendo em vista a relevância da matéria. Decorrido o prazo das informações, serão ouvidos, sucessivamente, o Advogado-Geral da União e o Procurador-Geral da República, cada qual com o prazo de quinze dias (art. 8º). Vencidos esses prazos, o relator lançará o relatório, com cópia a todos os Ministros e pedirá dia para julgamento (art. 9º).

O relator poderá, ademais, requisitar informações adicionais, poderá designar perito ou comissão de peritos, para que emita parecer sobre a questão, ou fixar data para, em audiência pública, ouvir depoimentos de pessoas com experiência e autoridade na matéria (§ 1º do art. 9º). Tem-se, aí, a consagração, em termos de direito positivo, do *amicus curiae*, isto é, do amigo da cúria, ou da justiça. O relator poderá, ainda, solicitar informações aos Tribunais Superiores, aos Tribunais federais e aos Tribunais estaduais acerca da aplicação da norma impugnada no âmbito de sua jurisdição (art. 9º, § 2º). Tudo isso deverá ocorrer no prazo de trinta dias (§ 3º do art. 9º).

7.6 Da medida cautelar

A medida cautelar será concedida por decisão da maioria absoluta dos membros do Tribunal. Essa decisão somente ocorrerá se presentes na sessão pelo menos oito Ministros (arts. 10 e 22). O julgamento da medida cautelar será precedido da audiência dos órgãos ou autoridades dos quais emanou a lei ou ato normativo impugnado, que deverão pronunciar-se no prazo de cinco dias (art. 10). Se julgar indispensável, o relator poderá ouvir o Advogado-Geral da União e o Procurador-Geral da República, no prazo de três dias (§ 1º do art. 10). Poderá haver sustentação oral, com observância das normas regimentais do Tribunal (§ 2º do art. 10) e, em caso de excepcional urgência, poderá o Tribunal deferir a medida cautelar sem a audiência dos órgãos ou das entidades das quais emanou a lei ou o ato normativo impugnado (§ 3º do art. 10).

Concedida a cautelar, o Supremo Tribunal publicará, no *Diário Oficial da União* e no *Diário da Justiça da União*, a parte dispositiva da decisão, em dez dias (art. 11). Seguir-se-á, então, o pedido de informações para o julgamento definitivo da ação (art. 11).

A medida cautelar terá eficácia *erga omnes*, vale dizer, contra todos e será concedida, com efeito *ex nunc*, salvo se o Tribunal entender que deva conceder-lhe eficácia retroativa (art. 11, § 1º). A concessão da cautelar torna aplicável a legislação anterior acaso existente, salvo expressa manifestação em sentido contrário (art. 11, § 2º).

Inovação importante: havendo pedido de medida cautelar, poderá o relator, tendo em vista a relevância da matéria e seu especial significado para a ordem social e a segurança jurídica, após a prestação das informações, no prazo de dez dias, e a manifestação do Advogado-Geral da União e do Procurador-Geral da República, sucessivamente, no prazo de cinco dias, submeter o processo ao Tribunal, para o julgamento definitivo da ação (art. 12).

7.7 Da ação declaratória de constitucionalidade

A petição indicará o dispositivo da lei ou do ato normativo questionado e os fundamentos jurídicos do pedido. Indicará o pedido, com suas especificações e indicará, também, a existência de controvérsia judicial relevante sobre a aplicação da disposição objeto da ação (art. 14). A jurisprudência do Supremo Tribunal já exigia a existência dessa controvérsia constitucional. Também na ADC não se admitirá desistência, conforme já falamos (art. 16), nem se admitirá a intervenção de terceiros (art. 18).

Com o parecer do Procurador-Geral da República, que deverá pronunciar-se no prazo de quinze dias, o relator lançará o relatório, com cópia a todos os Ministros, e pedirá dia para julgamento (arts. 19 e 20).

Também na ADC, em caso de necessidade de esclarecimento de matéria ou circunstância de fato ou de notória insuficiência das informações existentes nos autos, poderá o relator requisitar informações adicionais, designar perito ou comissão de peritos para que emita parecer sobre a questão ou fixar data para, em audiência pública, ouvir depoimentos de pessoas com experiência e autoridade na matéria (art. 20, 1º). O relator poderá, ademais, solicitar informações aos Tribunais Superiores, aos Tribunais federais e aos Tribunais estaduais acerca da aplicação da norma questionada no âmbito de sua jurisdição (art. 20, § 2º). As informações, perícias e audiências serão realizadas no prazo de trinta dias (§ 3º do art. 20).

7.8 Da medida cautelar na ADC

O Supremo Tribunal, por decisão da maioria absoluta de seus membros, poderá deferir pedido de medida cautelar na ADC, que consistirá na determinação de que os juízes e os Tribunais suspendam o julgamento dos processos que envolvam a aplicação da lei ou do ato normativo objeto da ação até seu julgamento definitivo (art. 21). Concedida a medida cautelar, será a parte dispositiva da decisão publicada no *Diário Oficial da União*, no prazo de dez dias, devendo o julgamento da ação ocorrer no prazo de cento e oitenta dias, sob pena de perda da eficácia da medida cautelar (art. 21, parágrafo único).

7.9 Trâmites finais

A decisão sobre a constitucionalidade ou a inconstitucionalidade da lei ou do ato normativo somente será tomada se presentes na sessão pelo menos oito Ministros (art. 22). Efetuado o julgamento, proclamar-se-á a constitucionalidade ou a inconstitucionalidade da disposição ou da norma impugnada se num ou noutro sentido se tiverem manifestado pelo menos seis Ministros (art. 23). Não alcançada a maioria necessária à declaração, estando ausentes Ministros em número que possa influir no julgamento, este será suspenso, a fim de aguardar-se o comparecimento dos Ministros ausentes, até que se atinja o número necessário para prolação da decisão num ou noutro sentido (art. 23, parágrafo único).

Proclamada a constitucionalidade, a ação declaratória será julgada procedente; já na ação direta, proclamada a inconstitucionalidade, a ação será julgada procedente (art. 24).

A decisão proferida na ADIn e na ADC é irrecorrível, ressalvada a interposição de embargos declaratórios. Não há rescisória (art. 26).

Ao declarar a inconstitucionalidade de lei ou ato normativo, e tendo em vista razões de segurança jurídica ou de excepcional interesse social, poderá o Supremo Tribunal, por maioria de dois terços de seus membros, restringir os efeitos daquela declaração ou decidir que ela só tenha eficácia a partir de seu trânsito em julgado ou de outro momento que venha a ser fixado (art. 27). Trata-se, está-se a ver, de inovação relevante, que se inspira na Constituição portuguesa e na lei que disciplina o processo no Tribunal Constitucional alemão.

No prazo de dez dias, após o trânsito em julgado da decisão, o Supremo Tribunal fará publicar no *Diário Oficial da União* e no *Diário da Justiça*, a parte dispositiva da decisão (art. 28).

A declaração de constitucionalidade ou de inconstitucionalidade, inclusive a interpretação conforme a Constituição e a declaração de inconstitucionalidade sem redução de texto, têm eficácia contra todos e efeito vinculante em relação aos órgãos do Poder Judiciário e à Administração Pública federal, estadual e municipal (art. 28, parágrafo único).

8. Fazer vingar a Constituição

Vejam, prezados colegas, que a jurisdição constitucional viu-se reforçada com a edição das Leis 9.868/99 e 9.882/99. Tudo isso ocorre, porque é necessário proteger cada vez mais a Constituição. Retorno às minhas palavras iniciais: os povos do velho continente sentiram na própria carne os desmandos do autoritarismo estatal, porque num determinado momento se esqueceram da idéia de Constituição, entendida esta como o breviário do povo livre.

Hoje, está cada vez mais viva não só a idéia de Constituição, mas também a compreensão de que é preciso guardá-la e protegê-la. Os povos têm fome de liberdade e compreendem que a liberdade está, sobretudo, no fazer respeitada a Constituição, pois é nela que as liberdades públicas estão declaradas.

Todavia, é necessário ressaltar, principalmente numa reunião de magistrados, que as Constituições de nada valem se aqueles que devem aplicá-las não estiverem imbuídos daquilo que Pablo Lucas Verdú[19] denomina de sentimento constitucional, desenvolvendo, aliás, tese formulada por Karl Loewenstein,[20] que pode ser resumida no que os romanos chamavam de *constans voluntas*, que envolve a idéia de coragem que, segundo John Kennedy, é a mais nobre das virtudes humanas, a coragem de, sejam quais forem os percalços, os sacrifícios e os esforços, proteger, guardar, aplicar e fazer vingar a Constituição, assim os direitos e garantias constitucionais, missão maior que é conferida aos juízes.

19. Pablo Lucas Verdú, *El Sentimiento Constitucional*, Madri, Reus, 1985.

20. Karl Loewenstein, *Teoría de la Constitución*, Ariel, Barcelona, 2ª ed., 1970.

DESAPROPRIAÇÃO DE IMÓVEL RURAL POR ESTADOS E MUNICÍPIOS

CELSO ANTÔNIO BANDEIRA DE MELLO

Titular da Faculdade de Direito da PUC/SP

1. O tema da desapropriação por interesse social de imóvel agrário, efetuada por Estados e Municípios visando promover o estabelecimento e manutenção de colônias ou cooperativas de povoamento e trabalho agrícolas (a teor do art. 2º, inc. III, da Lei n. 4.132, de 21.9.1962) merece ser visitado. É que ainda pode suscitar interpretações defeituosas, maculadas pelo preconceito simplório de que tudo quanto concerne à expropriação rural e com objetivos rurais compete tão-somente à União.

Assim, para dissipar análises superficiais que acaso roborassem neste equívoco, parece bem recordar algumas noções singelas sobre o instituto da desapropriação e suas modalidades no Direito brasileiro.

O art. 5º, XXIV, da Constituição Federal estatui: "A lei estabelecerá o procedimento para desapropriação por necessidade ou utilidade pública, ou por interesse social, mediante justa e prévia indenização em dinheiro, *ressalvados os casos previstos nesta Constituição*".

Os casos a que alude a parte final do dispositivo, isto é, aqueles em que a indenização não se efetua com os rigores previstos no artigo e nos quais há expressa menção ao sujeito competente para decretá-la, estão contemplados em dois preceptivos.

2. Na seqüência dos dispositivos constitucionais, o primeiro deles está previsto no art. 182, § 3º, III. Reporta-se ao inadequado aproveitamento de solo urbano ubicado em área incluída no plano diretor. De acordo com este preceptivo, o imóvel não edificado, subutilizado ou não utilizado, pode ser submetido pelo Município, na conformidade de lei municipal específica — e obedecidos os termos de lei federal (*ainda não editada*) — à exigência, sucessivamente, de parcelamento ou edificação compulsórios, imposto sobre a propriedade predial e territorial urbana progressivo no tempo e, finalmente, "III — *desapropriação com pagamento em títulos da dívida pública de emissão previamente aprovada pelo Senado Federal, com prazo de resgate de até dez anos, em parcelas anuais, iguais e sucessivas, assegurado o valor real da indenização e os juros legais*".

Afora esta primeira hipótese mencionada, a outra, aliás, de grande relevo, está contemplada no art. 184, de acordo com o qual: "Compete à União desapropriar por interesse social, para fins de reforma agrária, o imóvel rural que não esteja cumprindo sua função social, mediante prévia e justa indenização em títulos da dívida agrária, com cláusula de preservação do valor real, resgatáveis no prazo de até vinte anos, a partir do segundo ano de sua emissão, e cuja utilização será definida em lei".

3. Como se vê, estas duas modalidades licitatórias ora referidas *são claramente distintas da genérica previsão constante do art. 5º, XXIV*, em sua primeira parte. Vale dizer: afastam-se dos casos comuns de desapropriação por necessidade ou utilidade pública ou interesse social indenizáveis previamente e em dinheiro e se caracterizam como uma ***específica modalidade de interesse social***, cujos traços peculiarizadores são os seguintes:

a) possuem caráter sancionador, visto que se propõem a desestimular o uso antisocial da propriedade, mediante ameaça de uma desapropriação peculiar efetuada *com indenização em condições muito desvantajosas para o proprietário*; a saber: *é paga com títulos públicos cujo prazo de resgate é protraído no tempo* e, no caso da desapropriação para reforma agrária, se processa mediante procedimento contraditório especial de rito sumário (§ 3º do art. 184) — o que não ocorre, jamais, na desapropriação comum, em que a indenização é em dinheiro;

b) os únicos titulados para decretá-la já estão indicados na própria Constituição. São eles: no caso de imóveis urbanos descumpridores de sua função social, unicamente os Municípios ("*É facultado ao Poder Público municipal*") é que são titulados para o uso desta modalidade indenizatória, uma vez preenchidos os requisitos do art. 182. No caso de imóveis rurais violadores de sua função social, unicamente a União ("*Compete à União*") é titulada para efetuá-la mediante pagamento em títulos da dívida agrária, a teor do art. 184.

4. Diversamente, nas desapropriações comuns, *por necessidade ou utilidade pública ou por interesse social, efetuadas mediante "justa e prévia indenização em dinheiro*", a Constituição não faz reserva alguma de titulação expropriatória para quem quer que seja, deixando a matéria ser tratada a nível legal, conforme prescreve seu art. 5º, XXIV, dantes transcrito: "*a lei estabelecerá o procedimento para desapropriação por necessidade ou utilidade pública, ou por interesse social* (...)", pelo que, como se dirá, em seguida, são sujeitos ativos, ***indiferentemente***, União, Estados, Municípios, Distrito Federal e Territórios.

É que a lei, *in casu*, o Decreto-lei n. 3.365, de 21.6.1941, que regula a desapropriação por necessidade ou utilidade pública, dispõe, em seu art. 2º: "Mediante declaração de utilidade pública todos os bens poderão ser desapropriados *pela União, pelos Estados, Distrito Federal e Territórios*" (neste diploma estão unificadas as hipóteses historicamente distinguidas em necessidade e utilidade pública, dantes previstas, respectivamente, nos arts. 590, §§ 1º e 2º do Código Civil).

De seu turno, a Lei n. 4.132, de 10.9.1962, que regula a desapropriação por interesse social é extremamente sucinta, cingindo-se praticamente a enunciar os casos em que têm cabida e a fixar o prazo de caducidade da correspondente declaração. No mais adota as normas regentes da desapropriação por necessidade ou utilidade pública. É o que estabelece seu art. 5º: "Art. 5º. *No que esta lei for omissa aplicam-se as normas legais que regulam a desapropriação por utilidade pública, inclusive no tocante ao processo e à justa indenização devida ao proprietário*".

Assim por força deste artigo, que se reporta ao Decreto-lei 3.365, as pessoas competentes para decretá-la são os mesmos que dito decreto-lei enumera: União, Estados, Municípios, Distrito Federal e Territórios.

5. De um ponto de vista técnico-jurídico, isto é, de disciplina normativa, a diferença mais sensível que se pode apontar entre as modalidades licitatórias certamente é a que aparta, de um lado:

a) desapropriações indenizáveis de modo prévio, justo e em dinheiro e que não estão constitucionalmente reservadas a determinados sujeitos, que seriam as desapropriações *comuns* (sejam elas por interesse público ou por interesse social) e, de outro lado,

b) desapropriações *peculiares*, vale dizer, pagas mediante títulos da dívida, com protraimento do resgate deles em até dez ou vinte anos, conforme se trate da desapropriação urbana prevista no art. 182 da CF ou da desapropriação agrária prevista em seu art. 184 e cujos sujeitos ativos já estão constitucionalmente definidos com exclusividade.

Ressalte-se que a indenização nestes últimos casos não é prévia — embora a Constituição assim a qualifique — porque ela própria se desmente de imediato, ao estabelecer que o resgate de tais títulos pode se dar ao longo de um período amplo. O fato de alguém receber, desde logo, estes títulos e poder negociá-los no mercado — com deságio, evidentemente — não significa que o expropriante tenha *pago previamente a indenização*, mas apenas que o expropriado pode captar deste *pagamento diferido*, parte do valor nominal efetivamente liberado.

6. Estas diferenças apontadas entre a desapropriação comum e a desapropriação por títulos certamente são muito mais relevantes do que a que aparta desapropriação por utilidade pública ou por interesse social. Por isto mesmo, em obra teórica deixamos averbado: "*Há, pois, dois tipos de desapropriação no Direito brasileiro. Em um deles, a indenização é prévia, justa e em dinheiro, conforme tradição de nosso Direito. Está previsto no art. 5º, XXIV, da Constituição como sendo o regime indenizatório corrente, normal. O outro é o que se efetua através de pagamentos em títulos especiais da dívida pública, resgatáveis em parcelas anuais e sucessivas. A indenização deve ser justa, mas já se vê que não é prévia, ainda que a Constituição assim a qualifique*" (*Curso de Direito Administrativo*, Malheiros Editores, 12ª ed., 2000, p. 687).

Deveras, as desapropriações por utilidade pública e por interesse social distinguem-se por dois aspectos, dos quais, na legislação infraconstitucional, apenas um deles aparece de modo cabalmente irretorquível. Estas disseptações residiriam no prazo de caducidade da declaração, que é de cinco anos no caso de interesse público, a teor do art. 10 do Decreto-lei n. 3.365, ao passo que a de interesse social caduca em dois anos, consoante o art. 3º da Lei n. 4.132. A outra distinção e que pareceria ser, ao menos substancialmente, um cortante divisor de águas é o fundamento de cada qual: interesse público ou interesse social. Este segundo traço diferencial, todavia, fica um tanto esmaecido ao se considerarem os casos apontados nas respectivas leis como ensejadores de suas correspondentes utilizações, como logo se dirá.

7. Certamente é possível conceber, em tese, que a utilidade pública, como noção abrangente também da necessidade, seria a satisfação das conveniências públicas demandadas para atendimento dos meios e condições básicos ou de infra-estrutura requeridas para manutenção e progresso da Sociedade, ao passo que o interesse social consistiria, também em tese, *de um lado*, no enquadramento das propriedades a um destino proveitoso para toda a coletividade (função social da propriedade) e, *de outro lado*, na busca da Justiça Social, com um redistributivismo das propriedades favorecedor das camadas sociais mais carentes.

Mencionamos estes dois lados porque, em rigor, não há uma superposição exata entre a idéia de função social da propriedade e a de Justiça Social em termos de propriedade. Com efeito, propriedades subutilizadas ou não utilizadas e assim mantidas (com ou sem objetivos de especulação imobiliária) obviamente não cumprem sua função social, isto é, não concorrem para o benefício do todo e poderiam ser desapropriadas para que fossem revertidas a destinos coletivamente úteis *sem que, com isto, tenha-se que estar, necessariamente, concorrendo ou objetivando concorrer para uma redistribuição de bens favorecedora dos mais desamparados pela fortuna.*

Esta nominação de desapropriação por interesse social como relembra Ildefonso Mascarenhas da Silva (*Desapropriação por Necessidade e Utilidade Pública*, Rio de Janeiro, 1947, p. 36), foi introduzida na Constituição de 1946 "mediante Emenda de autoria do Senador Ferreira de Souza, catedrático de Direito comercial da Faculdade Nacional de Direito". Dita Emenda foi aprovada vindo a substanciar-se no art. 141, § 16, da citada Constituição, em harmonia com o disposto no art. 147 daquele Diploma, de acordo com o qual "*O uso da propriedade será condicionado ao bem-estar social. A lei poderá, com observância do disposto no art. 141, § 16, promover a justa distribuição da propriedade, com igual oportunidade para todos*". Segundo entendemos, há, neste dispositivo, a conjunção de duas finalidades. Uma, a exigência de um uso consonante com a função social da propriedade e outra a de atender exigências de justiça social.

8. Assim, em tese, a distinção conceitual entre desapropriação por utilidade pública e por interesse social certamente existe. O fato, entretanto, é que, ao se examinar os casos arrolados na legislação como próprios de uma ou outra tipologia, nota-se que nem sempre se ubicariam nestas categorizações abstratas.

Assim, por exemplo, entre os de desapropriação por utilidade pública catalogados no Decreto-lei n. 3.365, de par com os perfeitamente típicos de tal gênero, encontra-se o de "*loteamento de terrenos, edificados ou não, para sua melhor utilização econômica, higiênica* (...)" (art. 5º, letra *i*), hipótese na qual está pressuposto que os bens em questão não cumprem como deveriam o destino social, portanto, a função social que conviria estivessem a acudir satisfatoriamente.

Inversamente, na Lei n. 4.132, concernente à desapropriação por interesse social, ao lado dos casos que modelarmente a expressariam, encontra-se também o da "proteção e preservação de cursos e mananciais de água e de reservas florestais", o que é, ao menos em nosso entender, hipótese de evidente resguardo de meios e condições básicas para o civilizado convívio do grupo social, tanto quanto o seria "o socorro público em casos de calamidade", "a abertura, conservação e melhoramento de vias públicas", casos, estes últimos, entretanto, adequadamente ubicados como de utilidade pública.

Assim, de par com os casos centrais ou típicos, há e pode haver outros mais em que a fronteira legal de separação destas duas modalidades perderia sua nitidez plena. Aponte-se, até mesmo, conforme registro do precitado Ildefonso Mascarenhas da Silva, a opinião manifestada pelo administrativista, Prof. Mário Mazagão, na qualidade de deputado constituinte em 1946, segundo a qual, seria desnecessária a previsão da desapropriação por interesse social, "sub color" de que a noção de utilidade pública já permitiria "desapropriar áreas de terreno para distribuí-las melhor". É verdade que tal ponto de vista foi expendido para sustentar posição conservadora, hostil ao ingresso desta via expropriatória, pelo temor do que nela se poderia pretender abrigar.

9. Seja como for, sob o ângulo jurídico, repita-se, a distinção verdadeiramente importante das desapropriações no Brasil, não está na dicotomia "utilidade pública", de uma parte e "interesse social", de outra, mas se radica, isto sim, em outro discrímen: aquele que as separa em função da forma de pagamento das indenizações, o que cria regimes nitidamente diversos. Enquanto, consoante se averbou, nas desapropriações comuns, a indenização é prévia, justa e em dinheiro, opostamente, em *uma das modalidades de desapropriação por interesse social*, ou seja, a que se estriba ou no art. 182 da Constituição (esta ainda inoperante por falta da lei federal ali prevista) ou no art. 184 (regulada pela Lei n. 8.629, de 25.2.1993) é indenizável por títulos públicos, com indenização que verdadeiramente não é prévia.

É óbvio, então, que as competências para as desapropriações comuns, tanto por utilidade pública como por interesse social, *nada têm a ver com as restrições de competência para as peculiares desapropriações supostas nos referidos arts. 182 e 184* precitados, os quais reservam os correspondentes poderes expropriatórios, respectivamente, para Municípios e para a União. E isto, até mesmo, pela singela razão de que *não seria possível extrair tais restrições do nada.*

De fato, não há dispositivo algum, constitucional ou legal, que haja retirado ditas competências da generalidade das pessoas jurídicas a que foram atribuídas. A mera circunstância de vir a ser instaurada uma modalidade especial de desapropriação por títulos, aplicável a certas situações, atribuindo-se a exclusividade dela a determinadas pessoas, não quer dizer que as desapropriações comuns pagas previamente em dinheiro, tenham, só por isto, sofrido alterações em seu regime competencial. Entre uma coisa e outra não há qualquer relação, pois um evento não predica logicamente o outro, sendo gratuita qualquer suposição de inter-relacioná-los.

Ou seja: Estados, Municípios, Distrito Federal e Territórios (se estes últimos vierem a ser reintroduzidos) têm competência plena para a desapropriação comum, tanto por interesse público quanto por interesse social, dentro de qualquer das hipóteses legais previstas para uma ou outra.

A simples leitura do dispositivo constitucional genericamente fundante do poder expropriatório (art. 5º, XXIV), bem como das normas infraconstitucionais concernentes à modalidade comum de desapropriação (Decreto-lei n. 3.365 e Lei n. 4.132) revelam que nelas não se contém previsão alguma de exclusividade em prol da União para desapropriar por interesse social. Antes e pelo contrário, destes diplomas de hierarquia legal resulta hialinamente clara a competência tanto da União, quanto de Estados, Municípios, Distrito Federal e Territórios.

10. Sem embargo, chegou a ser ensaiada e pretendeu-se encorpar, uma tentativa de "interpretação", que arvorava competência exclusiva da União para desapropriar por interesse social. Isto se deu durante o período castrense, iniciado com o golpe militar de 1964 e findo anos depois com seu desgaste e implosão que culminaria com a ascensão do Presidente José Sarney à chefia do Executivo.

Ao longo do citado interregno, fosse em conseqüência de momentos em que se acirraram as paixões políticas com a inevitável turbação da lucidez jurídica, fosse por puro sabujismo, que notoriamente se exponencia durante governos autoritários, alguns sustentaram, sem que a final prosperasse tal entendimento, exclusividade da União em tema de desapropriação por interesse social. Outros, mais contidamente, circunscreveram suas restrições ao tema de desapropriação de imóvel agrário para fins de reforma ou melhoria de sua estrutura.

Uma e outra teses, evidentemente, não possuíam qualquer base teórica ou normativa que lhes oferecessem um mínimo de arrimo jurídico decente.

11. Veja-se. A nível legal, como anotado, nenhum óbice existe à competência de Estados e Municípios na matéria, pois, a Lei n. 4.132, exceto no que dispôs (e não fez sobre competência para expropriar), se remete em tudo o mais ao Decreto-lei n. 3.365 (art. 5º). Neste são declarados indistintamente competentes para tanto a União, os Estados, os Municípios, o Distrito Federal e os Territórios (art. 2º).

Assim, qualquer restrição competencial na matéria, somente poderia ser alegada se estivesse estabelecida em nível constitucional. Na Constituição, entretanto, *salvo no que atina à desapropriação por títulos*, também não há qualquer óbice anteposto à indiscriminada competência destes sujeitos.

Acresce que o Brasil é uma República Federativa e, hoje, inclusive — embora com manifesta impropriedade técnica — até os Municípios e o Distrito Federal são apresentados como formadores da união indissolúvel que a constitui (art. 1º da CF). Assim, maiormente no caso dos Estados Federados, qualquer embargo que se antepusesse a suas competências para desapropriar por interesse social seria até mesmo rebarbativo.

Com efeito, que espécie de Estados federados seriam estes se nem ao menos pudessem atuar para atendimento do "interesse social" instalado no âmbito de validade de suas ordens jurídicas e aos quais fossem negados os meios hábeis para a busca de interesse ao qual a Constituição atribui tanta relevância (arts. 3º, 170, *caput* e incs. III e VII)? Repugnaria à própria noção federativa a negativa de poderes públicos necessários à realização do interesse social em seus territórios.

Aliás, ninguém contesta ou jamais contestou, nos tempos modernos, poderem Estados e Municípios desenvolver ação no campo social, isto é, na faixa representativa do chamado "interesse social". Tanto assim é, que tais pessoas mantém, habitualmente, "Secretarias de Promoção Social", ou de "Bem-Estar Social" ou de "Assistência Social" ou, quando menos, órgãos (sejam departamentos, sejam diretorias) com atribuições específicas de atuação em tal esfera.

Diria, alguém, porventura, que em assim procedendo, estarão a desbordar de suas trilhas de competências? Acaso, pretenderia homem sustentar que falece a Estados e Municípios poder jurídico para ingressar nesta esfera, sem com isto estar a refletir uma visão, sobre anacrônica, descompassada com a índole das Federações e, ademais em aberto confronto com legislação cuja antiguidade (Lei n. 4.132/62) beira os quarenta anos?

12. Acresce que, no caso dos Estados, tendo em vista o modelo adotado para a distribuição constitucional de competências no Brasil, mais surpreendente, ainda, seria a defesa de ponto de vista que sustentasse a ablação de naturais poderes seus em tema de expropriação.

Como é notório, pelo sistema de repartição competencial instaurado na Constituição, a competência da União é *arrolada* em diferentes dispositivos, em especial nos arts. 21 (competência administrativa típica), 22 (competência legislativa privativa), 23 (competência comum dela, Estados, Distrito Federal e Municípios), 24 (competência legislativa concorrente com Estados e Distrito Federal) e em dispositivos esparsos, dos quais o art. 184, dantes referido, é um exemplo. A competência dos Municípios assenta-se nos arts. 29 e 30, girando em torno da idéia de "assuntos de interesse local" e de suplementação da legislação federal ou estadual, no que couber, bem como em algum dispositivo esparso, de que é demonstrativo o art. 182 precitado.

Já a competência dos Estados, de fora a parte as competências administrativas comuns e as competências legislativas concorrentes a que aludem os precitados arts. 22 e 23, é ***residual***.

Ou seja: tudo aquilo que não lhes estiver vedado, por ter sido outorgado com exclusividade a outrém, será *ipso facto*, da alçada dos Estados. É o que expressamente o diz o § 1º do art. 25, de acordo com cujos termos: "*São reservadas aos Estados as competências que não lhes sejam vedadas por esta Constituição*".

Dessarte, como em tema de desapropriação só lhes foi vedada a desapropriação de imóveis urbanos efetuada mediante pagamento em títulos da dívida pública, como previsto no art. 182 (reservada unicamente aos Municípios) e a desapropriação de imóveis rurais efetuada mediante indenização por títulos da dívida agrária, como previsto no art. 184 (reservada tão-só à União), segue-se que nada lhes empece o exercício pleno de poderes expropriatórios fora destas hipóteses. Isto é, são lidimamente manifestáveis em quaisquer dos casos estabelecidos como de interesse social na Lei n. 4.132, uma vez efetuada segundo seus termos e os do Decreto-lei n. 3.365, vale dizer, mediante indenização prévia, justa e em dinheiro, na conformidade da primeira parte do art. 5º, do inc. XXIV da Constituição Federal.

13. Disto decorre ser claro a todas as luzes que Estados (e assim também Municípios) podem, perfeitamente, com base na Lei n. 4.132, desapropriar para "o estabelecimento e manutenção de colônias ou cooperativas de povoamento e trabalho agrícolas", como lhes faculta o inc. III do art. 2º da citada lei.

Tal hipótese expropriatória em nada se confunde e em nada é obstada pela circunstância do art. 184 da Constituição haver estatuído que à União compete desapropriar por interesse social, para fins de reforma agrária, mediante indenização em títulos da dívida agrária, imóvel rural que não esteja a cumprir sua função social.

Em nada se confundem porque a desapropriação suposta no art. 184 — ela sim, privativa da União:

a) tem caráter manifestamente sancionador;

b) é indenizável mediante títulos da dívida agrária;

c) só incide sobre imóveis rurais que não estejam cumprindo sua função social, ou seja, sobre aqueles que, a teor do art. 186, estejam a contravir um dos seguintes deveres: ter aproveitamento racional e adequado; utilizar adequadamente os recursos naturais disponíveis e preservar o meio ambiente; observar as disposições que regulam as relações de trabalho e efetuar exploração favorecedora do bem-estar dos proprietários e dos trabalhadores;

d) insere-se no contexto *jurídico* da Reforma Agrária, noção que, *no Direito positivo brasileiro*, possui *fisionomia própria*: a que resulta, desde logo, do art. 184 da Constituição e em nível infraconstitucional da Lei n. 8.629/93, a qual lhe dá a conformação que possui de direito e o fundamento infraconstitucional de efetivação, juntamente com a Lei Complementar n. 76 de 6.7.1993 (alterada pela Lei Complementar n. 88, de 23.12.1996, reguladora do processo contraditório especial de rito sumário da correspondente ação, previsto no § 3º do citado art. 184).

14. Diversamente, a desapropriação para "o estabelecimento e manutenção de colônias ou cooperativas de povoamento e trabalho agrícolas":

a) não tem caráter sancionador algum;

b) não se efetiva mediante pagamento de indenização em títulos da dívida pública, mas inversamente, pressupõe indenização prévia e em dinheiro;

c) não está restrita a imóveis cuja utilização se antagonize com a função social que devam cumprir e muito menos que necessitem estar descompassados com os deveres que resultariam do art. 186 da Constituição;

d) não se insere no contexto jurídico, isto é, no quadro normativo delineador da Reforma Agrária, tal como desenhada na lei federal competente e não se funda nela, mas no inc. III do art. 2º da Lei n. 4.132, lei esta perfeitamente estranha à chamada "Reforma Agrária".

A MP DOS PREGÕES: INCONSTITUCIONALIDADES E ILEGALIDADES

Toshio Mukai

Mestre e Doutor em Direito-USP
— Ex-Professor de Direito Administrativo
da Faculdade de Direito da Universidade Mackenzie-SP

1. Os termos gerais da MP n. 2.026/2000, que instituiu o pregão como nova modalidade de licitação para aquisição de bens e serviços comuns, pela União (Administração direta)

1.1 A ementa da MP diz que ela tem fulcro no art. 37, inciso XXI, da Constituição Federal

Portanto, trata-se de normatividade específica sobre licitações, apenas aplicável à Administração direta da União. O pregão é modalidade de licitação? É, nos termos do inc. V do art. 22 da Lei n. 8.666/93 (leilão para a venda de bens móveis inservíveis para a Administração ou de produtos legalmente apreendidos ou penhorados, ou para a alienação de bens imóveis prevista no art. 19, a quem oferecer o maior lance, igual ou superior ao valor da avaliação).

Aduz o § 1º do art. 22: É vedada a criação de outras modalidades de licitação ou a combinação das referidas neste artigo. Trata-se de norma geral.

1.2 O art. 2º da MP diz que a disputa pelo fornecimento será feita por meio de propostas e lances em sessão pública

O inc. IX do art. 4º diz que no curso da sessão, o autor da oferta de valor mais baixo e os das ofertas com preço até dez por cento superiores àquela poderão fazer novos lances verbais e sucessivos, até a proclamação do vencedor.

Há gritante inconstitucionalidade nessa disposição, pois aquele que lhe oferecer o preço mais baixo não pode ser obrigado a reduzir mais o seu preço, tendo em vista que o inc. XXI do art. 37 da Constituição Federal diz que os editais deverão conter cláusulas que estabeleçam obrigações de pagamento, e que o procedimento licitatório deverá manter as condições *efetivas da proposta*.

Outro ponto, agora de ilegalidade, é o seguinte: é da doutrina pacífica que a Administração pode negociar com o vencedor no sentido de que ele abaixe mais o seu preço, uma vez que, como o seu preço já é o menor, tal negociação não trará nenhum prejuízo aos demais licitantes.

No presente caso, a negociação será com diversos concorrentes, podendo vir a existir prejuízo para aquele que apresentou o menor preço, posto que, no pregão, ele pode não oferecer um preço que alguém que obteve preço até 10% do seu preço, possa oferecê-lo.

Então, tal negociação será ilegal.

Outro ponto. Se a licitação será ultimada com o pregão dele podendo participar somente aqueles que tenham oferecido preços de até 10% do menor preço obtido nas propostas escritas, ela, na verdade, torna aleatório todo o desfecho do certame, assemelhando-se, em tudo, a um jogo de azar, ao famigerado tipo de licitação que já se praticou no País, denominado de média base, inteiramente condenado, de há muito, pela doutrina.

Celso Antônio Bandeira de Mello, a propósito, assevera: "Por já terem sido utilizados em editais de concorrência, vale mencionar dois critérios juridicamente inaceitáveis. Um deles é o de preço médio. Consiste em atribuir vitória à proposta cujo preço estiver mais próximo do preço-médio das ofertas apresentadas. É bem de ver que tal sistema instaura uma álea completa. A licitação se converte num jogo de azar" (*Licitação*, 2ª ed., Ed. RT, p. 74).

1.3 A inversão das fases: ilegalidade

O art. 2º da MP reza que a modalidade pregão poderá ser utilizada, qualquer que seja o valor estimado da contratação. Ora, as modalidades convite, tomada de preços e concorrência, pela Lei n. 8.666/93, deverão ser obrigatoriamente utilizadas dentro das faixas de valores previstas no seu art. 23, salvo a hipótese prevista no § 4º do art. 23, pelo qual pode-se, sempre, utilizar a modalidade de maior faixa de valor, no lugar de outra com faixa menor. Diz a disposição: em qualquer caso, a concorrência.

Portanto, se o art. 2º da MP diz que o pregão pode ser utilizado, qualquer que seja o valor estimado da licitação, ele equivale a uma concorrência pública.

E, veja-se, faz parte do conceito desta modalidade licitatória a expressão "(...) quaisquer interessados que, *na fase inicial de habilitação preliminar*, comprovem possuir os requisitos mínimos (...)". Portanto, a inversão das fases, prevista no inciso XIII do art. 4º da MP, é ilegal.

2. Ilegalidades e/ou distorções legislativas da MP

O regulamento disporá sobre os bens e serviços comuns de que trata o art. 1º, diz o seu § 2º. Ora, se o § 1º já define o que se consideram bens e serviços de interesse comum, ao regulamento só restará indicá-los pormenorizadamente.

Enquanto não houver o regulamento a MP é inaplicável.

O inciso IV do art. 3º diz que será nomeado um pregoeiro para levar avante a licitação, atribuindo-lhe o recebimento das propostas e lances, a análise de sua aceitabilidade e sua classificação, bem como a habilitação e a adjudicação do objeto, do certame ao licitante vencedor.

Ora, a Lei n. 8.666/93 dá essas atribuições à Comissão de Licitação, Permanente ou Especial (art. 6º, inc. XVI, art. 51), salvo no caso de convite, em que, excepcionalmente, essas atribuições poderão ser executadas por um único servidor, e, no caso de alienação por leilão, onde um servidor ou um leiloeiro oficial, poderão levar avante o leilão.

O inciso V do art. 4º diz que o prazo fixado para a apresentação das propostas, contado a partir da publicação do aviso, não será inferior a oito dias. Ou seja, esse prazo poderá ser de oito dias, o que contraria qualquer dos prazos previstos no § 2º do art. 4º da Lei n. 8.666/93.

O inc. XII reza que "examinada a proposta classificada em primeiro lugar, quanto ao objeto e valor, caberá ao pregoeiro decidir motivadamente, a respeito da sua aceitabilidade".

Ou seja, pode não haver a aceitação, o que viola o princípio da adjudicação compulsória ao vencedor.

O inc. XX reza que "a falta de *manifestação imediata* e motivada do licitante importará a preclusão do direito de recurso e adjudicação do pregoeiro ao vencedor".

Tal norma, além de ser cerceadora do direito de defesa ampla (art. 5º, inc. LV, da CF) viola todas as regras da Lei n. 8.666/93 que prevê diversos prazos para os recursos (em geral, de cinco dias), no seu art. 109.

3. Pontos criticáveis finais

O art. 6º diz que o prazo de validade das propostas será de sessenta dias, *se outro não estiver fixado no edital*. A Lei n. 8.666/93, no seu art. 64, § 3º, não autoriza qualquer prazo superior a 60 (sessenta) dias, para a validade das propostas.

O art. 8º, finalmente, dispõe: "Aplicam-se, subsidiariamente, para a modalidade de pregão, as normas da Lei n. 8.666, de 21 de junho de 1993".

É a primeira vez que vemos um diploma legal específico subordinar (ou afastar) outro que se compõe de normas gerais.

Além da inversão das fases da licitação, a teratológica MP n. 2.026 pretende o impossível jurídico: a inversão da supremacia das normas gerais sobre as específicas e procedimentais, o que é, além de tudo, demonstração, *cum gran salis*, de desconhecimento do Direito Público.

Medida Provisória n. 2.026, de 4 de maio de 2000 (DOU de 5.5.2000)

Institui, no âmbito da União, nos termos do art. 37, inciso XXI, da Constituição Federal, modalidade de licitação denominada pregão, para aquisição de bens e serviços comuns.

O Presidente da República, no uso da atribuição que lhe confere o art. 62 da Constituição, adota a seguinte Medida Provisória, com força de lei:

Art. 1º. Para aquisição de bens e serviços comuns, a União poderá adotar licitação na modalidade de pregão, que será regida por esta Medida Provisória.

§ 1º. Consideram-se bens e serviços comuns, para os fins e efeitos deste artigo, aqueles cujos padrões de desempenho e qualidade possam ser objetivamente definidos pelo edital por meio de especificações usuais no mercado.

§ 2º. O regulamento disporá sobre os bens e serviços comuns de que trata este artigo.

Art. 2º. Pregão é a modalidade de licitação para aquisição de bens e serviços comuns, promovida exclusivamente no âmbito da União, qualquer que seja o valor estimado da contratação, em que a disputa pelo fornecimento é feita por meio de propostas e lances em sessão pública.

Parágrafo único. Poderá ser realizado o pregão por meio da utilização de recursos de tecnologia da informação, nos termos de regulamentação específica.

Art. 3º. A fase preparatória do pregão observará o seguinte:

I — A autoridade competente justificará a necessidade de contratação e definirá o objeto do certame, as exigências de habilitação, os critérios de aceitação das propostas, as sanções por inadimplemento e as cláusulas do contrato, inclusive com fixação dos prazos para fornecimento;

II — A definição do objeto deverá ser precisa, suficiente e clara, sem especificações que, por excessivas, irrelevantes ou desnecessárias, limitem a competição;

III — Dos autos do procedimento constarão a justificativa das definições referidas no inciso I deste artigo e os indispensáveis elementos técnicos sobre os quais estiverem apoiados, bem como o orçamento, elaborado pelo órgão promotor da licitação, dos bens ou serviços a serem licitados; e

IV — A autoridade competente designará, dentre os servidores do órgão promotor da licitação, o pregoeiro, cuja atribuição inclui o recebimento das propostas e lances, análise de sua aceitabilidade e sua classificação, bem como a habilitação e a adjudicação do objeto do certame ao licitante vencedor.

Art. 4º. A fase externa do pregão será iniciada com a convocação dos interessados e observará as seguintes regras:

I — A convocação dos interessados será efetuada por meio de publicação de aviso no Diário Oficial da União, em jornais de grande circulação e, facultativamente, por meios eletrônicos;

II — Do aviso constarão a definição do objeto, a indicação do local, dias e horários em que poderá ser lida ou obtida a íntegra do edital e recebidas as propostas;

III — Do edital constarão todos os elementos definidos na forma do inciso I do artigo anterior e as normas que disciplinarem o procedimento;

IV — Cópias do edital e do respectivo aviso serão colocadas à disposição de qualquer pessoa para consulta;

V — O prazo fixado para a apresentação das propostas, contado a partir da publicação do aviso, não será inferior a oito dias úteis;

VI — No dia, hora e local designados, será realizada sessão pública para recebimento das propostas, devendo o interessado, ou seu representante, identificar-se e, se for o caso, comprovar a existência dos necessários poderes para formulação de propostas e para a prática de todos os demais atos inerentes ao certame;

VII — A habilitação far-se-á com declaração do próprio licitante de que está em situação regular perante a Fazenda Nacional, a Seguridade Social e o Fundo de Garantia do Tempo de Serviço-FGTS, bem como de que atende às exigências do edital quanto à habilitação jurídica e qualificações técnica e econômico-financeira;

VIII — Aberta a sessão, os interessados entregarão os envelopes contendo a indicação do objeto e do preço oferecidos, procedendo-se à sua imediata abertura e à verificação da conformidade das propostas com os requisitos estabelecidos no instrumento convocatório;

IX — No curso da sessão, o autor da oferta de valor mais baixo e os das ofertas com preços até dez por cento superiores àquela poderão fazer novos lances verbais e sucessivos, até a proclamação do vencedor;

X — Não havendo pelo menos três ofertas nas condições definidas no inciso anterior, poderão os autores das três melhores propostas oferecer novos lances verbais e sucessivos, quaisquer que sejam os preços oferecidos;

XI — Para julgamento e classificação das propostas, será adotado o critério de menor preço, observados os prazos máximos para fornecimento, as especificações técnicas e parâmetros mínimos de desempenho e qualidade definidos no edital;

XII — Examinada a proposta classificada em primeiro lugar, quanto ao objeto e valor, caberá ao pregoeiro decidir motivadamente a respeito da sua aceitabilidade;

XIII — Encerrada a etapa competitiva e ordenadas as ofertas, o pregoeiro procederá à abertura do invólucro contendo os documentos de habilitação do licitante que apresentou a melhor proposta, para verificação do atendimento das condições fixadas e da documentação exigida no edital, que incluirá certidões de regularidade perante a Fazenda Nacional, a Seguridade Social e o FGTS, bem como a negativa de falência e concordata;

XIV — Os licitantes poderão deixar de apresentar os documentos de habilitação que já constem do Sistema de Cadastramento Unificado de Fornecedores-SICAF, assegurado aos demais licitantes o direito de acesso aos dados nele constantes;

XV — No caso de inabilitação do proponente que tiver apresentado a melhor oferta, serão analisados os documentos habilitatórios do licitante com a proposta classificada em segundo lugar, e assim sucessivamente, até que um licitante atenda às condições fixadas no instrumento convocatório;

XVI — Verificado o atendimento das exigências fixadas no edital, o licitante será declarado vencedor;

XVII — Se a oferta não for aceitável ou se o licitante desatender às exigências habilitatórias, o pregoeiro examinará as ofertas subseqüentes e a qualificação dos licitantes, na ordem de classificação, e assim sucessivamente, até a apuração de uma que atenda ao edital, sendo o respectivo licitante declarado vencedor;

XVIII — Declarado o vencedor, qualquer licitante poderá manifestar imediata e motivadamente a intenção de recorrer, quando lhe será concedido o prazo de três dias para apresentação das razões do recurso, ficando os demais licitantes desde logo intimados para apresentar contra-razões em igual número de dias, que começarão a correr do término do prazo do recorrente, sendo-lhes assegurada vista imediata dos autos;

XIX — O acolhimento de recurso importará a invalidação apenas dos atos insuscetíveis de aproveitamento;

XX — A falta de manifestação imediata e motivada do licitante importará a preclusão do direito de recurso e adjudicação pelo pregoeiro ao vencedor;

XXI — Decididos os recursos, a autoridade competente fará a adjudicação ao licitante vencedor;

XXII — Homologada a licitação pela autoridade competente, o adjudicatário será convocado para assinar o contrato no prazo definido em edital; e

XXIII — Se o licitante vencedor, convocado dentro do prazo de validade da sua proposta, não celebrar o contrato, aplicar-se-á o disposto no inciso XVII.

Art. 5º. É vedada a exigência de:

I — Garantia de proposta;

II — Aquisição do edital pelos licitantes, como condição para participação no certame; e

III — Pagamento de taxas e emolumentos, salvo os referentes a fornecimento do edital, que não serão superiores ao custo de sua reprodução gráfica.

Art. 6º. O prazo de validade das propostas será de sessenta dias, se outro não estiver fixado no edital.

Art. 7º. Quem fizer declaração falsa ou deixar de apresentar a documentação exigida para o certame ficará impedido de contratar com a União, e, se for o caso, será descredenciado no SICAF, pelo prazo de até cinco anos, sem prejuízo das multas previstas no edital e no contrato e das demais cominações legais.

Art. 8º. Aplicam-se subsidiariamente, para a modalidade de pregão, as normas da Lei n. 8.666, de 21 de junho de 1993.

Art. 9º. Essa Medida Provisória entra em vigor na data de sua publicação.

Brasília, 4 de maio de 2000; 179º da Independência e 112º da República.

Fernando Henrique Cardoso

Martus Tavares

(Publicado no *DOU* de 5.5.2000)

FUNDAMENTOS TEÓRICOS E FILOSÓFICOS DO NOVO DIREITO CONSTITUCIONAL BRASILEIRO*
(Pós-modernidade, teoria crítica e pós-positivismo)

LUÍS ROBERTO BARROSO

Professor Titular de Direito Constitucional da UERJ
— Mestre em Direito pela *Yale Law School* — Advogado no Rio de Janeiro

Capítulo I — Pré-compreensão do tema: I — A pós-modernidade e o Direito; II — A busca da razão possível. Capítulo II — Algumas bases teóricas: I — A dogmática jurídica tradicional e sua superação; II — A teoria crítica do Direito. Capítulo III — Algumas bases filosóficas: I — Ascensão e decadência do jusnaturalismo; II — Ascensão e decadência do positivismo jurídico; III — Pós-positivismo e a normatividade dos princípios. Capítulo IV — Conclusão: I — A ascensão científica e política do direito constitucional no Brasil; II — Síntese das idéias desenvolvidas.

Capítulo I — Pré-compreensão do tema

I — A pós-modernidade e o Direito[1]

Planeta Terra. Início do século XXI. Ainda sem contato com outros mundos habitados. Entre luz e sombra, descortina-se a *pós-modernidade*. O rótulo genérico abriga a mistura de estilos, a descrença no poder absoluto da razão, o desprestígio do Estado. A era da velocidade. A imagem acima do conteúdo. O efêmero e o volátil parecem derrotar o permanente e o essencial. Vi-

* Sou grato à acadêmica Débora Cagy por seu valioso auxílio na pesquisa e na organização dos materiais. E aos colegas Ana Paula de Barcellos, Nelson Nascimento Diz e Luís Eduardo Barbosa Moreira pelas críticas e sugestões apresentadas.

1. Zygmunt Bauman, *A globalização: as conseqüências humanas*, 1999; Ignacio Ramonet, "O pensamento único e os regimes globalitários", in *Globalização: o fato e o mito*, 1998; André-Jean Arnaud, *O direito entre modernidade e globalização*, 1999; Boaventura de Souza Santos, "Uma cartografia simbólica das representações sociais: prolegômenos a uma concepção pós-moderna do direito", *Revista Brasileira de Ciências Criminais*, 1996; José Eduardo Faria, "Globalização, autonomia decisória e política", in Margarida Maria Lacombe Camargo (org.), *1988-1998: uma década de Constituição*, 1999; Daniel Sarmento, "Constituição e globalização: a crise dos paradigmas do direito constitucional", *Revista de Direito Administrativo* 215/19, 1999; Marilena Chauí, "Público, privado, despotismo", in Adauto Novaes (org.), *Ética*, 1992; Antônio Junqueira de Azevedo, "O direito pós-moderno e a codificação", in *Anais da XVII Conferência Nacional da Ordem dos Advogados*

ve-se a angústia do que não pôde ser e a perplexidade de um tempo sem verdades seguras. Uma época aparentemente *pós-tudo*: pós-marxista, pós-kelseniana, pós-freudiana.[2]

Brasil. 2001. Ano 13 da Constituição de 1988. Sem superstições. O constitucionalismo vive um momento sem precedentes, de vertiginosa ascensão científica e política. O estudo que se vai desenvolver procura investigar os antecedentes teóricos e filosóficos desse novo direito constitucional, identificar seus principais adversários e acenar com algumas idéias para o presente e para o futuro. Antes de avançar, traçam-se algumas notas introdutórias para situar o leitor. A interpretação dos fenômenos políticos e jurídicos não é um exercício abstrato de busca de verdades universais e atemporais. Toda interpretação é produto de uma época, de um momento histórico, e envolve os fatos a serem enquadrados, o sistema jurídico, as circunstâncias do intérprete e o imaginário de cada um. A identificação do cenário, dos atores, das forças materiais atuantes e da posição do sujeito da interpretação constitui o que se denomina de *pré-compreensão*.[3]

A paisagem é complexa e fragmentada. No plano *internacional*, vive-se a decadência do conceito tradicional de soberania. As fronteiras rígidas cederam à formação de grandes blocos políticos e econômicos, à intensificação do movimento de pessoas e mercadorias e, mais recentemente, ao fetiche da circulação de capitais. A globalização, como conceito e como símbolo, é a manchete que anuncia a chegada do novo século. A desigualdade ofusca as conquistas da civilização e é potencializada por uma ordem mundial fundada no desequilíbrio das relações de poder político e econômico e no controle absoluto, pelos países ricos, dos órgãos multilaterais de finanças e comércio.

No campo *econômico e social*, tem-se assistido ao avanço vertiginoso da ciência e da tecnologia, com a expansão dos domínios da informática e da rede mundial de computadores e com as promessas e questionamentos éticos da engenharia genética.[4] A obsessão da eficiência tem elevado a exigência de escolaridade, especialização e

do Brasil, v. I, 2000; Wilson Ramos Filho, "Direito pós-moderno: caos criativo e neoliberalismo", in *Direito e neoliberalismo*, 1996; Ted Honderich (editor), *The Oxford Companion to Philosophy*, 1995; Nicola Abbagnano, *Dicionário de filosofia*, 1998; Norbert Reich, "Intervenção do Estado na economia (reflexões sobre a pós-modernidade na teoria jurídica)", *Revista de Direito Público* 94/265.

2. Cláudia Lima Marques, "A crise científica do direito na pós-modernidade e seus reflexos na pesquisa", in *Cidadania e Justiça* 6, 1999: "(Pós-modernidade) é uma tentativa de descrever o grande ceticismo, o fim do racionalismo, o vazio teórico, a insegurança jurídica que se observam efetivamente na sociedade, no modelo de Estado, nas formas de economia, na ciência, nos princípios e nos valores de nossos povos nos dias atuais. Os pensadores europeus estão a denominar este momento de rompimento (*Umbruch*), de fim de uma era e de início de algo novo, ainda não identificado".

3. Sobre o tema da *pré-compreensão*, vejam-se Karl Larenz, *Metodologia da ciência do direito*, 1997, pp. 285 ss.; e Konrad Hesse, *Escritos de derecho constitucional*, 1983, p. 44: "El intérprete no puede captar el contenido da la norma desde un punto cuasi arquimédico situado fuera de la existencia histórica sino únicamente desde la concreta situación histórica en la que se encuentra, cuya plasmación ha conformado sus hábitos mentales, condicionando sus conocimientos y sus pre-juicios".

4. Sobre esta temática, vejam-se Vicente de Paulo Barretto, "Bioética, biodireito e direitos humanos", in Ricardo Lobo Torres (org.), *Teoria dos direitos fundamentais*, 1999; Luiz Edson Fachin, "Bioética e tecnologia", in *Elementos críticos de direito de família*, 1999; Maria Helena Diniz, *O estado atual do biodireito*, 2001; e Heloísa Helena Barboza e Vicente de Paula Barretto (orgs.), *Temas de biodireito e bioética*, 2001, onde se averbou: "As técnicas de reprodução humana assistida, o mapeamento do genoma, o prolongamento da vida mediante transplantes, as técnicas para alteração do sexo, a clonagem e a engenharia genética descortinam de forma acelerada um cenário desconhecido e imprevisível, no qual o ser humano é simultaneamente ator e espectador" (Heloísa Helena Barboza, "Bioética *x* biodireito: insuficiência dos conceitos jurídicos", p. 2).

produtividade, acirrando a competição no mercado de trabalho e ampliando a exclusão social dos que não são competitivos porque não podem ser. O Estado já não cuida de miudezas como pessoas, seus projetos e sonhos, e abandonou o discurso igualitário ou emancipatório. O desemprego, o subemprego e a informalidade tornam as ruas lugares tristes e inseguros.

Na *política*, consuma-se a desconstrução do Estado tradicional, duramente questionado na sua capacidade de agente do progresso e da justiça social. As causas se acumularam impressentidas, uma conspiração: a onda conservadora nos Estados Unidos (Reagan, Bush) e na Europa (Thatcher) na década de 80; o colapso da experiência socialista, um sonho desfeito em autoritarismo, burocracia e pobreza; e o fiasco das ditaduras sul-americanas, com seu modelo estatizante e violento, devastado pelo insucesso e pela crise social. Quando a noite baixou, o espaço privado invadira o espaço público, o público dissociara-se do estatal e a desestatização virara um dogma. O Estado passou a ser o guardião do lucro e da competitividade.

No *direito*, a temática já não é a liberdade individual e seus limites, como no Estado liberal; ou a intervenção estatal e seus limites, como no *welfare state*. Liberdade e igualdade já não são os ícones da temporada. A própria lei caiu no desprestígio. No direito público, a nova onda é a governabilidade. Fala-se em desconstitucionalização, *delegificação*, desregulamentação. No direito privado, o código civil perde sua centralidade, superado por múltiplos microssistemas. Nas relações comerciais revive-se a *lex mercatoria*.[5] A segurança jurídica — e seus conceitos essenciais, como o direito adquirido — sofre o sobressalto da velocidade, do imediatismo e das interpretações pragmáticas, embaladas pela ameaça do horror econômico. As fórmulas abstratas da lei e a discrição judicial já não trazem todas as respostas. O paradigma jurídico, que já passara, na modernidade, da lei para o juiz, transfere-se agora para o caso concreto, para a melhor solução, singular ao problema a ser resolvido.

Seria possível seguir adiante, indefinidamente, identificando outras singularidades dos tempos atuais. Mas o objeto específico do presente estudo, assim como circunstâncias de tempo e de espaço, recomendam não prosseguir com a apresentação analítica das complexidades e perplexidades desse início de era. Cumpre dar desfecho a este tópico.[6]

O discurso acerca do Estado atravessou, ao longo do século XX, três fases distintas: a pré-modernidade (ou Estado liberal), a modernidade (ou Estado social) e a pós-modernidade (ou Estado neoliberal). A constatação invevitável, desconcertante, é que o Brasil chega à pós-modernidade sem ter conseguido ser liberal nem moderno. Herdeiros de uma tradição autoritária e po-

5. Como o comércio internacional não tem fronteiras, tende a ser regulado por regras de fontes não nacionais, denominadas *lex mercatoria*, que consagram o primado dos usos no comércio internacional e se materializam também por meio dos contratos e cláusulas-tipo, jurisprudência arbitral, regulamentações profissionais elaboradas por suas associações representativas e princípios gerais comuns às legislações dos países.

6. Nada obstante, não resisto à transcrição de trecho de José Carlos Barbosa Moreira acerca da influência da globalização sobre a cultura e a linguagem no Brasil ("A subserviência cultural", in *Temas de direito processual*, 7ª série, 2001): "Às vezes me assalta a tentação de dizer, à guisa de imagem, que a língua portuguesa, entre nós, está sendo repetidamente estuprada. A imagem, contudo, não é boa: o estupro importa violência do sujeito ativo sobre o passivo. Ora, não costuma partir dos norte-americanos, que se saiba, pressão alguma no sentido de batizarmos com nomes ingleses condomínios e clínicas, nem de exclamarmos 'uau' quando nos sentimos agradavelmente surpreendidos. O que se passa é que muitos gostam de entregar-se ainda na ausência de qualquer compulsão. Isso acontece com o corpo, e já é algo lamentável. Mas também acontece com a alma, e aí só se pode falar de desgraça".

pulista, elitizada e excludente, seletiva entre amigos e inimigos — e não entre certo e errado, justo ou injusto —, mansa com os ricos e dura com os pobres, chegamos ao terceiro milênio atrasados e com pressa.

II — A busca da razão possível[7]

Os gregos inventaram a idéia ocidental de *razão* como um pensamento que segue princípios e regras de valor universal. Ela é o traço distintivo da condição humana, juntamente com a capacidade de acumular conhecimento e transmiti-lo pela linguagem. Traz em si a superação dos mitos, dos preconceitos, das aparências, das opiniões sem fundamento. Representa, também, a percepção do outro, do próximo, em sua humanidade e direitos. Idealmente, a razão é o caminho da justiça, o domínio da inteligência sobre os instintos, interesses e paixões.

Sem enveredar por um debate filosófico feito de sutilezas e complexidades, a verdade é que a crença iluminista no poder quase absoluto da razão tem sido intensamente revisitada e terá sofrido pelo menos dois grandes abalos. O primeiro, ainda no século XIX, provocado por Marx, e o segundo, já no século XX, causado por Freud. Marx, no desenvolvimento do conceito essencial à sua teoria — o *materialismo histórico* — assentou que as crenças religiosas, filosóficas, políticas e morais dependiam da posição social do indivíduo, das relações de produção e de trabalho, na forma como estas se constituem em cada fase da história econômica. Vale dizer: a razão não é fruto de um exercício da liberdade de ser, pensar e criar, mas prisioneira da *ideologia*, um conjunto de valores introjetados e imperceptíveis que condicionam o pensamento, independentemente da vontade.

O segundo abalo veio com Freud. Em passagem clássica, ele identifica três momentos nos quais o homem teria sofrido duros golpes na percepção de si mesmo e do mundo à sua volta, todos desferidos pela mão da ciência. Inicialmente com Copérnico e a revelação de que a Terra não era o centro do universo, mas um minúsculo fragmento de um sistema cósmico de vastidão inimaginável. O segundo com Darwin, que através da pesquisa biológica destruiu o suposto lugar privilegiado que o homem ocuparia no âmbito da criação e provou sua incontestável natureza animal. O último desses golpes — que é o que aqui se deseja enfatizar — veio com o próprio Freud: a descoberta de que o homem não é senhor absoluto sequer da própria vontade, de seus desejos, de seus instintos. O que ele fala e cala, o que pensa, sente e deseja é fruto de um poder invisível que controla o seu psiquismo: o inconsciente.[8-9]

7. Marilena Chauí, *Convite à filosofia*, 1999; Giorgio Del Vecchio, *Filosofía del Derecho*, 1997; Miguel Reale, *Filosofia do direito*, 2000; Gustav Radbruch, *Filosofia do direito*, 1997; Maria Lúcia de Arruda Aranha e Maria Helena Pires Martins, *Filosofando: introdução à filosofia*, 1986; H. Japiassu, *O mito da neutralidade científica*, 1975; Sigmund Freud, *Pensamento vivo*, 1985; John Rickman (editor), *A general selection from the works of Sigmund Freud*, 1989; Maria Rita Kehl, "A psicanálise e o domínio das paixões", in Adauto Novaes (org.), *Os sentidos da paixão*, 1991; Hans Kelsen, *Teoria pura do direito*, 1979; Bruce Ackerman, *The rise of world constitutionalism*, 1997; Charles van Doren, *A history of knowlegde*, 1991.

8. Sigmund Freud, *Pensamento vivo*, 1985, p. 59: "Mas a megalomania humana terá sofrido o seu terceiro e mais contundente golpe da parte da pesquisa psicológica atual, que procura provar ao ego que nem mesmo em sua própria casa é ele quem dá as ordens, mas que deve contentar-se com as escassas informações do que se passa inconscientemente em sua mente".

9. Em uma crônica densa e espirituosa ("A quarta virada", Revista de Domingo, *Jornal do Brasil*), após comentar as transformações advindas com Copérnico, Darwin e Freud, escreveu Luís Fernando Veríssimo: "Mas houve outra virada no pensamento humano. A de Marx, que nos permitiu pensar num homem predestinado, não pelas estrelas ou pelos seus instintos, mas pela história. Mesmo sem a orientação divina, estaríamos destinados a ser justos, pois a história, no fim, é moral. Em vez da

É possível, aqui, enunciar uma conclusão parcial: os processos políticos, sociais e psíquicos movem-se por caminhos muitas vezes ocultos e imperceptíveis racionalmente. Os estudos de ambos os pensadores acima — sem embargo de amplamente questionados ao longo e, especialmente, ao final do século XX — operaram uma mudança profunda na compreensão do mundo. Admita-se, assim, que a razão divida o palco da existência humana pelo menos com esses dois outros (f)atores: a ideologia e o inconsciente. O esforço para superar cada um deles, pela autocrítica e pelo autoconhecimento, não é vão, mas é limitado. Nem por isso a razão se torna menos importante. A despeito de seus eventuais limites, ela conserva dois conteúdos de especial valia para o espírito humano: (i) o *ideal de conhecimento*, a busca do sentido para a realidade, para o mundo natural e cultural e para as pessoas, suas ações e obras; (ii) o *potencial da transformação*, o instrumento crítico para compreender as condições em que vivem os seres humanos e a energia para interferir na realidade, alterando-a quando necessário.[10]

As reflexões acima incidem diretamente sobre dois conceitos que integram o imaginário do conhecimento científico: a neutralidade e a objetividade. Ao menos no domínio das ciências humanas e, especialmente no campo do Direito, a realização plena de qualquer um deles é impossível. A *neutralidade*, entendida como um distanciamento absoluto da questão a ser apreciada, pressupõe um operador jurídico isento não somente das complexidades da subjetividade pessoal, mas também das influências sociais. Isto é: sem história, sem memória, sem desejos. Uma ficção. O que é possível e desejável é produzir um intérprete consciente de suas circunstâncias: que tenha percepção da sua postura ideológica (autocrítica) e, na medida do possível, de suas neuroses e frustrações (autoconhecimento). E, assim, sua atuação não consistirá na manutenção inconsciente da distribuição de poder e riquezas na sociedade nem na projeção narcísica de seus desejos ocultos, complexos e culpas.

A *objetividade* se realizaria na existência de princípios, regras e conceitos de validade geral, independentemente do ponto de observação e da vontade do observador. O certo, contudo, é que o conhecimento, qualquer conhecimento, não é uma foto, um flagrante incontestável da realidade. Todos os objetos estão sujeitos à *interpretação*. Isto é especialmente válido para o Direito, cuja matéria-prima é feita de normas, palavras, significantes e significados. A moderna dogmática jurídica já superou a idéia de que as leis possam ter, sempre e sempre, sentido unívoco, produzindo uma única solução adequada para cada caso. A objetividade possível do Direito reside no conjunto de possibilidades interpretativas que o relato da norma oferece.

Tais possibilidades interpretativas podem decorrer, por exemplo, (i) da discricionariedade atribuída pela norma ao intérprete, (ii) da pluralidade de significados das palavras ou (iii) da existência de normas contrapostas, exigindo a ponderação de interesses à vista do caso concreto. Daí a constatação inafastável de que a aplicação do Direito não é apenas um ato de conhecimento — revelação do sentido de uma norma preexistente —, mas também um ato de vontade — escolha de uma possibilidade dentre as di-

escatologia cristã, Marx propôs uma redenção final cientificamente inescapável, e, se ninguém mais acredita em materialismo histórico na prática, a compulsão solidária persiste, como uma fé religiosa que o desmentido dos fatos só reforça. Talvez porque seja a fé secular que reste para muita gente. Ficamos órfãos de todas as melhores ilusões a nosso respeito (inclusive as marxistas) e nem assim nos resignamos à idéia de que aquilo que vemos no espelho é apenas um bípede egoísta, em breve e descompromissada passagem por um dos planetas menores. Quando esta fé acabar, aí sim estaremos prontos para os magos e as seitas. Tenho ouvido falar numa que adora a Alcachofra Mística e ainda ensina como aplicar na bolsa. Vou investigar".

10. Marilena Chauí, *Convite à filosofia*, 1999, pp. 85-87.

versas que se apresentam.[11] O direito constitucional define a moldura dentro da qual o intérprete exercerá sua criatividade e seu senso de justiça, sem conceder-lhe, contudo, um mandato para voluntarismos de matizes variados. De fato, a Constituição institui um conjunto de normas que deverão orientar sua escolha entre as alternativas possíveis: princípios, fins públicos, programas de ação.

O constitucionalismo chega vitorioso ao início do milênio, consagrado pelas revoluções liberais e após haver disputado com inúmeras outras propostas alternativas de construção de uma sociedade justa e de um Estado democrático.[12] A razão de seu sucesso está em ter conseguido oferecer ou, ao menos, incluir no imaginário das pessoas: (i) *legitimidade* — soberania popular na formação da vontade nacional, por meio do poder constituinte; (ii) *limitação do poder* — repartição de competências, processos adequados de tomada de decisão, respeito aos direitos individuais, inclusive das minorias; (iii) *valores* — incorporação à Constituição material das conquistas sociais, políticas e éticas acumuladas no patrimônio da humanidade.

Antes de encerrar este tópico, é de proveito confrontar estas idéias — reconfortantes e apaziguadoras — com o mundo real à volta, com a história e seus descaminhos. A injustiça passeia impunemente pelas ruas; a violência social e institucional é o símbolo das grandes cidades; a desigualdade entre pessoas e países salta entre os continentes; a intolerância política, racial, tribal, religiosa povoa ambos os hemisférios. Nada assegura que as conclusões alinhavadas nos parágrafos acima sejam produto inequívoco de um conhecimento racional. Podem expressar apenas a ideologia ou o desejo. Um esforço de estabilização, segurança e paz onde talvez preferissem luta os dois terços da população mundial sem acesso aos frutos do progresso, ao consumo e mesmo à alimentação.

A crença na Constituição e no constitucionalismo não deixa de ser uma espécie de fé: exige que se acredite em coisas que não são direta e imediatamente apreendidas pelos sentidos. Como nas religiões semíticas

11. Tal conclusão tem a adesão do próprio Hans Kelsen, que intentou desenvolver uma teoria jurídica pura, isto é, purificada de toda a ideologia política e de todos os elementos de ciência natural, considerando que o problema da justiça, enquanto problema valorativo, situa-se fora da teoria do direito. Em sua celebrada *Teoria pura do direito* — uma das obras de maior significação no século que se encerrou — escreveu ele (4ª ed., trad. João Baptista Machado, Armênio Amado, Coimbra, 1979, pp. 466-470): "A teoria usual da interpretação quer fazer crer que a lei, aplicada ao caso concreto, poderia fornecer, em todas as hipóteses, apenas *uma única* solução correta (ajustada) e que a 'justeza' (correção) jurídico-positiva desta decisão é fundada na própria lei. (...) A interpretação de uma lei não deve necessariamente conduzir a uma única solução como sendo a única correta, mas possivelmente a várias soluções que — na medida em que apenas sejam aferidas pela lei a aplicar — têm igual valor, se bem que apenas uma delas se torne Direito positivo no ato do órgão aplicador do Direito. (...) Na aplicação do Direito por um órgão jurídico, a interpretação cognoscitiva (obtida por uma operação de conhecimento) do Direito a aplicar combina-se com um ato de vontade em que o órgão aplicador do Direito efetua uma escolha entre as possibilidades reveladas através daquela mesma interpretação cognoscitiva".

12. V. Luís Roberto Barroso, "Doze anos da Constituição brasileira de 1988", in *Temas de direito constitucional*, 2001: "O *constitucionalismo* tem se mostrado como a melhor opção de limitação do poder, respeito aos direitos e promoção do progresso. Nada parecido com *o fim da história*, porque valorizar e prestigiar a Constituição não suprime a questão política de definir o que vai dentro dela. Mas o fato é que as outras vias de institucionalização do poder praticadas ao longo do tempo não se provaram mais atraentes". Vejam-se algumas outras propostas que tiveram relevância ao longo do século. O marxismo-leninismo colocava no centro do sistema, não a Constituição, mas o Partido. O militarismo anticomunista gravitava em torno das Forças Armadas. O fundamentalismo islâmico tem como peça central o Corão. Nenhuma dessas propostas foi mais bem-sucedida.

— judaísmo, cristianismo e islamismo —, têm seu marco zero, seus profetas e acena com o paraíso: vida civilizada, justiça e talvez até felicidade. Como se percebe, o projeto da modernidade não se consumou. Por isso não pode ceder passagem. Não no direito constitucional. A pós-modernidade, na porção em que apreendida pelo pensamento neoliberal, é descrente do constitucionalismo em geral, e o vê como um entrave ao desmonte do Estado social.[13] Nesses tempos de tantas variações esotéricas, se lhe fosse dada a escolha, provavelmente substituiria a Constituição por um mapa astral.

Capítulo II — Algumas bases teóricas

I — A dogmática jurídica tradicional e sua superação[14]

O Direito é uma invenção humana, um fenômeno histórico e cultural, concebido como técnica de solução de conflitos e instrumento de pacificação social. A família jurídica romano-germânica surge e desenvolve-se em torno das relações privadas, com o direito civil no centro do sistema. Seus institutos, conceitos e idéias fizeram a história de povos diversos e atravessaram os tempos. O Estado moderno surge no século XVI, ao final da Idade Média, sobre as ruínas do feudalismo e fundado no direito divino dos reis. Na passagem do Estado absolutista para o Estado liberal, o Direito incorpora o jusnaturalismo racionalista dos séculos XVII e XVIII, matéria-prima das revoluções francesa e americana. O Direito moderno, em suas categorias principais, consolida-se no século XIX, já arrebatado pela onda positivista, com *status* e ambição de ciência.

Surgem os mitos. A lei passa a ser vista como expressão superior da razão. A ciência do Direito — ou, também, teoria geral do Direito, dogmática jurídica — é o domínio asséptico da segurança e da justiça. O Estado é a fonte única do poder e do Direito. O sistema jurídico é completo e auto-suficiente: lacunas eventuais são resolvidas internamente, pelo costume, pela analogia, pelos princípios gerais. Separado da filosofia do direito por incisão profunda, a dogmática jurídica volta seu conhecimento apenas para a lei e o ordenamento positivo, sem qualquer reflexão sobre seu próprio saber e seus fundamentos de legitimidade.

Na aplicação desse direito puro e idealizado, pontifica o Estado como árbitro imparcial. A interpretação jurídica é um processo silogístico de subsunção dos fatos à norma. O juiz — *la bouche qui prononce les paroles de la loi*[15] — é um revelador de verdades abrigadas no comando geral e abstrato da lei. Refém da separação de Poderes, não lhe cabe qualquer papel criativo.

13. José Eduardo Faria, in Prefácio ao livro de Gisele Cittadino, *Pluralismo, direito e justiça distributiva*, 1999: "No limiar do século XXI, contudo, a idéia de Constituição cada vez mais é apontada como entrave ao funcionamento do mercado, como freio da competitividade dos agentes econômicos e como obstáculo à expansão da economia". Insere-se nessa discussão a idéia de Constituição meramente procedimental, que estabeleceria apenas as regras do processo político, sem fazer opções por valores ideologicamente engajados. Sobre o tema, v. Ana Paula de Barcellos, *A eficácia jurídica dos princípios constitucionais. O princípio da dignidade da pessoa humana*, 2001, p. 20.

14. Hans Kelsen, *Teoria pura do direito*, 1979; Norberto Bobbio, *Teoria do ordenamento jurídico*, 1990; Karl Engisch, *Introdução ao pensamento jurídico*, 1996; Karl Larenz, *Metodologia da ciência do direito*, 1997; René David, *Os grandes sistemas jurídicos*, 1978; Miguel Reale, *Lições preliminares de direito*, 1990; Claus-Wilhelm Canaris, *Pensamento sistemático e conceito de sistema na ciência do direito*, 1996; Tércio Sampaio Ferraz, *Função social da dogmática jurídica*, 1998; José Reinaldo de Lima Lopes, *O direito na história*, 2000; José de Oliveira Ascensão, *O direito: introdução e teoria geral*, 1993.

15. Montesquieu, *De l'esprit des lois*, livre XI, chap. 6, 1748. No texto em português (*O espírito das leis*, Saraiva, 1987, p. 176): "Mas os Juízes da Nação, como dissemos, são apenas a boca que pronuncia as palavras da lei; seres inanimados que não lhe podem moderar nem a força, nem o rigor".

Em síntese simplificadora, estas algumas das principais características do Direito na perspectiva clássica: a) caráter científico; b) emprego da lógica formal; c) pretensão de completude; d) pureza científica; e) racionalidade da lei e neutralidade do intérprete. Tudo regido por um ritual solene, que abandonou a peruca, mas conservou a tradição e o formalismo. Têmis, vendada, balança na mão, é o símbolo maior, musa de muitas gerações: o Direito produz ordem e justiça, com equilíbrio e igualdade.

Ou talvez não seja bem assim.

II — A teoria crítica do Direito[16]

Sob a designação genérica de teoria crítica do direito, abriga-se um conjunto de movimentos e de idéias que questionam o saber jurídico tradicional na maior parte de suas premissas: cientificidade, objetividade, neutralidade, estatalidade, completude. Funda-se na constatação de que o Direito não lida com fenômenos que se ordenem independentemente da atuação do sujeito, seja o legislador, o juiz ou o jurista. Este engajamento entre sujeito e objeto compromete a pretensão científica do Direito e, como conseqüência, seu ideal de objetividade, de um conhecimento que não seja contaminado por opiniões, preferências, interesses e preconceitos.

A teoria crítica, portanto, enfatiza o caráter ideológico do Direito, equiparando-o à política, a um discurso de legitimação do poder. O Direito surge, em todas as sociedades organizadas, como a institucionalização dos interesses dominantes, o acessório normativo da hegemonia de classe. Em nome da racionalidade, da ordem, da justiça, encobre-se a dominação, disfarçada por uma linguagem que a faz parecer natural e neutra. A teoria crítica preconiza, ainda, a atuação concreta, a militância do operador jurídico, à vista da concepção de que o papel do conhecimento não é somente a interpretação do mundo, mas também a sua transformação.[17]

Uma das teses fundamentais do pensamento crítico é a admissão de que o Direito possa não estar integralmente contido na lei tendo condição de existir independentemente da bênção estatal, da positivação, do reconhecimento expresso pela estrutura de poder. O intérprete deve buscar a justiça, ainda quando não a encontre na lei. A teoria crítica resiste, também, à idéia de completude, de auto-suficiência e de *pureza*, condenando a cisão do discurso jurídico, que dele afasta os outros conhecimentos teóricos. O

16. Marx e Engels, *Obras escolhidas*, 2 vs., 1961; Luiz Fernando Coelho, *Teoria crítica do direito*, 1991; Óscar Correas, *Crítica da ideologia jurídica*, 1995; Michel Miaille, *Introdução crítica ao direito*, 1989; Luis Alberto Warat, *Introdução geral ao direito*, 2 vs., 1994-5; Plauto Faraco de Azevedo, *Crítica à dogmática e hermenêutica jurídica*, 1989; Antonio Carlos Wolkmer, *Introdução ao pensamento crítico"*, 1995; Luis Alberto Warat, "O outro lado da dogmática jurídica, in Leonel Severo da Rocha (org.), *Teoria do direito e do Estado*, 1994; Robert Hayman e Nancy Levit, *Jurisprudence: contemporary readings, problems, and narratives*, 1994; Enrique Marí *et al.*, *Materiales para una teoría crítica del derecho*, 1991; Carlos María Cárcova, *A opacidade do direito*, 1998; Óscar Correas, "El neoliberalismo en el imaginario jurídico", in *Direito e neoliberalismo: elementos para uma leitura interdisciplinar*, 1996; Clèmerson Merlin Clève, "A teoria constitucional e o direito alternativo (para uma dogmática constitucional emancipatória)", in *Direito Alternativo — Seminário nacional sobre o uso alternativo do direito*, Instituto dos Advogados Brasileiros, 1993; Luiz Edson Fachin, *Teoria crítica do direito civil*, 2000; Paulo Ricardo Schier, *Filtragem constitucional*, 1999; Leonel Severo Rocha, "Da teoria do direito à teoria da sociedade", in *Teoria do direito e do Estado*, 1994; Ted Honderich (editor), *The Oxford Companion to Philosophy*, 1995; Marilena Chaui, *Convite à filosofia*, 1999; Marcus Vinicius Martins Antunes, "Engels e o direito", in *Fios de Ariadne: ensaios de interpretação marxista*, 1999.

17. Proposição inspirada por uma passagem de Marx, na XI Tese sobre Feuerbach: os filósofos apenas interpretaram de diversos modos o mundo; o que importa é transformá-lo.

estudo do sistema normativo (dogmática jurídica) não pode insular-se da realidade (sociologia do direito) e das bases de legitimidade que devem inspirá-lo e possibilitar a sua própria crítica (filosofia do direito).[18] A interdisciplinariedade, que colhe elementos em outras áreas do saber — inclusive os menos óbvios, como a psicanálise ou a lingüística — tem uma fecunda colaboração a prestar ao universo jurídico.

O pensamento crítico teve expressão na produção acadêmica de diversos países, notadamente nas décadas de 70 e 80. Na França, a *Critique du Droit*, influenciada por Althusser, procurou atribuir caráter científico ao Direito, mas uma ciência de base marxista, que seria a única ciência verdadeira.[19] Nos Estados Unidos, os *Critical Legal Studies*, também sob influência marxista — embora menos explícita —, difundiram os fundamentos de sua crença de que *law is politics*, convocando os operadores jurídicos a recompor a ordem legal e social com base em princípios humanísticos e comunitários.[20] Anteriormente, na Alemanha, a denominada Escola de Frankfurt lançara algumas das bases da teoria crítica, questionando o postulado positivista da separação entre ciência e ética, completando a elaboração de duas categorias nucleares — a ideologia e a práxis[21] —, bem como identificando a existência de duas modalidades de razão: a instrumental e a crítica.[22] A produção filosófica de pensadores como Horkheimer, Marcuse, Adorno e, mais recentemente, Jürgen Habermas, terão sido a principal influência pós-marxista da teoria crítica.

No Brasil, a teoria crítica do direito compartilhou dos mesmos fundamentos filosóficos que a inspiraram em sua matriz européia, tendo se manifestado em diferentes vertentes de pensamento: epistemológico, sociológico, semiológico,[23] psicanalítico[24]

18. Elías Díaz, *Sociología y filosofía del Derecho*, 1976, p. 54, *apud* Plauto Faraco de Azevedo, *Crítica à dogmática e hermenêutica jurídica*, 1989, p. 36.

19. Óscar Correas, *Crítica da ideologia jurídica*, 1995, pp. 126-132. Michel Miaille, *Introdução crítica ao direito*, 1989, p. 327: "Esta experiência crítica do direito abre campo a uma nova maneira de tratar o direito. (...) É o sentido profundo do marxismo, deslocar o terreno do conhecimento do real, oferecendo uma passagem libertadora: o trabalho teórico liberta e emancipa condições clássicas da investigação intelectual pelo fato decisivo de o pensamento marxista refletir, ao mesmo tempo, sobre as condições da sua existência e sobre as condições da sua interseção na vida social".

20. Robert L. Hayman e Nancy Levit, *Jurisprudence: contemporary readings, problems, and narratives*, 1994, p. 215. Uma das lideranças do movimento foi o professor de Harvard, de nacionalidade brasileira, Roberto Mangabeira Unger, que produziu um dos textos mais difundidos sobre esta corrente de pensamento: *The critical legal studies movement*, 1986. Para uma história do movimento, v. Mark Tushnet, "Critical legal studies: a political history", 100 *Yale Law Journal* 1.515, 1991. Para uma crítica da teoria crítica, v. Owen Fiss, "The death of the law", 72 *Cornell Law Review* 1, 1986.

21. Luiz Fernando Coelho, *Teoria crítica do direito*, 1991, p. 398: "As categorias críticas exsurgidas dessa dialética são a práxis, que se manifesta como teoria crítica, como atividade produtiva e como ação política, e a ideologia, vista como processo de substituição do real pelo imaginário e de legitimação da ordem social real em função do imaginário".

22. Marilena Chauí, *Convite à filosofia*, 1999: "Os filósofos da Teoria Crítica consideram que existem, na verdade, duas modalidades da razão: a *razão instrumental* ou razão técnico-científica, que está a serviço da exploração e da dominação, da opressão e da violência, e a *razão crítica* ou filosófica, que reflete sobre as contradições e os conflitos sociais e políticos e se apresenta como uma força libertadora".

23. Para um alentado estudo da intepretação jurídica sob esta perspectiva, v. Lenio Luiz Streck, *Hermenêutica jurídica em crise*, 1999.

24. Sobre esta temática, vejam-se dois trabalhos publicados na obra coletiva *Direito e neoliberalismo*, 1996: Agustinho Ramalho, "Subsídios para pensar a possibilidade de articular direito e psicanálise"; Jacinto de Miranda Coutinho, "Jurisdição, psicanálise e o mundo neoliberal".

e teoria crítica da sociedade.[25] Todas elas tinham como ponto comum a denúncia do Direito como instância de poder e instrumento de dominação de classe, enfatizando o papel da ideologia na ocultação e legitimação dessas relações. O pensamento crítico no país alçou vôos de qualidade e prestou inestimável contribuição científica. Mas não foi um sucesso de público.

Nem poderia ter sido diferente. O embate para ampliar o grau de conscientização dos operadores jurídicos foi desigual. Além da hegemonia quase absoluta da dogmática convencional — beneficiária da tradição e da inércia —, a teoria crítica conviveu, também, com um inimigo poderoso: a ditadura militar e seu arsenal de violência institucional, censura e dissimulação. A atitude filosófica em relação à ordem jurídica era afetada pela existência de uma *legalidade paralela* dos atos institucionais e da segurança nacional — que, freqüentemente, desbordava para um Estado de fato. Não eram tempos amenos para o pensamento de esquerda e para o questionamento das estruturas de poder político e de opressão social.

Na visão de curto prazo, o trabalho de *desconstrução* desenvolvido pela teoria crítica, voltado para a desmistificação do conhecimento jurídico convencional, trouxe algumas *conseqüências problemáticas*,[26] dentre as quais: a) o abandono do Direito como espaço de atuação das forças progressistas; b) o desperdício das potencialidades interpretativas das normas em vigor. Disso resultou que o mundo jurídico tornou-se feudo do pensamento conservador ou, no mínimo, tradicional. E que não se exploraram as potencialidades da aplicação de normas de elevado cunho social, algumas inscritas na própria Constituição outorgada pelo regime militar.

Porém, dentro de uma visão histórica mais ampla, é impossível desconsiderar a influência decisiva que a teoria crítica teve no surgimento de uma geração menos dogmática, mais permeável a outros conhecimentos teóricos e sem os mesmos compromissos com o *status quo*. A teoria crítica deve ser vista, nesse início de século, na mesma perspectiva que a teoria marxista: apesar de seu refluxo na quadra atual, sobretudo após os eventos desencadeados a partir de 1989, conserva as honras de ter modificado e elevado o patamar do conhecimento convencional.

A redemocratização no Brasil impulsionou uma volta ao Direito.[27] É certo que já não se alimenta a crença de que a lei seja "a expressão da vontade geral institucionalizada"[28] e se reconhece que, freqüentemente, estará a serviço de interesses, e não da razão. Mas ainda assim ela significa um avanço histórico: fruto do debate político, ela representa a despersonalização do poder e a institucionalização da vontade política. O tempo das negações absolutas passou. Não existe compromisso com o outro sem a lei.[29] É preciso, portanto, explorar as po-

25. Luiz Fernando Coelho, ob. cit., pp. 396-397.

26. Paulo Schier, *Filtragem constitucional*, 1999, p. 34: "Essas teorias, de certa forma, acabaram por desencadear algumas conseqüências problemáticas, dentre as quais (...): (i) a impossibilidade de se vislumbrar a dogmática jurídica como instrumento de emancipação dos homens em sociedade e (ii) o esvaziamento da dignidade normativa da ordem jurídica".

27. Pessoalmente, fiz a travessia do pensamento crítico para a utilização construtiva da dogmática jurídica em um trabalho escrito em 1986 — "A efetividade das normas constitucionais (Por que não uma Constituição para valer?)", apresentado no VIII Congresso Brasileiro de Direito Constitucional, Porto Alegre, 1987. Esse texto foi a base de minha tese de livre-docência, concluída em 1988, e que se converteu no livro *O direito constitucional e a efetividade de suas normas* (5ª ed., Renovar, 2001).

28. Declaração dos Direitos do Homem e do Cidadão, 1789, art. 6º: "A lei é a expressão da vontade geral institucionalizada".

29. Luis Alberto Warat, "O outro lado da dogmática jurídica", in *Teoria do direito e do Estado* (org. Leonel Severo Rocha), 1994, pp. 83-85.

tencialidades positivas da dogmática jurídica, investir na interpretação principiológica, fundada em valores, na ética e na razão possível. A liberdade de que o pensamento intelectual desfruta hoje impõe compromissos tanto com a legalidade democrática como com a conscientização e a emancipação. Não há, no particular, nem incompatibilidade nem exclusão.

Capítulo III — Algumas bases filosóficas[30]

I — Ascensão e decadência do jusnaturalismo

O termo jusnaturalismo identifica uma das principais correntes filosóficas que tem acompanhado o Direito ao longo dos séculos, fundada na existência de um *direito natural*. Sua idéia básica consiste no reconhecimento de que há, na sociedade, um conjunto de valores e de pretensões humanas legítimas que não decorrem de uma norma jurídica emanada do Estado, isto é, independem do direito positivo. Esse direito natural tem validade em si, legitimado por uma ética superior, e estabelece limites à própria norma estatal. Tal crença contrapõe-se a outra corrente filosófica de influência marcante, o positivismo jurídico, que será examinado mais à frente.

O rótulo genérico do *jusnaturalismo* tem sido aplicado a fases históricas diversas e a conteúdos heterogêneos, que remontam à antigüidade clássica[31] e chegam aos dias de hoje, passando por densa e complexa elaboração ao longo da Idade Média.[32] A despeito das múltiplas variantes, o direito natural apresenta-se, fundamentalmente, em duas versões: a) a de uma lei estabelecida pela vontade de Deus; b) a de uma lei ditada pela razão. O direito natural moderno começa a formar-se a partir do século XVI, procurando superar o dogmatismo medieval e escapar do ambiente teológico em que se desenvolveu. A ênfase na natureza e na razão humanas, e não mais na origem divina, é um dos marcos da Idade Moderna e

30. Norberto Bobbio, *O positivismo jurídico*, 1995; Bobbio, Matteucci e Pasquino, *Dicionário de Política*, 1986; Nicola Abbagnano, *Dicionário de filosofia*, 1998; Giorgio Del Vecchio, *Filosofía del Derecho*, 1991; José Reinaldo de Lima Lopes, *O direito na história*, 2000; Antonio M. Hespanha, *Panorama histórico da cultura jurídica européia*, 1977; Nelson Saldanha, *Filosofia do direito*, 1998; Paulo Nader, *Introdução ao estudo do direito*, 1995; Cicero, *Da República*, s/d; René David, *Os grandes sistemas do direito contemporâneo*, 1978; Bertrand Russell, *História do pensamento ocidental*, 2001; Vladimir Tumánov, *O pensamento jurídico burguês contemporâneo*, 1984; Margarida Maria Lacombe Camargo, "Hermenêutica e argumentação, 1999; Ana Paula de Barcellos, "As relações da filosofia do direito com a experiência jurídica. Uma visão dos séculos XVIII, XIX e XX. Algumas questões atuais", *Revista Forense* 351/3.

31. O jusnaturalismo tem sua origem associada à cultura grega, onde Platão já se referia a uma justiça inata, universal e necessária. Coube a Cícero sua divulgação em Roma, em passagem célebre de seu *Da República*, que teve forte influência no pensamento cristão e na doutrina medieval: "A razão reta, conforme à natureza, gravada em todos os corações, imutável, eterna, cuja voz ensina e prescreve o bem (...). Essa lei não pode ser contestada, nem derrogada em parte, nem anulada; não podemos ser isentos de seu cumprimento pelo povo nem pelo senado (...). Não é uma lei em Roma e outra em Atenas, uma antes e outra depois, mas uma, sempiterna e imutável, entre todos os povos e em todos os tempos; uno será sempre o seu imperador e mestre, que é Deus, seu inventor, sancionador e publicador, não podendo o homem desconhecê-la sem renegar a si mesmo (...)" (Cicero, *Da República*, Ediouro, s/d, p. 100).

32. Santo Tomás de Aquino (1225-1274) desenvolveu o mais influente sistema filosófico e teológico da Idade Média, o tomismo, demarcando fronteiras entre a fé e a razão. Pregando ser a lei um ato de razão e não de vontade, distinguiu quatro espécies de leis: uma lei eterna, uma lei natural, uma lei positiva humana e uma lei positiva divina. Sua principal obra foi a *Summa teológica*. Sobre o contexto histórico de Tomás de Aquino, v. José Reinaldo de Lima Lopes, *O direito na história*, 2000, pp. 144 ss.

base de uma nova cultura laica, consolidada a partir do século XVII.[33]

A modernidade, que se iniciara no século XVI, com a reforma protestante, a formação dos Estados nacionais e a chegada dos europeus à América, desenvolve-se em um ambiente cultural não mais submisso à teologia cristã. Cresce o ideal de conhecimento, fundado na razão, e o de liberdade, no início de seu confronto com o absolutismo. O jusnaturalismo passa a ser a filosofia natural do Direito e associa-se ao iluminismo[34] na crítica à tradição anterior, dando substrato jurídico-filosófico às duas grandes conquistas do mundo moderno: a tolerância religiosa e a limitação ao poder do Estado. A burguesia articula sua chegada ao poder.

A crença de que o homem possui *direitos naturais*, vale dizer, um espaço de integridade e de liberdade a ser preservado e respeitado pelo próprio Estado, foi o combustível das revoluções liberais e fundamento das doutrinas políticas de cunho individualista que enfrentaram a monarquia absoluta. A Revolução Francesa e sua Declaração dos Direitos do Homem e do Cidadão (1789)[35] e, anteriormente, a Declaração de Independência dos Estados Unidos (1776),[36] estão impregnados de idéias jusnaturalistas, sob a influência marcante de John Locke,[37] autor emblemático dessa corrente filosófica e do pensamento contratualista, no qual foi antecedido por Hobbes[38] e sucedido por Rousseau.[39] Sem embargo da precedência histórica dos ingleses, cuja *Revolução Glo-*

33. O surgimento do jusnaturalismo moderno é usualmente associado à doutrina de Hugo Grócio (1583-1645), exposta em sua obra clássica *De jure belli ac pacis*, de 1625, considerada, também, precursora do direito internacional. Ao difundir a idéia de direito natural como aquele que poderia ser reconhecido como válido por todos os povos, porque fundado na razão, Grócio desvincula-o *não só da vontade de Deus, como de sua própria existência*. Vejam-se: Bobbio, Matteucci e Pasquino, *Dicionário de Política*, 1986, p. 657; e Ana Paula de Barcelllos, "As relações da filosofia do direito com a experiência jurídica. Uma visão dos séculos XVIII, XIX e XX. Algumas questões atuais", *Revista Forense* 351-3/8-9.

34. *Iluminismo* designa a revolução intelectual que se operou na Europa, especialmente na França, no século XVIII. O movimento representou o ápice das transformações iniciadas no século XIV, com o Renascimento. O antropocentrismo e o individualismo renascentistas, ao incentivarem a investigação científica, levaram à gradativa separação entre o campo da fé (religião) e o da razão (ciência), determinando profundas transformações no modo de pensar e de agir do homem. Para os iluministas, somente através da razão o homem poderia alcançar o conhecimento, a convivência harmoniosa em sociedade, a liberdade individual e a felicidade. Ao propor a reorganização da sociedade com uma política centrada no homem, sobretudo no sentido de garantir-lhe a liberdade, a filosofia iluminista defendia a causa burguesa contra o 'Antigo Regime. Alguns nomes que merecem destaque na filosofia e na ciência política: Descartes, Locke, Montesquieu, Voltaire e Rousseau.

35. O Preâmbulo da Declaração afirma que ela contém *os direitos naturais, inalienáveis e sagrados do Homem*, tendo o art. 2º a seguinte dicção: "Art. 2º. O fim de toda a associação política é a conservação dos direitos naturais e imprescindíveis do homem. Esses direitos são a liberdade, a propriedade, a segurança e a resistência à opressão".

36. Da Declaração, redigida por Thomas Jefferson, constam referências às *leis da natureza* e ao *Deus da natureza* e a seguinte passagem: "Sustentamos que estas verdades são evidentes, que todos os homens foram criados iguais, que foram dotados por seu Criador de certos Direitos inalienáveis, que entre eles estão a Vida, a Liberdade e a Busca da Felicidade".

37. Autor dos *Dois tratados sobre o governo civil*, 1689-1690 e do *Ensaio sobre o entendimento humano*, 1990. Vejam-se de John Locke, *Second treatise of government*, Indianapolis-Cambridge, Hacket Publishing Co, 1980 e *Ensaio acerca do entendimento humano*, Coleção Os Pensadores, São Paulo, Nova Cultural, 1990.

38. Thomas Hobbes, *Leviathan*, Londres, Penguin Books, 1985 (a 1ª ed. é de 1651). Há edição em português na Coleção Os Pensadores, São Paulo, Nova Cultural, 1999.

39. Jean-Jacques Rousseau, *O contrato social*, Edições de Ouro, s/d (a 1ª ed. de *Du contrat social* é de 1762).

riosa foi concluída em 1689, o Estado liberal ficou associado a esses eventos e a essa fase da história da humanidade.[40] O constitucionalismo moderno inicia sua trajetória.

O jusnaturalismo racionalista esteve uma vez mais ao lado do iluminismo no movimento de codificação do Direito, no século XVIII, cuja maior realização foi o Código Civil francês — o Código de Napoleão —, que entrou em vigor em 1804. Em busca de clareza, unidade e simplificação, incorporou-se à tradição jurídica romano-germânica a elaboração de códigos, isto é, documentos legislativos que agrupam e organizam sistematicamente as normas em torno de determinado objeto. Completada a revolução burguesa, o direito natural viu-se "domesticado e ensinado dogmaticamente".[41] A técnica de codificação tende a promover a identificação entre direito e lei. A Escola da Exegese, por sua vez, irá impor o apego ao texto e à interpretação gramatical e histórica, cerceando a atuação criativa do juiz em nome de uma interpretação pretensamente objetiva e neutra.[42]

O advento do Estado liberal, a consolidação dos ideais constitucionais em textos escritos e o êxito do movimento de codificação simbolizaram a vitória do direito natural, o seu apogeu. Paradoxalmente, representaram, também, a sua superação histórica.[43] No início do século XIX, os direitos naturais, cultivados e desenvolvidos ao longo de mais de dois milênios, haviam se incorporado de forma generalizada aos ordenamentos positivos.[44] Já não traziam a revolução, mas a conservação. Considerado metafísico e anticientífico, o direito natural é empurrado para a margem da história pela onipotência positivista do século XIX.

40. Em seu magnífico estudo *On revolution*, Londres, Penguin Books, 1987 (1ª ed. em 1963), Hannah Arendt comenta o fato intrigante de que foi a Revolução Francesa, e não a Inglesa ou a Americana, que correu mundo e simbolizou a divisão da história da humanidade em antes e depois. Escreveu ela: "A 'Revolução Gloriosa', evento pelo qual a o termo (revolução), paradoxalmente, encontrou seu lugar definitivo na linguagem política e histórica, não foi vista como uma revolução, mas como uma restauração do poder monárquico aos seus direitos pretéritos e à sua glória. (...) Foi a Revolução Francesa e não a Americana que colocou fogo no mundo. (...) A triste verdade na matéria é que a Revolução Francesa, que terminou em desastre, entrou para a história do mundo, enquanto a Revolução Americana, com seu triunfante sucesso, permaneceu como um evento de importância pouco mais que local" (pp. 43, 55-56).

41. José Reinaldo de Lima Lopes, *O direito na história*, 2000, p. 188.

42. Sobre codificação, Escola da Exegese e fetichismo da lei, vejam-se: Gustavo Tepedino, "O Código Civil, os chamados microssistemas e a Constituição: premissas para uma reforma legislativa", in Gustavo Tepedino (org.), *Problemas de direito civil-constitucional*, 2000; Maria Celina Bodin de Moraes, "Constituição e direito civil: tendências", in *Anais da XVII Conferência Nacional dos Advogados*, Rio de Janeiro, 1999.

43. Bobbio, Matteucci e Pasquino, *Dicionário de política*, 1986, p. 659: "Com a promulgação dos códigos, principalmente do napoleônico, o Jusnaturalismo exauria a sua função no momento mesmo em que celebrava o seu triunfo. Transposto o direito racional para o código, não se via nem admitia outro direito senão este. O recurso a princípios ou normas extrínsecos ao sistema do direito positivo foi considerado ilegítimo".

44. Ana Paula de Barcellos, "As relações da filosofia do direito com a experiência jurídica. Uma visão dos séculos XVIII, XIX e XX. Algumas questões atuais", *Revista Forense* 351-13/10: "Em fins do século XVIII e início do século XIX, com a instalação do Estado Liberal e todo o seu aparato jurídico (constituição escrita, igualdade formal, princípio da legalidade etc.), o *direito natural* conheceria seu momento áureo na história moderna do direito. As idéias desenvolvidas no âmbito da filosofia ocidental haviam se incorporado de uma forma sem precedentes à realidade jurídica. Talvez por isso mesmo, tendo absorvido os elementos propostos pela reflexão filosófica, o direito haja presumido demais de si mesmo, considerando que podia agora prescindir dela. De fato, curiosamente, a seqüência histórica reservaria para o pensamento jusfilosófico não apenas um novo nome — filosofia do direito — como também mais de um século de ostracismo".

II — Ascensão e decadência do positivismo jurídico

O positivismo filosófico foi fruto de uma idealização do conhecimento científico, uma crença romântica e onipotente de que os múltiplos domínios da indagação e da atividade intelectual pudessem ser regidos por leis naturais, invariáveis, independentes da vontade e da ação humana. O homem chegara à sua maioridade racional e tudo passara a ser ciência: o único conhecimento válido, a única moral, até mesmo a única religião. O universo, conforme divulgado por Galileu, teria uma linguagem matemática, integrando-se a um sistema de leis a serem descobertas, e os métodos válidos nas ciências da natureza deviam ser estendidos às ciências sociais.[45]

As teses fundamentais do positivismo filosófico, em síntese simplificadora, podem ser assim expressas:

(i) a ciência é o único conhecimento verdadeiro, depurado de indagações teológicas ou metafísicas, que especulam acerca de causas e princípios abstratos, insuscetíveis de demonstração;

(ii) o conhecimento científico é objetivo. Funda-se na distinção entre sujeito e objeto e no método descritivo, para que seja preservado de opiniões, preferências ou preconceitos;

(iii) o método científico empregado nas ciências naturais, baseado na observação e na experimentação, deve ser estendido a todos os campos de conhecimento, inclusive às ciências sociais.

O positivismo jurídico foi a importação do positivismo filosófico para o mundo do Direito, na pretensão de criar-se uma *ciência* jurídica, com características análogas às ciências exatas e naturais. A busca de objetividade científica, com ênfase na realidade observável e não na especulação filosófica, apartou o Direito da moral e dos valores transcendentes. Direito é norma, ato emanado do Estado com caráter imperativo e força coativa. A ciência do Direito, como todas as demais, deve fundar-se em juízos *de fato*, que visam ao conhecimento da realidade, e não em juízos *de valor*, que representam uma tomada de posição diante da realidade.[46] Não é no âmbito do Direito que se deve travar a discussão acerca de questões como legitimidade e justiça.

O positivismo comportou algumas variações[47] e teve seu ponto culminante no normativismo de Hans Kelsen.[48] Correndo o risco das simplificações redutoras, é possí-

45. Em sentido amplo, o termo positivismo designa a crença ambiciosa na ciência e nos seus métodos. Em sentido estrito, identifica o pensamento de Auguste Comte, que em seu *Curso de filosofia positiva* (6 vs. escritos entre 1830 e 1842), desenvolveu a denominada *lei dos três estados*, segundo a qual o conhecimento humano havia atravessado três estágios históricos: o teológico, o metafísico e ingressara no estágio positivo ou científico.

46. Norberto Bobbio, *Positivismo jurídico*, 1995, p. 135, onde se acrescenta: "A ciência exclui do próprio âmbito os juízos de valor, porque ela deseja ser um conhecimento puramente *objetivo* da realidade, enquanto os juízos em questão são sempre *subjetivos* (ou pessoais) e conseqüentemente contrários à exigência da objetividade". Pouco mais à frente, o grande mestre italiano, defensor do que denominou de "positivismo moderado", desenvolve a distinção, de matriz kelseniana, entre *validade* e *valor* do Direito.

47. Antonio M. Hespanha, *Panorama histórico da cultura jurídica européia*, 1977, pp. 174-175: "(...) As várias escolas entenderam de forma diversa o que fossem 'coisas positivas'. Para uns, positiva era apenas a lei (positivismo legalista). Para outros, positivo era o direito plasmado na vida, nas instituições ou num espírito do povo (positivismo histórico). Positivo era também o seu estudo de acordo com as regras das novas ciências da sociedade, surgidas na segunda metade do século XIX (positivismo sociológico, naturalismo). Finalmente, para outros, positivos eram os conceitos jurídicos genéricos e abstratos, rigorosamente construídos e concatenados, válidos independentemente da variabilidade da legislação positiva (positivismo conceitual)".

48. A obra prima de Kelsen foi a *Teoria pura do direito*, cuja 1ª ed. data de 1934 — embora seus primeiros trabalhos remontassem a 1911 —, haven-

vel apontar algumas características essenciais do positivismo jurídico:

(i) a aproximação quase plena entre Direito e norma;

(ii) a afirmação da estatalidade do Direito: a ordem jurídica é una e emana do Estado;

(iii) a completude do ordenamento jurídico, que contém conceitos e instrumentos suficientes e adequados para solução de qualquer caso, inexistindo lacunas;

(iv) o formalismo: a validade da norma decorre do procedimento seguido para a sua criação, independendo do conteúdo. Também aqui se insere o dogma da subsunção,[49] herdado do formalismo alemão.

O positivismo tornou-se, nas primeiras décadas do século XX, a filosofia dos juristas. A teoria jurídica empenhava-se no desenvolvimento de idéias e de conceitos dogmáticos, em busca da cientificidade anunciada. O Direito reduzia-se ao conjunto de normas em vigor, considerava-se um sistema perfeito e, como todo dogma, não precisava de qualquer justificação além da própria existência.[50] Com o tempo, o positivismo sujeitou-se à crítica crescente e severa, vinda de diversas procedências, até sofrer dramática derrota histórica. A troca do ideal racionalista de justiça pela ambição positivista de certeza jurídica custou caro à humanidade.

Conceitualmente, jamais foi possível a transposição totalmente satisfatória dos métodos das ciências naturais para a área de humanidades. O Direito, ao contrário de outros domínios, não tem nem pode ter uma postura puramente descritiva da realidade, voltada para relatar o que existe. Cabe-lhe prescrever um *dever-ser* e fazê-lo valer nas situações concretas. O Direito tem a pretensão de atuar sobre a realidade, conformando-a e transformando-a. Ele não é um *dado*, mas uma *criação*. A relação entre o sujeito do conhecimento e seu objeto de estudo — isto é, entre o intérprete, a norma e a realidade — é tensa e intensa. O ideal positivista de objetividade e neutralidade é insuscetível de realizar-se.

O positivismo pretendeu ser uma *teoria* do Direito, na qual o estudioso assumisse uma atitude cognoscitiva (de conhecimento), fundada em juízos de fato. Mas resultou sendo uma *ideologia*, movida por juízos de valor, por ter se tornado não apenas um modo de *entender* o Direito, como também de *querer* o Direito.[51] O fetiche da lei e o legalismo acrítico, subprodutos do positivismo jurídico, serviram de disfarce para autoritarismos de matizes variados. A idéia de que o debate acerca da justiça se encerrava quando da positivação da norma tinha um caráter legitimador da ordem estabelecida. Qualquer ordem.

Sem embargo da resistência filosófica de outros movimentos influentes nas primeiras décadas do século,[52] a decadência do positivismo é emblematicamente associada à derrota do fascismo na Itália e do nazismo na Alemanha. Esses movimentos políticos e militares ascenderam ao poder dentro

do sido publicada uma segunda edição em 1960, incorporando alguns conceitos novos.

49. A aplicação do Direito consistiria em um processo lógico-dedutivo de submissão à lei (premissa maior) da relação de fato (premissa menor), produzindo uma conclusão natural e óbvia, meramente declarada pelo intérprete, que não desempenharia qualquer papel criativo. Como visto anteriormente, esta concepção não tem a adesão de Hans Kelsen.

50. Vladimir Tumánov, *O pensamento jurídico burguês contemporâneo*, 1984, p. 141.

51. Norberto Bobbio, *O positivismo jurídico*, 1995, pp. 223-224. V. também Michael Löwy, *Ideologias e ciência social — Elementos para uma análise marxista*, 1996, p. 40: "O positivismo, que se apresenta como ciência livre de juízos de valor, neutra, rigorosamente científica, (...) acaba tendo uma função política e ideológica".

52. Como por exemplo, a *jurisprudência dos interesses*, iniciada por Ihering, e o *movimento pelo direito livre*, no qual se destacou Ehrlich.

do quadro de legalidade vigente e promoveram a barbárie em nome da lei. Os principais acusados de Nuremberg invocaram o cumprimento da lei e a obediência a ordens emanadas da autoridade competente. Ao fim da Segunda Guerra Mundial, a idéia de um ordenamento jurídico indiferente a valores éticos e da lei como uma estrutura meramente formal, uma embalagem para qualquer produto, já não tinha mais aceitação no pensamento esclarecido.

A superação histórica do jusnaturalismo e o fracasso político do positivismo abriram caminho para um conjunto amplo e ainda inacabado de reflexões acerca do Direito, sua função social e sua interpretação. O *pós-positivismo* é a designação provisória e genérica de um ideário difuso, no qual se incluem a definição das relações entre valores, princípios e regras, aspectos da chamada *nova hermenêutica* e a teoria dos direitos fundamentais.[53]

III — Pós-positivismo e a normatividade dos princípios[54]

O Direito, a partir da segunda metade do século XX, já não cabia mais no positivismo jurídico. A aproximação quase absoluta entre Direito e norma e sua rígida separação da ética não correspondiam ao estágio do processo civilizatório e às ambições dos que patrocinavam a causa da humanidade. Por outro lado, o discurso científico impregnara o Direito. Seus operadores não desejavam o retorno puro e simples ao jusnaturalismo, aos fundamentos vagos, abstratos ou metafísicos de uma razão subjetiva. Nesse contexto, o pós-positivismo não surge com o ímpeto da desconstrução, mas como uma superação do conhecimento convencional. Ele inicia sua trajetória guardando deferência relativa ao ordenamento positivo, mas nele reintroduzindo as idéias de justiça e legitimidade.

O constitucionalismo moderno promove, assim, uma volta aos valores, uma reaproximação entre ética e Direito.[55] Para poderem beneficiar-se do amplo instrumen-

53. Sobre o tema, vejam-se: Antônio Augusto Cançado Trindade, *A proteção internacional dos direitos humanos: fundamentos jurídicos e instrumentos básicos*, 1991; Ingo Wolfgang Sarlet, *A eficácia dos direitos fundamentais*, 1998; Flávia Piovesan, *Temas de direitos humanos*, 1998; Ricardo Lobo Torres (org.), *Teoria dos direitos fundamentais*, 1999; Willis Santiago Guerra Filho, *Processo constitucional e direitos fundamentais*, 1999; e Gilmar Ferreira Mendes, Inocêncio Mártires Coelho e Paulo Gustavo Gonet Branco, *Hermenêutica constitucional e direitos fundamentais*, 2000.

54. Ronald Dworkin, *Taking rights seriously*, 1997; Robert Alexy, *Teoría de los derechos fundamentales*, 1997; J. J. Gomes Canotilho, *Direito constitucional e teoria da Constituição*, 1998; Paulo Bonavides, *Curso de direito constitucional*, 2000; Jürgen Habermas, *Direito e democracia: entre facticidade e validade*, 1997; Jacob Dolinger, *Evolution of principles for resolving conflicts in the field of contracts and torts*, Recueil des Cours, v. 283, pp. 203 e ss., Hague Academy of International Law; Miguel Reale, *Filosofia do direito*, 2000; Nicola Abbagnano, *Dicionário de filosofia*, 1998; Paulo Nader, *Filosofia do direito*, 2000; Giorgio Del Vecchio, *Filosofía del derecho*, 1997; Marilena Chauí, *Convite à filosofia*, 1999; Ricardo Lobo Torres, *O orçamento na Constituição*, 2000; Eros Roberto Grau, *A ordem econômica na Constituição de 1988*, 1996; Juarez de Freitas, "Tendências atuais e perspectivas da hermenêutica constitucional", *Ajuris* 76/397; Ruy Samuel Espíndola, *Conceito de princípios constitucionais*, 1998; Daniel Sarmento, *A ponderação de interesses na Constituição Federal*, 2000; Margarida Maria Lacombe Camargo, *Hermenêutica e argumentação: uma contribuição ao estudo do direito*, 1999; Oscar Vilhena Vieira, *A Constituição e sua reserva de justiça*, 1999; Marcos Antonio Maselli de Pinheiro Gouvêa, *A sindicabilidade dos direitos prestacionais à luz de conceitos-chave contemporâneos*, 2001; Ana Paula de Barcellos, *A eficácia jurídica dos princípios constitucionais. O princípio da dignidade da pessoa humana*, 2001.

55. Esse fenômeno é referido por autores alemães como "virada kantiana". V. a respeito, Ricardo Lobo Torres, em remissão a Otfried Höffe, *Kategorische Rechtsprinzipien. Ein Kontrapunkt der Moderne* (*O orçamento na Constituição*, 1995, p. 90).

tal do Direito, migrando da filosofia para o mundo jurídico, esses valores compartilhados por toda a comunidade, em dado momento e lugar, materializam-se em princípios, que passam a estar abrigados na Constituição, explícita ou implicitamente. Alguns nela já se inscreviam de longa data, como a liberdade e a igualdade, sem embargo da evolução de seus significados. Outros, conquanto clássicos, sofreram releituras e revelaram novas sutilezas, como a separação dos Poderes e o Estado democrático de direito. Houve, ainda, princípios que se incorporaram mais recentemente ou, ao menos, passaram a ter uma nova dimensão, como o da dignidade da pessoa humana, da razoabilidade, da solidariedade e da reserva de justiça.

A novidade das últimas décadas não está, propriamente, na existência de princípios e no seu eventual reconhecimento pela ordem jurídica. Os princípios, vindos dos textos religiosos, filosóficos ou jusnaturalistas, de longa data permeiam a realidade e o imaginário do Direito, de forma direta ou indireta. Na tradição judaico-cristã, colhe-se o mandamento de *respeito ao próximo*, princípio magno que atravessa os séculos e inspira um conjunto amplo de normas. Da filosofia grega origina-se o princípio da não-contradição, formulado por Aristóteles, que se tornou uma das leis fundamentais do pensamento: "Nada pode ser e não ser simultaneamente", preceito subjacente à idéia de que o Direito não tolera antinomias. No direito romano pretendeu-se enunciar a síntese dos princípios básicos do Direito: "Viver honestamente, não lesar a outrem e dar a cada um o que é seu".[56] Os princípios, como se percebe, vêm de longe e desempenham papéis variados. O que há de singular na dogmática jurídica da quadra histórica atual é o reconhecimento de sua *normatividade*.

Os princípios constitucionais, portanto, explícitos ou não,[57] passam a ser a síntese dos valores abrigados no ordenamento jurídico. Eles espelham a ideologia da sociedade, seus postulados básicos, seus fins. Os princípios dão unidade e harmonia ao sistema, integrando suas diferentes partes e atenuando tensões normativas. De parte isto, servem de guia para o intérprete, cuja atuação deve pautar-se pela identificação do princípio maior que rege o tema apreciado, descendo do mais genérico ao mais específico, até chegar à formulação da regra concreta que vai reger a espécie. Estes os papéis desempenhados pelos princípios: a) condensar valores; b) dar unidade ao sistema; c) condicionar a atividade do intérprete.

Na trajetória que os conduziu ao centro do sistema, os princípios tiveram de conquistar o *status* de norma jurídica, superando a crença de que teriam uma dimensão puramente axiológica,[58] ética sem eficácia

56. Ulpiano, *Digesto* 1.1.10.1: "Honeste vivere, alterum non laedere, suum cuique tribuere". V. Paulo Nader, *Filosofia do direito*, 2000, p. 82; e Jacob Dolinger, *Evolution of principles for resolving conflicts in the field of contracts and torts*, Recueil des Cours, v. 283, pp. 203 e ss., Hague Academy of International Law.

57. Luís Roberto Barroso, *Interpretação e aplicação da Constituição*, 1999, p. 149: "Os grandes princípios de um sistema jurídico são normalmente enunciados em algum texto de direito positivo. Não obstante, (...) tem-se, aqui, como fora de dúvida que esses bens sociais supremos existem fora e acima da letra expressa das normas legais, e nelas não se esgotam, até porque não têm caráter absoluto e estão em permanente mutação". Em decisão do Tribunal Constitucional Federal alemão: "O direito não se identifica com a totalidade das leis escritas. Em certas circunstâncias, pode haver um 'mais' de direito em relação aos estatutos positivos do poder do Estado, que tem a sua fonte na ordem jurídica constitucional como uma totalidade de sentido e que pode servir de corretivo para a lei escrita; é tarefa da jurisdição encontrá-lo e realizá-lo em suas decisões". *BVerGE* 34, 269, *apud* Jürgen Habermas, *Direito e democracia: entre facticidade e validade*, v. 1, 1997, p. 303.

58. A *axiologia* está no centro da filosofia e é também referida como teoria dos valores, por consistir, precisamente, na atribuição de valores às coisas da vida. V. Miguel Reale, *Filosofia do direito*, 2000, pp. 37 e ss.

jurídica ou aplicabilidade direta e imediata. A dogmática moderna avaliza o entendimento de que as normas em geral, e as normas constitucionais em particular, enquadram-se em duas grandes categorias diversas: os princípios e as regras. Normalmente, as regras contêm relato mais objetivo, com incidência restrita às situações específicas às quais se dirigem. Já os princípios têm maior teor de abstração e uma finalidade mais destacada no sistema. Inexiste hierarquia entre ambas as categorias, à vista do princípio da unidade da Constituição. Isto não impede que princípios e regras desempenhem funções distintas dentro do ordenamento.

A distinção qualitativa entre regra e princípio é um dos pilares da moderna dogmática constitucional, indispensável para a superação do positivismo legalista, onde as normas se cingiam a regras jurídicas. A Constituição passa a ser encarada como um sistema aberto de princípios e regras, permeável a valores jurídicos suprapositivos, no qual as idéias de justiça e de realização dos direitos fundamentais desempenham um papel central. A mudança de paradigma nessa matéria deve especial tributo à sistematização de Ronald Dworkin.[59] Sua elaboração acerca dos diferentes papéis desempenhados por regras e princípios ganhou curso universal e passou a constituir o conhecimento convencional na matéria.

Regras são proposições normativas aplicáveis sob a forma de *tudo ou nada* (*all or nothing*). Se os fatos nela previstos ocorrerem, a regra deve incidir, de modo direto e automático, produzindo seus efeitos. Por exemplo: a cláusula constitucional que estabelece a aposentadoria compulsória por idade é uma regra. Quando o servidor completa setenta anos, deve passar à inatividade, sem que a aplicação do preceito comporte maior especulação. O mesmo se passa com a norma constitucional que prevê que a criação de uma autarquia depende de lei específica. O comando é objetivo e não dá margem a elaborações mais sofisticadas acerca de sua incidência. Uma regra somente deixará de incidir sobre a hipótese de fato que contempla se for inválida, se houver outra mais específica ou se não estiver em vigor. Sua aplicação se dá, predominantemente, mediante *subsunção*.

Princípios contêm, normalmente, uma maior carga valorativa, um fundamento ético, uma decisão política relevante, e indicam uma determinada direção a seguir. Ocorre que, em uma ordem pluralista, existem outros princípios que abrigam decisões, valores ou fundamentos diversos, por vezes contrapostos. A colisão de princípios, portanto, não só é possível, como faz parte da lógica do sistema, que é dialético. Por isso a sua incidência não pode ser posta em termos de *tudo ou nada*, de validade ou invalidade. Deve-se reconhecer aos princípios uma dimensão de peso ou importância. À vista dos elementos do caso concreto, o intérprete deverá fazer escolhas fundamentadas, quando se defronte com antagonismos inevitáveis, como os que existem entre a liberdade de expressão e o direito de privacidade, a livre iniciativa e a intervenção estatal, o direito de propriedade e a sua função social. A aplicação dos princípios se dá, predominantemente, mediante *ponderação*.[60]

Nesse contexto, impõe-se um breve aprofundamento da questão dos conflitos

59. Ronald Dworkin, *Taking rights seriously*, 1997 (a 1ª ed. é de 1977).

60. O tema foi retomado, substancialmente sobre as mesmas premissas, pelo autor alemão Robert Alexy (*Teoría de los derechos fundamentales*, 1997, pp. 81 e ss.), cujas idéias centrais na matéria são resumidas a seguir. As regras veiculam *mandados de definição*, ao passo que os princípios são *mandados de otimização*. Por essas expressões se quer significar que as regras (*mandados de definição*) têm natureza biunívoca, isto é, só admitem duas espécies de situação, dado seu substrato fático típico: ou são válidas e se aplicam ou não se aplicam por inválidas. Uma regra vale ou não vale juridicamente. Não são admitidas gradações. A exceção da regra ou é outra regra, que invalida a primeira, ou é a sua violação.

normativos. O Direito, como se sabe, é um sistema de normas harmonicamente articuladas. Uma situação não pode ser regida simultaneamente por duas disposições legais que se contraponham. Para solucionar essas hipóteses de conflito de leis, o ordenamento jurídico se serve de três critérios tradicionais: o da *hierarquia* — pelo qual a lei superior prevalece sobre a inferior —, o *cronológico* — onde a lei posterior prevalece sobre a anterior — e o da *especialização* — em que a lei específica prevalece sobre a lei geral.[61] Estes critérios, todavia, não são adequados ou plenamente satisfatórios quando a colisão se dá entre normas constitucionais, especialmente entre os princípios constitucionais, categoria na qual devem ser situados os conflitos entre direitos fundamentais.[62] Relembre-se: enquanto as normas são aplicadas na plenitude da sua força normativa — ou, então, são violadas —, os princípios são ponderados.

A denominada *ponderação de valores* ou *ponderação de interesses* é a técnica pela qual se procura estabelecer o peso relativo de cada um dos princípios contrapostos. Como não existe um critério abstrato que imponha a supremacia de um sobre o outro, deve-se, à vista do caso concreto, fazer concessões recíprocas, de modo a produzir um resultado socialmente desejável, sacrificando o mínimo de cada um dos princípios ou direitos fundamentais em oposição. O legislador não pode, arbitrariamente, escolher um dos interesses em jogo e anular o outro, sob pena de violar o texto constitucional. Seus balizamentos devem ser o princípio da razoabilidade (v. *infra*) e a preservação, tanto quanto possível, do núcleo mínimo do valor que esteja cedendo passo.[63] Não há, aqui, superioridade formal de nenhum dos princípios em tensão, mas a simples determinação da solução que melhor atende o ideário constitucional na situação apreciada.[64]

Cabe assinalar, antes de encerrar a discussão acerca da distinção qualitativa entre

Os princípios se comportam de maneira diversa. Como *mandados de otimização*, pretendem eles ser realizados da forma mais ampla possível, admitindo, entretanto, aplicação mais ou menos intensa de acordo com as possibilidades jurídicas existentes, sem que isso comprometa sua validade. Esses limites jurídicos, capazes de restringir a otimização do princípio, são (i) regras que o excepcionam em algum ponto e (ii) outros princípios de mesma estatura e opostos que procuram igualmente maximizar-se, impondo a necessidade eventual de ponderação.

61. Sobre antinomias e critérios para solucioná-las, v. Norberto Bobbio, *Teoria do ordenamento jurídico*, 1990, pp. 81 e ss.

62. Robert Alexy, "Colisão e ponderação como problema fundamental da dogmática dos direitos fundamentais", mimeografado, palestra proferida na Fundação Casa de Rui Barbosa, no Rio de Janeiro, em 11.12.1998, p. 10: "As colisões dos direitos fundamentais acima mencionados devem ser consideradas, segundo a teoria dos princípios, como uma colisão de princípios".

63. Juarez de Freitas, "Tendências atuais e perspectivas da hermenêutica constitucional", *Ajuris* 76/397, resgata um bom exemplo: "Caso emblemático no Direito Comparado é o do prisioneiro que faz greve de fome. Após acesa polêmica, a solução encontrada foi a de fazer valer o direito à vida sobre a liberdade de expressão, contudo o soro somente foi aplicado quando o grevista caiu inconsciente, uma vez que, neste estado, não haveria sentido falar propriamente em liberdade de expressão".

64. Sobre o tema, na doutrina alemã, Robert Alexy, "Colisão e ponderação como problema fundamental da dogmática dos direitos fundamentais", mimeografado, palestra proferida na Fundação Casa de Rui Barbosa, no Rio de Janeiro, em 11.12.1998; Karl Larenz, *Metodologia da ciência do direito*, 1997, pp. 164 e ss.; Klaus Stern, *Derecho del Estado de la República Federal alemana*, 1987, p. 295. Na doutrina nacional, vejam-se Luís Roberto Barroso, *Interpretação e aplicação da Constituição*, 1999, p. 192; e Ricardo Lobo Torres, "Da ponderação de interesses ao princípio da ponderação", 2001, mimeografado. E, ainda, as dissertações de mestrado de Daniel Sarmento, "A ponderação de interesses na Constituição Federal", 2000 e de Marcos Antonio Maselli de Pinheiro Gouvêa, "A sindicabilidade dos direitos prestacionais", 2001, mimeografado, onde averbou: "No mais das vezes, contudo, a aplicação da norma constitucional ou legal não pode ser efetuada de modo meramente subjuntivo, dada a existência de princípios colidentes com

regra e princípio, que ela nem sempre é singela. As dificuldades decorrem de fatores diversos, como as vicissitudes da técnica legislativa, a natureza das coisas e os limites da linguagem. Por vezes, uma regra conterá termo ou locução de conteúdo indeterminado, aberto ou flexível, como, por exemplo, ordem pública, justa indenização, relevante interesse coletivo, melhor interesse do menor.[65] Em hipóteses como essas, a regra desempenhará papel semelhante ao dos princípios, permitindo ao intérprete integrar com sua subjetividade o comando normativo e formular a decisão concreta que melhor irá reger a situação de fato apreciada. Em algumas situações, uma regra excepcionará a aplicação de um princípio. Em outras, um princípio poderá paralisar a incidência de uma regra. Enfim, há um conjunto amplo de possibilidades nessa matéria. Esta não é, todavia, a instância própria para desenvolvê-las.

A perspectiva pós-positivista e principiológica do Direito influenciou decisivamente a formação de uma moderna hermenêutica constitucional. Assim, ao lado dos princípios materiais envolvidos, desenvolveu-se um catálogo de princípios instrumentais e específicos de interpretação constitucional.[66] Do ponto de vista metodológico, o problema concreto a ser resolvido passou a disputar com o sistema normativo a primazia na formulação da solução adequada,[67] solução que deve fundar-se em uma linha de argumentação apta a conquistar racionalmente os interlocutores,[68] sendo certo que o processo interpretativo não tem como personagens apenas os juristas, mas a comunidade como um todo.[69]

o preceito que se pretende materializar (...) À luz do conceito-chave da proporcionalidade, desenvolveu-se o método de ponderação pelo qual o magistrado, considerando-se a importância que os bens jurídicos cotejados têm em tese, mas, também, as peculiaridades do caso concreto, poderá prover ao direito postulado, fundamentando-se na precedência condicionada deste sobre os princípios contrapostos" (p. 381).

65. V. José Carlos Barbosa Moreira, "Regras de experiência e conceitos jurídicos indeterminados", in *Temas de direito processual*, 2ª série, 1980, pp. 61 e ss.

66. Luís Roberto Barroso, *Interpretação e aplicação da Constituição*, 1999, identifica o seguinte catálogo de princípios de interpretação especificamente constitucional: supremacia da Constituição, presunção de constitucionalidade das leis e dos atos emanados do Poder Público, interpretação conforme a Constituição, unidade da Constituição, razoabilidade e efetividade. Para uma sistematização sob perspectiva diversa, v. Juarez de Freitas, "Tendências atuais e perspectivas da hermenêutica constitucional", *Ajuris* 76/397.

67. O método tópico aplicado ao problema funda-se em um modo de raciocínio voltado para o problema e não para a norma. A decisão a ser produzida deve basear-se no exame de um conjunto de elementos, de *topoi* (pontos de vista) relevantes para o caso — além da norma, os fatos, as conseqüências, os valores —, que dialeticamente ponderados, permitem a solução justa para a situação concreta examinada. O trabalho clássico no tema é de Theodor Viehweg, *Tópica e jurisprudência*, 1979 (1ª ed. do original *Topik und Jurisprudenz* é de 1953).

68. A obra fundamental da denominada teoria da argumentação é do belga Chaim Perelman, em parceria com Lucie Olbrechts-Tyteca: *Tratado da argumentação: a nova retórica*, 1996 (1ª ed. do original *Traité de l'argumentation: la nouvelle rhetorique*, 1958). Vejam-se, também, Antônio Carlos Cavalcanti Maia, "Notas sobre direito, argumentação e democracia", in Margarida Maria Lacombe Camargo (org.), *1968-1998: uma década de Constituição*, 1999; e Daniel Sarmento, *A ponderação de interesses na Constituição Federal*, pp. 89-90, onde averbou: "No campo das relações humanas, as discussões se dão em torno de argumentos, prevalecendo aquele que tiver maiores condições de convencer os interlocutores. Não há verdades apodíticas, mas escolhas razoáveis, que são aquelas que podem ser racionalmente justificadas, logrando a adesão do auditório".

69. Peter Häberle, *Hermenêutica constitucional. A sociedade aberta dos intérpretes da Constituição: contribuição para a interpretação pluralista e procedimental da Constituição*, 1997 (1ª ed. do original *Die offene Gesellschaft der Verfassungsinterpreten. Ein Beitrag zur pluralistischen und "prozessualen" Verfassungsinterpretation*, 1975), p. 13: "Propõe-se, pois, a seguinte tese: no processo de interpretação constitucional estão potencial-

O novo século se inicia fundado na percepção de que o Direito é um sistema aberto de valores. A Constituição, por sua vez, é um conjunto de princípios e regras destinados a realizá-los, a despeito de se reconhecer nos valores uma dimensão suprapositiva. A idéia de *abertura* se comunica com a Constituição e traduz a sua permeabilidade a elementos externos e a renúncia à pretensão de disciplinar, por meio de regras específicas, o infinito conjunto de possibilidades apresentadas pelo mundo real.[70] Por ser o principal canal de comunicação entre o sistema de valores e o sistema jurídico, os princípios não comportam enumeração taxativa. Mas, naturalmente, existe um amplo espaço de consenso, onde têm lugar alguns dos protagonistas da discussão política, filosófica e jurídica do século que se encerrou: Estado de direito democrático, liberdade, igualdade, justiça.

Há dois outros princípios que despontaram no Brasil nos últimos anos: o da razoabilidade e o da dignidade da pessoa humana. O primeiro percorreu longa trajetória no direito anglo-saxão — notadamente nos Estados Unidos[71] — e chegou ao debate nacional amadurecido pela experiência alemã, que o vestiu com o figurino da argumentação romano-germânica e batizou-o de princípio da proporcionalidade.[72] O segundo — a dignidade da pessoa humana — ainda vive, no Brasil e no mundo, um momento de elaboração doutrinária e de busca de maior densidade jurídica. Procura-se estabelecer os contornos de uma objetividade possível, que permita ao princípio transitar de sua dimensão ética e abstrata para as motivações racionais e fudamentadas das decisões judiciais.

O princípio da razoabilidade[73] é um mecanismo para controlar a discricionariedade legislativa e administrativa. Ele per-

mente vinculados todos os órgãos estatais, todas as potências públicas, todos os cidadãos e grupos, não sendo possível estabelecer-se um elenco cerrado ou fixado com *numerus clausus* de intérpretes da Constituição".

70. V. Claus-Wilhelm Canaris, *Pensamento sistemático e conceito de sistema na ciência do direito*, 1996, p. 281: "(O sistema jurídico) não é fechado, mas antes *aberto*. Isto vale tanto para o sistema de proposições doutrinárias ou 'sistema científico', como para o próprio sistema da ordem jurídica, o 'sistema objetivo'. A propósito do primeiro, a abertura significa a incompletude do conhecimento científico, e a propósito do último, a mutabilidade dos valores jurídicos fundamentais".

71. Para uma breve análise da evolução histórica da razoabilidade no direito norte-americano, a partir da cláusula do devido processo legal, v. Luís Roberto Barroso, *Interpretação e aplicação da Constituição*, 1999, pp. 209 e ss. V., também, Marcos Antonio Maselli de Pinheiro Gouvêa, "O princípio da razoabilidade na jurisprudência contemporânea das cortes norte-americanas", *Revista de Direito da Associação dos Procuradores do Novo Estado do Rio de Janeiro*, v. V, 2000.

72. Guardada a circunstância de que suas origens reconduzem a sistemas diversos — ao americano em um caso e ao alemão em outro — razoabilidade e proporcionalidade são conceitos próximos o suficiente para serem intercambiáveis. Cabe a observação, contudo, de que a trajetória do princípio da razoabilidade fluiu mais ligada ao controle dos atos normativos, ao passo que o princípio da proporcionalidade surgiu ligado ao direito administrativo e ao controle dos atos dessa natureza. Vale dizer: em suas matrizes, razoabilidade era mecanismo de controle dos atos de criação do direito, ao passo que proporcionalidade era critério de aferição dos atos de concretização. Em linha de divergência com a equiparação aqui sustentada, v. Humberto Bergmann Ávila, "A distinção entre princípios e regras e a redefinição do dever de proporcionalidade", *Revista de Direito Administrativo* 215/151, 1999.

73. Sobre o tema, vejam-se alguns trabalhos monográficos produzidos nos últimos anos: Raquel Denize Stumm, *Princípio da proporcionalidade no direito constitucional brasileiro*, 1995; Suzana Toledo de Barros, *O princípio da proporcionalidade e o controle de constitucionalidade das leis restritivas de direitos fundamentais*, 1996; Paulo Armínio Tavares Buechele, *O princípio da proporcionalidade e a interpretação da Constituição*, 1999. Também em língua portuguesa, com tradução de Ingo Wolfgang Sarlet, Heinrich Scholler, "O princípio da proporcionalidade no direito constitucional e administrativo da Alemanha", *Interesse Público* 2/93, 1999.

mite ao Judiciário invalidar atos legislativos ou administrativos quando: (a) não haja adequação entre o fim perseguido e o meio empregado; (b) a medida não seja exigível ou necessária, havendo caminho alternativo para chegar ao mesmo resultado com menor ônus a um direito individual; (c) não haja proporcionalidade em sentido estrito, ou seja, o que se perde com a medida tem maior relevo do que aquilo que se ganha. O princípio, com certeza, não liberta o juiz dos limites e possibilidades oferecidos pelo ordenamento. Não é de voluntarismo que se trata. A razoabilidade, contudo, abre ao Judiciário uma estratégia de ação construtiva para produzir o melhor resultado, ainda quando não seja o único possível — ou mesmo aquele que, de maneira mais óbvia, resultaria da aplicação acrítica da lei. A jurisprudência do Supremo Tribunal Federal tem se valido do princípio para invalidar discriminações infundadas, exigências absurdas e mesmo vantagens indevidas.

O princípio da dignidade da pessoa humana[74] identifica um espaço de integridade moral a ser assegurado a todas as pessoas por sua só existência no mundo. É um respeito à criação, independente da crença que se professe quanto à sua origem. A dignidade relaciona-se tanto com a liberdade e valores do espírito como com as condições materiais de subsistência. O desrespeito a este princípio terá sido um dos estigmas do século que se encerrou e a luta por sua afirmação um símbolo do novo tempo.[75] Ele representa a superação da intolerância, da discriminação, da exclusão social, da violência, da incapacidade de aceitar o outro, o diferente, na plenitude de sua liberdade de ser, pensar e criar.

Dignidade da pessoa humana expressa um conjunto de valores civilizatórios incorporados ao patrimônio da humanidade. O conteúdo jurídico do princípio vem associado aos direitos fundamentais, envolvendo aspectos dos direitos individuais, políticos e sociais. Seu núcleo material elementar é composto do *mínimo existencial*,[76] lo-

74. Alguns trabalhos monográficos recentes sobre o tema: José Afonso da Silva, "Dignidade da pessoa humana como valor supremo da democracia", *Revista de Direito Administrativo* 212/89; Carmen Lúcia Antunes Rocha, "O princípio da dignidade da pessoa humana e a exclusão social", *Anais da XVII Conferência Nacional da Ordem dos Advogados do Brasil*, 1999; Ingo Wolfgang Sarlet, *Dignidade da pessoa humana e direitos fundamentais na Constituição brasileira de 1988*, 2001; Cleber Francisco Alves, *O princípio constitucional da dignidade da pessoa humana*, 2001; Ana Paula de Barcellos, *A eficácia jurídica dos princípios constitucionais. O princípio da dignidade da pessoa humana*, 2001. Em texto escrito no início da década de 90, quando algumas decisões do Supremo Tribunal Federal ameaçavam a efetividade e a força normativa da Constituição, manifestei ceticismo em relação à utilidade do princípio da dignidade da pessoa humana na concretização dos direitos fundamentais, devido à sua baixa densidade jurídica ("Princípios constitucionais brasileiros ou de como o papel aceita tudo", *Revista Trimestral de Direito Público*, v. 1). Essa manifestação foi *datada* e representava uma reação à repetição de erros passados. A Carta de 1988, todavia, impôs-se como uma Constituição normativa, dando ao princípio, hoje, uma potencialidade que nele não se vislumbrava há dez anos.

75. O Preâmbulo da Declaração Universal dos Direitos do Homem, aprovada pelas Assembléia Geral das Nações Unidas em 1948, inicia-se com as seguintes constatações: "Considerando que o reconhecimento da dignidade inerente a todos os membros da família humana e de seus direitos iguais e inalienáveis é o fundamento da liberdade, da justiça e da paz no mundo; Considerando que o desprezo e o desrespeito pelos direitos do homem resultaram em atos bárbaros que ultrajaram a consciência da Humanidade e que o advento de um mundo em que os homens gozem da liberdade de palavra, de crença e da liberdade de viverem a salvo do temor e da necessidade foi proclamado como a mais alta aspiração do homem comum (...)".

76. Sobre o tema, v. Ricardo Lobo Torres, "A cidadania multidimensional na era dos direitos", in *Teoria dos direitos fundamentais* (org. Ricardo Lobo Torres), 1999. Veja-se, também, para uma interessante variação em torno dessa questão, Luiz Edson Fachin, *Estatuto jurídico do patrimônio mínimo*, 2001, nota prévia: "A presente tese defende a existência de uma garantia patrimonial míni-

cução que identifica o conjunto de bens e utilidades básicas para a subsistência física e indispensável ao desfrute da própria liberdade. Aquém daquele patamar, ainda quando haja sobrevivência, não há dignidade. O elenco de prestações que compõem o mínimo existencial comporta variação conforme a visão subjetiva de quem o elabore, mas parece haver razoável consenso de que inclui: renda mínima, saúde básica e educação fundamental. Há, ainda, um elemento instrumental, que é o acesso à justiça, indispensável para a exigibilidade e efetivação dos direitos.[77]

Aos poucos se vai formando uma massa crítica de jurisprudência acerca do princípio, tendo como referência emblemática a decisão do Conselho de Estado francês, no curioso caso *Morsang-sur-Orge*.[78] No Brasil, o princípio tem sido fundamento de decisões importantes, superadoras do legalismo estrito, como a proferida pelo Superior Tribunal de Justiça ao autorizar o levantamento do FGTS por mãe de pessoa portadora do vírus da AIDS, para ajudá-la no tratamento da doença, independentemente do fato de esta hipótese estar ou não tipificada na lei como causa para o saque do fundo.[79] Em outro acórdão, de elevada inspiração, o Tribunal deferiu *habeas corpus* em caso de prisão civil em alienação fiduciária, após constatar, dentre outros fatores, que o aumento absurdo da dívida por força de juros altíssimos comprometia a sobrevida digna do impetrante.[80] No Supremo Tribunal Federal,

ma inerente a toda pessoa humana, integrante da respectiva esfera jurídica individual ao lado dos atributos pertinentes à própria condição humana. Trata-se de um patrimônio mínimo indispensável a uma vida digna do qual, em hipótese alguma, pode ser desapossada, cuja proteção está acima dos interesses dos credores".

77. Ana Paula de Barcellos, em preciosa dissertação de mestrado — *A eficácia jurídica dos princípios constitucionais. O princípio da dignidade da pessoa humana* —, assim consignou seu entendimento: "Uma proposta de concretização do mínimo existencial, tendo em conta a ordem constitucional brasileira, deverá incluir os direitos à educação fundamental, à saúde básica, à assistência no caso de necessidade e ao acesso à justiça".

78. O Prefeito da cidade de Morsang-sur-Orge interditou a atividade conhecida como *lancer de nain* (arremesso de anão), atração existente em algumas casas noturnas da região metropolitana de Paris. Consistia ela em transformar um anão em projétil, sendo arremessado de um lado para outro de uma discoteca. A casa noturna, tendo como litisconsorte o próprio deficiente físico, recorreu da decisão para o tribunal administrativo, que anulou o ato do Prefeito, por "excès de pouvoir". O Conselho de Estado, todavia, na sua qualidade de mais alta instância administrativa francesa, reformou a decisão, assentando: "Que le respect de la dignité de la personne humaine est une des composantes de l'ordre public; que l'autorité investie du pouvoir de police municipale peut, même en l'absence de circonstances locales particulières, interdire une attraction qui porte atteinte au respet de la dignité de la personne humaine" (Que o respeito à dignidade da pessoa humana é um dos compontentes da ordem pública; que a autoridade investida do poder de polícia municipal pode, mesmo na ausência de circunstâncias locais particulares, interditar uma atração atentatória à dignidade da pessoa humana). V. Long, Wil, Braibant, Devolvé e Genevois, *Le grands arrêts de la jurisprudence administrative*, 1996, pp. 790 e ss. Veja-se, em língua portuguesa, o comentário à decisão elaborado por Joaquim B. Barbosa Gomes, "O poder de polícia e o princípio da dignidade da pessoa humana na jurisprudência francesa", in *Seleções Jurídicas ADV* 12/17 e ss., 1996.

79. STJ, REsp 249.026/PR, rel. Min. José Delgado, *DJU* 26.6.2000, p. 138: "FGTS. Levantamento, tratamento de familiar portador do vírus HIV. Possibilidade. Recurso especial desprovido. 1. É possível o levantamento do FGTS para fins de tratamento de portador do vírus HIV, ainda que tal moléstia não se encontre elencada no art. 20, XI, da Lei 8.036/90, pois não se pode apegar, de forma rígida, à letra fria da lei, e sim considerá-la com temperamentos, tendo-se em vista a intenção do legislador, mormente perante o preceito maior insculpido na Constituição Federal garantidor do direito à saúde, à vida e à dignidade humana e, levando-se em conta o caráter social do Fundo, que é, justamente, assegurar ao trabalhador o atendimento de suas necessidades básicas e de seus familiares".

80. STJ, HC 12.547-DF, rel. Min. Ruy Rosado de Aguiar, *DJU* 12.2.2001, onde se consignou:

a preservação da dignidade da pessoa humana foi um dos fundamentos invocados para liberar réu em ação de investigação de paternidade da condução forçada para submeter-se a exame de DNA.[81] A demonstrar a dificuldade na definição do conteúdo do princípio da dignidade da pessoa humana, além dos votos vencidos proferidos neste caso, parte da doutrina sustentou que, ao contrário da tese central do acórdão, a preservação da dignidade da pessoa humana estava em assegurar o direito do autor da ação de ter confirmada a sua filiação, como elemento integrante da sua identidade pessoal.[82]

Encerra-se esse tópico com uma síntese das principais idéias nele expostas. O pós-positivismo é uma superação do legalismo, não com recurso a idéias metafísicas ou abstratas, mas pelo reconhecimento de valores compartilhados por toda a comunidade. Estes valores integram o sistema jurídico, mesmo que não positivados em um texto normativo específico. Os princípios expressam os valores fundamentais do sistema, dando-lhe unidade e condicionando a atividade do intérprete. Em um ordenamento jurídico pluralista e dialético, princípios podem entrar em rota de colisão. Em tais situações, o intérprete, à luz dos elementos do caso concreto, da proporcionalidade e da preservação do núcleo fundamental de cada princípio e dos direitos fundamentais, procede a uma ponderação de interesses. Sua decisão deverá levar em conta a norma e os fatos, em uma interação não formalista, apta a produzir a solução justa para o caso concreto, por fundamentos acolhidos pela comunidade jurídica e pela sociedade em geral. Além dos princípios tradicionais como Estado de direito democrático, igualdade e liberdade, a quadra atual vive a consolidação do princípio da razoabilidade e o desenvolvimento do princípio da dignidade da pessoa humana.

Capítulo IV — Conclusão

I — A ascensão científica e política do direito constitucional no Brasil

O direito constitucional brasileiro vive um momento virtuoso. Do ponto de vista de sua elaboração científica e da prática jurisprudencial, duas mudanças de paradigma deram-lhe nova dimensão: a) o compromisso com a efetividade de suas normas;[83]

"A decisão judicial que atende a contrato de financiamento bancário com alienação fiduciária em garantia e ordena a prisão de devedora por dívida que se elevou, após alguns meses, de R$ 18.700,00 para 86.858,24, fere o princípio da dignidade da pessoa humana, dá validade a uma relação negocial sem nenhuma equivalência, priva por quatro meses o devedor de seu maior valor, que é a liberdade, consagra o abuso de uma exigência que submete uma das partes a perder o resto provável de vida que não seja o de cumprir com a exigência do credor. Houve ali ofensa ao princípio da dignidade da pessoa, que pode ser aplicado diretamente para o reconhecimento da invalidade do decreto de prisão".

81. STF, *RTJ* 165/902, HC 71.373-RS, Tribunal Pleno, rel. Min. Marco Aurélio, j. 10.11.1994: "Investigação de paternidade — Exame DNA — Condução do réu 'debaixo de vara'. Discrepa, a mais não poder, de garantias constitucionais implícitas — preservação da dignidade humana, da intimidade, da intangibilidade do corpo humano, do império da lei e da inexecução específica e direta de obrigação de fazer — provimento judicial que, em ação civil de investigação de paternidade, implique determinação no sentido de o réu ser conduzido ao laboratório, 'debaixo de vara', para coleta do material indispensável à feitura do exame DNA. A recusa resolve-se no plano jurídico-instrumental, consideradas a dogmática, a doutrina e a jurisprudência, no que voltadas ao deslinde das questões ligadas à prova dos fatos". Ficaram vencidos os Ministros Francisco Rezek, Ilmar Galvão, Carlos Velloso e Sepúlveda Pertence.

82. Vejam-se, em linha crítica da decisão, Maria Celina Bodin de Moraes, "Recusa à realização do exame de DNA na investigação da paternidade e direitos da personalidade", *Revista Forense* 343/157; e Maria Christina de Almeida, *Investigação de paternidade e DNA*, 2001.

83. Sobre o tema, v. Luís Roberto Barroso, *O direito constitucional e a efetividade de suas normas*, 5ª ed., 2001.

e b) o desenvolvimento de uma dogmática da interpretação constitucional.[84] Passou a ser premissa do estudo da Constituição o reconhecimento de sua força normativa,[85] do caráter vinculativo e obrigatório de suas disposições, superada a fase em que era tratada como um conjunto de aspirações políticas e uma convocação à atuação dos Poderes Públicos. De outra parte, embora se insira no âmbito da interpretação jurídica, a especificidade das normas constitucionais, com seu conteúdo próprio, sua abertura e superioridade jurídica, exigiram o desenvolvimento de novos métodos hermenêuticos e de princípios específicos de interpretação constitucional.

Essas transformações redefiniram a posição da Constituição na ordem jurídica brasileira. De fato, nas últimas décadas, o Código Civil foi perdendo sua posição de preeminência, mesmo no âmbito das relações privadas, onde se formaram diversos microssistemas (consumidor, criança e adolescente, locações, direito de família). Progressivamente, foi se consumando no Brasil um fenômeno anteriormente verificado na Alemanha, após a Segunda Guerra: a passagem da Lei Fundamental para o centro do sistema. À supremacia até então meramente formal, agregou-se uma valia material e axiológica à Constituição, potencializada pela abertura do sistema jurídico e pela normatividade de seus princípios.[86]

A Constituição passa a ser, assim, não apenas um sistema em si — com a sua ordem, unidade e harmonia — mas também um modo de olhar e interpretar todos os demais ramos do Direito. Este fenômeno, identificado por alguns autores como *filtragem constitucional*, consiste em que toda a ordem jurídica deve ser lida e apreendida sob a lente da Constituição, de modo a realizar os valores nela consagrados. A constitucionalização do direito infraconstitucional não identifica apenas a inclusão na Lei Maior de normas próprias de outros domínios, mas, sobretudo, a reinterpretação de seus institutos sob uma ótica constitucional.[87]

A ascensão científica e política do direito constitucional brasileiro é contemporânea da reconstitucionalização do país com a Carta de 1988, em uma intensa relação de causa e efeito. A Assembléia Constituinte foi cenário de ampla participação da sociedade civil, que permanecera alijada do processo político por mais de duas décadas. O produto final de seu trabalho foi heterogêneo. De um lado, avanços como a inclusão de uma generosa carta de direitos, a recuperação das prerrogativas dos Poderes Legislativo e Judiciário, a redefinição da Federação. De outro, no entanto, o texto casuístico, prolixo, corporativo, incapaz de superar a perene superposição entre o espaço público e o espaço privado no país. A Constituição de 1988 não é a Carta da nossa maturi-

84. Para um levantamento da doutrina nacional e estrangeira acerca do tema, v. Luís Roberto Barroso, *Interpretação e aplicação da Constituição*, 4ª ed., 2001.

85. V. Konrad Hesse, "La fuerza normativa de la Constitución", in *Escritos de derecho constitucional*, 1983 e Eduardo García de Enterría, *La Constitución como norma y el Tribunal Constitucional*, 1985.

86. V. Pietro Perlingieri, *Perfis do direito civil*, 1997, p. 6: "O Código Civil certamente perdeu a centralidade de outrora. O papel unificador do sistema, tanto nos seus aspectos mais tradicionalmente civilísticos quanto naqueles de relevância publicista, é desempenhado de maneira cada vez mais incisiva pelo Texto Constitucional". Vejam-se, também: Maria Celina B. M. Tepedino, "A caminho de um direito civil constitucional", *Revista de Direito Civil* 65/21 e Gustavo Tepedino, "O Código Civil, os chamados microssistemas e a Constituição: premissas para uma reforma legislativa", in Gustavo Tepedino (org.), *Problemas de direito civil constitucional*, 2001.

87. J. J. Gomes Canotilho e Vital Moreira, *Fundamentos da Constituição*, 1991, p. 45: "A principal manifestação da preeminência normativa da Constituição consiste em que toda a ordem jurídica deve ser *lida à luz dela* e passada pelo seu crivo". V. também, Paulo Ricardo Schier, *Filtragem constitucional*, 1999.

dade institucional, mas das nossas circunstâncias. Não se deve, contudo, subestimar o papel que tem desempenhado na restauração democrática brasileira. Sob sua vigência vem se desenrolando o mais longo período de estabilidade institucional da história do país, com a absorção de graves crises políticas dentro do quadro da legalidade constitucional. É nossa primeira Constituição verdadeiramente normativa e, a despeito da compulsão reformadora que abala a integridade de seu texto, vem consolidando um inédito sentimento constitucional.[88]

O constitucionalismo, por si só, não é capaz de derrotar algumas das vicissitudes que têm adiado a plena democratização da sociedade brasileira. (O Direito tem seus limites e possibilidades, não sendo o único e nem sequer o melhor instrumento de ação social.) Tais desvios envolvem, em primeiro lugar, a *ideologia da desigualdade. Desigualdade econômica*, que se materializa no abismo entre os que têm e os que não têm, com a conseqüente dificuldade de se estabelecer um projeto comum de sociedade. *Desigualdade política*, que faz com que importantes opções de políticas públicas atendam prioritariamente aos setores que detêm força eleitoral e parlamentar, mesmo quando já sejam os mais favorecidos. *Desigualdade filosófica*: o vício nacional de buscar o privilégio em vez do direito, aliado à incapacidade de perceber o outro, o próximo.[89]

Em segundo lugar, enfraquece e adia o projeto da democratização mais profunda da sociedade brasileira a *corrupção* disseminada e institucionalizada. Nem sempre a do dinheiro, mas também a do favor político e a da amizade. No *sistema eleitoral*, a maldição dos financiamentos eleitorais e as relações promíscuas que engendram. No *sistema orçamentário*, o estigma insuperado do fisiologismo e das negociações de balcão nas votações no âmbito do Congresso. No *sistema tributário*, a cultura da sonegação, estimulada pela voracidade fiscal e por esquemas quase formais de extorsão e composição. No *sistema de segurança pública*, profissionais malpagos, maltreinados, vizinhos de porta daqueles a quem deviam policiar, envolvem-se endemicamente com a criminalidade e a venda de proteção. A exemplificação é extensa e desanimadora.

A superação dos ciclos do atraso e o amadurecimento dos povos inserem-se em um processo de longo prazo, que exige engajamento e ideal. O novo direito constitucional brasileiro tem sido um aliado valioso e eficaz na busca desses desideratos. Mas o aprofundamento democrático impõe, também, o resgate de valores éticos, o exercício da cidadania e um projeto de país inclusivo de toda a gente. Um bom programa para o próximo milênio.

II — Síntese das idéias desenvolvidas

Ao final desta exposição, que procurou reconstituir alguns dos antecedentes teóricos e filosóficos do direito constitucional brasileiro, é possível compendiar de forma sumária as idéias expostas, nas proposições seguintes:

1. O constitucionalismo foi o projeto político vitorioso ao final do milênio. A proposta do minimalismo constitucional, que procura destituir a Lei Maior de sua dimensão política e axiológica, para reservar-lhe um papel puramente procedimental, não é compatível com as conquistas do processo civilizatório. O ideal democrático realiza-

88. V. Luís Roberto Barroso, "Doze anos da Constituição brasileira de 1988", in *Temas de direito constitucional*, 2001. Para um denso estudo acerca da expansão da jurisdição constitucional no Brasil, veja-se Gustavo Binenbojm, *A nova jurisdição constitucional brasileira*, 2001.

89. Sobre o tema, v. o ensaio de Umberto Eco, "Quando o outro entra em cena, nasce a ética", in Umberto Eco e Carlo Maria Martini, *Em que crêem os que não crêem?*, 2001, p. 83: "A dimensão ética começa quando entra em cena o outro. Toda lei, moral ou jurídica, regula relações interpessoais, inclusive aquelas com um Outro que a impõe".

se não apenas pelo princípio majoritário, mas também pelo compromisso na efetivação dos direitos fundamentais.

2. A dogmática jurídica tradicional desenvolveu-se sob o mito da objetividade do Direito e o da neutralidade do intérprete. Coube à teoria crítica desfazer muitas das ilusões positivistas do Direito, enfatizando seu caráter ideológico e o papel que desempenha como instrumento de dominação econômica e social, disfarçada por uma linguagem que a faz parecer natural e justa. Sua contribuição renovou a percepção do conhecimento jurídico convencional, sem, todavia, substituí-lo por outro. Passada a fase da desconstrução, a perspectiva crítica veio associar-se à boa doutrina para dar ao Direito uma dimensão transformadora e emancipatória, mas sem desprezo às potencialidades da legalidade democrática.

3. O pós-positivismo identifica um conjunto de idéias difusas que ultrapassam o legalismo estrito do positivismo normativista, sem recorrer às categorias da razão subjetiva do jusnaturalismo. Sua marca é a ascensão dos valores, o reconhecimento da normatividade dos princípios e a essencialidade dos direitos fundamentais. Com ele, a discussão ética volta ao Direito. O pluralismo político e jurídico, a nova hermenêutica e a ponderação de interesses são componentes dessa reelaboração teórica, filosófica e prática que fez a travessia de um milênio para o outro.

4. O novo direito constitucional brasileiro, cujo desenvolvimento coincide com o processo de redemocratização e reconstitucionalização do país, foi fruto de duas mudanças de paradigma: a) a busca da efetividade das normas constitucionais, fundada na premissa da força normativa da Constituição; b) o desenvolvimento de uma dogmática da interpretação constitucional, baseada em novos métodos hermenêuticos e na sistematização de princípios específicos de interpretação constitucional. A ascensão política e científica do direito constitucional brasileiro conduziram-no ao centro do sistema jurídico, onde desempenha uma função de *filtragem constitucional* de todo o direito infraconstitucional, significando a interpretação e leitura de seus institutos à luz da Constituição.

5. O direito constitucional, como o direito em geral, tem possibilidades e limites. A correção de vicissitudes crônicas da vida nacional, como a ideologia da desigualdade e a corrupção institucional, depende antes da superação histórica e política dos ciclos do atraso, do que de normas jurídicas. O aprofundamento democrático no Brasil está subordinado ao resgate de valores éticos, ao exercício da cidadania e a um projeto generoso e inclusivo de país.

ASPECTOS REGULATÓRIOS A SEREM CONSIDERADOS NA FORMULAÇÃO DE UM NOVO MODELO PARA O SETOR DE SANEAMENTO BÁSICO NO BRASIL

FLORIANO DE AZEVEDO MARQUES NETO

Advogado, Professor da Faculdade de Direito da PUC/SP
— Doutor em Direito Público pela Universidade de São Paulo

"Se tens que lidar com água, primeiro fale com a experiência" (Leonardo da Vinci).

1. Introdução

O estabelecimento de marcos regulatórios claros e precisos é essencial para o êxito de qualquer processo de desestatização. No caso de empresas de saneamento, tal necessidade se mostra ainda mais nítida diante das peculiaridades que envolvem a regulação no setor. É fora de dúvida que o abastecimento de água e o esgotamento sanitário constituem serviços essenciais, tradicionais serviços públicos. Para além disso, são tais serviços imprescindíveis para o desenvolvimento econômico e social e para a própria saúde pública, como aliás prevê a Lei n. 8.080/90 (Lei do SUS, art. 6º, II). Há também que se destacar o fato de que, afora o impacto social destes serviços, somente com a definição de um sólido panorama regulatório é que é possível oferecer aos investidores alguma certeza num processo permeado por problemas complexos como a titularidade do serviço, manejo de recursos hídricos ou panorama ambiental. Neste sentido, o desenvolvimento dos marcos regulatórios concomitantemente ao desenvolvimento da modelagem de venda se põe central na discussão do tema.

2. Os principais problemas regulatórios do setor

Aos problemas regulatórios típicos de todos os setores ligados à produção de utilidades públicas agregam-se, no setor de saneamento, outros ainda mais complexos. O primeiro deles diz respeito à definição acerca da titularidade dos serviços de saneamento, havendo acesa polêmica entre a titularidade municipal e estadual. Para enfrentamento desta questão, com efetiva garantia ao processo de desestatização, é necessário o desenvolvimento de mecanismos de articulação entre o poder público municipal e estadual de modo a deixar fora de dúvida a titularidade à prestação dos serviços. Alternativas várias existem. Pode-se citar, por exemplo, a outorga de concessões por consórcios de Municípios (o que poderia ser precedido por um plano de outorgas com recomendação das regiões) ou mesmo o estabelecimento de contratos de concessão com os principais municípios com cessão de ações da concessionária a título de ônus. Neste último caso, pode-se vislumbrar a compartimentação da empresa por região, efetuando em maior ou menor grau uma municipalização do serviço.

O outro problema diz respeito ao regime de utilização de recursos hídricos. É sabido que a atividade de saneamento é indissociável da utilização da água. Assim, para além de representar um serviço público essencial, constitui uma atividade diretamente atrelada a um bem público escasso, de titularidade federal ou estadual. Daí porque podemos dizer que o setor de saneamento reúne problemas regulatórios próprios de serviços públicos (como telecomunicações e energia) com problemas encontrados no segmento do petróleo.

A legislação referente aos recursos hídricos tem avançado significativamente. Em 10.9.1991 fora editado Decreto criando o Comitê Nacional de Saneamento. Já em 8.1.1997 adveio a Lei n. 9.433, "Lei de Recursos Hídricos", que trouxe modificações relevantes à fixação do critério de outorga de direito de uso da água e cobrança pelo mesmo, além da fixação das bacias hidrográficas e de seus respectivos comitês, criados para gerenciar os recursos hídricos delas provenientes. Na esteira desta legislação encontra-se no Congresso o Projeto de Lei sobre as "Agências de Água" às quais incumbe controlar o uso dos recursos hídricos, até mesmo mediante a cobrança pelo seu uso e projeto estabelecendo as diretrizes para o exercício do poder concedente na esfera federal para a prestação, delegação e regulação dos serviços de saneamento básico (PLS n. 266/96). Embora controladas por Comitês de Bacias Hidrográficas, as Agências de Água exercem um papel de impacto direto na atividade de saneamento. Além disso, encontra-se em fase final de elaboração (já tendo sido postos em audiências públicas) Decretos que tratam de regulamentar os Comitês de Bacias Hidrográficas, a outorga onerosa de direito de uso de recursos hídricos e que aprovam o regulamento do sistema nacional de informações sobre recursos hídricos.

Fato é que o estabelecimento de marcos regulatórios para o setor deve envolver um profundo levantamento de toda a legislação referente aos recursos hídricos, de modo a tornar sua regulação aderente à regulação que está sendo editada sobre o principal elemento para esta indústria específica. Tudo isso deve levar em conta os impactos ambientais e econômicos, posto que se caminha para incrementar a cobrança pelo uso dos recursos hídricos, pois se projeta, para o próximo século, uma situação de escassez de recursos hídricos, havendo quem anteveja a transformação da água em uma mercadoria negociável em estado bruto.

3. Possíveis modelos para o setor

A reestruturação do setor de saneamento no Brasil envolve o desenvolvimento de novos modelos, os quais devem implicar, certamente, a definição de um novo ordenamento institucional e jurídico, observando princípios básicos e necessários à perfeita regulação do setor.

Tais modelos devem contemplar, obrigatoriamente, a articulação dos mecanismos de regulação exercidos pela União, pelos Estados e Municípios, de forma a estabelecer: (i) a titularidade das respectivas competências; (ii) a nova estrutura dos poderes concedentes; (iii) a criação de um órgão regulador; (iv) a exigência de licitação para novas concessões; (v) a definição da estrutura dos prestadores de serviço; por fim, (vi) definição e compatibilização das políticas públicas dos diferentes entes, especialmente no que tange à articulação e à definição de novas diretrizes relacionadas a áreas de competência legislativa exclusiva, complementares ou subsidiárias, tais como nas áreas de saúde, proteção ambiental, tributos e economia.

Por outro lado, a fixação de um novo modelo articulado de regulação faz-se necessária a fim de amenizar os conflitos de competência verificados na análise da situação atual. Notadamente porque critérios técnico-operacionais e econômico-financeiros podem conduzir à conclusão acerca da necessidade de redefinição geográfíca e/ou setorial da atual distribuição da prestação dos serviços de saneamento.

Dessa forma, é necessária a elaboração de instrumentos institucionais para essa redefinição, delimitando novas competências, mais adequadas ao modelo proposto, na forma do disposto no parágrafo único do art. 23 da Constituição Federal, de modo a se propiciar um ambiente de eficiência e modernidade no setor, por intermédio da melhoria dos padrões de qualidade e produtividade.

Conforme determina o referido preceito constitucional, o rearranjo das competências deve ser instituído por lei complementar que, obrigatoriamente, busque a manutenção e preservação das políticas de desenvolvimento municipais, estaduais, regionais e federais.

De outro lado, as análises técnico-operacionais e econômico-financeiras podem delinear o novo modelo definindo a segmentação da prestação dos diferentes serviços (abastecimento de água, esgotamento sanitário, coleta e tratamento de resíduos sólidos, drenagem urbana, vigilância sanitária, saúde pública e higiene ambiental) que compõem o saneamento básico.

O novo modelo institucional a ser proposto deve compreender os instrumentos jurídicos necessários a essa segmentação e que ofereçam garantias a cada um dos prestadores de serviço para atender às condições necessárias à manutenção da qualidade de atendimento à população, bem como possibilitem a exigência pelo poder concedente do cumprimento das políticas e metas individuais e comuns a todos os concessionários. A remodelagem institucional deve ter em conta, principalmente, as políticas de universalização estabelecidas pelo governo federal, que programam a universalização do serviço de saneamento básico até o ano de 2010.

Muito embora atuando em regiões geográficas distintas, os prestadores do serviço de saneamento, certamente, dependem uns dos outros, tanto em face dos limites naturais de disponibilidade dos recursos hídricos como para obter melhor aproveitamento das estruturas existentes e a serem criadas e maximização dos investimentos efetuados em cada região. A questão do grau de descentralização dos serviços de saneamento entre a esfera estadual e municipal, e eventualmente de segmentação da empresa estadual de saneamento por região geográfica também deve ser enfrentada.

Ainda seguindo as determinações decorrentes das análises técnico-operacionais e econômico-financeiras, as sugestões de modelos devem contemplar formas distintas de participação da iniciativa privada no setor. A estipulação de tais formas decorre da necessidade de se compatibilizar o interesse econômico da empresa com o caráter eminentemente social do serviço, tendo em vista se tratar de condição essencial de saúde pública e saneamento ambiental.

A prestação dos serviços à população carente, dada a sua baixa rentabilidade, certamente inviabiliza a suficiente remuneração do investimento privado, o que implica a necessidade de proposição de modelo específico de transferência da atividade à iniciativa privada, provavelmente por meio da implantação de contratos de gestão sem alienação de patrimônio em certas regiões, sendo certo que a obrigação de investimento permanece a cargo do Estado. Trata-se do contrato de BOT (*buy, operate & transfer*), ou de suas variações, pelo qual a iniciativa privada assume a gestão e realiza investimentos durante certo período, restituindo os ativos ao patrimônio público com o término do contrato.

Assim sendo, o novo modelo para o setor deve oferecer os instrumentos jurídicos necessários tanto à implantação do regime da concessão propriamente dita, quanto dos contratos de gestão.

A análise da experiência francesa é de grande valia neste sentido. O modelo francês caracteriza-se por grande descentralização e forte participação da iniciativa privada. A França desenvolveu um plexo de contratos de associação entre o setor privado e o Poder Público, sem transferência dos ativos públicos. Os contratos vão desde o gerenciamento (*gérance*), pelo qual o particular é remunerado com taxa fixa, até a concessão (*concession*), em que o particular restitui as instalações à Administração local ao final do contrato.

A proposição dos novos modelos, adotados o regime da concessão ou da gestão, deve compreender a elaboração dos marcos regulatórios e contratos, com a fixação das atribuições do poder concedente e a estipulação dos órgãos que o representam na relação com os novos prestadores de serviço.

Nas hipóteses em que for adotado o regime da concessão, o modelo contempla as funções a serem exercidas pelas entidades representantes do poder concedente, podendo-se destacar a fiscalização dos serviços, a fixação da tarifa e a verificação da aplicação dos investimentos mínimos e níveis de atendimento, de forma a garantir a prestação dos serviços com a observância dos princípios do art. 6º da Lei n. 8.987/95.

De outro lado, nos casos em que for adotado o regime da gestão da operação, o modelo deve prever, além das funções reguladoras do poder concedente, a obrigação deste de efetuar os investimentos necessários à adequação, expansão e melhoria dos serviços.

Merece atenção, ainda, a compatibilização dos instrumentos jurídicos a serem criados com as normas regulatórias da repressão ao abuso do poder econômico (Lei n. 4.137, de 10 de setembro de 1962 e Lei n. 8.137, de 27.12.1990) e defesa da concorrência (Lei n. 8.158, de 8 de janeiro de 1991 e Lei n. 8.884, de 13.6.1994), objetivando, de um lado, evitar o indesejável aumento imotivado do custo dos serviços prestados e, de outro, propiciar a livre concorrência e a liberdade de iniciativa, que, sem dúvida, beneficiam, diferentemente da atual situação, os consumidores finais.

A fiscalização e a estipulação das diretrizes a serem seguidas pelos novos prestadores de serviço, devem ficar a cargo das entidades governamentais estipuladas nos respectivos marcos regulatórios, com participação direta da população atendida pelos concessionários, de forma a possibilitar uma melhor adequação dos serviços às necessidades locais, respeitando-se, conseqüentemente, o direito dos usuários, nos exatos termos do que estabelecem os arts. 175, IV e 37, § 3º da Constituição Federal.

Igualmente importante, na definição dos modelos, é a compatibilização da nova estrutura legal às recentes alterações legislativas, que atingem diretamente o setor de saneamento, especialmente a "Lei de Recursos Hídricos", onde são definidos critérios de outorga de direito de uso da água e prevista a criação de comitês para o gerenciamento das bacias, entre outras inovações relevantes para a adequação e modernidade do saneamento básico.

Os novos modelos a serem propostos devem compreender os instrumentos jurídicos necessários a garantir aos futuros operadores o acesso aos recursos hídricos, imprescindíveis à prestação dos serviços atinentes ao saneamento básico, com a outorga aos mesmos dos respectivos direitos de uso.

Da mesma forma, a nova modelagem deve adequar-se à regulamentação acerca das bacias hidrográficas instituída pela supra-aludida lei, sendo certo que as duas alterações dela decorrentes, ora enfocadas, ocasionam também a propositura de uma redistribuição das competências entre os entes públicos Federal, Estaduais e Municipais, levando em conta a legitimidade para outorga do direito de uso dos recursos hídricos, exclusiva da União, Estados ou Distrito Federal, bem como a competência para regular as bacias hidrográficas.

Tendo em vista as inúmeras inovações a serem propostas com a nova modelagem (especialmente no que tange à distribuição da competência e redefinição da divisão geográfica ou setorial dos serviços de saneamento básico e os aspectos de integração com outras políticas públicas), ensejadoras de novas iniciativas legislativas e de instrumentos jurídicos de difícil implantação, deve-se considerar um período de transição entre o modelo atual e os propostos, de forma a impedir qualquer interrupção ou queda de qualidade na prestação dos serviços, absolutamente essenciais.

É de se destacar, outrossim, que a adoção de política de segmentação da prestação de serviços, em um ambiente altamente concentrado, pode ocasionar, num primeiro momento, algumas dificuldades, principalmente nas regiões e localidades menos estruturadas técnica e/ou financeiramente. Assim, deve ser enfatizada, nesta fase de transição do atual sistema para o novo modelo, a criação dos instrumentos jurídicos necessários à imediata atuação do poder concedente, no sentido de evitar o colapso, a interrupção ou a queda de qualidade dos serviços prestados.

Além disso, os mecanismos jurídicos devem também criar os instrumentos necessários a permitir a transferência dos serviços aos novos concessionários, com a observância de alguns requisitos mínimos técnico-operacionais, a serem definidos, que evitem qualquer prejuízo aos consumidores atendidos dentro da área de concessão.

4. Elaboração de regras de regulação jurídica e econômica dos serviços

É imprescindível o estabelecimento de um aparato de regulação jurídica e econômica dos serviços. Do ponto de vista jurídico, antevemos dois campos de relevância da regulação. O primeiro relacionado a toda a montagem do arcabouço jurídico e institucional voltado à criação e ao funcionamento do órgão regulador do setor e à sua articulação com outros órgãos reguladores diretamente envolvidos no setor (em especial, na área do consumidor, no setor ambiental e com as Agências de Água). Relevante é, neste sentido, estudar os diversos modelos já praticados no exterior, deitando especial atenção àquele hoje vivenciado na Inglaterra.

O modelo inglês caracteriza-se pela criação de um órgão regulador autônomo (o *Office of Water Services-OFWAT*), dotado de grande poder regulatório, que estabelece tarifas, promove a proteção do consumidor, assegura os padrões de qualidade do serviço e cria incentivos à eficiência e à competitividade das companhias. A regulação da qualidade da água e do esgoto é feita pela *Environment Agency* e pelo *Drinking Water Inspectorate*.

Ainda no campo da regulação jurídica, é necessário desenvolver todo um arcabouço voltado a equacionar os impasses federativos acima apontados. A questão seria solucionada com a aprovação do Projeto de Lei Federal n. 266/96, atualmente no Senado Federal. Contudo, há controvérsia jurídica quanto à natureza de lei ordinária destas disposições, motivo pelo qual o projeto encontra-se atualmente sem trâmite definido. Em conseqüência, a solução do impasse federativo pode envolver tanto a elaboração de projetos de lei (principalmente para apreciação na esfera Estadual e Municipal) como também o suporte para efetivação dos instrumentos jurídicos negociais que envolvem a União, o Estado e os Municípios, isolados, em consórcio ou no âmbito das Regiões Metropolitanas. A tendência é a confirmação da regra que reconhece a competência estadual, atribuindo aos Estados a titularidade dos serviços nas áreas de interesse comum. A solução definitiva para a questão é especialmente relevante caso se opte por um modelo de estruturação do serviço que envolva a adesão dos Municípios ao programa de desestatização.

Igual importância deve ter a regulação econômica. Ela deve se manifestar, entre outros, no tocante aos mecanismos regulatórios relativos aos investimentos na universalização dos serviços, na explicitação dos custos e eventuais subsídios internos aos diversos serviços, na eventual hipótese de se evoluir para uma perspectiva de competição nos serviços e, principalmente, na definição da política tarifária a ser desenvolvida.

Neste ponto em particular, se colocam algumas questões de grande relevância. A política tarifária no setor de saneamento deve enfrentar a questão do subsídio entre classes de consumidores e a discussão em torno de tarifas sociais, mormente no tocante às populações de baixíssima renda. E tal problema deve ser enfrentado na perspectiva de evitar a concentração tarifária nos grandes consumidores (que acabam por se esquivar do pagamento mediante recursos judiciais ou negociação de isenções) e, de outro lado, superar o problema do aumento de inadimplência pelo consumidor de baixa renda, num momento de retração econômica. A experiência inglesa dos *price caps*, patamares máximos de tarifas estabelecidos pelo órgão regulador para todas as operadoras, pode ser útil para análise do regulador brasileiro. Há risco, com efeito, que os grandes investimentos realizados pelo(s) concessionário(s) privado(s) venham a se traduzir em alta demasiada das tarifas praticadas.

A questão dos descontos para vendas por atacado ou para grandes consumidores industriais deve ser igualmente equacionada. Devem ser levados em conta fatores como a geração de empregos, receitas de impostos geradas, economia de consumo e soluções individuais de tratamento de esgoto (fossas). O consumidor individual não pode, no entanto, ser sobrecarregado pelo desconto oferecido aos grandes usuários.

Por fim, a regulação econômica não pode descurar do fato de que, internacionalmente, os grandes atores econômicos atuantes no setor começam a se organizar em torno de *multi utilities*, reunindo atividades da indústria da água, energia, saneamento e resíduos sólidos em grandes grupos, com vistas à obtenção de escala capaz de alavancar pesados investimentos em novas tecnologias.

5. Proposta das ações necessárias para criação de agência reguladora

A instituição de um órgão regulador independente e autônomo (seguindo o modelo de Agências) é ponto central na constituição de um marco regulador adequado para o setor. É preciso definir quais os instrumentos regulatórios de que este órgão regulador deve estar dotado e dimensionar a estrutura (financeira e de pessoal) imprescindível ao seu eficaz funcionamento. O estabelecimento de fontes próprias de receitas (para o que taxas de fiscalização constituem importante instrumento) se faz necessário para garantir a sua autonomia, livrando-a de amarras orçamentárias e diminuindo o risco de captura por subtração de meios. Dotar a Agência de mecanismos mais ágeis de gestão também constitui passo relevante.

Ainda com relação à peculiaridade do saneamento frente ao problema federativo, é importante verificar que o órgão regulador pode não ter poderes para outorga de concessões. Teríamos, então, um órgão regulador puro, desincumbido do papel de representante do titular do serviço, que poderia ser desempenhado, até mesmo, pelas Prefeituras. Esta alternativa teria a vantagem de tornar a Agência um pouco mais protegida da captura política, um dos maiores riscos para a regulação no setor. Por outro lado, é necessário desenvolver alguns instrumentos jurídicos complexos como, por exemplo, a possibilidade de ser decretada a caducidade por ente público não titular do serviço outorgado.

A respeito da criação da Agência, devem ser pensados instrumentos de articulação com outros órgãos reguladores afetos ao setor, o que pode envolver, até mesmo, a agência nacional de águas e a agência nacional de energia elétrica.

6. Proposta para participação de representantes dos municípios e usuários

Imprescindível é o estabelecimento de mecanismos de participação na atividade regulatória da Agência. No tocante à participação dos usuários, vários são os mecanismos que devem ser analisados, tais como a instituição de comitês de usuários dos serviços; a integração de entidades de representação de classes de usuários; a instituição da figura do *ombudsman* tanto na concessionária como no órgão regulador; a obrigatoriedade de que a concessionária tenha um serviço de atendimento ao consumidor, permanente e eficazmente acessível aos usuários; regras claras de publicidade ampla para os procedimentos da Agência; a obrigatoriedade de Consultas e Audiências Públicas para a prática dos atos relevantes do órgão regulador. Todos estes mecanismos, já encontradiços na legislação brasileira (vide Código de Defesa do Consumidor, Lei n. 9.472/97, Lei n. 8.987/95, entre outras), devem ser analisados e adaptados às peculiaridades do serviço, de modo a concretizar o pressuposto de ampla participação do usuário na atividade regulatória.

Igualmente indeclinável é a participação na Agência do poder público municipal. Esta participação deve envolver: (i) o processo de escolha dos dirigentes; (ii) a instituição de conselhos consultivos com a participação de representantes dos Municípios; (iii) a criação de comitês técnicos para os quais devem ser indicados membros pelos Municípios, entre outros mecanismos. O fato é que nos parece que, na regulação do setor de saneamento, deva estar presente um vetor de descentralização regulatória que, sem prescindir de alguma centralização no âmbito estadual, incorpore a dimensão municipal no exercício da regulação, sem o que é posto em risco o modelo.

Neste sentido, os Comitês de Bacias Hidrográficas podem constituir foro adequado para a integração dos Municípios na regulação estadual. Os comitês podem adquirir uma conotação de verdadeiro pacto social a ser estabelecido entre as entidades federativas envolvidas, os beneficiários dos serviços de saneamento e a sociedade em geral, incluindo os representantes dos interesses de natureza ambiental e do consumidor.

7. A questão ambiental e uso dos recursos hídricos

Outro aspecto relevante, que merece atenção especial, refere-se à adequação da nova política de saneamento — e, conseqüentemente, dos seus instrumentos legais — ao arcabouço jurídico existente, relacionado à proteção e preservação do meio ambiente, notadamente à Lei n. 6.938, de 31 de agosto de 1981, que define a Política Nacional de Meio Ambiente, cujo principal objetivo é a preservação e a recuperação da qualidade ambiental, atendendo, dentre outros aspectos, à racionalização do uso do solo, do subsolo e da água.

Deste modo e uma vez que o setor de saneamento, principalmente no que se refere às áreas de captação, tratamento e disposição dos resíduos sólidos, atua e interfere diretamente no meio ambiente, é dado especial enfoque a tais aspectos de modo a se evitar a adoção de qualquer mecanismo que possa conflitar com as mencionadas normas de proteção ambiental. O tratamento de esgotos e resíduos sólidos, pouquíssimo efetuado no Brasil, deve ser incentivado e privilegiado.

A questão ambiental se coloca também na interface com os aspectos econômicos. Uma vez que qualquer investimento para ampliação da rede de captação de água ou tratamento de esgoto envolve impactos ambientais significativos, é impossível trabalhar com metas de qualidade e ampliação dos serviços sem dedicar grande atenção ao aspecto ambiental. Por fim, é necessário lembrar que as crescentes exigências das normas e padrões do direito ambiental no tocante à água apontam para a necessidade de investimentos cada vez maiores. Segue daí que a regulação deve ter em vista que, por exemplo, a substituição de padrões tecnológicos de tratamento da água (com o abandono dos tratamentos químicos em favor de tecnologias de tratamento físico e biológico) pode introduzir gargalos de investimento incompatíveis, por exemplo, com a universalização do serviço. O equilíbrio jurídico e institucional destas dimensões ambientais é um dos desafios do trabalho.

No tocante ao uso dos recursos hídricos, deve ser desenvolvido mecanismo que evite o desperdício de água pelos concessionários, privados ou públicos. Ainda que o concessionário passe a pagar pela água que fornece aos consumidores, os desperdícios da rede podem inviabilizar economicamente a operação comercial do concessionário, acarretando aumento nas tarifas ou *déficit* a ser sanado pelo Poder Público. Os municípios e entidades de usuários devem associar-se ao Estado em campanhas de combate ao desperdício e de conscientização de saneamento básico à população. Com efeito, tal participação é indispensável ao sucesso de uma política de aproveitamento máximo dos recursos hídricos, que deve contar ainda com a participação das entidades ligadas à saúde e com o apoio do governo federal.

8. Proposta para usos múltiplos e/ou exclusivos da água para consumo humano

O marco regulatório deve apresentar, em conjuminância com a Política Nacional de Recursos Hídricos, soluções para a questão do uso da água. E neste ponto, considerando as realidades das Bacias envolvidas, deve buscar o equilíbrio entre as diversas dimensões do uso destes recursos. Neste sentido, em conjunto com os estudos técnicos a serem desenvolvidos pelas equipes, devem ser propostos mecanismos de reserva de potenciais hídricos para uso exclusivo para consumo humano e, de outro lado, mecanismos regulamentares e contratuais voltados a compatibilizar o uso múltiplo com os marcos da política de saneamento.

9. Avaliação dos índices de cobertura

Para que possam ser estabelecidos parâmetros de qualidade e expansão da rede é necessário desenvolver padrões confiáveis de avaliação de cobertura. Para tanto, é necessária uma pesquisa comparada com os critérios adotados internacionalmente, atualizando-se e complementando-se os índices hoje adotados, em especial os critérios de ligações domiciliares e de perfil econômico. Devem, ainda, ser considerados o porcentual de crescimento demográfico da população, o desenvolvimento de loteamentos urbanos, o plano diretor municipal. De outro lado, a avaliação destes índices deve ser aderente à perspectiva de metas de universalização e de qualidade que se quer implementar, considerando também a baixa penetração do serviço de saneamento básico no Estado.

Mais uma vez o modelo inglês pode servir de baliza para o regulador brasileiro. A Inglaterra adotou o mecanismo de *yardstick competition*, ou competição por padrões de comparação, que compara os desempenhos de todas as empresas atuando no setor, exigindo da concessionária o cumprimento dos índices médios verificados em outras empresas similares.

Ainda, no caso de descentralização parcial dos serviços de saneamento, por meio de cessão de ações das concessionárias do serviço aos Municípios, deve ser viabilizada estrutura de assistência técnica e capacitação de pessoal na operação de serviços de saneamento para pequenos municípios e comunidades de pequeno porte e rurais.

10. Instrumentos necessários para implementação das propostas aprovadas

Vários devem ser os instrumentos para implementação das propostas aprovadas no âmbito regulatório. Num primeiro plano, estão os instrumentos legais voltados especialmente a: (i) equacionar o problema das outorgas e da definição de competências municipais e estaduais; (ii) autorizar a concessão dos serviços (cf. art. 2º da Lei Federal n. 9.074/95); (iii)estabelecer os critérios de uso dos recursos hídricos estaduais, em consonância com a legislação federal sobre o tema; (iv) instituir e aparelhar a Agência regulatória do setor; (v) estabelecer os mecanismos de proteção dos direitos dos usuários dos serviços.

No âmbito da macrorregulação, é necessário desenvolver minutas de contratos de concessão dos serviços, adaptando-as às diversas situações que são estabelecidas no relacionamento com os Municípios. Além disso, devem ser elaborados os documentos regulatórios definidores da política para o setor, como, por exemplo, planos diretores, de outorgas, de metas de qualidade e de universalização.

Por fim, é necessária a elaboração de documentos regulamentares, que devem, entre outras atribuições: (i) reger o funcionamento interno da Agência, sua gestão e procedimentos; (ii) regulamentar a prestação dos serviços.

11. Implementação do marco regulatório e elaboração de legislação pertinente

A definição dos marcos regulatórios para o setor não prescinde da adoção de mecanismos de interlocução entre as três esferas da federação, em especial com os Municípios. Essa interlocução deve ser feita institucionalmente, mas pode passar pela negociação envolvendo: (i) a outorga formal de concessões pelos Municípios em favor da Compesa; (ii) o envolvimento dos Municípios na atividade regulatória e de definição das políticas de universalização, qualidade e, conforme a modelagem, tarifária. Essa alternativa, como visto, acarreta um maior percurso jurídico e institucional, mas daria maior segurança para os investidores.

Outra alternativa é a de se travar entendimentos em torno de um protocolo de adesão dos Municípios ao programa de concessão estadual, em especial nas regiões metropolitanas. Neste caso, atalha-se o caminho institucional sem, contudo, conferir segurança ao modelo.

De todo modo, da implementação dos marcos regulatórios devem participar todos os atores políticos envolvidos, podendo se sugerir que a articulação destes seja realizada pelo Governo Estadual, podendo passar, até mesmo, pela aprovação de Lei Complementar Estadual (art. 25, § 3º da Constituição Federal).

12. Interface entre o poder concedente e a concessionária

A relação de concessão é, normalmente, tripartida. Dela fazem parte, com interesses nem sempre convergentes, o poder concedente, o concessionário e o usuário do serviço. No caso do saneamento, há uma gama maior de atores. Há o detentor do recurso escasso imprescindível ao serviço (água) que pode ser o Estado ou a União. E há a já aludida indefinição acerca de qual esfera federativa seja o poder concedente. Neste sentido é que se põe necessária a separação entre órgão regulador (estadual) e poder concedente (compartilhado). Neste quadrante, a interface entre poder concedente e as concessionárias deve ser mediada, necessariamente, pelo órgão regulador específico. E o veículo principal desta mediação deve ser o contrato de concessão.

A Lei n. 8.987/95 conceitua poder concedente como podendo ser União, Estados, Distrito Federal ou Municípios, dependendo da competência do serviço público que se pretende conceder. O mesmo artigo conceitua concessão de serviço público como sendo a delegação a pessoa jurídica ou consórcio de empresas, que demonstre capacitação, de um determinado serviço público, feito pelo poder concedente, mediante concorrência, por prazo determinado. Referido artigo conceitua, ainda, uma forma de concessão precedida de execução de obra pública, na qual a empresa ou consórcio concessionário se compromete a construir, finalizar ou melhorar determinada obra de interesse público, obtendo seu pagamento da exploração do serviço ou da obra por prazo determinado.

Fixados os conceitos necessários à análise a que se propõe, mister destacar que, em atendimento ao ordenamento legal, os serviços objeto de concessões devem adequar-se a algumas condições mínimas, tais como regularidade, continuidade, eficiência, segurança, atualidade, generalidade, cortesia e modicidade tarifária. Devem ser resguardados, ainda, alguns direitos dos usuários dos respectivos serviços, também fixados pela legislação específica.

A exemplo da adequação dos serviços e dos direitos dos usuários, a política tarifária das concessionárias também deve seguir os parâmetros fixados nas disposições legais ora analisadas, sendo certo que a tarifa deve ser fixada pelo preço da proposta inicial, elaborada quando da licitação da concessão, com as revisões e correções previstas no respectivo edital, no contrato de concessão e na legislação específica.

Da mesma forma, deve-se dispensar especial atenção à análise dos procedimentos adotados na licitação das concessões e na elaboração dos respectivos contratos, de modo a verificar e providenciar o atendimento ao disposto pela legislação ora enfocada.

Por outro lado, no que se refere à outorga de novas concessões e à revalidação e prorrogação das concessões que dão suporte às atividades de saneamento, deve ser verificado o disposto pela Lei n. 9.074/95, especificamente editada para disciplinar a outorga de concessões e a prorrogação das concessões existentes.

Referido texto legal fixa as condições de revalidação e outorga das concessões, bem como a forma de prorrogação das mesmas, que deve obedecer alguns preceitos básicos, tais como o prazo para apresentação do pedido de prorrogação e a necessidade de comprovação da capacidade técnica, jurídica e financeira do concessionário que pleiteia a prorrogação.

Assim sendo, o estudo das concessões deve passar imprescindivelmente pela análise e formulação de soluções para adequação das mesmas às disposições legais retroanalisadas, de modo a garantir a regular prestação dos serviços.

13. Fiscalização da execução dos serviços

O marco regulatório — em especial o contrato de concessão e o Plano de Qualidade — deve conter regras específicas sobre a fiscalização da prestação. Neste sentido, três grandes linhas devem ser observadas: (i) a fiscalização contábil, voltada a verificar o cumprimento das metas de investimento e o regime dos ativos empregados no serviço; (ii) a fiscalização operacional, voltada a aferir o cumprimento das metas de qualidade, ambientais e o modo de prestação; (iii) a fiscalização do atendimento ao consumidor, voltada a aferir o cumprimento das metas e das condicionantes de adequação do serviço (Lei n. 8.987/95, art. 6º, regularidade, continuidade, eficiência, segurança, atualidade, generalidade, cortesia e modicidade nas tarifas). Quanto a esse último ponto, a regulação deve prever a transposição destes *standards* de adequabilidade à especificidade do saneamento.

Devem ser previstas duas ordens de atuação fiscalizadora: prospectiva e inquisitorial. A primeira cuida de estabelecer obrigações para a prestadora encaminhar determinadas informações, com periodicidade preestabelecida. A segunda trata de prever meios e procedimentos para auditorias e investigações pelo órgão regulador na atividade da prestadora. Prevemos também o estabelecimento de um procedimento investigatório e de fiscalização que devem constar de instrumentos regulatórios específicos.

A associação dos Municípios à atividade fiscalizatória deve ser privilegiada. Com efeito, a proximidade geográfica e a pulverização de núcleos de fiscalização podem tornar mais efetiva a incumbência da futura Agência Estadual de inspeção das condições do saneamento básico.

14. Estrutura de penalidades contratuais e administrativas

A atividade punitiva é um dos pilares centrais para o órgão regulador. Em princípio é necessário prever em lei um regime de sanções, sem o que resta frágil a atividade aperadora da Agência. É imprescindível o estabelecimento na regulamentação e no contrato de concessão de: (i) uma estrutura de condutas puníveis com as respectivas penas; (ii) um regime de escusas de punibilidade, atenuantes e agravantes; (iii) um procedimento sancionatório que assegure o direito de defesa e o devido processo legal.

A estrutura de penalidades deve prever, entre outras, sanções contra infrações: (i) que frustrem as metas de universalização dos serviços; (ii) que afetem o meio ambiente; (iii) que frustrem o consumidor; (iv) que representem descumprimento de parâmetros de qualidade; (v) que frustrem a atividade fiscalizadora da Agência; (vi) que coloquem em risco bens reversíveis. A instituição de mecanismos de conversão das multas aplicadas aos concessionários, em benefício direto aos usuários prejudicados, deve ser cogitada, a exemplo do setor das telecomunicações e da energia elétrica.

15. Casos de extinção da concessão e reversibilidade dos bens

A legislação e o contrato para prestação dos serviços de saneamento devem prever as hipóteses de extinção da concessão. Elas devem compreender, além da hipótese de advento do termo contratual, a encampação (retomada do serviço pelo seu titular), caducidade (extinção da concessão por grave infração do concessionário), rescisão (desfazimento por iniciativa da concessionária ou avença entre as partes) e anulação (nas hipóteses de irregularidade insanável no contrato de concessão). Destas deve ter especial atenção a encampação, pois, diante da discussão em torno da titularidade municipal do serviço, devem ser desenvolvidos mecanismos jurídicos para impedir que vicissitudes do poder local interfiram negativamente no devir da concessão, fazendo pulular desatinados atos de encampação. Outra questão que merece cuidados se refere à rescisão, caso advenham fatos que impeçam a plena atuação da concessionária (intercorrências de fato do príncipe sobre a financiabilidade do projeto, problemas ambientais incontornáveis). Como o art. 39, parágrafo único, da Lei n. 8.987/95, impede a interrupção do serviço no caso de rescisão, a equação entre continuidade e rescisão deve ser abordada na regulação.

16. Prazos de concessão e condições para prorrogação dos contratos

O prazo contratual deve ser estabelecido em conformidade com a modelagem de venda, pois interfere diretamente na precificação da empresa. Inobstante devem ser consideradas as necessidades de amortização dos investimentos e a taxa de retorno. Não se pode descartar a hipótese de previsão de um prazo menor com possibilidade de sua prorrogação se atendidas as metas de qualidade e universalização que venham a ser estabelecidas na regulação.

17. Os direitos e deveres dos usuários para obtenção e utilização dos serviços

Ponto essencial, a regulação deve estipular uma ampla gama de direitos e obrigações para os usuários. Nisso devem estar compreendidas dimensões como as condições para fruição do serviço; a questão da possibilidade de opção pelo fornecimento de água versus a obrigatoriedade de utilização do serviço de esgotamento sanitário (por questão de saúde pública) nas localidades atingidas pela rede, e a conseqüente questão da independência tarifária entre os dois serviços; os indicadores de potabilidade e de qualidade mínima da água fornecida; toda a gama de direitos do consumidor aplicados ao saneamento, incluindo o direito à adequada informação sobre o serviço.

Importante ter em vista duas ordens de consumidores: aqueles que já dispõem do saneamento e que devem ter assegurado seu direito à fruição de um serviço adequado, de qualidade e por preço justo; e, de outro lado, os consumidores potenciais, aqueles que não têm acesso ao saneamento e cujo principal direito se refere à universalização do serviço.

Além de algumas condições de recebimento e fruição, o principal dever do usuário se refere ao pagamento da tarifa. Aqui emergem duas ordens de problemas. O primeiro relacionado à definição da tarifa adequada, tendo em vista: (i) o dever de modicidade; (ii) o seu impacto social; (iii) a necessidade de investimentos na ampliação e melhora da rede; (iv) o fato de que uma concentração tarifária nos maiores consumidores leva à esquiva do pagamento e à evasão de setores produtivos do Estado, tendo em vista que isenções tarifárias tornaram-se instrumentos para atração de investimentos. Na fixação da tarifa, deveria ser utilizado mecanismo segundo o qual todo avanço tecnológico, que resulte em diminuição dos custos do serviço, seja repassado ao consumidor, a exemplo do que é praticado nas telecomunicações brasileiras e na regulação norte-americana. Contudo, este repasse pode minorar os investimentos em infra-estrutura a serem efetuados pelos concessionários.

O segundo problema, central em termos regulatórios, se refere à interrupção dos serviços por falta de pagamento. Tal questão deve ser tratada em observância às decisões jurisprudenciais (inclusive do STF) e deve considerar, isoladamente, a) o serviço de esgoto em separado do serviço de abastecimento d'água; b) a essencialidade do serviço para a saúde pública; c) a situação econômica e os indicadores de desemprego da região. Neste sentido, podem ser desenvolvidos mecanismos de crédito tarifário, de períodos de moratória, bem como o procedimento prévio ao desligamento do serviço. Na Inglaterra, a questão tem sido resolvida com o estabelecimento de condições especiais de pagamento para "grupos vulneráveis de usuários": grandes famílias, com renda baixa, e usuários em condições médicas que requerem uso de grande volume de água. Outra questão a ser tratada é a vedação de subsídios cruzados. Neste sentido, pode-se cogitar que a concessão venha a ser onerosa e que o ônus pago reverta para um fundo de tarifa social, a ser aplicado na cobertura de *deficits* tarifários e no financiamento da inadimplência, evitando que tais encargos recaiam sobre a concessionária, o que pode inviabilizar seu negócio.

18. Proposta de estabelecimento de critérios, indicadores, fórmulas e parâmetros sobre a qualidade dos serviços

Devem ser estabelecidos parâmetros de aferição da qualidade do serviço, além da edição de um Plano de Metas de Qualidade. A vantagem da terceirização da execução dos serviços de saneamento básico para a iniciativa privada, consiste, entre outras, na possibilidade de dar maior ênfase aos indicadores e parâmetros de qualidade (resultado), em detrimento do controle do processo (meio), como era feito com as empresas estatais. Os indicadores devem levar em conta os padrões ambientais, sanitários e tecnológicos existentes no mercado. Porém, deve-se ter em vista que a mera transposição do estado da arte da tecnologia ambiental pode ser incompatível com o estágio de baixa penetração da rede e mesmo tornar inviável a modelagem do negócio.

19. Critérios para o cálculo da forma de pagamento de indenizações às concessionárias

É essencial fixar um critério de indenização que assegure ao investidor alguma segurança de expectativas. Porém, tal fixação deve ter em conta um regime que considere efetivamente a amortização do investimento e a depreciação dos bens, evitando que ao final do prazo de concessão restem ainda parcelas por indenizar. Essencial é a previsão de mecanismos fortes de indenização contra a extinção antes do prazo, desincentivando a adoção de medidas políticas impensadas. O regime de indenização deve, portanto, ser estabelecido diferentemente em função de cada hipótese de extinção. A indenização no caso de encampação deve ser prevista na lei que a autorizar. Diante da questão municipal, é importante que a regulação assegure padrões mínimos para tal indenização.

20. A solução das divergências contratuais entre o poder concedente e a concessionária

Como autoriza a Lei n. 8.987/95, o contrato de concessão deve prever mecanismos não jurisdicionais para solução de divergências. Forte parece ser a idéia de um Tribunal Arbitral do qual não participe membros do poder público municipal ou estadual, sem prejuízo do direito de o poder concedente indicar alguns membros. Caso a modelagem regulatória caminhe para a outorga de várias concessões, pode ser estabelecido previamente um mesmo órgão arbitral com atribuição de resolver pendências de todos os contratos de concessão.

21. O financiamento dos investimentos predominantemente de caráter social

A questão do financiamento de metas de universalização desprovidas de perspectiva de retorno econômico constitui um tema regulatório central. Para tanto, podem concorrer fontes orçamentárias de programas da União, do Estado ou de Municípios, ou ainda de organismos multilaterais; financiamento pelo próprio fluxo de caixa da concessionária; ou recursos de fundo específico, a ser constituído por lei, e que seria integrado por contribuições compulsórias das próprias prestadoras. As condicionantes de cada um destes mecanismos já foram acima antecipadas. Porém, parece uma diretriz válida que se separe a fonte de financiamento da política tarifária.

22. Conclusão

Certamente todas estas notas demandam reflexão e afincamento. O que surpreende é que os processos de privatização do setor de saneamento, levados a cabo até agora no país, estejam desconsiderando totalmente a maioria destes marcos regulatórios. Privatizar empresas que atuam na prestação de serviços essenciais, como saneamento, não pode significar a desregulação do setor. Não pode ser visto como um mero negócio. E, infelizmente, assim tem sido.

Janeiro de 2000

O PODER DO ESTADO E O EXERCÍCIO DA POLÍCIA ADMINISTRATIVA

FERNANDO ANDRADE DE OLIVEIRA

Professor de Direito Administrativo da Universidade Federal do Paraná

I — O poder soberano do Estado

Neste trabalho será apreciado e desenvolvido um dos temas debatidos no VIII Congresso Brasileiro de Direito Administrativo, sob o título *O Exercício do Poder de Polícia pelos Particulares*,[1] que suscita questões de natureza política e jurídica da maior relevância, pois aparenta afetar o monopólio do poder público, inerente ao Estado. Mas convém desde logo lembrar que o vocábulo *polícia* comumente evoca as idéias de vigilância e de ordem, concernentes à execução de certas normas jurídicas, mesmo no âmbito das relações entre particulares, não obstante o princípio da autonomia da vontade individual. Nesse sentido, são poderes de polícia os exercidos pelos presidentes de assembléias de associados ou sócios de corporações, garantindo o regular funcionamento dos seus trabalhos, bem assim, aqueles dos dirigentes de instituições que mantêm hospitais, teatros, bibliotecas etc., restritivos do comportamento dos usuários dos seus serviços e instalações, que voluntariamente se submetem aos respectivos estatutos. Não se confundem, porém, com os de natureza disciplinar, que atingem pessoas sob um regime mais específico de subordinação, como os empregados ante seus superiores hierárquicos e os alunos de uma escola perante os professores e dirigentes do estabelecimento.

Mas o que ora está em causa é uma modalidade do *poder estatal* que a Administração Pública exerce para manter as atividades dos indivíduos confinadas nos limites traçados pelo Direito. Como é notório, o Estado sempre se tem mostrado extremamente zeloso na preservação da integridade do poder que lhe pertence, no âmbito do seu território. Relatam os tratadistas que, na antiguidade, ainda era desconhecido o conceito de soberania, isto é, o fenômeno da oponibilidade do poder estatal a outros poderes. O Estado moderno, radicalmente diferente do antigo — escreve Georg Jellinek —, afirmou sua existência como soberano na Idade Média, combatendo e vencendo, sucessivamente, três outros centros de poder: a Igreja, que pretendia mantê-lo a seu serviço, o Império Romano, que não concedia "aos Estados particulares mais valor que o das províncias" e, finalmente, o dos grandes senhores e corporações feudais, que se consideravam independentes.[2] Essa sobera-

1. O Congresso foi realizado em Salvador (BA), de 5 a 9 de julho de 1994.

2. Georg Jellinek, *Teoría General del Estado*, trad. Fernando de los Ríos, Editorial Albatros, Buenos Aires, 1954, esp. pp. 331-336.

nia do Estado, no campo do Direito interno — acrescenta Hans Kelsen —, designa o supremo poder sobre homens e agrupamentos humanos que os integram, a sua onipotência jurídica. "Dá-se a esse poder o nome de 'supremacia de competência', entendendo-se sob esse conceito a possibilidade de uma ordem determinar, por si mesma, em todos os sentidos, os objetos da sua regulação. Possibilidade que não provém da autorização de uma ordem superior, determinante do âmbito real, espacial e temporal da ordem inferior; nem se trata de ordem parcial, frente à ordem total, única soberana".[3]

O poderoso Estado tem convivido com seus persistentes contestadores, como os velhos anarquistas e os utopistas de todos os tempos, que almejam a reunião espontânea dos homens em sociedades idílicas, fundadas na comunhão de bens e de vida. Também permanecem ativos os marxistas, esses empenhados na imposição do comunismo pela revolução armada, declarando aceitar provisoriamente o Estado, como provedor geral das necessidades coletivas, sob o domínio do partido único, que proclama ser o depositário do poder do proletariado. Por outro lado, há os que não pretendem aniquilar o Estado, mas o quer teocrático e não laico, republicano, ao invés de monárquico, federal ou regional e não unitário etc. Essas divergências internas, com raízes de ordem religiosa, ética ou ideológica, mas sempre mescladas com fundo político, podem resultar em alterações substanciais nos fins e nas formas dos Estados, com ou sem a subversão da ordem constitucional estabelecida.

Alude Georges Burdeau à coexistência, "num mesmo grupo político, de focos geradores de ordem jurídica (a família, o sindicato, por exemplo), criando um direito que se justapõe ao que emana das agências oficiais", considerando indiscutível a realidade desse *pluralismo jurídico*, pois todo agrupamento tende "a engendrar um direito que lhe é próprio (...). Trata-se de um fenômeno que as organizações corporativas da Idade Média puseram em relevo e que surge desde que haja vida comum (...)", já que a colaboração de vários indivíduos, mesmo tácita, mas efetiva, determina seus direitos e obrigações. Há outro aspecto desse pluralismo, derivado da multiplicidade dos "dados espirituais que fundam a visão das estruturas ideais do direito, estando em causa, sobretudo, a variedade das interpretações possíveis da ordem social desejável". Da contingência da idéia de direito, o pluralismo é conseqüência "que só poderia ser evitada na hipótese, absolutamente quimérica, de as inclinações espirituais e os interesses materiais dos membros da coletividade convergirem para uma representação única de um tipo de sociedade suscetível de os satisfazer a todos". Mas para que as forças políticas se constituam em Poderes, é preciso que se organizem, como é o caso dos grandes partidos. Poderes rivais do estatal e ainda de fato, porque apenas uma idéia de direito é suscetível de inspirar "a ação do Poder oficial e, portanto, de se beneficiar dos meios de que ele dispõe para a sua realização (...). E como só há lugar para um Poder oficial, o único meio de o alcançar é pela substituição do que está instalado".[4]

O Estado de Direito democrático exerce o poder que expressa ou implicitamente lhe conferem a Constituição e as leis, elaboradas pelos legítimos representantes do Povo, garantidos os princípios do pluralismo político e da alternância dos governantes, periodicamente eleitos pelos cidadãos. As diferentes idéias políticas, livremente manifestadas, repelem-se com maior ou menor fragor, ou se compõem, ainda que parcialmente; ora se mantêm no plano das concepções teóricas, distantes do poder, ora são testadas e até revistas, no curso da ação prá-

3. Hans Kelsen, *Teoría General del Estado*, trad. Luís Legaz Lacambra, Editora Nacional, México, 1965, pp. 138-139.

4. Georges Burdeau, *O Estado*, trad. Cascais Franco, Publicações Europa-América, s/d, pp. 97-100.

tica do governo. De qualquer modo, o continuado embate dessas idéias e a recíproca influência tendem a desbastá-las, a reduzir suas asperezas e arestas. Pois o que se constata, principalmente nos países política e socialmente mais evoluídos, é que o processo competitivo produz um gradativo esmorecimento na hostilidade dos agentes políticos e mesmo e até mesmo a neutralização das ideologias mais agressivas, postulantes de mudanças radicais na estrutura e nos fins do Estado — isso em benefício da consolidação da democracia.

II — Divisão e limitação constitucional do poder estatal

A história do Estado não apenas registra as vitórias obtidas sobre os que se têm oposto à sua soberania, mas igualmente a resistência das vítimas da sua opressão. Resistência não menos tenaz e atuante, no sentido de submeter a ação do Estado ao Direito e, afinal, de deslocar a fonte primária do seu poder supremo para os cidadãos. A primeira etapa dessa evolução consistiu na divisão desse poder e na partilha do seu exercício entre vários agentes, segundo as diferentes funções públicas: a legislativa, a administrativa e a jurisdicional. Já Aristóteles, conhecendo as experiências vividas pelos povos das cidades gregas sob as suas constituições, ensinava que um governo será necessariamente bom quando bem constituídas as três partes em que deve ser dividido, a saber: a deliberativa, que decide soberanamente sobre os negócios públicos da guerra e da paz e dos tratados, que faz as leis, fiscaliza as contas do Estado e pronuncia as sentenças de morte, desterro e confisco; a referente às magistraturas que devam exercer diversas funções públicas, sendo algumas políticas, "que se estendem a toda a massa dos cidadãos, como a dos comandantes das forças armadas em tempo de guerra, ou que atuam apenas sobre uma parte dos cidadãos, como as de inspetor de mulheres ou de crianças, as relativas à economia, etc.; finalmente a que administra a justiça, constituída pelos juízes e tribunais". Menciona os diferentes modos da participação popular na constituição e no exercício do poder, quer pela eleição dos seus agentes, quer diretamente, nas assembléias deliberantes e em outros órgãos públicos, inclusive da Justiça. E discorre a respeito das causas gerais da tirania e das revoluções. Quanto a estas, distingue as produzidas pela força das engendradas pela astúcia. "A força se mostra desde o princípio, no próprio instante em que opera, ou produz mais tarde o constrangimento. A astúcia pode agir de dois modos: às vezes, tendo começado por seduzir os cidadãos, muda, com seu consentimento, a constituição do Estado, e depois domina-os pela força, contra sua vontade (...). Às vezes também se obtém do povo um primeiro consentimento, que depois se renova; a obediência voluntária mantém e perpetua o governo".[5] Nas suas breves referências à imensa obra aristotélica, John Gilissen reconhece que a análise do filósofo grego a respeito da divisão do poder, entre o deliberativo, o executivo e o judiciário "é mais matizada e mais sutil que a de Montesquieu; mas terá pouco sucesso porque tanto Roma como os regimes políticos da Idade Média e dos tempos modernos admitirão a confusão dos três poderes entre as mesmas mãos".[6]

A experiência política que veio a modelar a organização do Estado moderno foi a dos ingleses, iniciada na Idade Média. O primeiro documento geralmente referido é a Magna Carta, imposta pelos barões e assinada pelo rei João Sem Terra em 19 de junho de 1215, nas planícies da Runnymede.

5. Aristóteles, *La Política*, versão de Natividad Massanés, *Obras Maestras*, Barcelona, 1954, L. VI, Cap. XI a XIII, pp. 220-231 e L. VIII, Cap. III, p. 267, e *A Política*, 3ª ed., trad. Silveira Chaves, Atena Editora, São Paulo, pp. 238-250 e 289-290.

6. John Gilissen, *Introdução Histórica do Direito*, trad. A. M. Hespenha e L. M. Macaísta Malheiros, Fundação Calouste Gulbenkian, Lisboa, 1988, p. 77.

Das suas disposições constam as que obrigaram o rei a acatar os direitos já adquiridos pelos barões, a não impor tributos sem o consentimento deles, a não sujeitá-los a penas sem julgamento e a reconhecer o direito de insurreição, se desrespeitadas as leis do país.[7] Com as suas sessenta e uma cláusulas, foi revigorada trinta e oito vezes, nos cem anos seguintes, com algumas alterações substanciais, "mas sem perder suas características originais". Dois séculos mais tarde, foi redescoberta e usada contra a opressão dos Stuarts, nascendo a "gloriosa lenda da Carta de liberdades de um inglês". Apesar das suas deficiências, indicadas por Winston Churchill, a Magna Carta não deve ser levianamente considerada como "um monumento de egoísmo de classe". Em seu tempo, os "homens de todas as categorias acima da posição do servo feudal tinham interesses em garantir a posse da terra contra a invasão arbitrária". Ao se garantirem, os barões de Runnymede "estavam efetivamente estabelecendo os direitos de toda a classe territorial, grande ou pequena — o simples cavaleiro com duzentos acres e o fazendeiro ou pequeno proprietário com sessenta acres". O documento passou a ser uma lei geral, que o rei não pode violar. Pela primeira vez manifesta-se o império da lei, acima do poder real e só isso já justifica o respeito que os homens lhe dedicaram. "O princípio fundamental estava destinado a sobreviver através das gerações e erguer-se supremo muito depois de ter-se desvanecido no passado o cenário feudal. A Carta tornou-se no processo do tempo um testemunho duradouro de que o poder da Coroa não era absoluto".[8]

Mas esse foi só o começo de uma lenta e penosa fase histórica de limitação do poder do rei e que foi marcada, desde o século XIII, pela gradativa formação do Parlamento inglês, nascido das assembléias do Grande Conselho, originariamente como órgão judicial e, depois, legislativo. No reinado de Henrique III destacou-se como líder político e general o seu genro, Simon de Monfort, francês e herdeiro do condado de Leicester. Como assinala Churchill, o conde não se contentou com a vitória dos barões sobre a Coroa e se voltou contra eles, por pensar que também esses nobres deviam ser refreados e respeitar o interesse geral. Derrotou o rei, em luta armada, mantendo-o como prisioneiro, juntamente com seu filho Eduardo. Um dos episódios históricos mais relevantes ocorreu em janeiro de 1265, quando se reuniu em Londres um Parlamento convocado por Simon de Monfort, de que participaram tanto representantes dos *shires*, ou condados, quanto dos *boroughs* ou burgos (cidades). Muito embora a finalidade dessa convocação tenha sido dar aparência de legalidade a uma solução revolucionária, a sua significação constitucional mais importante foi a se tratar do primeiro Parlamento representativo da história britânica. Monfort morreu como herói em campo de batalha vencida pelo príncipe Eduardo. "O grande conde estava morto, mas seu movimento vivia ampla e profundamente em toda a nação".[9] André Maurois assim se refere àquele episódio: "esta vez estão reunidos todos os elementos do futuro Parlamento inglês — Lordes, deputados dos condados ou *county members*, deputados das cidades ou *borough members*. Não se pode, entretanto, dizer que a Câmara dos Comuns date, literalmente, dessa experiência, porque os deputados dos condados e das cidades não estão ai 'senão a título consultivo'. A sua presença parece-nos importante porque lhe conhecemos as conseqüências. Aos contemporâneos, pareceu sem dúvida natural. O rebelde convocava os seus partidários".[10]

7. Paulino Jacques, *Curso de Direito Constitucional*, 2ª ed., rev. e ampl., Forense, Rio de Janeiro, 1958, p. 44.

8. Winston S. Churchill, *História dos Povos de Língua Inglesa*, v. I, IBRASA — Instituição Brasileira de Difusão Cultural S.A., São Paulo, 1960, pp. 223-225.

9. Ibidem, pp. 238-245.

10. André Maurois, *História da Inglaterra*, trad. Carlos Domingues, Irmãos Pongetti Editores, Rio de Janeiro, 1959, pp. 120-121.

Sob Eduardo I, filho de Henrique, já se firmara nos costumes e nas tradições da Inglaterra, o fato de que a soberania — conceito ainda então desconhecido — não repousava apenas na Coroa, nem na Coroa e no Conselho dos barões, mas sim na Coroa com o Parlamento. Os limites entre essas instituições ainda não estavam definidos; porém um estatuto (*statute law*) era uma lei baixada pelo rei no Parlamento e só podia ser revogado com o consentimento desse órgão, conquanto ainda na sua infância.[11] Todavia, nos séculos seguintes os reis ingleses continuaram insistindo em exercer os seus poderes, enfrentando ou afrontando o Parlamento. Jaime I (VI, da Escócia), já na sua viajem triunfal para Londres praticou um ato inquietante: "ignorante das liberdades inglesas, mandou enforcar sem julgamento um ladrão preso pela escolta durante o trajeto". Com a sua "monarquia de direito divino", considerava-se responsável apenas perante Deus, embora pudesse cumprir a lei, a seu juízo, como exemplo aos súditos.[12]

Pela síntese de Paulino Jacques, sabe-se que, falecendo em 1625, Jaime I foi sucedido por seu filho Carlos, sendo este compelido a assinar a *Petition of Rights* (1628), que revigorava a Magna Carta. Mas só convocou o Parlamento em 1640 que, não mais simplesmente reformista, mas revolucionário, manteve extensa luta militar contra o rei e o condenou à morte, para ser dissolvido pelas tropas de Oliver Cromwell. Como *Lord-Protector* e ditador, Cromwell dominou a Inglaterra sob constituição republicana, até a restauração da monarquia, com Carlos II, em 1660. No ano seguinte foi convocado o Parlamento, composto pelos *tories*, amigos do rei, que durou até 1679, quando outro foi eleito, dessa vez pelos *whigs*, seus adversários. Esse Parlamento votou o *Act of Habeas Corpus*, sancionado por Carlos II (1679). Dois anos depois foi o Parlamento novamente dissolvido e o regime despótico permaneceu até a sucessão de Carlos II por seu irmão Jaime II, católico fanático, cuja fuga das tropas de seu genro Guilherme de Orange foi havida como abdicação. Com essa chamada Revolução Gloriosa (1688), subiram ao trono Guilherme e Maria, após terem ratificado o *Bill of Rights*, votado pelo Parlamento (1689). Em 1694 foi estabelecido que o Parlamento seria renovado de três em três anos e em 1702 Guilherme III sancionou o importante *Act of Settlement*, que regulou a ordem de sucessão ao trono da Inglaterra, sendo excluídos os herdeiros católicos.[13]

Consoante Philip James, os triunfos do Parlamento não significaram, desde logo, que os monarcas tivessem perdido todo seu poder. Se o Parlamento legislava, com a participação dos lordes e dos *comuns*, cabendo aos tribunais a função de julgar, "alguém tinha que *governar*, e esse alguém era claramente o rei, atuando através de seus ministros", escolhidos dentre os membros do já então chamado Conselho Privado. No fim do século XVIII já era evidente que "nenhum governo podia atuar sem gozar da confiança do Parlamento, como a última e soberana fonte do poder". Na prática, esses conselheiros, como ministros, foram membros de uma ou outra Câmara parlamentar e, como tais, deviam responder ante o Parlamento pela administração dos departamentos do Estado. Esse grupo de ministros, ainda chefiados pelo monarca, veio a chamar-se *gabinete* (pois se reuniam em uma pequena sala). Com a evolução do regime constitucional, o rei foi perdendo o efetivo poder de governo, não só porque os primeiros reis Jorge eram estrangeiros e tendo pouco gosto pela política, freqüentemente se ausentavam das reuniões. Mais importantes foram os fatores supervenientes determinando, inevitavelmente, que o país fosse governado por representantes eleitos e não por um mo-

11. Winston S. Churchill, ob. e loc. cits., p. 268.

12. André Maurois, ob. cit., pp. 241-242.

13. Paulino Jacques, ob. cit., pp. 42-46.

narca hereditário.[14] Finalmente apareceu a figura do primeiro ministro: como Jorge I (1714-1727) não soubesse inglês (era Eleitor de Hanover) e pouco se interessasse pelos negócios do novo reino, as sessões do gabinete passaram a ser presididas pelo mais influente dos seus membros, Roberto Walpole, atilado *whig*. Foi esse notável político o "verdadeiro criador do Gabinete responsável perante a Câmara e das funções de primeiro ministro, que ele ocupou com Jorge I e Jorge II, seu filho (1727-1760)".[15]

Enquanto se instituía esse sistema parlamentar de governo, no decurso de muitos séculos, também lenta e progressivamente era organizado na Inglaterra o sistema judicial. Da clara exposição de Winston Churchill colhe-se uma sintética concepção do sistema judicial e de direito comum dos ingleses, que começou a se formar no século XII, quando eram numerosos os tribunais feudais, que ministravam a justiça dos lordes, de acordo com os costumes e os temperamentos locais. Já com Henrique II os tribunais reais aplicavam "uma lei comum a toda a Inglaterra e a todos os homens" e no clássico conceito saxônio da Paz do Rei, passaram a julgar causas criminais. Mais tarde, para atrair as causas cíveis, aproveitou-se um princípio diferente: o de que "o tribunal do rei tinha de julgar apelações em casos nos quais a justiça houvesse sido recusada e de proteger os homens na posse de suas terras". Para oferecer aos litigantes uma justiça melhor, os tribunais reais passaram a julgar pelo júri — "a única grande contribuição dos francos ao sistema jurídico inglês". Os jurados eram, então, testemunhas e juízes dos fatos, porque provavelmente conheciam a verdade. Com o tempo, ao que se imagina, permaneceram como testemunhas, "prestando seus depoimentos em tribunal público e a um júri totalmente formado de circunstantes". Pela legislação superveniente, até o século XV e sob os Tudors, os jurados só podiam ser julgados por perjúrio quando proferissem um veredicto tido como injusto. "O sistema do júri — continua Churchill — surgiu para representar tudo quanto entendemos por justiça inglesa, porque, quando um caso é examinado por doze homens honestos, tanto o réu, quanto o queixoso dispõem de garantia contra a arbitrária deturpação da lei. Isso é que distingue a lei administrada nos tribunais ingleses dos sistemas jurídicos continentais, baseados no direito romano". Ainda com Henrique II o Conselho real deu origem a tribunais do direito comum e, depois, com seus filhos e sucessores, foi dividido em dois: o *King's Bench* e o *Common Pleas*. Além disso, juízes itinerantes eram periodicamente nomeados "para ouvir todas as espécies de questões nos *shires*, cujos tribunais eram atraídos para a órbita da justiça real. Essa transferência se fazia usando os litigantes mandados reais, que se multiplicavam com a extensão dos direitos tradicionais da Coroa, de modo a sujeitarem os diferentes tipos de causas à competência do rei. Esse sistema, que golpeou e reduziu o número dos tribunais feudais, durou seiscentos anos".[16] Ainda um registro importante: pelo *Act of Settlement*, de 12 de junho de 1701, que regulou a sucessão ao trono da Grã-Bretanha, foi assegurada a permanência dos juízes ingleses nos seus cargos, enquanto bem servissem, o que significou a garantia da vitaliciedade, ressalvada a possibilidade de *impeachment* pelas duas Casas do Parlamento.

Na sua mais famosa obra de mais de setecentas páginas, dividida em seis Partes, trinta e um Livros e muitos Capítulos, publicada em 1748, Montesquieu estuda o espírito das leis em geral, consideradas como "relações necessárias que derivam da natureza das coisas". Pois é no Livro XI que se abre o Capítulo VI, com somente dez pági-

14. Philip James, *Introducción al Derecho Inglés*, Editorial Temis S.A., Santa Fé de Bogotá, Colombia, 1996, pp. 96-97.

15. Paulino Jacques, ob. cit., p. 47.

16. Winston S. Churchill, ob. e loc. cits., pp. 189-197.

nas e "a exposição apologética da Constituição inglesa". Convém apenas repetir alguns dos princípios enunciados pelo autor, no século XVIII, porém de permanente atualidade. "Quando na mesma pessoa ou no mesmo corpo de magistratura, o poder legislativo está reunido ao poder executivo, não existe liberdade, pois pode-se temer que o mesmo monarca ou o mesmo senado apenas estabeleçam leis tirânicas para executá-las tiranicamente. Não haverá também liberdade se o poder de julgar não estiver separado do poder legislativo e do executivo. Se estivesse ligado ao poder legislativo, o poder sobre a vida e a liberdade dos cidadãos seria arbitrário, pois o juiz seria legislador. Se estivesse ligado ao poder executivo, o juiz poderia ter a força de um opressor. Tudo estaria perdido se o mesmo homem ou o mesmo corpo dos príncipes, ou dos nobres, ou do povo, exercesse esses três poderes: o de fazer leis, o de executar as resoluções públicas, e o de julgar os crimes ou as divergências dos indivíduos". É manifesta a preferência de Montesquieu pelo julgamento criminal pelo júri. "O poder de julgar não deve ser outorgado a um senado permanente, mas exercido por *pessoas extraídas do corpo do povo*, num certo período do ano, de modo prescrito pela lei, para formar um tribunal que dure apenas o tempo necessário (...). Cumpre mesmo que, nos grandes processos, o criminoso, juntamente com a lei, escolha os juízes, ou que, pelo menos, *possa recusar tão grande número deles que os que sobrarem sejam tidos como de sua* escolha. Os outros dois poderes poderiam, preferivelmente, ser outorgados a magistrados ou a corpos permanentes, porque não se exercem sobre nenhum indivíduo, sendo um somente a vontade geral do Estado e, outro, somente a execução dessa vontade geral. Porém, se os tribunais não devem ser fixos, os julgamentos devem sê-lo a tal ponto que nunca sejam mais do que um texto exato da lei. *Se fossem uma opinião particular do juiz, viver-se-ia na sociedade sem saber precisamente os compromissos que nela são assumidos.* É mister inclusive que os juízes *sejam da condição do acusado ou seus pares*, para que ele não possa persuadir-se de que caiu em mãos de pessoas inclinadas a lhe praticarem violências".[17]

A divisão do poder estatal, conquistada às expensas do poder monárquico, durante o turbulento período da formação do sistema constitucional da Inglaterra, difundiu-se a partir do século XVIII, mediante a sua incorporação às constituições rígidas dos Estados do Ocidente. Depois da Constituição do Estado norte-americano da Virgínia, de 12 de junho de 1776, a primeira de um Estado nacional a adotá-la foi a dos Estados Unidos da América, de 17 de setembro de 1787. Logo depois, de modo mais retumbante e traumático, no curso da sua Revolução, a França fez constar da Declaração dos Direitos do Homem e do Cidadão, de 26 de agosto de 1789, que não tem constituição a sociedade "na qual a garantia dos direitos não é assegurada, nem a separação dos poderes determinada" (art. 16).[18] O certo é que os chamados direitos humanos fundamentais, havidos como direitos naturais, foram incorporados aos estatutos constitucionais positivos de outros Estados, *também limitando os seus poderes*, seja no âmbito do Direito Público interno, seja do Direito Internacional, por força dos tratados e das convenções firmados.

O Brasil nasceu como Estado independente regido pela Constituição de 25 de março de 1824, plenamente atualizada, para a época, tanto que acolhia em seu texto não só a divisão do poder, entre o legislativo, o judicial e o executivo, como a garantia de um elenco de direitos civis e políticos dos

17. Montesquieu, *Do Espírito das Leis*, v. I, trad. Fernando Henrique Cardoso e Leôncio Martins Rodrigues, Clássicos Garnier, Difusão Européia do Livro, São Paulo, 1962, pp. 17, 29 e 178-183 (os grifos não são do original).

18. Segundo V. Linares Quintana, *Tratado de la Ciencia del Derecho Constitucional*, Parte General, t. I, Editorial Alfa, Buenos Aires, 1953, pp. 60-78.

cidadãos. Aliás, com esta declaração, que até os fortalecia: "É só constitucional o que diz respeito aos limites, e atribuições respectivas dos Poderes Políticos, e aos Direitos Políticos, e individuais dos Cidadãos. Tudo o que não é Constitucional, pode ser alterado sem as formalidades referidas, pelas Legislaturas ordinárias" (art. 178). Constituição flexível, portanto, quanto às demais matérias. Todas as demais Constituições brasileiras adotaram esse mesmo núcleo básico, muito embora a de 10 de novembro de 1937, enquanto durou, fosse mutável, ao alvedrio do Presidente da República (art. 180), a Constituição de 18 de setembro de 1946, desde a instauração do regime militar, em 1964, e a de 24 de janeiro de 1967, estivessem sujeitas a emendas pelos chamados atos institucionais do Poder Executivo.

III — A descentralização do poder

Os ramos do poder estatal ainda se subdividem pela *descentralização*, política ou simplesmente administrativa do que resultam a expansão e a difusão das ações do governo, sempre com reflexos no campo jurídico. Isso porque seria praticamente impossível conter todo Estado, com seu poder e saber em um hipotético órgão central e único. Assim sendo, parece sempre justificável a repartição das atividades públicas, pelo menos com base nos critérios da divisão do trabalho e do território. Perante a Política e o Direito, o processo mais relevante é o que afeta toda a estrutura estatal, como acontece, na Federação, em que integram o Estado províncias ou estados federados, coexistentes com uma pessoa jurídica central, que representa a sua união, destinada à satisfação dos interesses superiores e mais gerais da Nação. Essas pessoas jurídicas são *entes autônomos* ou *políticos* porque dotadas pela Constituição da capacidade pública de auto-organização e do exercício das funções legislativa, judiciária e executiva, com competências fixadas em razão do território e da matéria. Ademais, seus governantes são eleitos pelo povo.

É certo que mesmo nos Estados unitários tem sido conferida às comunidades locais — municípios, comunas burgos, conselhos etc. — a capacidade de autogoverno, mais ou menos extensa. Também ocorre a descentralização restrita ao campo da Administração Pública, de que se originam as *entidades autárquicas*, como pessoas jurídicas com capacidade de Direito Público destinadas a executar atividades administrativas específicas, conforme a legislação que as organiza e regula. Tem-se como de menor importância a mera *desconcentração*, como processo de multiplicação dos órgãos da Administração e descongestionamento do aparelho burocrático. No Brasil republicano, especialmente a partir da Constituição de 18 de setembro de 1946, a Federação se realiza em três graus, já que aos Municípios, embora carentes de poder jurisdicional, têm sido conferida autonomia idêntica à da União, dos Estados e do Distrito Federal: co-participam do poder legiferante para a elaboração de suas leis orgânicas e da legislação originária, nas matérias dos seus peculiares interesses e quanto à organização dos serviços públicos locais, sendo seus governantes também escolhidos mediante eleição popular (Constituição de 5 de outubro de 1988, arts. 29 e 30).

É evidente que o sumário esquema acima apresentado não esgota, mesmo na atualidade, os modos de descentralização. O fenômeno é universal e de todos os tempos, fundado na permanente exigência da *pluralização da autoridade* — política ou administrativa — na sintética e precisa expressão de Ruy Cirne Lima.[19] A necessidade da descentralização já se impunha como meio de colonização das terras conquistadas e, por isso, o poder era quase que integralmen-

19. Ruy Cirne Lima, *Princípios de Direito Administrativo Brasileiro*, 3ª ed., Livraria Sulina, Porto Alegre, 1954, pp. 147-148.

te transferido aos agentes que deviam exercê-lo em lugares distantes do território metropolitano. Não apenas os agentes do Estado, providos em cargos por nomeação e formalmente integrados nos quadros centrais do governo e do funcionalismo, exerciam atividades e poderes públicos. Também os desempenhavam outras pessoas, no tocante aos empreendimentos econômicos estatais, com as regalias que lhes eram concedidas. Aludindo ao ativo comércio que desenvolvia Portugal, desde o século XIV, compreendendo o transporte de especiarias asiáticas e produtos brasileiros, informa Raymundo Faoro: "Desde muito longe, os comerciantes estrangeiros, sobretudo os italianos, gozavam, mercê de favores do soberano, de privilégios, para desenvolver suas atividades (...). É que *o comércio era, na verdade, atividade do Estado*, que podia delegá-la ou confiá-la a particulares, mediante concessão de privilégios (...). Os banqueiros italianos, flamengos e alemães formigavam na capital do reino e nas feitorias, credenciados agentes públicos (...). A Coroa, só ela e mais ninguém, dirige a empresa que é seu monopólio inalienável (...) que não delega a soberania, mas apenas o governo de forma a podê-lo retomar a qualquer instante", isso mediante concessões graciosas ou arrendamentos onerosos.[20]

A confusão de funções da monarquia absoluta de Portugal foi transmitida aos capitães governadores das capitanias hereditárias — "pequenos senhores absolutos que legislam, julgam e governam".[21] Mais especificamente, o donatário era "chefe militar e chefe industrial, senhor das terras e da justiça, distribuidor de sesmarias e de penas, fabricador de vilas e empresário de guerras indianófobas". Esses favores não caracterizavam feudalismo, mas "estímulo a uma empresa que o rei engordava para colher benefícios futuros — é o capitalismo politicamente orientado em ação".[22] Têm a mesma opinião Arno Wehling e Maria José C. de Wehling. "Com o Estado absolutista em vias de consolidação, inclusive do ponto de vista legislativo, as capitanias devem ser encaradas como concessões do poder público a particulares, nas quais parte significativa das atribuições governamentais eram delegadas aos donatários. A delegação de poderes, entretanto, não alienava a soberania do rei e não o transformava em suserano. A relação entre rei e donatário era de soberano e súdito e não de suserano e vassalo, como no feudalismo. Ademais, do ponto de vista econômico, o empreendimento incluía-se no movimento de expansão do capitalismo comercial, com donatários devendo portar-se como agentes políticos e administrativos da Coroa (...)".[23]

A propósito, cabe registrar a importância das corporações constituídas nos países europeus para promoverem a defesa e o povoamento dos seus territórios nos diversos continentes. Como antecedentes das modernas sociedades comerciais de economia mista, com capitais do Estado e dos particulares, exerciam atividades lucrativas e monopolizadas, na exploração dos recursos locais e no transporte de mercadorias, com poderes de governo. Eram também mistas quanto à sua administração e o seu regime jurídico, de Direito Privado e Público. Dentre essas sociedades destacaram-se a Companhia das Índias Orientais e a Companhia das Índias Ocidentais, fundadas na Holanda, respectivamente em 1602 e 1621. Esta última instalou-se na ilha de Manhattan, adquirida dos índios pelo seu Diretor Peter Minuit, em 1625, já então investido de todo o poder legislativo, judicial e executivo. Ali foi fundada a cidade de New Amsterdam, que veio a se denominar New York, quando

20. Raymundo Faoro, *Os Donos do Poder*, v. I, 4ª ed., Editora Globo, Porto Alegre, 1977, pp. 54-57.

21. Ruy Cirne Lima, ob. cit., pp. 27-28.

22. Raymundo Faoro, ob. cit., pp. 129-131.

23. Arno Wehling e Maria José C. Wehling, *Formação do Brasil Colonial*, Nova Fronteira, p. 67.

conquistada pela Inglaterra, em 1664, em homenagem ao Duque de York, seu novo lorde proprietário.[24] No Brasil, essa mesma Companhia dominou por algum tempo parte do território nordestino, tendo sido nomeado como seu governador o conde João Maurício de Nassau-Siegen. Por regulamento de 23 de agosto de 1636 cabia-lhe escolher os comandantes das fortalezas e dos regimentos, os oficiais superiores, inclusive o "almirante da costa brasileira", criar novos postos administrativos e estabelecer aumentos de salários. Medidas relevantes foram então tomadas, como salientam João Alfredo Libânio Guedes e Joaquim Ribeiro: a criação de Conselhos de Escabinos, que eram tribunais municipais, com jurisdição civil e criminal e quatro membros, escolhidos entre holandeses e portugueses e, bem assim, a convocação de um parlamento, em 1640.[25] Aliás, como informa Waldemar Martins Ferreira, as cartas de lei que deram origem àquelas duas Companhias lhes atribuíram os seguintes poderes, para serem exercidos em nome dos Estados Gerais dos Países Baixos: celebrar contratos, pactos e alianças com os príncipes e naturais dos países compreendidos dentro da zona de sua atuação; construir fortificações ou fortalezas, admitindo gente de guerra nas ilhas e continentes, nomeando governadores e funcionários da justiça (...); nomear, admitir e deportar funcionários (...); prover de população as regiões férteis e desabitadas e fazer tudo mais que fosse útil e interessasse ao aceleramento e segurança do tráfico e das expedições.[26]

24. Edward Robb Ellis, *The Epic New York City*, Old Town Books, New York, 1966, esp. pp. 25 e 71.

25. João Alfredo Libânio Guedes e Joaquim Ribeiro, *História Administrativa do Brasil*, v. III, 2ª ed., DASP, Serviço de Documentação, pp. 419-430.

26. Waldemar Martins Ferreira, *História do Direito Brasileiro*, t. III, Max Limonad, São Paulo, 1955, pp. 28 e 88-89.

IV — Poder de polícia e polícia administrativa na doutrina

O poder administrativo — ou executivo, pois se manifesta na execução da lei —, comporta especificações, como estas: o poder tributário, o expropriatório e confiscatório, o de impor e cunhar moeda, o de polícia judiciária e o de polícia administrativa. Sobre este último poder, alguns sintéticos apontamentos extraídos das extensas dissertações dos tratadistas, permitem algumas conclusões sobre o tema. Otto Mayer principia sua exposição, de mais de cento e cinqüenta páginas, afirmando que a polícia é "uma espécie particular da atividade administrativa do Estado". Tem por fim "a defesa da boa ordem da coisa pública, mediante recursos do poder da autoridade", contra as perturbações que os indivíduos possam causar. Como toda atividade administrativa, está submetida "às condições do Estado constitucional e aos princípios do regime de direito". O poder de polícia é "manifestação do poder público, tendente a fazer executar aquele dever geral dos súditos de não perturbar a ordem pública". A noção de polícia é mais ampla, pois compreende as atividades auxiliares de preparação do cumprimento do objeto principal. O poder de polícia é limitado: seu fundamento exige que a defesa da ordem seja proporcional à sua perturbação. Desse modo é fixada "a medida da potestade da polícia".[27] Para Renato Alessi, ao lado da supremacia geral de que goza a Administração Pública, "enquanto titular do poder de império, subsiste uma posição particular de sua supremacia, no confronto com os indivíduos (mais acentuada que a geral), que tem outro fundamento: uma *necessária acessoriedade*, da posição em referência, de que decorrem outras relações intercorrentes entre a Administração e determinados indivíduos. Conteúdo genérico dessa supremacia é um estado de especial sujei-

27. Otto Mayer, *Derecho Administrativo Alemán*, t. II, Parte Especial, 2ª ed., Depalma, Buenos Aires, 1982, pp. 3-9.

ção do indivíduo ante a Administração". No direito italiano "a polícia é a atividade administrativa que se realiza limitando ou regulando a atividade dos particulares (pessoas físicas ou jurídicas), eventualmente, se necessário, por meio da coação, com o escopo de garantir o todo social ou suas partes contra os danos que possam derivar da atividade humana (...). A característica essencial da atividade de polícia é dada pela sua natureza meramente *negativa*". Ou seja, o *poder de polícia* "é aquele poder administrativo que seja dirigido para preservar a coletividade dos perigos, males, danos, que possam derivar da atividade humana (...)". Não integra esse poder o que tenha finalidade diversa, particularmente positiva, como a do bom andamento do ofício público, no caso de emprego público ou de relações de prestação administrativa aos indivíduos. Ao especificar o conteúdo da mencionada supremacia especial da Administração, o autor italiano menciona os poderes de emanar preceitos normativos obrigatórios, de dar ordens individuais, de vigilância e de impor sanções administrativas.[28]

Consoante Fernando Garrido Falla, no Estado de Direito o indivíduo é titular de uma esfera de liberdade (*status libertatis*) juridicamente protegida contra as intervenções estatais. O que justifica potestades de polícia é a possibilidade do uso dos direitos de liberdade causar perigos ao interesse público. Pela polícia administrativa, "o estado de liberdade civil deixa de ser um direito absoluto do cidadão". Assim sendo, é definida a polícia administrativa como a atividade desempenhada pela Administração que, no interesse público, "limita os direitos dos administrados mediante o exercício, no caso, da coação sobre os mesmos". O fundamento do poder de polícia tem íntima correlação "com as naturais limitações que da vida em sociedade derivam para a liberdade e a propriedade". Constituem limites do poder de polícia, no Estado de Direito, "os próprios princípios gerais que limitam as atividades administrativas" e, sobretudo, o de que "toda atividade administrativa de ingerência na liberdade e na propriedade dos particulares necessita seu fundamento legal formal, é dizer, a existência de uma norma jurídica com a categoria de lei formal que atribua à Administração os poderes necessários para realizar tal ingerência".[29]

Marcel Waline indica as três concepções da palavra polícia: 1) um conjunto de regras impostas por uma autoridade pública aos cidadãos e, assim, toda regra de direito pode ser cumprida como regra de polícia, em sentido amplo; 2) os atos de execução das leis e regulamentos e de prevenção das infrações a tais regras; 3) as forças públicas encarregadas da execução desses atos, os agentes e inspetores. A polícia, como todo o direito, tem por fim geral criar a ordem, abrangente da segurança, da salubridade e da tranqüilidade públicas.[30] Jean Rivero define a polícia administrativa como "o conjunto das intervenções da Administração que tendem a impor à livre ação dos particulares a disciplina exigida pela vida em sociedade". Destaca o caráter preventivo dessa polícia (comparando-a com a polícia judiciária), cuja missão é assegurar a ordem pública, considerada sob os aspectos material, público e limitado, este com os elementos da "fórmula tradicional da Lei de 5 de abril de 1884: à *tranqüilidade*, ligam-se a manutenção da ordem na rua, nos lugares públicos, a luta contra o ruído, etc.; à *segurança*, a prevenção dos acidentes e dos flagelos, humanos ou naturais, incêndios, inundações, conjuras armadas, etc.; à *salubridade*, a salvaguarda da higiene pública: controlo da salubridade das águas, dos gêneros alimentícios, prevenção das epidemias, luta con-

28. Renato Alessi, *Principi di Diritto Amministrativo*, v. I, Dott. A. Giuffrè Editore, Milão, 1971, pp. 252-256.

29. Fernando Garrido Falla, *Tratado de Derecho Administrativo*, v. II, Instituto de Estudios Políticos, Madrid, 1975, pp. 159-174.

30. Marcel Waline, *Manuel Élémentaire de Droit Administratif*, 4ª ed., Recuel Sirey, Paris, 1946, pp. 240-241.

tra a poluição, etc.; em princípio, o poder de polícia não pode exercer-se fora destas três ordens de idéias". Mas "no caso particular das polícias especiais, a noção de ordem pública pode receber um conteúdo mais vasto". São polícias especiais: a dos estrangeiros, a da caça, a dos edifícios que ameaçam ruína etc.[31] Fritz Fleiner reconhece que a polícia "tem a obrigação de evitar os perigos que perturbam a vida em comum regulada pelos homens", sendo a sua finalidade mais importante a de dirigir aos cidadãos, com a sua autoridade, "as medidas que submetem o exercício da liberdade e da propriedade das pessoas às restrições necessárias ao bem público". Isso considerando que, no Estado de Direito, ante qualquer constrangimento estatal, "a presunção é em favor da liberdade do indivíduo". Nesse sentido, a fórmula segundo a qual "o que não é proibido é permitido, contém uma verdade jurídica" e é consagrada pelas disposições constitucionais em vigor (do Império alemão da época), que garantem expressamente a liberdade e a propriedade dos cidadãos. De acordo com essas disposições, "o cidadão tem o direito de usar discricionariamente a sua propriedade e de exercer em todas as direções a capacidade que lhe é conferida pela natureza de fazer valer a sua vontade". Porém, "um exercício ilimitado da liberdade individual e da propriedade conduziria a um *bellum omnium contra omnes*. Por conseguinte, toda liberdade só é garantida sob a reserva de que não perturbe a boa ordem da coletividade (...) cabendo à polícia fazer respeitar essa obrigação jurídica dos cidadãos", derivando dessa obrigação genérica, na vida quotidiana, "numerosas obrigações das polícias especiais".[32]

Adolfo Merkl critica ampla e acerbamente a noção de polícia como atividade administrativa que, *mediante ameaça ou emprego de coação, deve prevenir ou evitar os perigos ou as perturbações da ordem*. Alude à inclusão da vigilância na polícia para reconhecer a desnecessidade da atualização da coação em cada caso, pois esta "deve estar à disposição, como última *ratio*"; não deve funcionar, mas ameaçar. Na essência da polícia permanece a coação potencial, não a atual. "A ordem dada pela polícia a uma multidão para que se dissolva e deixe a via pública" não é menos função policial que o desalojamento efetivo daquele local. "Desse modo, a nota coativa fica consideravelmente reduzida, quando não eliminada. Porque se nos contentamos com a *ameaça coativa*, confundem-se as fronteiras entre a atividade estatal geral, pelo menos a imperativa, e a atividade policial em particular (...). A administração da justiça penal, a guerra, a execução administrativa, constituem, em parte, indiscutível coação estatal e, em parte, coação administrativa e, sem embargo, não constituem polícia". A coação estatal manifesta-se nas formas de execução forçada e de coação imediata. Aquela pressupõe "uma ordem, que é executada coercitivamente pelas autoridades, porque o súdito não a executa voluntariamente": o desalojamento violento de uma habitação, descumprida a ordem dada, o fechamento forçado de uma fábrica, após gestão infrutífera, o embargo de valores conseqüente de uma cominação de pagamento, sem resultado. Para o autor, esses exemplos não são de coação policial. A coação é imediata, quando se manifesta "sem a mediação de uma ordem prévia e apoiada imediatamente em uma norma jurídica geral, que a condiciona": desinfecção de uma habitação, ante o perigo de contágio, a demolição de uma casa em perigo de ruína, a morte de um cachorro suspeito de raiva (...). O que tradicionalmente se considera polícia "não abrange todas as manifestações da coação imediata", penetra nos domínios da coação mediata e nos de uma coação já débil e distante. Assim sendo, a coação "não permite

31. Jean Rivero, *Direito Administrativo*, Livraria Almedina (trad. portuguesa Rogério Ehrhardt Soares), Coimbra, 1981, pp. 478-482.

32. Fritz Fleiner, *Droit Administratif Allemand*, trad. Ch. Eisenmann, Librairie Dalagrave, Paris, 1933, pp. 237-238.

demarcação segura entre a polícia e outras atividades do Estado como ordem essencialmente coativa". Essas críticas dizem respeito à coação como *meio* usado pela polícia.

No tocante ao *fim* da atividade policial, o da *conservação da ordem*, Merkl pondera que também inexiste critério jurídico, pelo qual "do complexo total da ordem jurídica pudesse destacar-se uma *boa ordem*. As disposições sobre o tráfego nas estradas, custodiadas pela polícia, não representariam uma ordem melhor que a do Código Penal, cuja aplicação tampouco se tem como função policial. Seria missão da polícia *prevenir os perigos* à boa ordem e nos casos em que a profilaxia perdeu seu efeito ou chegou demasiadamente tarde, *eliminar a perturbação* (...). É missão da polícia, em primeiro lugar, a de caráter profilático e, secundariamente, a repressiva. Não é mister insistir para compreender que tampouco este momento quantitativo significa uma demarcação clara entre a atividade policial e a não policial". Entende, pelo exposto, que a conseqüência deveria ser a *eliminação do conceito de polícia*. Pois este não tem sido deduzido do Direito positivo, mas imposto como "tradição legada pelo Estado de polícia e exige, apoiado em seu grande passado, sua conservação teórica". A tal conceito, "oferecido de antemão, busca-se em seguida um conceito jurídico". Dada sua origem no direito natural, há uma aparente lacuna ou ruptura do princípio da legalidade da Administração, que impera sobre todo o seu resto, "mas a administração policial se subtrai a ele, por sua natureza (...). Esta exceção do princípio da legalidade se expressa, terminologicamente, com a alusão a um poder policial especial que se opõe ao poder executivo (...)". Porém, "o que distingue a polícia do resto da administração, não é a *inaplicabilidade* do princípio da legalidade, senão, tudo o mais, *a maneira especial desta aplicação*".[33]

33. Adolfo Merkl, *Teoría General del Derecho Administrativo*, Editorial Revista de Derecho Privado, Madrid, pp. 315-325.

Também Agustín A. Gordillo é um veemente contestador das noções de polícia e de poder de polícia, baseadas na afirmação "de que se trata da *aplicação da coação estatal, atual ou potencial sobre os direitos individuais em prol do bem comum*", o que em nada diferencia a polícia "do resto da atividade estatal, e não justifica de modo algum a criação de uma definição especial". Pois nada há de original e de novidade em se afirmar que o Estado limita tais direitos com o fim indicado. Para se saber se uma determinada limitação a um direito é ou não válida, "não poderemos simplesmente invocar o 'poder de polícia', como se estivéssemos nos tempos do Estado absoluto; devemos buscar o concreto fundamento *normativo* da restrição e só poderemos encontrá-lo no jogo das normas constitucionais e legais de nosso sistema. A noção de poder de polícia, pois, é desnecessária, e ademais prejudicial porque dá lugar a uma série de dificuldades para sua compreensão e aplicação, precisamente por sua própria ambigüidade e indefinição". Improcede a distinção de Villegas Basavilbaso entre a polícia, como atribuição da Administração, e o poder de polícia, como faculdade do Congresso (legislador), tendo aquela por objeto a segurança, moralidade, salubridade e economia públicas. Já o poder de polícia "é mais amplo, compreendendo todo o bem-estar coletivo em geral". Mesmo porque toda a legislação ditada a esse respeito "pode também estar em sua execução e regulamentação a cargo da administração". Na verdade, não se pode afirmar que "a promoção da *seguridade social*, por exemplo, não esteja também a cargo da administração (caixas de aposentadoria, seguro de vida obrigatório, obras sociais, etc.) ou que a tarefa de embelezamento da cidade (praças, parques, jardins, *arreglos*, etc.) não esteja a cargo da administração e sim exclusivamente do Congresso". A restrição dos direitos individuais está a cargo do Congresso e não da Administração, de conformidade com o art. 14 da Constituição argentina. A polícia não tem um regime próprio, pois inclusive carece de liberdade na eleição dos meios para cumprir seus fins. A característica da coação também é negada, pois a polícia pode atuar preventivamente, quando a coação não funciona, apenas ameaça e essa coação potencial é comum a toda atividade estatal. Nem mesmo a coação atual é privativa da polícia, pois se apresenta na justiça penal, no serviço militar obrigatório, nas arrematações judiciais etc.[34]

Os juristas brasileiros igualmente dedicam muita atenção à matéria. Caio Tácito aponta o poder de polícia como "o principal instrumento do Estado no processo de disciplina e contingência dos interesses individuais", evoluindo o seu conceito, pois "de simples meio de manutenção da ordem pública ele se expande ao domínio econômico e social, subordinando ao controle e à ação coercitiva do Estado uma larga porção da iniciativa privada (...). O poder de polícia é, em suma, um instrumento de defesa social em sentido amplo, inspirando-se naquele *estado de necessidade* a que se refere Bielsa e se dilatando na proporção em que de exacerbam as lesões efetivas ou potenciais à ordem pública ou à ordem jurídica".[35] Conforme José Cretella Júnior, a polícia é "a atividade concreta exercida pelo Estado para assegurar a ordem pública através de limitações legais impostas à liberdade coletiva e individual".[36] Hely Lopes Meirelles define o poder de polícia como "a faculdade de que dispõe a Administração para condicionar e restringir o uso e gozo de bens, atividades e direitos individuais, em benefício da coletividade ou do próprio Estado (...) sendo 'o mecanismo de frenagens de que dispõe a Administração, para conter os abusos do direito individual'. Por esse mecanismo (...) o Estado detém a atividade dos particulares que se revelar contrária, nociva ou inconveniente ao bem-estar social, ao desenvolvimento e à segurança nacional".[37] Após salientar que a polícia "constitui uma parcela específica da *função administrativa*" e que a *polícia administrativa*, em sentido estrito, é de "caráter eminentemente preventivo", Sergio de Andréa Ferreira conceitua "o *poder de polícia administrativa* como sendo o conjunto de atribuições concedidas à Administração Pública para, em prol do interesse público ou social adequado, disciplinar e fiscalizar o exercício de poderes e faculdades inerentes aos direitos individuais, políticos e econômico-sociais".[38] A noção de poder de polícia — anota Lucia Valle Figueiredo — foi sempre ligada à idéia de limitações ou restrições à liberdade e à propriedade. "Exatamente por isso, entendemos necessário discutir o conteúdo que normalmente lhe era atribuído. Questionamos, de conseguinte, a necessidade do rótulo a esta altura do desenvolvimento do Direito Administrativo". Adere à posição crítica de Gordillo sobre a expressão "poder de polícia", considerando "que todos os princípios sob os quais se desenvolve a função administrativa são aplicáveis a essa atividade da Administração Pública".[39]

Celso Antônio Bandeira de Mello, inicialmente apoiado em Renato Alessi, observa que as limitações que estão em causa não dizem respeito ao *direito* de liberdade, nem ao *direito* de propriedade, porque esses direitos apenas indicam a submissão de tais bens a um sistema normativo. Ditas limita-

34. Agustín A. Gordillo, *Tratado de Derecho Administrativo*, Parte General, t. 2, Ediciones Macchi-Lopes S.A., Buenos Aires, 1975, pp. XII-16-21.

35. Caio Tácito, *Direito Administrativo*, Saraiva, 1975, p. 135.

36. José Cretella Júnior, *Curso de Direito Administrativo*, 6ª ed., rev. e atual., Forense, Rio de Janeiro, 1981, p. 589.

37. Hely Lopes Meirelles, *Direito Administrativo Brasileiro*, 14ª ed., atual. pela Constituição de 1988, Ed. RT, São Paulo, 1988, p. 110.

38. Sergio de Andréa Ferreira, *Direito Administrativo Didático*, Forense, Rio de Janeiro, 1981, p. 249.

39. Lucia Valle Figueiredo, *Curso de Direito Administrativo*, 2ª ed., atual. e ampl., Malheiros Editores, São Paulo, pp. 194-197.

ções "simplesmente integram o desenho do próprio perfil do direito. São elas, na verdade, a fisionomia normativa dele. Há, isto sim, limitações à liberdade e à propriedade. Quando os direitos individuais não se encontram 'plena e rigorosamente delineados na lei', é que incumbe à Administração, nos limites legais, 'reconhecer, averiguar, no caso concreto, a efetiva extensão que possuam em face do genérico e impreciso contorno legal que lhes tenham sido dados. Também nestas últimas hipóteses a Administração não restringe nem limita o âmbito de tais *direitos*. Unicamente (...) procede, concretamente, à identificação dos seus confins ou lhes condiciona o exercício (...)'. Casos há "em que a limitação prevista na lei é absoluta e inderrogável pela Administração; mas noutros é relativa, podendo ser removida mediante autorização. Realmente, por vezes a efetiva e concreta aplicação da limitação, prevista em lei (...) é remetida à apreciação da Administração Pública que a determina segundo as circunstâncias, cabendo-lhe uma avaliação discricionária. Este é o campo especialmente interessante para o Direito Administrativo".

Por outro lado, ainda conforme Celso Antônio Bandeira de Mello, a expressão "poder de polícia" tem sido usada para caracterizar tanto as leis "que delineiam o âmbito da liberdade e da propriedade (isto é, que dimensionam tais direitos)" quanto os *atos administrativos* "que lhes dão execução". Trata-se, assim, de expressão equívoca e manifestamente infeliz, por englobar "coisas radicalmente distintas, submetidas a regimes de inconciliável diversidade: leis e atos administrativos; isto é, disposições superiores e providências subalternas. Já isso seria, como é, fonte das mais lamentáveis e temíveis confusões, pois leva, algumas vezes, a reconhecer à Administração poderes que seriam inconcebíveis (no Estado de Direito), dando-lhe uma sobranceria que não possui, por ser imprópria de quem nada mais pode fazer senão atuar com base em lei que lhe confira os poderes tais ou quais e a serem exercidos nos termos e forma por ela estabelecidos". Todavia, reconhecendo que a criticada terminologia "persiste largamente utilizada", admite o tratadista o uso da expressão "poder de polícia" em dois sentidos, quanto à "atividade estatal de condicionar a liberdade e a propriedade, ajustando-as aos interesses coletivos". Assim, em sentido amplo, "abrange tanto atos do Legislativo quanto do Executivo. Refere-se, pois, ao complexo de medidas do Estado que delineia a esfera juridicamente tutelada da liberdade e da propriedade dos cidadãos". Já em sentido mais restrito, o "poder de polícia" relaciona-se "unicamente com as intervenções quer gerais e abstratas, como os regulamentos, quer concretas e específicas (tais as autorizações, as licenças, as injunções) do Poder Executivo, destinadas a alcançar o mesmo fim de prevenir e obstar ao desenvolvimento de atividades particulares contrastantes com interesses sociais. Esta acepção mais limitada responde à noção de Polícia Administrativa". E quanto ao seu fundamento: o poder expressável por tal atividade policial é "o que resulta da sua qualidade de executora das leis administrativas. É a contraface do seu *dever* de dar execução a estas leis". Para cumpri-lo, exerce autoridade, "nos termos destas mesmas leis — *indistintamente sobre todos os cidadãos que estejam sujeitos ao império destas leis.* Daí a *supremacia geral* que lhe cabe".[40]

V — A coatividade da lei

O Estado é organizado e justificado como entidade que personifica a sociedade e a Nação para cumprir determinados fins, como os de garantir a segurança nacional, promover o desenvolvimento econômico e social do país, assegurar a paz interna, estabelecendo e mantendo a ordem jurídica etc. É com tal base teleológica, que o poder-dever do Estado nasce e é distribuído entre seus

40. Celso Antônio Bandeira de Mello, *Curso de Direito Administrativo*, 5ª ed., rev. e atual., Malheiros Editores, São Paulo, 1994, pp. 391-395.

agentes legisladores, juízes e administradores, para que esses o exerçam nos termos do que prescrevem a Constituição e as leis, que são as fontes formais originárias de todo o Direito interno, Público e Privado. Singela, mas categoricamente, dispõe o art. 6º da Lei de Introdução do Código Civil: "A lei em vigor terá efeito imediato e geral, respeitados o ato jurídico perfeito, o direito adquirido e a coisa julgada".[41] Na lição de Miguel Reale, citada por José Afonso da Silva, "a regra de direito deve *viger* para atualizar *efetivamente* este ou aquele valor". Porém, como acrescenta este último jurista, apesar da relevância da constituição, "é paradoxal que as normas supremas, o direito dotado de supremacia e de superlegalidade, sejam as de eficácia menos efetiva e mais sujeitas ao desrespeito e à inaplicabilidade".[42] Aliás, embora se tenha a coação como inerente aos atos do Estado (como atos de poder), sendo a lei formal a mais lídima expressão da sua vontade, o aparelho estatal materialmente coercitivo não se encontra no Poder Legislativo, mas sediado no Executivo, que organiza e mantém a força pública, constituída pelas corporações militares e pelos agentes civis das polícias judiciária e administrativa — força que tem por fim, exatamente, promover a *execução* da lei, mediante atos próprios da Administração, inclusive de cumprimento das decisões judiciais. O que importa sublinhar é a dominante eficácia inovadora do ordenamento jurídico atribuída, embora com ressalvas, às normas constitucionais e legais na criação, modificação e extinção de direitos e obrigações. Todavia, é variável a intensidade da carga coativa dessas normas que, excepcionalmente, pode até legitimar o esforço pessoal dos particulares, em defesa de algum direito ameaçado ou violado.

Observa Eduardo Espínola que se o fim do Direito Privado é limitar a ação dos indivíduos, esse fim é atingido por meios, diferentes. Tal ação pode ser rigorosamente traçada pela norma jurídica, cabendo os interessados livremente entrar, ou não, nas relações reguladas. Mas se o fazem, "têm de se submeter indeclinavelmente às prescrições da lei". Outras vezes a norma faz prevalecer os seus preceitos, se não manifestada a vontade dos interessados, sendo-lhes permitido dispor de outro modo, ou prescreve que apenas produzirá efeitos e "desenvolverá sua força obrigatória só depois de se manifestar a vontade individual". Daí a importante divisão das leis em "*coativas* ou *absolutas* (*jus cogens*) e não coativas, *supletivas* ou *dispositivas* (*jus dispositivum, jus suppletivum*). Nas primeiras, a sanção se manifesta em virtude da própria força obrigatória da lei; nas segundas depende do concurso da vontade (expressa ou tácita) do indivíduo".[43] Maria Helena Diniz igualmente alude a essa conhecida divisão, referindo-se às normas jurídicas de *imperatividade absoluta* ou *impositivas* e às de *imperatividade relativa* ou *permissivas*, sendo estas as que "não ordenam nem proíbem de modo absoluto; permitem ação ou abstenção, ou suprem declaração de vontade não existente".[44]

A coação jurídica — reconhece Luís Legaz Lacambra — implica a idéia de uma força pela qual se impõe o cumprimento das leis e do Direito. Mas como há casos em que falta seu uso ou se renuncia à sua aplicação, "parece que a coação não acompanha sempre o Direito e que ao se falar em Direito coativo não se expressa um juízo analítico e *a priori*, senão um juízo sintético e *a posteriori*, extraído da experiência". Assim, ou bem se nega que a coação seja essencial

41. Com a redação dada pela Lei 3.238, de 1º de agosto de 1952, para ajustá-lo a preceito constitucional.

42. José Afonso de Silva, *Aplicabilidade das Normas Constitucionais*, Ed. RT, São Paulo, 1968, p. 4.

43. Eduardo Espínola, *Sistema do Direito Civil Brasileiro*, 1º v., 4ª ed., Conquista, Rio de Janeiro, 1960, pp. 99-101.

44. Maria Helena Diniz, *Compêndio de Introdução à Ciência do Direito*, Saraiva, São Paulo, 1988, pp. 344-345.

ao Direito ou bem se resolve a dificuldade "mediante uma sutileza terminológica que, sem embargo, afeta o fundo da questão; (...) não se diz é que ao Direito seja essencial a 'coação' senão a 'coatividade', vale dizer, a 'possibilidade' de exercer a coação (...). A raiz da coatividade está na tensão de vontades — imperante e imperada — que sustentam a vigência da ordem jurídica, pois a vontade imperada reconhece que a ordem jurídica é o reflexo de uma normatividade superior, a que deve submeter-se e obedecer (...). O que não impede que, em certos casos especificamente assinalados pelo mesmo Direito, a aplicação das sanções se faça depender, com efeito, da vontade do particular. Nos delitos só perseguíveis a pedido de parte, a aplicação da coação depende da denúncia, vale dizer, da vontade do ofendido (...). O particular de cuja ação depende em um caso dado que haja efetiva coação, atua como 'órgão' da ordem jurídica, realiza, por conseguinte, uma coatividade que não tem seu fundamento em sua própria vontade. E, muito menos, na vontade do ofensor ou na do obrigado". Mas, definitivamente, na ordem jurídica considerada como um todo, "o Direito possui caráter e valor autárquico (...), é imperativo e coativo".[45] Miguel Reale reitera a imperatividade do Direito, "que é sempre uma *voluntas* — uma *constans ac perpetua voluntas jus suum cuique tribuendi*, como diziam os romanos (...), uma vontade permanente e constante de dar a cada um o seu direito, vontade essa que não é dos governantes, mas da coletividade, através de um processo axiológico de opção e preferências. Isso não obstante os vários tipos de manifestação dessa imperatividade: as regras jurídicas *cogentes* e as *dispositivas*".[46]

Nas relações de Direito Privado prevalecem a igualdade jurídica e a ampla autonomia da vontade dos sujeitos, concedidas pela lei. Tanto que a fonte mais constante dos seus direitos e obrigações é o acordo (geralmente o contrato) pactuado pelos interessados. Já nas de Direito Público comparece o Estado em posição de supremacia, com o poder de interferir unilateralmente nessas relações, a bem do interesse público, mediante atos da Administração Pública. O que faz, evidentemente, na execução da lei formal, com a observância das normas e princípios constitucionais. Assim é que, mesmo sem descer daquela posição, celebra contratos, como os que têm por objeto a execução de obras e serviços públicos, com a prerrogativa de alterar as suas cláusulas, uma vez preservada a equação econômico-financeira, originariamente fixada. Com determinadas categorias de pessoas, como as dos funcionários públicos e estrangeiros, o Estado mantêm relações jurídicas com recíprocos direitos e obrigações legal e objetivamente definidos. Contudo, são regimes estatutários, flexíveis, porque a qualquer tempo pode a lei modificar, reduzir, ampliar ou abolir ditos direitos e obrigações, desde que respeitados os direitos adquiridos segundo a lei anterior.

No Direito Administrativo, como anota Fritz Fleiner, direitos e obrigações podem nascer imediatamente da lei, sendo desnecessária a intervenção da autoridade da Administração. E exemplifica: o proprietário de uma casa é obrigado, desde a vigência do estatuto local, a limpar a calçada, sem que uma ordem lhe seja dirigida; o deputado adquire o direito de uma certa fração do seu subsídio pelo fato de ingressar no Reichstag; o cidadão tem o direito de repetição do indébito, se pagou ao Estado mais que o devido. Porém a maior parte dos direitos e obrigações não recebe a sua forma definitiva senão por uma declaração de vontade da autoridade administrativa. Ou seja, entre a lei e o sujeito desses direitos ou obrigações, *insere-se um ato administrativo*. Assim, em caso determinado, a decisão sobre a existência de um direito ou de uma obrigação, que

45. Luís Legaz Lacambra, *Filosofía del Derecho*, Bosch, Casa Editorial, Barcelona, 1953, pp. 215-217.

46. Miguel Reale, *Lições Preliminares de Direito*, 5ª ed., Saraiva, São Paulo, 1978, pp. 129-131.

reúna as condições legais, pode depender da "apreciação de circunstâncias exteriores", deixada ao poder discricionário da Administração. São exemplos: a autorização de polícia, a concessão de força hidráulica e a definição de uma prestação financeira, com base na avaliação de um bem. A autoridade também intervém se o cidadão deixa de cumprir obrigação que lhe é imposta diretamente pela lei.[47]

O Estado administrador tem meios próprios para compelir os particulares a cumprirem suas obrigações, mesmo as de limpeza ou construção de calçadas, de levantamento de muros no alinhamento dos terrenos, demolição de construções que possam ruir etc. Pode aplicar-lhes multas ou mesmo executar os serviços e obras cabíveis, debitando aos desobedientes o que for devido. É evidente que o exemplo dado por Fleiner, quanto aos subsídios do deputado, pode ser ampliado para compreender os direitos dos servidores públicos, quanto aos seus vencimentos e outras prestações pecuniárias. São, realmente, muito numerosos os casos em que a legislação estabelece condições, verificáveis pela Administração, para que se concretizem e se subjetivem obrigações e direitos individuais. Daí a intermediação de atos administrativos, vinculados ou regrados, como os de lançamento de imposto, gerador da obrigação tributária, de licença para construir, ou para exercer profissões. A lei também pode conferir à Administração o poder de apreciar a conveniência e a oportunidade do particular exercer algumas atividades ou gozar certas vantagens. O que acontece mediante os atos discricionários de autorização do funcionamento de instituição financeira, ou do porte de arma, bem assim o de permissão de uso de bem do domínio público. Não estão em causa direitos, mas meros interesses dos administrados.

47. Fritz Fleiner, *Les Principes Géneraux du Droit Administratif Allemand*, cit., pp. 116-118. V. também Edson Ribas Malachini, *Ato Administrativo*, Juruá, Curitiba, 1990, pp. 51-52.

VI — Limitações administrativas e poder de polícia da Administração Pública

É natural nos seres vivos a reação contra tudo que lhes tolha a liberdade dos movimentos tendentes ao provimento da subsistência e à reprodução. É igualmente inata no homem a vontade de ser livre e de se apropriar dos bens que atendam suas necessidades e ambições. Mas essa vontade humana tem sido contida, primitivamente pelos elementos da natureza e pelas forças superiores dos seus competidores, depois pelos costumes sociais e, no Estado, pelo Direito, no processo de compatibilização dos interesses individuais com os da sociedade, ou seja, com os interesses públicos. Sem dúvida é aceitável o entendimento de Gordillo de que, no Estado de Direito não deve predominar o princípio geral de coação (polícia e poder de polícia), mas sim o dos direitos individuais: estes somente sofrem restrições e limitações, com eventual coação estatal, em casos concretos e por expressa determinação da lei.[48] Todavia, como pondera Guido Zanobini, "a idéia de limite surge do próprio conceito de direito subjetivo: tudo que é juridicamente garantido é também juridicamente limitado. Função inerente à garantia jurídica é a tutela de um interesse com o precípuo escopo de assegurar a sua satisfação enquanto compatível com os interesses de outros sujeitos, que também devam ser reconhecidos e tutelados".[49] Para que um direito subjetivo possa ser cabalmente protegido, é preciso que seja previamente definido e, assim, conhecido em toda a sua extensão. A definição de um direito, por sua vez, logicamente, importa a sua limitação, na medida justa para coexistir com outros direi-

48. Agostín Gordillo, *Tratado*, cit., t. 2, 3ª ed., Fundación de Derecho Administrativo, Buenos Aires, 1998, pp. V-29-30.

49. Guido Zanobini, *Corso di Diritto Amministrativo*, v. IV, 5ª ed., Dott. A. Giuffrè Editore, Milão, 1958, p. 191.

tos, no mesmo sentido, limitados. E todos ainda suportando os condicionamentos ditados pela exigência de cumprimento dos fins públicos. Em suma, é juridicamente inconcebível a existência de direitos subjetivos ilimitados e incondicionados e sequer há direitos universalmente reconhecidos como absolutos, pelo menos enquanto admitida pelo direito legislado a pena de morte.

Ao tratar das chamadas *limitações administrativas*, confirma Renato Alessi que a liberdade individual é conceito metajurídico, como possibilidade do indivíduo desenvolver sua atividade natural, determinando-se pela própria vontade, a fim de satisfazer seus interesses como *homem*. No campo jurídico, a liberdade entra como direito, imposto "a cada outro sujeito o dever negativo de abster-se de turbar a esfera da liberdade individual". É no Direito Público que o Estado, de um lado, "estabelece os confins e limites do direito de liberdade para a proteção do todo social e suas partes e tornar possível o harmônico exercício da atividade de todos os consorciados; de outro lado, concede os meios de proteção desse direito pelos próprios órgãos da administração pública. É ainda no Direito Público que são expressamente garantidas as várias manifestações da liberdade constitucional: liberdade pessoal, de pensamento, de culto, de imprensa, de locomoção, de reunião, de associação, etc. Essencialmente inerente, portanto, à afirmação de liberdade do indivíduo (...) é a afirmação de um limite necessariamente posto à própria liberdade". Limite derivado da necessidade de uma ordenada convivência social, da coexistência das várias esferas jurídicas de liberdade e, ademais, do próprio Estado, com suas atividades e deveres. O direito de liberdade civil não surge da natureza, não é inato e preexistente ao Estado "como pregava a doutrina individualista do século XVIII, inspirada na revolução francesa". Os limites impostos não constituem uma compressão, em sentido próprio, do direito de liberdade individual, mas uma definição do direito em questão, vale dizer, uma precisão dos necessários confins da esfera da liberdade tutelada. Essas considerações são aplicadas à propriedade privada: os limites impostos apenas definem o direito. "Consistem na inibição do exercício de uma ou mais faculdades abstratamente compreendidas no direito de propriedade, importando para o proprietário deveres negativos de abstenção." Como faz a maioria dos juristas, Alessi atribui à atividade administrativa de *polícia* a efetiva e concreta aplicação dos limites à liberdade e à propriedade individuais. Chega a afirmar que a Administração impõe discricionariamente esses limites, nos casos mais numerosos, em que as limitações não são absolutas tendo na lei a fonte mediata e indireta, porque estabelecidas de modo abstrato e relativo. São aplicadas mediante concreto provimento da Administração, avaliada pelas circunstâncias de fato a periculosidade da atividade vetada (ex.: cessação de espetáculo teatral, permitido em abstrato, se ocorrer tumulto, desordem, perigo para a incolumidade pública, ofensa à moral e aos bons costumes); ou quando as limitações têm na lei a fonte direta e imediata, mas são dispostas de modo relativo, podendo a Administração cautelosamente derrogá-las, havendo a garantia de que não se verificará o dano abstratamente possível (ex.: autorização da fabricação de explosivos ou do porte de arma de fogo).[50]

Se, pela definição que se aceita, as limitações em questão definem os direitos subjetivos, isto é, fixam suas dimensões e conteúdos, é evidente que não atingem e, portanto, não lesam interesses juridicamente protegidos como direitos preexistentes das pessoas. O mesmo não se pode afirmar quanto aos demais institutos do regime jurídico da propriedade (privada e pública), que sacrificam direitos já definidos e, por isso, geram danos indenizáveis, como ocorre com a desapropriação e, eventualmente, com a ser-

50. Renato Alessi, *Principi di Diritto Amministrativo*, v. II, Dott. A. Giuffrè Editore, Milão, 1971, pp. 555-560.

vidão administrativa e a requisição.[51] Mas conforme é da tradição do Direito Público brasileiro, as limitações somente têm sede em normas constitucionais e da lei formal. É nesse sentido a interpretação prevalente, fundada nos textos da Constituição do Império de 1824 (art. 179, I) e das suas sucessoras (excetuado o da Constituição de 1937), que recepcionaram o princípio de que "ninguém é obrigado a fazer ou deixar de fazer alguma coisa, senão em virtude de lei" (art. 5º, II, da Constituição vigente), incluído pelos franceses na Declaração dos Direitos do Homem do Cidadão, de 26 de agosto de 1789 (art. 5º). As limitações são qualificadas como *administrativas*, simplesmente porque executadas por um ramo específico da Administração Pública, que é a *polícia administrativa*. Anteriormente foram apontados alguns casos que tipificam a atuação preventiva e repressiva dessa polícia, no exercício do seu poder de compelir os destinatários das limitações impostas ao cumprimento das obrigações que dessas limitações decorram. São fatos e atos administrativos que se multiplicam no amplo e diversificado campo de manifestação dos direitos pertinentes à liberdade e à propriedade.

Tem sido observado que o Estado, pela Administração, já está presente no registro de nascimento de cada pessoa, acompanhando-a durante toda sua vida, nas suas variadas atividades de índole econômica, cultural, religiosa, profissional etc., o que faz, segundo a repetida síntese, zelando pela segurança, salubridade e tranqüilidade públicas. É igualmente extensa a ação da polícia administrativa refletindo as limitações que recaem sobre o uso, a fruição e a disposição da propriedade imobiliária. O proprietário não exerce essas faculdades como quer, mas como pode, nos termos da legislação civil, que enuncia os direitos de vizinhança, e do Direito Público, que protege o meio ambiente, os bens de valor histórico, artístico, paisagístico, arqueológico, e dispõe sobre a segurança do uso das rodovias, ferrovias, aeroportos, das zonas fortificadas e de fronteira etc. Abundantes e minuciosas são as limitações estabelecidas pela legislação municipal, com fins urbanísticos, reguladoras do uso do solo e do direito de construir, o que faz, por exemplo, fixando o coeficiente de aproveitamento dos terrenos urbanos, com as especificações relativas às dimensões, à estética, à segurança e a higiene das construções. Finalmente, morta a pessoa, o óbito será verificado e atestado, com indicação de sua causa, devendo o corpo ser sepultado ou cremado em local permitido, nas condições da lei: é a presença da polícia mortuária.

Embora freqüentemente relacionada com os direitos individuais, é evidente que as limitações não se aplicam apenas às pessoas naturais, mas também, às pessoas jurídicas, privadas e públicas, no tocante às suas atividades e propriedades. Outra questão é a que diz respeito às espécies de obrigações jurídicas decorrentes das limitações. Este vocábulo, pelo seu significado meramente léxico, aparenta impor somente uma posição passiva, de abstenção. Todavia, as limitações comportam obrigações positivas, de fazer, quando estabelecem condições a serem observadas para o exercício de direitos. Assim é que o licenciamento, para o desempenho de certas profissões, depende da prévia comprovação de capacidade técnica ou científica dos pretendentes, adquirida pela freqüência e conclusão de cursos oficialmente reconhecidos, inclusive de nível superior de ensino. Industriais e comerciantes devem atender requisitos de segurança de instalações e equipamentos e o que for necessário para manter em bom estado sanitário os alimentos que produzam ou vendam etc. Ao exigir o cumprimento de tais condições, formuladas pelo ordenamento jurídico, atua a Administração preventivamente, com poder de polícia — ou de controle, se preferida esta palavra — de modo a evitar atividades lesivas a bens privados e públicos e, por isso mesmo, ilícitas. O que também se aplica no

51. Renato Alessi, ob. e loc. cits., pp. 579 e ss.

controle do direito de construir, amplamente condicionado, sobretudo em proveito do ordenado e adequado desenvolvimento urbano e do meio ambiente.

O proprietário ainda está sujeito a obrigações de fazer autônomas, compreendendo a execução de obras e serviços de conservação dos seus imóveis, a construção de muros e calçadas etc. Têm relevo, na atualidade, as obrigações dessa espécie vinculadas ao cumprimento da *função social da propriedade* urbana e rural, objeto dos arts. 182 e 186 da Constituição. Nesses casos, as omissões são reprimidas com sanções aplicadas pela polícia administrativa e pelo exercício do poder expropriatório da Administração. Outra questão importante é a da definição da competência, em matéria de polícia. As nossas constituições republicanas, modeladas pela norte-americana, têm enumerado as atribuições políticas, legislativas e administrativas da União, conferindo aos Estados "as competências que não lhes sejam vedadas". Mas essas atribuições remanescentes são ainda contidas, na Federação brasileira, pelo que compete aos Municípios. O Distrito Federal absorve as competências dos Estados e Municípios (arts. 21, 22, 25, 30 e 32, da Constituição). Ainda dispõem as normas constitucionais sobre a competência administrativa comum das quatro pessoas políticas (art. 23) e sobre a competência legislativa concorrente da União, dos Estados e do Distrito Federal (art. 24). Porém o texto da Constituição é lacônico no que concerne à distribuição da competência de natureza policial. Apenas algumas atribuições são especificadas, como privativas da União (art. 21, incs. VI, XVI, XIX, XXII, XXIV e XXV) e em comunhão com os demais entes públicos supra-referidos (art. 23, esp. incs. III, IV, VI, VII e XI). A deficiência se resolve com base no princípio geral, reconhecido pelos juristas, de que o poder de polícia está inserido no poder legislativo. Pois, como é óbvio, a pessoa política que é dotada da competência constitucional para legislar, também o é para promover a execução das suas leis, que inclui o exercício do poder de polícia.[52]

Cumpre reiterar que as limitações ora apreciadas são as que geram relações de Direito Público de que participa a polícia administrativa. Estão submetidas a outro regime jurídico as atividades de execução coativa das limitações resultantes da legislação contravencional e penal, que tipifica as condutas delituosas dos indivíduos e os ameaçam, inclusive, com penas privativas da liberdade. Muito embora haja infrações administrativas que mantêm afinidade material com alguns tipos de contravenção, referentes à incolumidade e à paz públicas, como estas: provocar o desabamento de construção ou, por erro no projeto ou na execução, dar-lhe causa; dirigir, sem a devida habilitação ou licença, veículo na via pública, embarcação a motor em águas públicas ou aeronave; deixar de colocar na via pública sinal ou obstáculo, determinado em lei ou pela autoridade e destinado a evitar perigo a transeuntes; provocar, abusivamente, emissão de fumaça, vapor ou gás, que possa ofender ou molestar alguém (Lei das Contravenções Penais, Decreto-lei 3.688, de 3 de outubro de 1941, arts. 29, 32 a 34, 36 e 38). O Código Penal, por sua vez, define os crimes contra a incolumidade pública, a segurança dos meios de comunicação e transporte e outros serviços públicos, bem assim, contra a saúde pública (arts. 250 a 285).

A polícia administrativa não pode ser confundida com a polícia judiciária, incumbida de apurar a materialidade e a autoria de contravenções e crimes; muito menos com a justiça penal, que aplica aos delinqüentes as sanções cabíveis. Contudo, os agentes da polícia administrativa devem prender quem seja encontrado em flagrante

52. Sobre o tema v. também Fernando Andrade de Oliveira, *Limitações Administrativas à Propriedade Privada Imobiliária*, Forense, Rio de Janeiro, 1982, *passim* e Odília Ferreira da Luz Oliveira, *Manual de Direito Administrativo*, Renovar, Rio de Janeiro, 1997, pp. 229 a 274.

delito (Código de Processo Penal, art. 301) e exercem coação física sobre as pessoas, ao reprimirem perturbação da ordem pública, de que são exemplos a dissolução de reuniões ilícitas e a remoção de invasores de locais de acesso proibido. O que fazem com mais freqüência é apreender coisas (veículos que circulem pela via pública, deficientemente equipados, gêneros alimentícios ou medicamentos mal embalados ou impróprios para o consumo etc.) e animais abandonados. Na polícia administrativa sobressai aquela função *de controle obrigatório e prévio de atividades privadas ou públicas*, sujeitas a licença, autorização, permissão etc., exercida sem prejuízo da atuação repressiva.

Limitações de outra categoria são também as impostas pelas normas de Direito Privado, regulando as relações entre particulares. Confirma Ruy Cirne Lima que uma das características "da restrição ou limitação policial é o de ser imposta pela administração coercitivamente, quer dizer, podendo a administração usar da força para executá-la. Sempre que ao particular se atribui a deliberação sobre o emprego, ou não, da coerção, desaparece o caráter policial da restrição. Não constituem, pois, matérias de polícia os direitos de vizinhança, ou o 'direito dos vizinhos', como lhes chama o Código Civil (art. 572), embora consistam em limitações postas a propriedades particulares, para permitir-lhes, a todas, a coexistência em igualdade de condições, dentro da ordem. Do mesmo modo, foge à esfera da polícia o direito do proprietário de exigir do dono do prédio vizinho a demolição ou reparação necessária, quando este ameace ruína (art. 555, Código Civil)".[53]

No cumprimento das suas específicas finalidades, de prevenir e reprimir as ações nocivas ao bem coletivo, a polícia administrativa atua coercitivamente sobre as pessoas, exercendo uma parcela de poder público. No que se distingue das demais modalidades da ação administrativa do Estado, a saber, *o fomento* e *o serviço público*, pelas quais o bem comum é alcançado mediante vantagens concedidas às pessoas destinatárias. Mediante o fomento, são estimuladas, por vários meios, as atividades privadas havidas como úteis, ou mesmo necessárias, à coletividade. Pois o Estado brasileiro continua bem fundado no princípio da livre iniciativa dos particulares, principalmente no campo econômico, conforme a Constituição (arts. 1º, IV e 170, com seu parágrafo) que a incentiva, em disposição genérica (art. 174) e, especificamente, quando trata das Regiões (art. 43, § 2º), dos reinvestimentos do capital estrangeiro (art. 172), do cooperativismo e da atividade garimpeira (art. 174, §§ 2º a 4º), das microempresas e das empresas de pequeno porte (art. 179), do turismo (art. 180), da educação e da cultura (arts. 205, 213, 215 e 216, esp. §§ 1º e 3º), do desporto e do lazer (art. 217), da ciência e tecnologia (art. 218), do acolhimento, sob a forma de guarda, de criança ou adolescente órfão ou abandonado (art. 227, § 3º, VI). É também mantida a imunidade constitucional de impostos, sobre templos de qualquer culto, patrimônio, rendas ou serviços dos partidos políticos, das entidades sindicais dos trabalhadores, das instituições de educação e de assistência social, sem fins lucrativos, atendidos os requisitos legais, sobre livros, jornais, periódicos e o papel destinado à sua impressão (art. 150, VI, *b*, *c* e *d*). Ademais, é copiosa a legislação que favorece empreendimentos particulares com subvenções e isenções ou reduções de impostos, com financiamentos sob condições especiais e até mesmo com a desapropriação de imóveis, como os destinados à construção ou ampliação de distritos industriais (Decreto-lei 3.365, de 21.6.1941, art. 5º, *i* e § 1º).

VII — A polícia administrativa nos serviços públicos

Pelos serviços públicos, em sentido estrito e próprio, o Estado satisfaz diretamen-

53. Ruy Cirne Lima, *Princípios de Direito Administrativo Brasileiro*, 3ª ed., Livraria Sulina, Porto Alegre, 1954, p. 109.

te, ou por intermédio de seus delegados, determinadas necessidades havidas como existenciais de uma comunidade e que, por isso, devam ser imperativa e continuamente atendidas sob um regime especial de Direito Público. Além desses serviços, subtraídos à iniciativa privada, como os indicados no texto constitucional (arts. 21, X a XII, XVIII e XXIII, 25, § 2º, 30, V e 175), muitos outros há que, conquanto essenciais, são prestados não só pelo Estado, mas também pelos particulares, de que são exemplos os de saúde, beneficência, previdência, assistência social e de ensino, referidos pela Constituição (arts. 196 e ss., 201 e ss., 205 e ss.) e os de difusão da cultura, pelos teatros e museus. Embora haja serviços públicos prestados à coletividade *uti universi* (*v.g.*, os de defesa nacional e iluminação pública), a grande maio ria atende necessidades que são comuns, senão de todos, mas de grande parte dos membros de um grupo social e, ademais, *concreta e individualmente sentidas*. Daí a divisibilidade desses serviços, de modo a que sejam prestados aos indivíduos que sofram tais necessidades, identificados como seus *usuários*. Vale dizer: os serviços públicos não só favorecem os grupos sociais, na sua integridade, mas também as pessoas, singularmente consideradas. O que oferecem é assimilável à categoria de bens, com idoneidade para a satisfação de necessidades materiais ou espirituais.[54] Isso não acontece quando atua a polícia administrativa, com seu poder de coação, já que lhe compete, precipuamente, exigir das pessoas naturais e jurídicas o cumprimento das obrigações negativas e positivas, ajustadas às limitações da liberdade e da propriedade.

Na composição do regime jurídico de cada serviço público estão mesclados poderes e deveres do ente político titular, direitos e deveres dos seus destinatários. Tratando-se de serviço concedido, há a intermediação do concessionário, geralmente pessoa jurídica, que além de direitos e obrigações de origem contratual, tem poderes e deveres fundados em normas legais e regulamentares, todos vinculados a um fim: o atendimento de necessidade coletiva mediante um serviço público que funcione adequada, contínua e regularmente. É evidente que, nesse regime jurídico, as relações entre concedente e concessionário e deste com os usuários, comportam atos e procedimentos de controle e coerção, típicos de uma espécie de polícia administrativa, a dos serviços públicos.[55] Benjamin Villegas Basavilbaso a denomina *polícia de gestão*, com duas classes de funções: a de caráter técnico, permanente, exercida com respeito aos concessionários, e a de segurança das pessoas e coisas, exercida contra os que perturbem ou dificultem os funcionamentos contínuos do serviço, cabendo à autoridade competente "fazer cumprir suas decisões *vis militari*". A função da polícia, no caso, "não é algo que viva fora do serviço, senão que é um dos seus instrumentos".[56]

Parece inquestionável a possibilidade da Administração intervir normalmente com seu poder de polícia ante seus co-contratantes, como faria, verificados os pressupostos legais, frente a qualquer particular.[57] O que tem merecido destaque, no caso de concessão de serviço público, é a possibilidade de transferência ao concessionário das prerrogativas de poder público necessárias à execução do contrato, como as de perceber taxas dos usuários, promover desapropriação, ocupar domínio público e de exercer certas atribuições de polícia (no serviço ferroviá-

54. Silvio Lessona, *Introduzione al Diritto Amministrativo e sue Strutture Fondamentali*, Zanichelli Editore, Bologna, 1960, p. 7.

55. V. o art. 175, parágrafo único, da Constituição.

56. Benjamin Villegas Basavilbaso, *Derecho Administrativo*, v. III, Tipografica Editora Argentina, Buenos Aires, 1951, pp. 67-68.

57. André de Laubadère, *Traité Théorique et Pratique des Contrats Administratifs*, t. II, Librairie Générale de Droit et de Jurisprudence, Paris, 1956, p. 177.

rio, por exemplo).[58] Acrescenta Francis-Paul Bénoit que mesmo na concessão de serviços ditos industriais e comerciais, como os de fornecimento de água, gás e eletricidade, "o concessionário não deve ser tomado como simples particular (...), mas na sua qualidade de dirigente do serviço" e frente aos usuários encontra-se "na mesma situação da Administração, em nome da qual atua". Esses usuários efetivos, por sua vez, equiparam-se aos que usam os serviços "propriamente administrativos", que estão em "uma situação legal e regulamentar de direito público". Ou seja, o concessionário não se relaciona com os usuários como terceiros, mas como autoridade administrativa ante administrados.[59]

Fernando Garrido Falla acentua que "a admissão de um particular ao uso do serviço público determina a sua submissão a uma especial relação de poder". Do que decorrem conseqüências, ditas disciplinares, qualquer que seja o tipo de serviço, "bastando que o usuário cometa uma das infrações previstas no Regulamento", como utilizar indevidamente os sinais de alarme, nas ferrovias.[60] Guido Zanobini igualmente qualifica como disciplinares, mesmo nos serviços ferroviários e telefônicos, as medidas aplicadas aos usuários, que podem consistir na exclusão do uso do serviço e em sanções pecuniárias. Isso porque a polícia é exercida *erga omnes*, pela infração das normas de segurança dos serviços, cabendo ao pessoal do concessionário os atos de apuração das contravenções cometidas, que fazem fé, como os dos agentes públicos. Adiante escreve que o desempenho de serviço público concedido constitui investidura de funções públicas pelos empregados privados. Tais funções, além da gestão do serviço, compreendem atividades de polícia, de certificação (*attestazione*) e outras.[61]

Distinguindo a supremacia jurídica geral da Administração, fundada no poder de império estatal, da supremacia especial, explica Alessi que esta, mais acentuada, tem por conteúdo "um *estado de especial sujeição pessoal* do indivíduo. É que atua uma relação principal pelo ingresso do particular, pessoalmente, na esfera jurídica e material, ou simplesmente jurídica, da Administração, a exigir a disciplina do seu comportamento. É o que ocorre se dito particular usufrui determinados serviços públicos, como os de educação, das bibliotecas, dos hospitais e museus, e na relação de emprego público, em que a finalidade é o bom andamento do serviço ou do ofício público. Já quando se trata, por exemplo, do serviço de transporte ferroviário de pessoas, pode ser idôneo e suficiente o poder de polícia, como manifestação da normal supremacia geral da Administração. Isso pela característica negativa da sua função, que é a de 'conservação do todo social, ante os perigos e danos derivados da atividade humana'. Poder que é dirigido *erga omnes*, contra todos os que se encontram no âmbito do seu território. As normas e sanções policiais, no caso, aplicam-se não só aos usuários regulares, mas também a terceiros, como os viajantes clandestinos, isto é, sem bilhetes, quando inexiste 'relação de prestação verdadeira e própria'".[62] Entre nós, Marçal Justen Filho entende que é indelegável ao concessioná-

58. Francis-Paul Bénoit, *Le Droit Administratif Français*, Librairie Dalloz, Paris, 1968, p. 830 e Jean Rivero, *Direito Administrativo*, trad. portuguesa do Dr. Rogério Ehrhardt Soares, Livraria Almedina, Coimbra, 1981, p. 523.

59. Francis-Paul Bénoit, ob. cit., pp. 846-847 e 855.

60. Fernando Garrido Falla, ob. e loc. cits., p. 433 e nota 42.

61. Guido Zanobini, *Corso di Diritto Amministrativo*, v. III, 6ª ed., Dott. A. Giuffrè Editore, 1958, pp. 399, 400 e 407. Gaston Jèze já afirmara que os empregados dos concessionários de serviços públicos, confirmados pelos concedentes, são funcionários públicos, embora àqueles ligados por contratos de locação de serviços (*Principios Generales del Derecho Administrativo*, t. II, 1, trad. argentina Julio N. San Millán Almagro, Editorial Depalma, Buenos Aires, 1949, p. 300.

62. Renato Alessi, ob. cit., v. II, pp. 251 e ss., esp. pp. 253 e nota 1, 254, nota 3.

rio "a competência normativa contida no poder de polícia", mas que é imperioso transferir-lhe a competência para praticar atos concretos de fiscalização, no cumprimento de deveres e proibições impostos aos usuários dos serviços — por exemplo, a proibição de fumar em veículo de transporte — sem os quais seriam ineficazes e irrelevantes as determinações do concedente. Acrescenta que, eventualmente, ante a prática de ilícitos penais, poderá o concessionário exercer coação física, como caberia a qualquer pessoa.[63]

VIII — O poder de polícia dos concessionários de serviços públicos na legislação brasileira

A seguir, a citação de alguns dos muitos textos de leis e regulamentos que, a despeito da sua instabilidade, prestigiam o princípio da delegabilidade de poder estatal aos que executam serviços públicos mediante concessão. O velho Código Comercial, de 1850, já investira o capitão ou comandante de navio nacional de poder disciplinar e policial sobre os tripulantes e viajantes. Além da faculdade de impor penas "aos indivíduos da tripulação", foi-lhe conferida a de "proceder a prisão por motivo de insubordinação, ou de qualquer outro crime cometido a bordo, ainda mesmo que o delinqüente seja passageiro, formando os necessários processos, os quais é obrigado a entregar às autoridades competentes no primeiro porto do Império onde entrar" (art. 498). Dentre outras atribuições, encontram-se no Código as relativas aos processos testemunháveis, aos protestos formados a bordo, "tendentes a comprovar sinistros, avarias, ou quaisquer perdas" (art. 505) e aos inventários de todos os bens de quem tenha falecido durante a viagem (art. 534).[64] O Regulamento para o Tráfego Marítimo, aprovado pelo Decreto 87.660, de 24 de setembro de 1982, especifica os deveres e direitos do capitão do navio.[65] Dentre aqueles, os de "resistir por todos os meios a qualquer violência que seja intentada contra a embarcação, pertences e carga (...); lavrar, quando em viagem, termos de nascimento e de óbito ocorridos; arrecadar e proceder ao inventário dos bens de pessoa que faleceu a bordo (...); efetuar casamentos *in extremis*, escrever e aprovar os testamentos feitos em tal circunstância; reconhecer firmas em documentos, nos casos de força maior (...)" (art. 141, XVII, XIX a XXI). No rol dos chamados direitos está o de, em caso extremo, prender preventivamente passageiros ou tripulantes, "com algemas, quando imprescindível para a segurança da embarcação, dos passageiros ou da tripulação" (art. 143, III). As penalidades aplicáveis aos passageiros são as de admoestação, exclusão da mesa de refeição e reclusão em camarote ou alojamento (art. 146).

O comandante de aeronave tem deveres e poderes semelhantes aos do capitão de navio. Nos termos do vigente Código Brasileiro de Aeronáutica,[66] sua autoridade é exercida durante todo o vôo sobre as pessoas e coisas que se encontrem a bordo e poderá: "I — desembarcar qualquer de-

63. Marçal Justen Filho, *Concessões de Serviços Públicos*, Dialética, São Paulo, 1997, pp. 259-260.

64. Antonio Bento de Faria, *Código Comercial Brasileiro*, anotado, 1º v., Jacinto Ribeiro dos Santos Editor, Rio de Janeiro, 1920, esp. pp. 542-544, 547 e 569. V., sobre essa matéria — nascimentos e óbitos a bordo de navios brasileiros e testamento marítimo, Código Civil, arts. 1.656-1.659, Código de Processo Civil, art. 1.218, VIII (c/c arts. 725-729 do Código anterior, revigorados) e a Lei 6.015, de 31.12.1973 (dos Registros Públicos), arts. 51, 64-65 e 84.

65. Esse Decreto apresenta-se fundado apenas no art. 81, III da Constituição anterior e pelo seu art. 4º são revogados nada menos que trinta outros Decretos que, supostamente, tratavam da matéria.

66. Lei 7.565, de 19.12.1986, que revogou o Código Brasileiro do Ar, instituído pelo Decreto-lei 32, de 18.11.1966 e mais sete diplomas legais. Antes desse Código vigorara o que foi objeto do Decreto-lei 483, de 8.6.1938. Já se anuncia para breve um quarto Código!

las, desde que comprometa a boa ordem, a disciplina, ponha em risco a segurança da aeronave ou das pessoas e dos bens; II — tomar as medidas necessárias à proteção da aeronave e das pessoas ou bens transportados; III — alijar a carga ou parte dela, quando indispensável à segurança do vôo". Também lhe caberá proceder "ao assento, no Diário de Bordo, dos nascimentos e óbitos que ocorram durante a viagem (...)" (arts. 165 a 168 e 173).

Os serviços de transporte rodoviário de passageiros têm sido objeto de regulamentos necessariamente numerosos, pois são da competência da União, dos Estados e Municípios e do Distrito Federal, segundo os critérios fixados pela Constituição (arts. 21, XII, alínea *e*, 25, § 1º, 30, V e 32, § 1º). Sobre o serviço federal (interestadual e internacional), o Regulamento baixado pelo Decreto 90.958, de 14 de fevereiro de 1985, estatui que será recusado o embarque do usuário ou determinado o seu desembarque, em síntese: se desatendida a exigência de identificação; em estado de embriaguez; portador de moléstia contagiosa; em trajes manifestamente impróprios; que portar indevidamente arma de fogo; que pretenda transportar como bagagem, ou embarcar consigo, produtos, animais ou objetos, contrariando a legislação; que incorrer em comportamento incivil, comprometer a segurança, o conforto e a tranqüilidade dos demais passageiros; que fizer uso de aparelho sonoro, mesmo depois de advertido pela tripulação do veículo; que fumar, contrariando disposição de norma complementar, baixada sobre a matéria (art. 25). Essas penalidades serão aplicadas pelos empregados das transportadoras, selecionados conforme normas expedidas pelo Departamento Nacional de Estradas de Rodagem (DNER) e sujeitos aos deveres enunciados nos arts. 61 a 67 do texto regulamentar.[67]

Entre os direitos expressamente conferidos pelo Código de Águas aos concessionários dos serviços de energia elétrica, estão os de desapropriar nos prédios particulares os bens e direitos necessários e estabelecer servidões permanentes ou temporárias (Decreto 24.643, de 10 de julho de 1934, art. 151, alíneas *b* e *c*), o que significa legitimação para que promovam ações expropriatórias e de instituição de servidões, tendo por objeto bens e direitos para tais fins declarados de utilidade pública, no caso, por ato do Presidente da República (Decreto-lei 3.365, de 21 de junho de 1941, arts. 5º, alínea *h*, 6º e 40). E quanto às ferrovias, já dispôs o Decreto Imperial 1.664, de 27 de outubro de 1855, que nas desapropriações de imóveis que lhes fossem destinados os proprietários só poderiam discutir sumariamente a importância das indenizações, sem recursos contra "o mandado de posse em favor do empresário ou companhia".[68]

Ademais, o serviço de transporte ferroviário, por suas peculiaridades, tem sido protegido por um conjunto normativo mais amplo, pormenorizado e rigoroso. Assim é que o Regulamento baixado pelo o Decreto 51.813, de 8 de março de 1963, com 410 (quatrocentos e dez artigos), prescreveu nas suas disposições policiais que as empresas ferroviárias e suas dependências "devem ser consideradas, em relação às autoridades públicas, nas mesmas condições dos domicílios particulares". Ou seja: "as estradas de ferro e suas dependências, que estão subordinadas a policiamento próprio e especial, não estão sujeitas à polícia comum" (art. 180 e seu parágrafo). Mas seriam entregues à esta polícia as pessoas que, embriagadas, indecentemente trajadas, portadoras de materiais inflamáveis ou explosivas, ou ainda de moléstias contagiosas ou que causem repugnância, não atenderem a convite para se retirarem das dependências das ferrovias, de

67. Anteriormente esse serviço fora regulamentado pelos Decretos federais 68.961, de 20.7.1971, 81.219, de 16.1.1978, e muitos outros.

68. V. Antonio Joaquim Ribas, *Direito Administrativo Brasileiro*, reed. Ministério da Justiça, 1968, p. 120.

comboios ou veículos (art. 181). Eis algumas proibições, vigorantes nesses lugares: usar de linguagem licenciosa, molestar ou prejudicar o sossego e a comodidade de passageiros ou empregados, cuspir nos soalhos, colocar os pés sobre poltronas ou bancos, transportar clandestinamente animais, dar alarme ou sinal de parada, sem necessidade (art. 182). Também será detida e entregue à autoridade policial, a pessoa que se recusar a pagar a multa ou a passagem devidas, ou ainda de indenização por dano causado à empresa (art. 190). O Regulamento seguinte (do Decreto 90.959, de 14 de fevereiro de 1985) reitera competir à administração ferroviária "organizar e estabelecer o policiamento em suas dependências", porém "em ação harmônica, quando necessário, com a das autoridades policiais competentes", sendo aquele policiamento interno "exercido pelo pessoal em serviço ou por guardas para tal fim destacados" (arts. 66 e 67). As condições gerais de transporte, incluindo "instruções relativas a infrações e penalidades", deveriam constar de "instrumentos complementares" propostas pelas administrações ferroviárias e aprovadas pelo Ministério dos Transportes (art. 111). O Regulamento dos Transportes Ferroviários ora em vigor é o aprovado pelo Decreto 1.832, de 4 de março de 1996. Cabe à Administração Ferroviária, além de outras atribuições, as de "garantir a integridade dos passageiros e dos bens que lhes forem confiados (...) a manutenção da ordem em suas dependências (...)" e "o cumprimento dos direitos e deveres do usuário". Continua preservada a autonomia do policiamento interno, instituído pela referida administração (arts. 54 e 55).

A doutrina e a legislação invocadas acolhem noções conceituais básicas pertinentes à concessão de serviço público e à pessoa jurídica, a saber: que cabe à concessionária praticar todos os atos necessários à boa execução do serviço concedido, observando as normas legais e regulamentares editadas pela concedente e as estipuladas no contrato; que sendo a concessionária pessoa jurídica, atua pelas pessoas naturais regularmente admitidas como seus agentes. Não há inovação alguma no regime jurídico da concessão universalmente consagrado, no tocante à delegação de poder público à concessionária, especialmente de polícia administrativa. O que tem cabimento, sobretudo, quando se trata de serviços de transporte de pessoas cuja prestação se estenda por amplos espaços, a lugares distantes da sede e das demais dependências da entidade concedente. Pois é durante as viagens, por rodovias e ferrovias, rios e mares, que os chefes de trens, motoristas de ônibus, comandantes de navios e aeronaves, têm de enfrentar ações ilícitas que afetem a ordem e a segurança do serviço, das pessoas e coisas transportadas. O que devem fazer investidos da necessária autoridade e na medida das suas forças.[69] A menos que a Administração escalasse um imenso contingente de funcionários seus para cumprirem aquelas mesmas atribuições, como passageiros obrigatórios em todas as viagens! Medida dispendiosa, desnecessária e irracional. Inclusive porque os agentes mais categorizados das concessionárias são geralmente selecionados sob a orientação e o controle da concedente e submetidos a rigoroso regime disciplinar, presumindo-se habilitados a prevenir e reprimir infrações às normas de conduta impostas aos usuários dos serviços públicos.

Não se trata, portanto, do exercício de poder estatal por particulares, como tais, isto

69. No seu livro sobre a ocupação do território oeste norte-americano, Claude Fohlen descreve as torturantes viagens pelas antigas carruagens, geralmente puxadas por cavalos (as famosas diligências), que transportavam a mala postal, alguma mercadoria e principalmente pessoas. "Mas — adita — todos admiram o cocheiro que conhece perfeitamente o ofício e sabe como se livrar das piores dificuldades". E quanto ao condutor (chefe da tripulação): "é um soberano absoluto, a quem todos devem obediência, inclusive o Presidente da República". V. *O Faroeste* (1860 a 1890), Cia. das Letras, trad. Paulo Neves, São Paulo, 1989, pp. 29 e 31.

é, como *agentes de fato* da Administração. Os atos de polícia administrativa, nas condições indicadas, são exercidos licitamente, pela vontade da entidade concedente de cada serviço público, expressa em normas legais e regulamentares. Conforme já foi exposto, o Estado tem conferido o desempenho de atividades administrativas, e mesmo governamentais, a pessoas naturais e jurídicas, por vários e diferentes títulos. Foi o que aconteceu com as empresas colonizadoras européias, que nasceram como sociedades de economia mista, porém atuaram "mais como institutos de Direito Público, que de Direito Privado".[70] Na atualidade, entre as concessionárias de serviços públicos encontram-se empresas públicas, sociedades de economia mista e, provavelmente em maior número, sociedades mercantis de particulares — todas declaradas pela legislação como pessoas jurídicas de Direito Privado. Todavia, como delegadas do Estado e sob o seu controle, cumprem fins estatais, mediante o exercício de atividades e poderes públicos específicos. Esses caracteres, assim reunidos, incontestavelmente identificam pessoas jurídicas dotadas de capacidade de Direito Público, de acordo com a mais exigente doutrina.[71] Capacidade essa indissociável da presença de poder de *imperium*, ainda que limitado, para ser manifestado pelos agentes da pessoa jurídica delegada. Situação que, constante e normalmente, resulta dos processos de descentralização da Administração Pública, de que participam, com os entes políticos, pessoas de origem estatal ou privada. O que importa é constatar a existência de parcelas de poder público validamente atribuído pelo legislador, na medida necessária para a eficaz satisfação de determinados interesses públicos. Cumpre acrescentar que são vinculados os atos policiais repressivos aqui considerados, posto que tipificados pelas leis e seus regulamentos, que também definem as sanções aplicáveis aos infratores. Afinal, convém lembrar, máquinas cada vez mais aperfeiçoadas e numerosas, programadas por agentes da Administração direta, comandam o trânsito nas vias públicas, fotografam e identificam os veículos que se movimentam com violação das regras legais, ou seja, registram os fatos que, em princípio, determinam inflexível e inapelavelmente as multas cabíveis.

70. Waldemar Martins Ferreira, *A Sociedade de Economia Mista em seu Aspecto Contemporâneo*, Max Limonad, São Paulo, 1956, pp. 34-37.

71. V. Francisco Ferrara, *Teoría de las Personas Jurídicas*, trad. espanhola Eduardo Ovejero y Maury, Editorial Reus, Madrid, 1929, pp. 682-695.

INVALIDAÇÃO ADMINISTRATIVA NA LEI FEDERAL N. 9.784/99

VLADIMIR DA ROCHA FRANÇA

Mestre em Direito Público pela UFPE — Doutorando em Direito do Estado pela PUC/SP — Professor de Direito Administrativo da Universidade Potiguar — Advogado em Natal/RN

1. Introdução. 2. Validade, legalidade e eficácia dos atos administrativos. 3. Competência administrativa de invalidação. 4. Ato administrativo de invalidação. 5. Considerações finais. Referências bibliográficas.

1. Introdução

A quebra da legalidade pela pessoa estatal no exercício da função administrativa constitui um dos capítulos mais relevantes da doutrina do direito administrativo. Um dos preceitos jurídicos nucleares da atividade administrativa, o também denominado princípio da juridicidade enseja, para a autoridade administrativa, a potestade de expulsar do ordenamento jurídico o ato administrativo de ilegalidade comprovada.

O advento da Lei n. 9.784, de 29 de janeiro de 1999, trouxe para a doutrina novos elementos para o debate em torno desse problema. Ela positivou muitas posições teóricas e jurisprudenciais que procuravam, diretamente na Constituição e nos princípios jurídicos, soluções para o momento, alcance e limites da invalidação do ato administrativo pela própria Administração Pública. A carência de uma legislação específica para os atos e processos administrativos obrigou a dogmática do direito administrativo, na sua atividade própria de descrever o Direito Positivo, ao salutar hábito de partir dos preceitos da Lei Fundamental. Sorte nossa, talvez.

Mas agora, preceitos expressamente positivados se apresentam para a doutrina, demandando novas reflexões.

Nosso objetivo aqui é, sob a perspectiva da dogmática jurídica, discutir o regime jurídico de invalidação dos atos administrativos federais, instituído pela Lei Federal n. 9.784/99. Não em sua integralidade, o que demandaria um trabalho cujos limites fogem ao de um modesto ensaio. Procuraremos tratar de pontos sensíveis da questão; em especial, da invalidação administrativa enquanto competência e como ato jurídico.

Desde logo, devemos advertir que as normas veiculadas por esse diploma legal somente incidem na Administração Pública Federal.[1] Por força do princípio federativo, os Estados-membros e os Municípios podem editar legislação própria sobre a matéria. Assim fizeram os Estados de Sergipe e de São Paulo. Entendemos que os preceitos

1. Ver Lei n. 9.784/99, art. 1º, *caput*, e § 1º.

da Lei n. 9.784/99 podem ser aplicados por analogia na atividade administrativa dos entes federativos carentes de diplomas de tal natureza.

2. *Validade, legalidade e eficácia dos atos administrativos*

2.1 *Conceito de ato administrativo*

Os atos administrativos são normas jurídicas concretas, postas por declarações unilaterais atribuídas ao Estado, que viabilizam a realização do interesse público no caso específico. São normas que encontram o seu fundamento de juridicidade nas leis e, excepcionalmente, logo de imediato nas normas constitucionais. Também estão sujeitas ao controle de juridicidade que compete ao Poder Judiciário.

A norma jurídica é composta por uma proposição prescritiva estruturada de modo hipotético-condicional, onde a ocorrência de um evento — hipótese normativa ou antecedente normativo — deve implicar, por força de um laço de causalidade jurídica ou imputação,[2] um dado efeito na realidade demarcada pelo sistema do Direito Positivo.[3] Ela é construída a partir da conjugação dos enunciados do texto nos quais se institucionaliza a declaração jurídica que origina o comando.[4]

A expressão "ato administrativo" — tal como "ato jurídico" — padece de ambigüidade. Pode tanto designar a declaração ou enunciação jurídica que põe a norma no sistema, bem como a norma posta.[5] Optamos por reservar-lhe a segunda acepção.

Como toda norma jurídica, os atos administrativos são veiculados por instrumentos introdutores estabelecidos pelo ordenamento jurídico.[6] O instrumento introdutor institucionaliza a enunciação jurídica, registrando os seus elementos espacial, temporal e pessoal;[7] bem como, traz indícios do procedimento empregado pelo emissor para expedi-lo. É indispensável para demarcar o fenômeno do ingresso do ato no sistema do Direito Positivo, ou seja, quando passa a ter a qualidade da pertinência; do mesmo modo, tem o importante papel de posicionar o ato dentro da hierarquia normativa.

Sobre a vontade, merece transcrição o seguinte ensinamento de Antônio Carlos Cintra do Amaral:[8] "Importa ressaltar que a declaração não se confunde com a vontade. Esta, como fenômeno psíquico, existe, *normalmente*, nas declarações estatais que têm por sentido um ato administrativo. Mas duas observações podem ser feitas desde logo. A primeira é a de que a vontade se exaure no momento em que surge a declaração. Es-

2. Sobre o fenômeno da imputação ou causalidade jurídica, ver Hans Kelsen, *Teoria Pura do Direito*, pp. 77-120; e Lourival Vilanova, *Causalidade e Relação no Direito*, pp. 1-64.

3. Cf. Lourival Vilanova, *As Estruturas Lógicas e o Sistema do Direito Positivo*, pp. 95-98; idem, *Norma Jurídica — Proposição Jurídica (Significação Semiótica)*, n. 61/16; e Hans Kelsen, ob. cit., pp. 3 e ss.

4. Cf. Paulo de Barros Carvalho, *Direito Tributário — Fundamentos Jurídicos da Incidência*, pp. 57-76.

5. Cf. Antônio Carlos Cintra do Amaral, "Conceito e elementos do ato administrativo", *Revista de Direito Público* 32/36; e Eurico Marcos Diniz de Santi, *Decadência e Prescrição no Direito Tributário*, pp. 101-104.

6. Cf. Paulo de Barros Carvalho, *Curso de Direito Tributário*, pp. 46 e ss.; Eurico Marcos Diniz de Santi, *Decadência...*, pp. 48 e ss.; e Tércio Sampaio Ferraz Júnior, *Introdução ao Estudo do Direito*, pp. 173 e ss.

7. Razão pela qual Eurico Marcos Diniz de Santi (*Decadência...*, pp. 65-66) se refere ao instrumento introdutor de norma como "enunciação enunciada". Com isso, afasta-se do conceito de ato administrativo as ordens emitidas mediante gestos ou orais, bem como por máquinas programáveis. Na verdade, constituem eventos jurídicos que demandam seu registro para constituírem fatos jurídicos. Não há norma sem memória formalizada.

8. *Extinção do Ato Administrativo*, p. 25 (grifo no original).

gota-se com a declaração. Não sobrevive a esta. A segunda é a de que à declaração estatal pode ser ou não conferido pelo ordenamento jurídico um sentido objetivo normativo. Vale dizer: a declaração pode produzir ou não um ato administrativo".

Por conseguinte, *a vontade esgota-se com a declaração, não pertencendo ao conteúdo do ato administrativo, mas sim à gênese desta norma.*[9] O ato administrativo surge com a declaração, quando esta, devidamente institucionalizada no instrumento introdutor, é reconhecida pelo ordenamento jurídico como suficiente para produzir o comando. Isso afasta o silêncio da Administração Pública do conceito de ato administrativo.

Posto o ato administrativo e reconstituída a enunciação em seu veículo introdutor, é despiciendo a análise da intenção do agente, salvo quando o ordenamento jurídico a exige.[10] Sem valoração, não existe ato administrativo qualquer; contudo, ocorrida a valoração, os elementos psicológicos devem ser desprezados (em regra). No Direito Positivo, *o que foi objetivado em linguagem não se desconstitui com a simples mudança da intenção do agente emissor, permanecendo o ato no sistema enquanto outra norma não o retirar.*[11]

Mediante os atos administrativos, há a constituição do fato jurídico administrativo pela declaração da ocorrência de um evento juridicamente relevante, seja porque este evento foi previamente tipificado em norma veiculada por lei, seja por ele ter sido qualificado pela autoridade administrativa em face do interesse público que deve curar. Aliás, isso é a razão pela qual o ato administrativo deve ser classificado como uma norma concreta.[12] Nesse comando, há a imputação, ao fato jurídico, do efeito de declarar, constituir, modificar ou extinguir uma relação jurídica administrativa.

Uma distinção importante é a que deve ser observada entre evento jurídico administrativo e fato jurídico administrativo.[13] O evento jurídico administrativo é o acontecimento da realidade — social ou natural — que foi previamente delimitado pela hipótese da norma jurídica ou valorado como relevante pela autoridade, diante do interesse público; já o fato jurídico administrativo, por sua vez, o enunciado produzido pela autoridade administrativa que torna essa ocorrência específica relevante para o Direito Positivo. Sem o relato competente do evento, articulado com os preceitos jurídicos que disciplinam as provas, as relações jurídicas que foram prescritas ficam impedidas de eclodir na realidade jurídica.

Observe-se ainda a admissibilidade de existir evento jurídico sem fato jurídico, bem como fato jurídico sem evento. Na perspectiva da contemporânea teoria da linguagem, não há verdade por correspondência, mas sim por convenção.

Os fatos jurídicos, portanto, consubstanciam-se em enunciados que se referem a eventos ocorridos no espaço e tempo sociais. São focos de imputação de relações jurídi-

9. Idem, ibidem, p. 26.

10. Como ocorre na discricionariedade, onde a intenção do agente pode ser relevante para aferir o vício do desvio de poder. Cf. André Gonçalves Pereira, *Erro e Ilegalidade do Acto Administrativo*, p. 103; Celso Antônio Bandeira de Mello, *Curso de Direito Administrativo*, pp. 356-357; idem, *Discricionariedade Administrativa e Controle Jurisdicional*, pp. 56-61; e Afonso Rodrigues Queiró, "A teoria do 'desvio de poder' em Direito Administrativo", *RDA* 7/78.

11. Cf. Hans Kelsen, ob. cit., p. 8.

12. Sobre a classificação das normas jurídicas em abstratas ou concretas, e em gerais ou individuais, ver: Paulo de Barros Carvalho, *Direito...*, pp. 33-35; e Celso Antônio Bandeira de Mello, *Curso...*, p. 378.

13. Cf. Paulo de Barros Carvalho, *Direito...*; pp. 85 e ss.; idem, *Curso...*, pp. 351-360; e Eurico Marcos Diniz de Santi, *Decadência...*, pp. 56-59. Exemplificando com uma infração de trânsito (ver Lei n. 9.503/97, art. 162, I): constitui um evento jurídico, o acontecimento no qual um indivíduo dirigiu um automóvel sem carteira nacional de habilitação; já o fato jurídico, o enunciado que descreve essa ocorrência, feito pela autoridade competente.

cas. Na posição de antecedente normativo, integram a estrutura proposicional dos atos, podendo ser desconstituídos se o evento que enunciam tem sua inexistência juridicamente comprovada.

Quanto ao seu conseqüente normativo, no qual se prescreve uma relação jurídica administrativa, os atos administrativos são classificados como individuais ou gerais. Nos atos individuais, os destinatários da prescrição encontram-se especificados; enquanto que nos atos gerais, a prescrição é dirigida a um conjunto numericamente indeterminado de sujeitos.

Servem os atos administrativos para delimitar o campo de atuação da Administração Pública no caso específico, preparando a atividade material indispensável à satisfação do interesse público.[14] É vedado à Administração Pública imediatamente executar materialmente os comandos legais ou constitucionais sem a expedição do ato administrativo, salvo em situações especiais.[15] Nestas hipóteses, caberá à Administração Pública expedir um ato administrativo posterior para validar a atuação material.

Os interesse públicos compreendem a dimensão pública dos interesses individuais, constituída pelo Direito Positivo; interesses que os indivíduos mantêm enquanto membros da sociedade, compartilhando-os segundo grau de evolução histórica desse corpo social.[16] São fixados pelo Direito Positivo quando este tipifica integralmente os meios — os atos administrativos — para a ação administrativa; ou, se limita a indicá-los, deixando à discrição da autoridade administrativa determinar os meios hábeis para seu alcance.[17]

O ingresso do ato administrativo no sistema do Direito Positivo pode ocorrer de modo regular ou irregular, consoante os requisitos fixados mediante lei. A lei, nos Estados de Direito, constitui o instrumento introdutor adequado para a inserção de normas jurídicas abstratas e gerais que regulam a conduta ou conferem potestades estatais (as competências).[18] Para maior agilidade no discurso, empregaremos o rótulo "lei" para designar as normas veiculadas por esse instrumento. Aliás, é o que tradicionalmente se faz.

A legalidade administrativa se apresenta como uma legalidade estrita.[19] Isso significa dizer que a Administração Pública encontra-se submetida às leis, somente podendo regularmente agir ou deixar de agir quando por elas permitida. As pessoas privadas sujeitam-se a uma legalidade mais ampla, pois tudo o que não lhes é vedado pelas leis é permitido. Como bem lecionam Eduardo García de Enterría e Tomás-Ramón Fernández:[20] "(...) la legalidad atribuye potestades a la Administración, precisamente. La legalidad otorga facultades de actuación, definiendo cuidadosamente sus límites, apodera, habilita a la Administración para su acción conferiéndola ál efecto poderes jurídicos. Toda acción administrativa se nos presenta así como exercicio de un poder atribuido previamente por la Ley y por ella delimitado y construido. Sin una atribución legal

14. Renato Alessi, *Principi di Diritto Amministrativo*, pp. 267-269.

15. Cf. Miguel Seabra Fagundes, *O Controle dos Atos Administrativos pelo Poder Judiciário*, pp. 36-37; e Michel Stassinopoulos, *Traité des Actes Administratifs*, pp. 22-24. Ver CF, art. 5º, XI.

16. Cf. Celso Antônio Bandeira de Mello, *Curso*..., pp. 57 e ss.; e Adilson de Abreu Dallari, "Os poderes administrativos e as relações jurídico-administrativas", *RIL* 141/78.

17. Cf. Renato Alessi, ob. cit., pp. 204-206; Tércio Sampaio Ferraz Júnior, "A relação meio/fim na Teoria Geral do Direito Administrativo", *RDP* 61/30-31; e idem, *Introdução*, pp. 140-141.

18. Cf. Paulo de Barros Carvalho, *Curso*..., pp. 155-156; e Tércio Sampaio Ferraz Júnior, *Introdução*..., pp. 227 e ss. Ver CF, art. 5º, II.

19. Cf. Celso Antônio Bandeira de Mello, *Curso*..., pp. 71-77. Ver CF, art. 37, *caput*.

20. *Curso de Derecho Administrativo*, t. I, p. 433. Cf. Afonso Rodrigues Queiró, "Teoria do 'desvio de poder' em Direito Administrativo", *RDA* 6/53.

previa de potestades la Administración no puede actuar, simplemente".

A legalidade administrativa também determina a submissão da Administração Pública à toda ordem jurídica.[21] Não é apenas a lei que vincula a ação administrativa, mas também a norma constitucional e, as norma jurídicas expedidas para concretizá-las, sejam administrativas, sejam jurisdicionais. A atuação da Administração deve ser conforme a lei e o Direito.[22] A legalidade administrativa, em nossos dias, é sinônimo de juridicidade administrativa.[23]

Por força do princípio da inafastabilidade do controle jurisdicional,[24] os atos administrativos podem ter sua juridicidade contestada perante o Poder Judiciário. Este tem competência para expulsar o ato administrativo que se comprovou irregular diante dos cânones da legalidade administrativa.

Elucidada a definição proposta, vejamos os planos dos atos administrativos: validade, legalidade e eficácia.

2.2 Validade dos atos administrativos

O ato administrativo é válido quando pertence ao Direito Positivo. Noutras palavras: quando a declaração que lhe origina é institucionalizada por um instrumento introdutor aceito ou prescrito pelo ordenamento jurídico e a prestação nele prescrita é reconhecida como lícita e possível. Não se discute aqui se houve ou não respeito à legalidade, mas sim se houve o esgotamento de sua formação enquanto comando jurídico, e se o mesmo foi emitido por uma autoridade portadora de competência administrativa. A admissão da norma no ordenamento jurídico e a regularidade desse ingresso são noções necessariamente distintas.

É irrelevante, para os estritos fins de validade, que o agente tenha a competência para agir no caso específico. Basta, aqui, que o mesmo *detenha uma competência*, ainda que totalmente dissociada da situação concreta.

Celso Antônio Bandeira de Mello[25] e Marcelo Neves[26] empregam, respectivamente, "perfeição" e "pertinência" para designar o vínculo de existência entre a norma jurídica e o ordenamento jurídico. Embora nos mantenhamos fiéis à terminologia kelseniana, esses doutrinadores trazem elementos cruciais para compreender essa relação.

Não se trata de mero fetiche, como pode parecer. Kelsen usualmente é acusado de confundir os planos da existência com o da coerência interna. Todavia, o jusfilósofo não se preocupava tanto com o conteúdo das normas jurídicas, mas sim com a sua origem. O Direito Positivo, na perspectiva kelseniana, necessariamente determina os órgãos, usualmente o procedimento e, eventualmente, o conteúdo na produção das normas jurídicas. Em suas palavras:[27] "Mesmo quando a norma superior só determine o órgão, isto é, o indivíduo pelo qual a norma inferior deve ser produzida, e deixe à livre apreciação deste órgão tanto a determinação do processo como a determinação do conteúdo da norma a produzir, a norma superior é aplicada na produção da norma inferior: *a determinação do órgão é o mínimo que tem de ser determinado na relação entre uma norma superior e uma norma inferior. Com efeito, uma norma cuja produção não é de forma alguma determinada*

21. Cf. Lucia Valle Figueiredo, *Curso de Direito Administrativo*, p. 40; e Celso Antônio Bandeira de Mello, *Curso...*, p. 35.

22. Ver Lei n. 9.784/99, art. 2º, parágrafo único, I.

23. Vladimir da Rocha França, *Invalidação Judicial da Discricionariedade Administrativa no Regime Jurídico-Administrativo Brasileiro*, pp. 52-68.

24. Ver CF, art. 5º, XXXV.

25. *Curso...*, p. 345.

26. *Teoria da Inconstitucionalidade das Leis*, p. 43.

27. Hans Kelsen, ob. cit., pp. 253-254 (grifamos).

por uma norma superior não pode valer como norma posta dentro da ordem jurídica e, por isso, pertencer a essa ordem jurídica; e um indivíduo não pode ser considerado órgão da comunidade jurídica, a sua função não pode ser atribuída à comunidade jurídica, quando não é determinado através de uma norma da ordem jurídica que constitui a comunidade, o que significa: quando não lhe é atribuída autorização ou competência para sua função por uma norma superior. Todo ato criador de Direito deve ser um ato aplicador de Direito, que dizer: deve ser a aplicação de uma norma jurídica preexistente ao ato, para poder valer como ato da comunidade jurídica. Por isso, a criação jurídica deve ser concebida como aplicação do Direito, mesmo quando a norma superior apenas determine o elemento pessoal, o indivíduo que tem de exercer a função criadora de Direito. É esta norma superior determinadora do órgão que é aplicada em cada ato deste órgão".

Nos Estados de Direito, as Constituições não se limitam a indicar os órgãos competentes. Para assegurar a cidadania, elas veiculam normas que determinam o procedimento a ser seguido e a exclusão de algumas substâncias nas leis. A dimensão procedimental e a dimensão de conteúdo ganharam maior relevância, especialmente com a maior intervenção estatal na vida privada. Todo e qualquer conceito jurídico-científico deve ser formulado com vistas à descrição da realidade recepcionada e criada pelo Direito Positivo.

Como bem leciona Marcelo Neves,[28] nem todas as normas postas no Direito Positivo regressam regularmente à norma fundamental que concede existência ao próprio Direito Positivo. Contudo, *deve haver um mínimo de regresso para que a norma pertença ao ordenamento jurídico.* A validade abrange justamente esse mínimo de regresso, consubstanciado na identidade do agente emissor da norma. Se o regresso é perfeito ou não, a discussão vai para o campo da juridicidade.

Isso também explica a razão pela qual duas normas contraditórias podem coexistir no Direito Positivo, enquanto uma não é expulsa.[29] E, esse conflito pode ensejar apenas a exclusão da eficácia de uma delas no caso concreto, em prol da que for do escalão superior.[30]

A perda da validade do ato administrativo ocorre pela sua expulsão do ordenamento jurídico mediante outra norma jurídica, por vício de legalidade.[31] Também decorre do cumprimento de seus efeitos, seja pelo total esgotamento de seus efeitos jurídicos, seja pela implementação de seus efeitos sociais.

A validade do ato administrativo ainda demanda a recognoscibilidade social de seu instrumento introdutor e do que este descreve.[32] O ato pode até ter o seu conteúdo negado pelo administrado. Mas jamais, sob a ótica da validade, admite-se o seu desconhecimento enquanto norma jurídica. Como leciona Tércio Sampaio Ferraz Júnior:[33] "(...) a relação de autoridade admite uma rejeição, mas não suporta uma desconfirmação. A autoridade rejeitada ainda é autoridade,

28. Ob. cit., pp. 43-44.

29. Lourival Vilanova, *As Estruturas...*, pp. 30-31.

30. Temos como exemplo manifesto a declaração da inconstitucionalidade da lei em sede de controle difuso. Cf. Celso Antônio Bandeira de Mello, "Leis originariamente inconstitucionais compatíveis com Emenda Constitucional superveniente", *RTDP* 23/17-18, 1998.

31. Temos dificuldade em inserir a revogação como modo de extinção da validade do ato administrativo, haja vista a impressão de que o ato revogador não desconstitui o ato revogado, mas sim encerra sua eficácia futura sem comprometer sua eficácia pretérita. Se a revogação eliminasse o ato administrativo, os efeitos jurídicos produzidos — e ainda permanentes — perderiam o seu fundamento de validade, *crucial para discutir a legalidade e a estabilidade dos mesmos.*

32. Cf. Antônio Carlos Cintra do Amaral, *Extinção...*, pp. 26-28.

33. *Introdução...*, p. 109.

sente-se como autoridade, pois a reação de rejeição, para negar, antes reconhece (só se nega o que antes se reconheceu). Mas a desconfirmação elimina a autoridade: uma autoridade ignorada não é mais autoridade".

Compreende a validade a idoneidade do ato administrativo de produzir seus efeitos jurídicos, se pendente sua eficácia de termo inicial, condição suspensiva ou ato de controle.[34] Desembaraçado, o ato administrativo válido apresenta-se plenamente eficaz, isto é, produz seus efeitos.

2.3 Legalidade dos atos administrativos

A legalidade do ato administrativo compreende a sua compatibilidade com os cânones de juridicidade do ordenamento jurídico. Sob a ótica da validade, é possível que o ato administrativo ingresso no ordenamento jurídico esteja em contradição com a lei que lhe serve de fundamento de juridicidade, ou mesmo, que esta atente contra a constitucionalidade. Mediante o controle da legalidade, sistema do Direito Positivo oferece o mecanismo para a restauração da coerência violada por um ato ilegal ou fundado em norma inconstitucional.

Como em toda e qualquer espécie normativa, ela é presumida diante da configuração da validade.[35] Trata-se uma injunção da dinâmica jurídica: a presunção *juris tantum* de legalidade dos atos administrativos. É posta em cheque quando contestada pelas vias administrativas ou judiciais competentes.

Ato administrativo inválido não se confunde com ato administrativo ilegal ou viciado.[36] Os atos administrativos viciados são aqueles que foram produzidos com defeitos *comprovados* em sua formação ou substância. Em outras palavras, o ato administrativo viciado é uma norma válida que contradiz a lei ou fundada em lei inconstitucional.

Inválido será o ato administrativo *expulso do ordenamento jurídico por outra norma* (outro ato administrativo ou uma norma jurisdicional), *em virtude do fato jurídico do vício.*

Não basta a mera constatação da ilegalidade. Enquanto não comprovado perante autoridade competente para expedir o ato de invalidação, o evento do vício nada altera na ordem jurídica. É preciso que haja o fato jurídico do vício para que se invalide o ato administrativo. E, mesmo assim, o fato jurídico do vício é condição necessária, mas não suficiente para a invalidação do ato administrativo. A convalidação do ato viciado pode ser devida.

Classificamos os atos administrativos viciados em invalidáveis e convalidáveis, pois o único critério que os diferencia é a possibilidade do comando manter regularmente sua validade após o saneamento do vício constatado. Recorde-se que os atos convalidáveis não devem ser confundidos com os atos jurídicos anuláveis, que integram categoria própria do direito privado; tal como os atos invalidáveis em relação aos chamados "atos inexistentes".[37]

2.4 Eficácia dos atos administrativos

A eficácia consiste na produção dos efeitos jurídicos do ato administrativo.[38] Como constitùi norma concreta, o ato administrativo jurisdiciza o evento jurídico administrativo mediante sua enunciação em fato jurídico administrativo, fazendo imediatamente eclodir a relação jurídica administrativa que a autoridade lhe imputou.

34. Flávio Bauer Novelli, "A eficácia do ato administrativo", *RDA* 60/19-20.

35. Cf. Marcelo Neves, ob. cit., pp. 46-47; e Paulo de Barros Carvalho, *Direito...*, p. 239.

36. Jacintho de Arruda Câmara, "A preservação dos efeitos dos atos administrativos viciados", *Estudos de Direito Administrativo — em Homenagem ao Professor Celso Antônio Bandeira de Mello*, pp. 53-54.

37. Pela rejeição das categorias "atos anuláveis" e "atos inexistentes" no direito administrativo, ver Vladimir da Rocha França, *Invalidação...*, pp. 131-132.

38. Cf. Flávio Bauer Novelli, "A eficácia do ato administrativo", *RDA* 61/15.

Na relação jurídica administrativa, temos um vínculo entre o Estado e o administrado, especificado ou não, em torno de uma prestação qualificada como obrigatória, proibida ou permitida. Sonegada a prestação devida, o titular do direito subjetivo pode pedir a prestação jurisdicional ou, se for o Estado, proceder a imediata execução da sanção administrativa nos casos admitidos em lei.

Eficaz, o ato ganha os atributos da imperatividade, da exigibilidade e, excepcionalmente, da executoriedade.[39] A imperatividade consubstancia-se no poder extroverso que viabiliza a constituição unilateral do administrado em obrigações administrativas, sem que o assentimento do mesmo seja necessário. A exigibilidade consiste na aptidão do Estado ou do administrado beneficiado exigir, judicial ou administrativamente, a observância da conduta prescrita. Por sua vez, a executoriedade consiste na viabilidade da imposição material da sanção administrativa pela inobservância da prestação devida ou, quando possível, compelir materialmente o administrado a realizá-la.

Enquanto fluem os efeitos jurídicos do ato administrativo, este permanece no ordenamento jurídico.[40] Entre o fluxo de efeitos jurídicos e o ato há um vínculo que não permite cisão. Ainda que o ato tenha perdido sua validade pela cessação desse fluxo eficacial, é imprescindível aferir a legalidade do ato que os gerou.

A eficácia não se confunde com a efetividade, que diz respeito à observância espontânea ou imposta da prestação devida. Embora os efeitos sociais do ato não possam ser desconstituídos pelo Direito Positivo, são relevantes para fins de responsabilidade do Estado.

39. Cf. Celso Antônio Bandeira de Mello, *Curso...*, pp. 373-374; e Flávio Bauer Novelli, "A eficácia...", *RDA* 61/30-40.

40. Em sentido contrário, ver: Flávio Bauer Novelli, "A eficácia...", *RDA* 61/20-22; e Celso Antônio Bandeira de Mello, *Curso...*, p. 412.

3. Competência administrativa de invalidação

3.1 Invalidação como competência administrativa

Para restaurar a juridicidade ferida com o vício do ato administrativo, o ordenamento jurídico investe a autoridade administrativa nas competências de invalidação e de convalidação dos atos administrativos, consoante o caso específico.

Em trabalho anterior,[41] chegamos a analisar as competências. Reiteraremos aqui aquelas considerações, aplicando-as à competência de invalidação.

Para se retirar um ato viciado do sistema, é preciso a expedição de outro ato. A prerrogativa para produzir atos administrativos de invalidação constitui espécie de competência administrativa. Por sua vez, as competências administrativas são espécies de potestades estatais.[42]

A invalidação, enquanto competência, nasce num preceito abstrato e geral, sendo reconhecida a todo aquele preencha as condições de sua outorga.[43] A competência administrativa consiste na exigibilidade, em prol do sujeito titular, da sujeição das esferas jurídicas das demais pessoas aos efeitos jurídicos produzidos pelo seu exercício. Pela competência administrativa, não há referência a um bem jurídico específico, mas à uma classe de bens jurídicos. No caso da com-

41. Vladimir da Rocha França, *Ato Jurídico Administrativo e Ato Administrativo "Stricto Sensu"*, pp. 15-19.

42. Sobre a distinção entre potestade e direito subjetivo, ver: Eduardo García de Enterría e Tomás-Ramón Fernández, *Curso de Derecho Administrativo*, pp. 433-444; Gaston Jèze, *Los Principios Generales del Derecho Administrativo*, pp. 37-40; Oswaldo Aranha Bandeira de Mello, *Princípios Gerais do Direito Administrativo*, t. I, pp. 423-432; e Lourival Vilanova, *Causalidade...*, pp. 155-157.

43. Cf. Gaston Jèze, ob. cit., pp. 37-40; e Oswaldo Aranha Bandeira de Mello, ob. cit., p. 429.

petência sob análise, tutela-se a legalidade e a segurança jurídica, sendo manifestação própria do controle administrativo. O ato administrativo de invalidação constitui ato de administração controladora ou ato de controle.[44]

Pelas Súmulas n. 346[45] e n. 473,[46] o Supremo Tribunal Federal reconheceu a outorga da competência de invalidação à Administração Pública. A Lei n. 9.784/99, em seu art. 53, tem referência expressa à competência para invalidar (grifamos): "Art. 53. *A Administração deve anular seus próprios atos, quando eivados de vício de legalidade*, e pode revogá-los por motivo de conveniência ou oportunidade, respeitados os direitos adquiridos".

As competências administrativas são redistribuídas internamente em órgãos. Aos titulares desses órgãos — os agentes públicos — caberá a tarefa de emitir as normas que serão imputadas à pessoa estatal. Como bem leciona Celso Antônio Bandeira de Mello:[47] "(...) para que tais atribuições se concretizem e ingressem no mundo natural é necessário o concurso de seres físicos, prepostos à condição de *agentes*. O querer e o agir destes sujeitos é que são, pelo Direito, *diretamente* imputados ao Estado (manifestando-se por seus órgãos), de tal sorte que, enquanto atuam nesta qualidade de agentes, seu querer e seu agir são recebidos como o querer e o agir dos órgão componentes do Estado; logo, do próprio Estado. Em suma, a vontade e a ação do Estado (manifestada por seus órgãos, repita-se) são construídas *na* e *pela* vontade e ação dos agentes; ou seja: o Estado e órgãos que o compõem se exprimem através dos agentes, na medida em que ditas pessoas físicas atuam nesta posição de veículos de expressão do Estado".

A via adequada para a modificação dessa competência administrativa é expedição de norma jurídica abstrata e geral, atingindo todos os indivíduos nela investidos.[48] Mas não pode haver sua extinção, uma vez que a outorga da competência para invalidar tem fundamento constitucional no próprio princípio da legalidade administrativa.

Apesar do exercício da competência administrativa possa ser sujeito à decadência, a competência não é retirada do ordenamento jurídico por tal razão.[49] Analisaremos mais detidamente esse aspecto, logo adiante.

O interesse público deve ser a meta visada com o exercício das competências de invalidar ou de convalidar. Aliás, isso é característica de toda e qualquer competência.

Está em jogo, com a competência administrativa de invalidar e a competência administrativa de convalidar, o interesse público de restauração da juridicidade ferida com segurança jurídica, mediante a desconstituição do ato administrativo viciado. A restauração da legalidade com segurança jurídica integra a dimensão jurídica e pública dos interesses individuais. O que vem a ser restauração da legalidade com segurança jurídica?

3.2 Restauração da juridicidade administrativa com segurança jurídica

No caso concreto, o princípio da legalidade administrativa pode, aparentemente,

44. Celso Antônio Bandeira de Mello, *Curso...*, p. 377.

45. "A Administração Pública pode declarar a nulidade dos seus próprios atos".

46. "A administração pode anular seus próprios atos eivados de vícios que os tornam ilegais, porque deles não se originam direitos; ou revogá-los, por motivo de conveniência ou oportunidade, respeitados os direitos adquiridos e ressalvada, em todos os casos, a apreciação judicial".

47. *Curso...*, p. 106 (grifo no original).

48. Cf. Eduardo García de Enterría e Tomás-Ramón Fernández, ob. cit., p. 435; Gaston Jèze, ob. cit., p. 40; e Oswaldo Aranha Bandeira de Mello, ob. cit., p. 430.

49. Cf. Eduardo García de Enterría e Tomás-Ramón Fernández, ob. cit., p. 435.

entrar em choque com o valor máximo do Direito Positivo: a segurança jurídica.

A segurança jurídica não pode, ao nosso ver, ser restrita à noção de certeza jurídica. Esta diz respeito à possibilidade dos destinatários das normas jurídicas previrem o modo como se dará a regulação da conduta intersubjetiva.[50]

Também compõe a segurança jurídica o primado da justiça. Essa construção fica inviabilizada se tomarmos a justiça como valor absoluto, universal e imutável.[51] A justiça é, como todo valor, contingente, absorvendo e sedimentando todas as conseqüências sociais da evolução histórica da sociedade. Representa a justiça o depositário de todos os valores que a sociedade considera essenciais para seu desenvolvimento e manutenção, num dado momento histórico. Não existe a justiça, mas sim justiças.

Vejamos o seguinte ensinamento de Almiro do Couto e Silva:[52] "Do mesmo modo como a nossa face se modifica e se transforma com o passar dos anos, o tempo e a experiência histórica também se alteram, no quadro da condição humana, a face da justiça. Na verdade, quando se diz que em determinadas circunstâncias a segurança jurídica deve preponderar sobre a justiça, o que se está afirmando, a rigor, é que o princípio da segurança jurídica passou a exprimir, naquele caso, diante das peculiaridades da situação concreta, a justiça material. Segurança jurídica não é, aí, algo que se contraponha à justiça; é ela a própria justiça, fora do mundo platônico das idéias puras, alheias e indiferentes ao tempo e à história, são falsas antinomias e conflitos. Nem sempre é fácil discernir, porém, diante do caso concreto, qual o princípio que lhe é adequado, de modo a assegurar a realização da Justiça: o da legalidade da Administração Pública ou o da segurança jurídica? A invariável aplicação do princípio da Administração Pública deixaria os administrados, em numerosíssimas situações, atônitos, intranqüilos e até mesmo indignados pela conduta do Estado, se a este fosse dado, sempre, invalidar os seus próprios atos — qual Penélope, fazendo e desmanchando sua teia, para tornar a fazê-la e tornar a desmanchá-la — sob o argumento de ter adotado uma nova interpretação e de haver finalmente percebido, após o transcurso de certo lapso de tempo, que eles eram ilegais, não podendo, portanto, como atos nulos, dar causa a qualquer conseqüência jurídica para os destinatários".

Se a justiça é essencial para a sociedade, apesar de contingente e instável, é preciso que o corpo social tenha certeza quanto ao padrão de justo a ser aplicado na regulação da conduta intersubjetiva. Não é qualquer justiça a tutelada e concretizada pelo Direito Positivo. *A segurança jurídica abrange apenas a concepção de justo positivada pelas normas jurídicas e, manifesta-se naquelas que são as mais importantes para o ordenamento jurídico: os princípios jurídicos*. Dentre estes, temos a própria legalidade administrativa.

No Direito Positivo pátrio, a noção de segurança jurídica que deve ser empregada se encontra positivada nos comandos constitucionais.[53] A consulta aos arts. 1º e 3º do texto constitucional demonstram claramente essa assertiva.

Há observância do valor da segurança jurídica, portanto, quando as normas jurídicas são criadas e aplicadas sem contraposição aos valores positivados pelos comandos constitucionais, bem como aos princípios jurídicos que se espraiam por todo o ordenamento jurídico. Mas quando quem cria ou aplica a norma é uma autoridade ad-

50. Paulo de Barros Carvalho, "Princípio da segurança jurídica em matéria tributária", *RDT* 61/84-85.

51. Almiro do Couto e Silva, "Princípios da legalidade da Administração Pública e da segurança jurídica no Estado contemporâneo", *RDP* 84/47.

52. Idem.

53. José Souto Maior Borges, "Princípio da segurança jurídica na criação e aplicação do tributo", *RDT* 63/206-207.

ministrativa, mostra-se insuficiente a simples não-contradição: é mister que as normas criadas ou aplicadas ensejem a concretização do justo conforme a Constituição, consoante preceitos constitucionais como a impessoalidade, a proporcionalidade e a moralidade na ação administrativa.

A interpretação das normas jurídicas estão necessariamente condicionadas aos valores que justificam a sua existência.[54] Celso Antônio Bandeira de Mello[55] demonstra isso com precisão: "(...) Não se compreende uma lei, não se entende uma norma, sem entender qual o seu objetivo. Donde, também não se aplica uma lei corretamente se o ato de aplicação carecer de sintonia com o escopo por ela visado. Implementar uma regra de Direito não é homenagear exteriormente sua dicção, mas dar satisfação a seus propósitos. Logo, só se cumpre a legalidade quando se atende à sua finalidade. Atividade administrativa desencontrada com o fim legal é inválida e por isso judicialmente censurável".

Pode-se, então, aferir o real sentido do interesse público visado pela outorga da competência administrativa de invalidar: *a restauração da juridicidade violada pela ação administrativa, com respeito ao valor máximo do Direito Positivo, a segurança jurídica, condensada no conjunto de valores positivados nos princípios constitucionais da Administração Pública.*[56]

3.3 Indisponibilidade e natureza da competência administrativa de invalidação

Como competência administrativa, a invalidação é indisponível pelos titulares dos órgãos. Isso significa dizer que inalienáveis e irrenunciáveis.[57]

Embora a competência de invalidar não possa ser transferida nem modificada (por norma concreta e individual) pelas autoridades administrativas, a delegação e a avocação de seu exercício é admitida pelo regime jurídico-administrativo pátrio. Não vemos qualquer óbice para tal exegese, ao se examinar a legislação disponível.

A delegação da competência para invalidar é admissível se não houver impedimento legal ou a matéria não seja exclusiva do órgão ou autoridade.[58] Caso não haja especificação legal, a competência para invalidar será da autoridade com menor grau hierárquico para decidir.[59]

Para que a avocação da competência para invalidar seja admissível, é preciso permissivo legal.[60] A avocação temporária de competência, prevista no art. 15 da Lei n. 9.784/99, por situação excepcional e motivo relevante devidamente justificado, somente nos parece possível na invalidação, caso a autoridade administrativa esteja impedida ou seja suspeita e não puder ser ela substituída por outra grau hierárquico equivalente.

Há um ponto crucial: os atos administrativos decorrentes do exercício dessas competências exigem, para sua regular validade, da sua conciliação com interesse público que justifica a outorga da potestade e, bem como, do respeito aos direitos constitucionais dos cidadãos. O Direito Positivo determina necessariamente os limites positivos e negativos para o exercício da competência, pois inexiste tal potestade de modo incondicionado num Estado de Direito.[61]

54. Paulo de Barros Carvalho, "O princípio da segurança jurídica em matéria tributária", *RDT* 61/75-76.

55. *Curso...*, p. 38.

56. Cf. Vladimir da Rocha França, "Questões sobre a hierarquia entre as normas constitucionais na Constituição de 1988", *RTJE* 168/116-121.

57. Ver Lei Federal n. 9.784/99, arts. 2º, II e 11 e ss.

58. Ver Lei n. 9.784/99, arts. 12, *caput* e 13, III.

59. Ver Lei n. 9.784/99, art. 17.

60. Ver Lei n. 9.784/99, art. 11.

61. Ver CF, art. 1º.

Logo se vê a razão pela qual a doutrina administrativista, não raras vezes, emprega "dever-poder" para se rotular potestades dessa natureza. Embora a expressão seja acusada de "impossibilidade lógica",[62] a idéia que pretendeu exteriorizar não pode ser, de modo algum, ignorada ou rejeitada.

Resta, ainda, a questão da natureza vinculada ou discricionária da competência aqui analisada.[63]

A competência administrativa é vinculada quando o momento de seu exercício encontra-se, implícita ou explicitamente, indicado por comandos veiculados por lei. Todos os pressupostos de legalidade que atingem diretamente o conteúdo do ato administrativo de competência vinculada se encontram legalmente especificados, não restando à autoridade administrativa outra operação intelectiva que não seja a subsunção, a utilização de um juízo de juridicidade. É o que acontece com a potestade de invalidação.

O exercício da competência administrativa de invalidação é exigido toda vez que a autoridade constata vício no ato administrativo e a convalidação desse comando não é juridicamente possível, como veremos oportunamente. Também se submete a limites temporais prefixados pela lei.

A restauração da juridicidade administrativa com segurança jurídica tem como meios adequados a invalidação e a convalidação. Não se admite o emprego de critérios de conveniência ou de oportunidade na escolha entre uma ou outra competência, bem como na identificação do momento para expedição do ato administrativo de invalidação (ou de convalidação), e, por fim, na constituição do conteúdo do comando. Essa regra guarda uma única exceção, adiante tratada.

3.4 Prazo para o exercício da competência administrativa de invalidar

No plano federal, prescreveu-se o prazo de cinco anos, contados do termo da expedição, para o exercício da competência de invalidar os atos administrativos viciados de efeitos jurídicos favoráveis para os administrados aos quais se destina, salvo se comprovada má-fé.[64] Essa má-fé deve ser do destinatário do ato, não podendo este ser prejudicado por conduta imoral alheia. Também é indevido o benefício se o administrado, diretamente beneficiado, toma conhecimento do evento do vício e não comunica à autoridade administrativa. Celso Antônio Bandeira de Mello[65] define boa-fé como precisão: "É agir sem malícia, sem *intenção* de fraudar a outrem. É atuar na suposição de que a conduta tomada é correta, é permitida ou devida nas circunstâncias em que ocorre. É, então, o oposto da atuação de má-fé, a qual se caracteriza como o comportamento *consciente e deliberado* produzido com o intento de captar uma vantagem indevida (que pode ou não ser ilícita) ou de causar a alguém um detrimento, um gravame, um prejuízo, injustos".

Em se tratando de atos administrativos viciados com efeitos patrimoniais contínuos para administrados de boa-fé, o prazo deve ser contado da percepção do primeiro pagamento.[66]

O prazo para o exercício de tal potestade tem natureza decadencial, pois a Administração Pública não precisa recorrer às vias judiciais para invalidar o ato administrativo viciado.[67] Decorrido o lapso temporal supracitado, na hipótese eleita pela lei, fica a

62. Paulo de Barros Carvalho, *Direito...*, pp. 227-228.

63. Sobre a discricionariedade administrativa, ver: Celso Antônio Bandeira de Mello, *Discricionariedade Administrativa e Controle Jurisdicional*, pp. 9-48; e Vladimir da Rocha França, *Invalidação...*, pp. 91-114.

64. Ver Lei Federal n. 9.784/99, art. 54, *caput*.

65. "O princípio do enriquecimento sem causa em direito administrativo", *RDA* 210/34 (grifo no original).

66. Ver Lei Federal n. 9.784/99, art. 54, § 1º.

67. Weida Zancaner, ob. cit., pp. 76-77.

Administração Pública impedida de exercer a competência para invalidar o ato. Não perde, como é característica das potestades, a titularidade da referida competência.

Não há referência expressa para as demais situações de atos administrativos viciados na legislação federal. Entendemos que, nas situações não abrangidas pelo art. 54, *caput*, da Lei n. 9.784/99, o exercício da potestade de invalidar é insuscetível de decadência. Se a comprovação da má-fé se faz após o prazo decadencial supracitado, a Administração Pública deve invalidar o ato, indenizando os terceiros de boa-fé prejudicados que ingressaram nas situações constituídas sob o fundamento do ato administrativo viciado.[68]

E a má-fé, pressuposto para isentar o exercício da potestade em termo fora do qüinqüênio prescrito no art. 54 da Lei n. 9.784/99, *deve ser comprovada pela autoridade administrativa* para que o ato administrativo de invalidação seja legal. Acreditamos que assim, legalidade e segurança jurídica mantêm-se conciliadas.

4. Ato administrativo de invalidação

4.1 Requisitos do ato administrativo de invalidação

O ordenamento jurídico estabelece os pressupostos de validade e de legalidade para os atos administrativos. Quando presentes os pressupostos de validade do ato administrativo, a obediência aos pressupostos de legalidade é presumida, até a comprovação de vício em algum destes perante a autoridade competente para restaurar a juridicidade ferida.

Os pressupostos dos atos administrativos não se confundem com os seus elementos constitutivos. Estes são o conteúdo e a forma.

Por sua vez, os pressupostos indicam os vínculos que o ato administrativo deve manter com aspectos que lhe são exteriores para que seja válido ou jurídico em relação ao sistema do Direito Positivo.

São pressupostos de validade do ato administrativo o objeto e a pertinência à função administrativa. Em conjunto com os elementos, demarcam a validade do ato administrativo.

O elenco dos pressupostos de legalidade, por sua vez, é composto: pressuposto subjetivo (agente), pressupostos objetivos (motivo e requisito procedimental), pressuposto teleológico (finalidade), pressuposto lógico (causa) e pressuposto formalístico.

Os elementos e os pressupostos são os requisitos dos atos administrativos.[69] Como todo ato administrativo, os atos administrativos de invalidação também demanda esses requisitos.

4.2 Elementos do ato administrativo

4.2.1 O conteúdo

Constitui o próprio ato administrativo. Representa, no caso da invalidação administrativa, a norma jurídica concreta e geral que constitui o produto da incidência das normas jurídicas — abstratas e gerais — limitadoras do exercício das competências administrativas.

No antecedente normativo do ato administrativo de invalidação, temos o fato jurídico do vício em um dos pressupostos de legalidade, um enunciado, *mesmo elíptico*, que declara o evento jurídico do vício.[70]

68. Vladimir da Rocha França, *Invalidação...*, p. 134. Cf. Celso Antônio Bandeira de Mello, "O princípio do enriquecimento sem causa em Direito Administrativo", *RDA* 210/27.

69. Adotamos aqui a estrutura proposta Celso Antônio Bandeira de Mello (*Curso...*, pp. 347 e ss.), com o registro de algumas divergências.

70. Cf. Miguel Seabra Fagundes, ob. cit., pp. 21-22; e Eurico Marcos Diniz De Santi, *Lançamento Tributário*, pp. 85-86.

Em seu conseqüente, há a prescrição, para a coletividade, da obrigação de reconhecer como inválido o ato administrativo viciado. O que significa dizer, noutro giro, a imposição da retirada do ato administrativo viciado ou de seus efeitos jurídicos do ordenamento jurídico.

O conteúdo do ato não se confunde com o seu objeto, que compreende a prestação que naquele foi qualificada como obrigatória, proibida ou permitida.

A relação entre o ato administrativo de invalidação e a lei não é apenas de não-contradição, mas também de subsunção, por força do princípio da legalidade administrativa.[71]

4.2.2 A forma

Consiste no veículo introdutor empregado para ato administrativo de invalidação. Em outras palavras, o revestimento exterior do ato.[72]

Na forma, encontram-se enunciados, explícita ou implicitamente, as coordenadas pessoal, espacial e temporal da declaração jurídica que deu origem ao ato, bem como os indicativos do procedimento empregado pela autoridade administrativa para expedi-lo.[73] A forma do ato administrativo registra em que condições foi exercida a competência administrativa de invalidação no caso específico.

São exemplos de formas: os decretos, as portarias, os alvarás, as circulares, as resoluções, dentre outras.[74]

Distinta da forma, temos a formalização, que compreende o veículo introdutor prescrito para o ato, o revestimento que o mesmo deve ter para sua legalidade.

4.3 Pressupostos de validade

São pressupostos de validade do ato administrativo a possibilidade jurídica e material do seu objeto e a sua pertinência à função administrativa.[75]

Como já foi dito, o objeto indica a prestação referida no ato administrativo, ou seja, aquilo sobre o que o comando dispõe. Em se tratando do ato administrativo de invalidação, o objeto constitui o reconhecimento da invalidade do ato administrativo viciado ou da ilegalidade de seus efeitos.

O ato administrativo de invalidação tem clara pertinência com a função administrativa, por se tratar de produto do exercício de uma competência legalmente conferida à Administração Pública. Mas esse vínculo depende da efetivação da publicidade do ato.

A publicidade representa a disponibilidade do conteúdo do ato para a ciência dos administrados, condição imprescindível para a sua validade.[76] É despiciendo que o cidadão diretamente prejudicado tenha conhecimento da substância do comando administrativo. Não se confunde a publicidade com a comunicação, requisito procedimental logo adiante tratado.

4.4 Pressupostos de legalidade

4.4.1 Pressuposto subjetivo

Compreende o agente que realizou a aplicação da lei ao caso específico, com a expedição do ato administrativo.[77]

71. Celso Antônio Bandeira de Mello, *Curso...*, p. 351.

72. Idem.

73. Cf. Tércio Sampaio Ferraz Júnior, *Introdução...*, p. 232; e Eurico Marcos Diniz de Santi, *Decadência...*, pp. 59-70. Ver Lei n. 9.784/99, arts. 22 e ss.

74. Sobre os veículos introdutores dos atos administrativos, ver Celso Antônio Bandeira de Mello, *Curso...*, pp. 392-394.

75. Celso Antônio Bandeira de Mello (idem, pp. 352-353) denomina-os de pressupostos de existência, em coerência com sua postura teórica.

76. Junia Verna Ferreira de Souza, "Forma e formalidade do ato administrativo como garantia do administrado", *RDP* 81/158.

77. Cf. Celso Antônio Bandeira de Mello, *Curso...*, pp. 353-354.

Para fazê-lo de modo regular, é preciso que: esse sujeito detenha competência administrativa para invalidar, ou seja, seja titular de órgão da Administração Pública cujo o plexo de atribuições não seja incompatível com tal potestade; a pessoa estatal, à qual será imputado o ato administrativo de invalidação, possua no rol de sua capacidade jurídica a competência para controlar a legalidade do ato administrativo viciado; e, haja a inexistência de óbices — impedimento ou suspeição[78] — à atuação idônea do sujeito no caso concreto.

4.4.2 Pressupostos objetivos

São o motivo e os requisitos procedimentais.[79]

Consiste o motivo no evento demarcado abstratamente na hipótese da norma jurídica aplicada, que foi identificado pelo agente competente; ou, num caso de discrição administrativa, o que foi eleito pela autoridade como relevante para o interesse público. Esta situação, como já visto, não se aplica ao ato administrativo de invalidação.

O motivo do ato não se confunde com o motivo legal, que constitui a hipótese normativa da norma jurídica incidida pelo ato administrativo. Também deve ser diferenciado do fato jurídico administrativo, o enunciado que compõe o antecedente normativo do ato administrativo e que declara o motivo.

O motivo do ato administrativo de invalidação constitui o evento jurídico do vício, isto é, a inobservância de um ou mais pressupostos de legalidade.

Os eventos que constituem vício no ato administrativo são os seguintes:

a) a pessoa estatal não pode agir na matéria ou a autoridade administrativa não é competente ou idônea para expedir o ato;[80]

b) o fato jurídico constante no ato administrativo não é compatível com o motivo legal ou tem por base motivo que não existe;[81]

c) requisito procedimental foi omitido ou observado de modo incompleto ou irregular;[82]

d) o agente visou finalidade alheia ao interesse público ou interesse público impertinente para a categoria do ato expedido;[83]

e) não guarda o conteúdo do ato a necessária relação de proporcionalidade com o motivo, diante da finalidade;[84]

f) e, por fim, a inobservância da formalização prescrita para o ato.[85]

Nessas hipóteses, o evento do vício é contemporâneo ao ingresso do ato ou se manifesta durante a formação deste. Entretanto, pode constituir motivo para a invalidação administrativa evento superveniente que torne o ato administrativo incompatível com o ordenamento jurídico vigente. Constitui o

78. Ver Lei n. 9.784/99, arts. 18 e ss.

79. Cf. Celso Antônio Bandeira de Mello, *Curso...*, pp. 354-361.

80. Ver Lei n. 4.717/65, art. 2º, *a*, e parágrafo único, *a*.

81. Ver Lei n. 4.717/65, art. 2º, *d*, e parágrafo único, *d*. Para o controle da juridicidade do ato administrativo pela ótica desse pressuposto, faz-se necessário aferir se o evento materialmente existiu e a comprovação da correspondência entre ele e o motivo legal. Se o motivo legal é constituído por termos jurídicos fluidos, cabe a quem controla demarcar seus limites conceituais, havendo plena admissibilidade da investigação da subsunção feita pelo sujeito emissor no caso concreto. Cf. Vladimir da Rocha França, *Invalidação...*, pp. 104-114 e 147-149.

82. Ver Lei n. 4.717/65, art. 2º, *b*, e parágrafo único, *b*; ver também Lei n. 9.784/99, art. 2º, *caput*, e parágrafo único, incs. V, VII-XII. Dentre os requisitos procedimentais, destacam-se motivação e a comunicação.

83. Ver Lei n. 4.717/65, art. 2º, *e*, e parágrafo único, *e*; ver Lei n. 9.784/99, art. 2º, *caput*, e parágrafo único, incs. II-IV.

84. Ver Lei n. 9.784/99, art. 2º, *caput*, e parágrafo único, VI.

85. Ver Lei n. 9.784/99, art. 22, *caput*.

fenômeno do decaimento[86] ou caducidade,[87] o qual ocorre quando é invalidada ou revogada a lei que serve de fundamento de juridicidade para o ato administrativo, tornando precário seu conteúdo ou a permanência do fluxo de seus efeitos jurídicos.

Os requisitos procedimentais são os atos jurídicos que devem ser expedidos pelo particular ou pela autoridade administrativa para que o ato administrativo possa ser produzido. Quando mais de um requisito procedimental é imposto, como nos atos administrativos de invalidação, teremos a exigência de um procedimento administrativo.

Dispensa-se, para a expedição do ato administrativo de invalidação, a provocação do interessado. O procedimento hábil para fazê-lo deve ser desencadeado de ofício pela autoridade administrativa, diante da existência de vícios ou de indícios que sustentem sua probabilidade. É critério da atividade administrativa o preceito do impulso oficial.[88]

Deve ser ressaltado que *qualquer interessado pode provocar a instauração do procedimento de invalidação*, haja vista ser a restauração da juridicidade administrativa com segurança jurídica constituir *interesse público*, ainda que o *vício acusado seja sanável*.

A Lei n. 9.784/99, em seu art. 54, § 2º, estabelece o seguinte: "§ 2º. Considera-se exercício do direito de anular qualquer medida da autoridade administrativa que importe impugnação à validade do ato".

O exercício das competências administrativas demanda a obediência aos imperativos do devido processo legal. Para invalidar o ato viciado, é preciso que a Administração Pública assegure aos administrados que serão atingidos pelo ato invalidador o amplo contraditório.

É vedado à Administração Pública, por mais gravoso que seja o vício no ato administrativo impugnado, proceder à invalidação sem a observância do devido processo legal administrativo. Se a eficácia do ato apresenta risco iminente ao interesse público, a administração poderá motivadamente proceder à imediata suspensão do comando; mesmo sem prévia manifestação do interessado, por injunção do princípio da prevalência do interesse público sobre o interesse privado.[89] Evidentemente, deve haver a comunicação prévia do prejudicado, como se determina no art. 28 da Lei n. 9.784/99.

A comunicação consiste no ato pelo qual a Administração Pública faz o interessado tomar ciência da iminência ou expedição do ato administrativo. São exemplos, as intimações e as notificações.

A ausência de comunicação prévia do administrado beneficiado pelo ato administrativo impugnado, bem como sua irregular realização, representam vícios na invalidação administrativa.

Assim, deve ser reputado como exercício da potestade de invalidar como a instauração do devido processo para a expedição do ato administrativo de invalidação, assim como a medida cautelar acima tratada. Também entendemos como exercício dessa competência qualquer medida tomada pela autoridade administrativa no sentido de investigar a presença de vício ou não no ato administrativo, bem como quando a mesma exerce atividade que confere à autoridade a competência para apreciar a juridicidade de atos administrativos.

Na invalidação administrativa, a motivação é o requisito procedimental através do qual a autoridade administrativa enuncia a norma jurídica violada pelo ato administrativo viciado e sua correlação com o

86. Márcio Cammarosano, "Decaimento e extinção dos atos administrativos", *RDP* 53-54/168-172.

87. Celso Antônio Bandeira de Mello, *Curso...*, p. 398.

88. Ver Lei n. 9.784/99, arts. 2º, parágrafo único, XII, e 5º.

89. Ver Lei n. 9.784/99, art. 54.

seu motivo, assim como justifica o seu conteúdo perante este e segundo a finalidade prescrita para o caso concreto.[90] É através da motivação que se torna viável a aferição dos pressupostos teleológico e lógico do ato, pois exterioriza a operação de subsunção feita pela autoridade administrativa para produzir o ato administrativo.

A Lei n. 9.784/99 exige expressamente a motivação do ato administrativo de invalidação.[91] Deve ser explícita, clara e congruente, podendo consistir em declaração de concordância com fundamentos de anteriores pareceres, informações, decisões ou propostas, que, neste caso, deverão ser parte integrante do ato.[92] Como se trata de ato de competência vinculada, a ausência de motivação pode ser saneada caso seja possível ulteriormente demonstrar a existência do evento jurídico do vício.

4.4.3 Pressuposto teleológico

A finalidade do ato administrativo de invalidação, como já foi visto, é a restauração da juridicidade violada. Somente esse interesse público pode orientar a competência administrativa para invalidar.

Nos atos administrativos de competência vinculada, o interesse público a ser atingido já é definido pela integral disciplina dos meios da ação administrativa em sede de lei. O ato administrativo de invalidação é oriundo de competência vinculada, estando tanto o pressuposto fático de sua expedição como seu dispositivo previamente tipificados em lei.

4.4.4 Pressuposto lógico

Também rotulado de causa, trata-se da correlação de proporcionalidade entre o motivo e o conteúdo do ato administrativo, em vista da finalidade.[93]

A proporcionalidade é princípio que integra o preceito da juridicidade administrativa, determinando que a ação administrativa deve ser adequada, necessária e razoável diante do interesse público prescrito pela norma delimitadora da competência administrativa e dos elementos do caso concreto. O exercício de toda e qualquer competência administrativa está irremediavelmente vinculada às peculiaridades da realidade que se revela à Administração Pública. Ao nosso ver, não há hoje qualquer justificativa para afastar a exegese da sua positivação no regime jurídico-administrativo.

A Lei n. 9.784/99, em vários dispositivos, faz uso expresso do princípio da proporcionalidade no *caput* de seu art. 2º, bem como em dois incs. — VI e XIII — do parágrafo único do mesmo dispositivo (grifamos):

"Art. 2º. A Administração Pública obedecerá, dentre outros, aos princípios da legalidade, finalidade, motivação, *razoabilidade*, *proporcionalidade*, moralidade, ampla defesa, contraditório, segurança jurídica, interesse público e eficiência.

"Parágrafo único: Nos processos administrativos *serão observados*, entre outros, *critérios* de: (...)

"VI — *adequação entre meios e fins, vedada a imposição de obrigações, restrições e sanções em medida superior àquelas estritamente necessárias ao atendimento do interesse público.* (...)

"XIII — *interpretação da norma administrativa da forma que melhor garanta o atendimento do fim público a que se dirige*, vedada a aplicação retroativa de nova interpretação."

É certo, como vimos, que na competência vinculada a configuração do motivo im-

90. Cf. Carlos Ari Sundfeld, "Motivação do ato administrativo como garantia dos administrados", *RDP* 75/118.

91. Ver seu art. 50, I.

92. Ver Lei n. 9.784/99, art. 50, § 1º.

93. Sobre a noção de causa no direito administrativo, ver: André Gonçalves Pereira, ob. cit., pp. 110-130; e Celso Antônio Bandeira de Mello, *Curso...*, pp. 364-366.

põe à Administração Pública a obrigação de agir, expedindo o ato administrativo prescrito pela lei. Mas diante do evento do vício e da pendência do prazo decadencial (se houver), a autoridade administrativa deve sempre exercer a competência para invalidar?

Prescreve-se na Lei n. 9.784/99, em seu art. 55, que o ato administrativo viciado que apresentar defeitos sanáveis, e comprovada a ausência de lesão ao interesse público — que não seja, evidentemente, a preservação da juridicidade — ou de prejuízo a terceiros, pode ser convalidado. Nesse dispositivo, confere-se expressamente à Administração Pública a competência para convalidar.

No regime jurídico-administrativo federal, são sanáveis os vícios que não atinjam indelevelmente o conteúdo do ato, permitindo-se a preservação de sua eficácia mediante a expedição do ato administrativo de convalidação. Dito de outro modo, constituem defeitos sanáveis as falhas que, quando corrigidas, não impediriam a repetição do ato viciado.

São vícios sanáveis do ato administrativo:

a) a incompetência da autoridade administrativa, desde que a pessoa estatal seja capaz para agir e tenha o agente idoneidade para o caso concreto;

b) o requisito procedimental omitido ou defeituosamente não compromete o exercício dos direitos dos administrados;

c) a forma do ato difere da formalização.

A ausência de lesão a interesse público requerida, mostra-nos de difícil compreensão. Afinal, se o defeito é sanável, não comprometendo o conteúdo do ato, o único interesse público aparentemente comprometido pela expedição do comando viciado seria o da manutenção da juridicidade na ação administrativa. Recorde-se que a competência para convalidar também se justifica pela restauração da legalidade administrativa.

O interesse público referido no dispositivo legal parece-nos ser a manutenção da moralidade administrativa, e, em especial, do preceito da boa-fé. Se o administrado beneficiado pelo ato defeituoso concorreu dolosamente para a confecção de sua falha e o comando decorre do exercício de competência discricionária, fica insustentável a possibilidade da convalidação. O contrário acarretaria beneficiar a própria torpeza do agente de má-fé, não restando outra alternativa à autoridade administrativa senão o exercício da competência de invalidar.[94]

Quanto ao requisito da inexistência de prejuízo a terceiros, entendemos que, através dele, veda-se à Administração Pública a convalidação de atos administrativos impugnados. A autoridade administrativa deve enunciar a ausência de impugnação do ato administrativo viciado para justificar o exercício da competência de convalidar. Impugnado judicial ou administrativamente, o ato portador de vício sanável é tão invalidável quanto seu congênere de defeito insanável. *O vício sanável é condição necessária, mas não suficiente para a convalidação do ato administrativo.*

Se interpretado isoladamente, a expressão "poderá convalidar" do dispositivo comentado enseja a atribuição de natureza discricionária à competência administrativa de convalidar em todas as hipóteses. Com recurso a uma interpretação sistemática, vê-se que essa exegese não é correta.

Caso estejam presentes todos os requisitos prescritos no art. 55 da Lei n. 9.784/99, fica difícil sustentar o caráter sempre discricionário da competência de convalidar. A convalidação do ato viciado é medida bem menos gravosa do que a invalidação, que acarreta na desconstituição do ato e de seus efeitos jurídicos. E, orientados pelo magistério de Weida Zancaner:[95] "(...) a convalidação visa evitar a desconstituição dos atos ou relações jurídicas que podem ser alber-

94. Cf. Celso Antônio Bandeira de Mello, "O princípio do enriquecimento sem causa em Direito Administrativo", *RDA* 210/26.

95. *Da Convalidação...*, p. 59 (grifamos).

gadas pelo sistema normativo se sanados os vícios que os maculam, já que a reação da ordem normativa com relação a essa espécie de atos ou relações não é de repúdio absoluto. Portanto, *é mais consentâneo com o interesse público insuflar vida nos atos e nas relações jurídicas passíveis de convalidação do que desconstituí-los, mesmo porque a invalidação pode levar a responsabilização estatal, no que pertine aos lesados de boa-fé*".

Acresça-se, que a competência discricionária, como toda a competência administrativa, está vinculada ao âmbito da realidade demarcada pela norma que lhe conferiu a potestade, bem como à situação fática que se revelou à autoridade nela investido.[96] Tem inteira aplicabilidade na matéria, esse ensinamento de Friedrich Muller:[97] "*Não é possível descolar a norma jurídica do caso jurídico por ela regulamentado nem o caso da norma*. Ambos fornecem de modo distinto, mas complementar, os elementos necessários à decisão jurídica. Cada questão jurídica entra em cena na forma de um caso real ou fictício. *Toda e qualquer norma somente faz sentido com vistas a um caso a ser (co)solucionado por ela* (...)".

E, reforçando tal exegese, no âmbito do direito administrativo, afirma Celso Antônio Bandeira de Mello:[98] "(...) Não se pode examinar a existência de discricionariedade ou de sua extensão buscando-a simplesmente no exame da lei que porventura a contemple, porque é imprescindível analisar o caso concreto, *pois a discrição ao nível da norma é apenas uma condição necessária, mas não suficiente, para que irrompa ou para dimensionar-lhe a extensão*".

A Administração Pública deve atuar "segundo padrões éticos de probidade, decoro e boa-fé".[99] Isso submete o seu agente ao preceito que tutela a boa-fé do administrado beneficiado por um ato convalidável cujo vício não deu causa, *apresentando-se o exercício da competência de invalidar, nesse caso e ainda que tempestivamente, como violação aos princípios da proporcionalidade e da moralidade administrativa*. Reitere-se: a invalidação administrativa de ato convalidável que beneficia o administrado de boa-fé, embora adequada para a restauração da legalidade violada, é *desnecessária* — pois, a convalidação mostra-se possível — e *longe de qualquer parâmetro de razoabilidade admitido por um Estado Democrático de Direito*. Sustentar exegese diversa, ao nosso ver, é consagrar legalidade sem segurança.

A única situação que enseja discricionariedade no convalidar — na qual o "poderá" permanece "poderá" — é o da incompetência da autoridade nos atos administrativos de competência discricionária. Ainda com recurso à Weida Zancaner:[100] "(...) em se tratando de atos decorrentes do exercício da atividade discricionária, a questão se inverte e a obrigatoriedade do dever de convalidar é insustentável, posto que nestes casos o que gera a possibilidade de aplicação da norma é justamente o juízo subjetivo do administrador, e este não está compelido a acatar o juízo subjetivo formulado pelo emissor do ato gravado pelo vício de incompetência".

O teor literal do art. 55 da Lei n. 9.784/99 não deve impressionar o operador jurídico a ponto de ignorar a perspectiva imposta pelos princípios que regem o regime jurídico-administrativo pátrio.

Concernente à causa do ato administrativo de invalidação, podemos concluir que a desconstituição do ato administrativo defeituoso somente guarda correlação de

96. Cf. Friedrich Müller, *Métodos de Trabalho do Direito Constitucional*, pp. 56-61.

97. Idem, ibidem, p. 63 (grifamos).

98. "*Relatividade* da competência discricionária", *RDA* 212/54 (grifamos).

99. Ver Lei n. 9.784/99, art. 2º, parágrafo único, VI.

100. *Da Convalidação...*, p. 69.

proporcionalidade com motivo se este consistir em vício insanável ou vício discricionariamente sanável, diante do interesse público da restauração da legalidade administrativa com segurança jurídica.

4.4.5 Pressuposto formalístico

É o veículo que deve introduzir o ato administrativo de invalidação. Também denominado formalização, compreende as fórmulas ou modelos prescritos em função dos interesses de padronização da atividade administrativa.

Deve ser o mesmo do ato administrativo inválido, se expedido pelo mesmo agente. Em caso de autoridade administrativa diversa, deve empregar o instrumento próprio para o desempenho de sua atividade.

4.5 Eficácia do ato administrativo de invalidação

Um ponto que pode gerar controvérsia no estudo dos atos administrativos de invalidação, é a natureza declaratória ou constitutiva de sua eficácia.

Ao nosso ver, ambas as características se apresentam nesse ato.[101]

No ato administrativo de invalidação, *há a declaração do evento jurídico do vício de legalidade*. Se for correto afirmar que a autoridade administrativa constitui o fato jurídico do vício, faz-se imprescindível para a estabilidade da validade desse comando, *justo título jurídico para o exercício da potestade*. Comprovado o erro na confecção do fato jurídico do vício, mediante a competente aferição da inexistência do motivo, fica a validade do ato administrativo de invalidação passível de ser desconstituída. Aliás, a eficácia dos atos administrativos, em relação ao evento jurídico, tem sempre natureza declaratória.

A eficácia do ato administrativo de invalidação também abrange *a desconstituição da validade do ato administrativo viciado ou dos efeitos jurídicos que este produziu*. É sua dimensão constitutiva.

Se o ato administrativo viciado é ineficaz, a invalidação retira-o do ordenamento jurídico, impedindo a eclosão de seus efeitos jurídicos.

Caso eficaz, desconstitui-se a validade e a legalidade — ou apenas esta, se consumado — do ato impugnado, retirando-lhe todos os seus atributos e, atingindo os efeitos jurídicos produzidos. Daí a afirmação que o ato administrativo de invalidação tem eficácia retroativa — *ex-tunc* — no que concerne aos efeitos produzidos pelo ato invalidado.

Limites se apresentam para a eficácia retroativa do ato administrativo de invalidação.[102]

Aferida a decadência do exercício da potestade, o ato administrativo de invalidação não pode ser regularmente expedido. Decorrido e enunciado o prazo prescrito no art. 54, *caput*, da Lei n. 9.784/99, o ato administrativo viciado é estabilizado, isto é, imunizado contra a invalidação administrativa.

Outro óbice à eficácia retroativa consubstancia-se no princípio da boa-fé. Como vimos, para que o ato administrativo defeituoso seja convalidável, é preciso que o vício seja sanável, respeito à boa-fé e a ausência de impugnação judicial ou administrativa. Se o último requisito não se configura, os efeitos jurídicos que ainda permanecem no ordenamento jurídico são *interrompidos* pelo ato administrativo de invalidação, *devendo ser respeitada a eficácia correspondente ao período entre o termo no qual o ato invalidado se tornou eficaz e o termo de validade do ato de invalidação*. É interessante que invalidação administrativa aqui se apresenta com eficácia declaratória e constitutiva, *mas carente de retroatividade*.

101. Atuamos aqui sob inspiração de Paulo de Barros Carvalho (*Curso...*, pp. 398-403), ao analisar o lançamento tributário.

102. Cf. Jacintho de Arruda Câmara, ob. cit., *passim*.

Os efeitos jurídicos que integralmente se esgotaram também são imunes à invalidação administrativa. O ato administrativo de invalidação retira exclusivamente a legalidade do ato viciado que deu suporte à eficácia consumada, servindo como título jurídico para norma que determine o ressarcimento dos prejuízos causados ao erário. Portanto, um outro exemplo de eficácia não retroativa da invalidação administrativa.

Por fim, é vedado à autoridade administrativa invalidar ato administrativo que esteja em conformidade com a lei. Se o fundamento para a impugnação do ato é a inconstitucionalidade da lei que lhe serve de supedâneo, a Administração Pública somente pode exercer a competência administrativa de invalidação se houver decisão judicial em sede de controle — concentrado ou difuso — de constitucionalidade.[103] Entendimento similar cabe na hipótese de argüição de descumprimento de preceito fundamental.[104]

A competência para a declaração da inconstitucionalidade das leis não foi conferida pela Constituição à Administração Pública. Além do mais, o Chefe do Poder Executivo já participa do processo legislativo e possui iniciativa para provocar o controle judicial da constitucionalidade das leis.[105] Entendimento contrário é consagrar a usurpação de competência constitucional, com a devida vênia.

5. Considerações finais

Os atos administrativos de invalidação, como todo ato administrativo, apresentam requisitos que condicionam sua validade e juridicidade. Produto do exercício da competência administrativa de invalidação, esses comandos concretizam o interesse público da restauração da legalidade com segurança jurídica.

Tem o ato administrativo de invalidação dupla eficácia: eficácia declaratória do vício de legalidade; e eficácia constitutiva negativa do ato administrativo viciado.

Mediante a invalidação administrativa, assegura-se a harmonia entre a atividade da Administração Pública e os cânones do ordenamento jurídico. Isso, desde que obedeça quem a emprega os limites impostos pelas leis.

A juridicidade do ato administrativo de invalidação pode e deve ser contestada, quando a autoridade exorbita do campo demarcado para a competência administrativa de invalidação. O tumulto no desempenho de relevante potestade constitui dano tão grave à legalidade quanto a validade do ato viciado.

Referências bibliográficas

1) Livros

ALESSI, Renato. *Principi di Diritto Amministrativo*, t. I, Milão, Giuffrè, 1966.

AMARAL, Antônio Carlos Cintra do. *Extinção do Ato Administrativo*, São Paulo, Ed. RT, 1978.

CARVALHO, Paulo de Barros. *Direito Tributário — Fundamentos Jurídicos da Incidência*, 2ª ed., São Paulo, Saraiva, 1999.

_____. *Curso de Direito Tributário*, 13ª ed., São Paulo, Saraiva, 2000.

DALLARI, Adilson de Abreu. "Os poderes administrativos e as relações jurídico-administrativas", *Revista de Informação Legislativa*. Brasília, a. 36, n. 141:75-87, jan./mar. 1999.

ENTERRÍA, Eduardo García, e Fernández, Tomás-Ramón. *Curso de Derecho Administrativo*, t. I, 8ª ed., Madri, Editorial Civitas, 1998.

FAGUNDES, Miguel Seabra. *O Controle dos Atos Administrativos pelo Poder Judiciário*, 6ª ed., São Paulo, Saraiva, 1984.

FERRAZ JÚNIOR, Tércio Sampaio. *Introdução ao Estudo do Direito*, 2ª ed., São Paulo, Atlas, 1994.

103. No controle concentrado, há preceito expresso nesse sentido. Ver Lei n. 9.868/99, art. 28, parágrafo único. Cf. Vladimir da Rocha França, *Invalidação...*, p. 60.

104. Ver Lei n. 9.882/99, art. 10, *caput* e § 3º.

105. Ver CF, arts. 66, § 1º, e 103, I e § 4º.

FIGUEIREDO, Lúcia Valle. *Curso de Direito Administrativo*, 4ª ed., São Paulo, Malheiros Editores, 1999.

FRANÇA, Vladimir da Rocha. *Invalidação Judicial da Discricionariedade Administrativa no Regime Jurídico-Administrativo Brasileiro*, Rio de Janeiro, Forense, 2000.

JÈZE, Gaston. *Los Principios Generales del Derecho Administrativo*, trad. Carlos Garcia Oviedo, Madri, Editorial Reus, 1928.

KELSEN, Hans. *Teoria Pura do Direito*, 3ª ed., trad. João Baptista Machado, São Paulo, Martins Fontes, 1991.

MELLO, Celso Antônio Bandeira de. *Discricionariedade Administrativa e Controle Jurisdicional*, São Paulo, Malheiros Editores, 1992.

_____. *Curso de Direito Administrativo*, 13ª ed., São Paulo, Malheiros Editores, 2001.

MELLO, Oswaldo Aranha Bandeira de. *Princípios Gerais do Direito Administrativo*, v. 1, 2ª ed., Rio de Janeiro, Forense, 1979.

MÜLLER, Friedrich. *Métodos de Trabalho do Direito Constitucional*, 2ª ed., trad. Peter Naumann, São Paulo, Max Limonad, 2000.

NEVES, Marcelo. *Teoria da Inconstitucionalidade das Leis*, São Paulo, Saraiva, 1988.

PEREIRA, André Gonçalves. *Erro e Ilegalidade no Acto Administrativo*, Lisboa, Ática, 1962.

SANTI, Eurico Marcos Diniz. *Lançamento Tributário*, São Paulo, Max Limonad, 1996.

_____. *Decadência e Prescrição no Direito Tributário*, São Paulo, Max Limonad, 2000.

STASSINOPOULOS, Michel. *Traité des Actes Administratifs*, Atenas, Sirey, 1954.

VILANOVA, Lourival. *Causalidade e Relação no Direito*, São Paulo, Saraiva, 1989.

_____. *As Estruturas Lógicas e o Sistema do Direito Positivo*, São Paulo, Max Limonad, 1997.

ZANCANER, Weida. *Da Convalidação e da Invalidação dos Atos Administrativos*, 2ª ed., São Paulo, Malheiros Editores, 1993.

2) Artigos e ensaios

AMARAL, Antônio Carlos Cintra do. "Conceito e elementos do ato administrativo", *Revista de Direito Público* 32/36-42, São Paulo.

BORGES, José Souto Maior. "Princípio da segurança jurídica na criação e aplicação do tributo", *Revista de Direito Tributário* 63/206-210, São Paulo.

CÂMARA, Jacintho de Arruda. "A preservação dos efeitos dos atos administrativos viciados", in *Estudos de Direito Administrativo — em Homenagem ao Professor Celso Antônio Bandeira de Mello*, São Paulo, Max Limonad, 1996, pp. 49-86.

CAMMAROSANO, Márcio. "Decaimento e extinção dos atos administrativos", *Revista de Direito Público* 53-54/160-172, São Paulo.

CARVALHO, Paulo de Barros. "O princípio da segurança jurídica em matéria tributária" *Revista de Direito Tributário* 61/74-90, São Paulo.

FRANÇA, Vladimir da Rocha. "Questões sobre a hierarquia entre as normas constitucionais na Constituição de 1988", *Revista Trimestral de Jurisprudência dos Estados* 168/111-128, São Paulo, jan./fev. 1999.

_____. *Ato Jurídico Administrativo e Ato Jurídico "Stricto Sensu"*, São Paulo, mimeo., 46 pp.

MELLO, Celso Antônio Bandeira de. "O princípio do enriquecimento sem causa em Direito Administrativo", *Revista de Direito Administrativo* 210/25-35, Rio de Janeiro, out./dez. 1997.

_____. "*Relatividade* da competência discricionária", *Revista de Direito Administrativo* 212/49-56, Rio de Janeiro, abr./jun. 1998.

_____. "Leis originariamente inconstitucionais compatíveis com Emenda Constitucional superveniente", *Revista Trimestral de Direito Público* 23/12-23, São Paulo, 1998.

NOVELLI, Flávio Bauer. "A eficácia do ato administrativo", *Revista de Direito Administrativo* 60/18-26, Rio de Janeiro, abr./jun. 1960.

_____. "A eficácia do ato administrativo", *Revista de Direito Administrativo* 61/15-41, Rio de Janeiro, jul./set. 1960.

QUEIRÓ, Afonso Rodrigues. "A teoria do 'desvio de poder' em Direito Administrativo", *Revista de Direito Administrativo* 6/41-78, Rio de Janeiro, out./dez. 1946.

_____. "A teoria do 'desvio de poder' em Direito Administrativo", *Revista de Direito Administrativo* 7/52-80, Rio de Janeiro, jan./mar. 1947.

SILVA, Almiro do Couto. "Princípios da legalidade da Administração Pública e da segurança jurídica no Estado de Direito contemporâneo", *Revista de Direito Público* 84/46-63, São Paulo.

SOUZA, Junia Verna Ferreira de. "Forma e formalidade como garantia do administrado", *Revista de Direito Público* 81/151-63, São Paulo.

SUNDFELD, Carlos Ari. "Motivação do ato administrativo como garantia dos administrados", *Revista de Direito Público* 75/118-27, São Paulo.

VILANOVA, Lourival. "Norma jurídica — Proposição jurídica (significação semiótica)", *Revista de Direito* 61/12-26. São Paulo.

IMPOSSIBILIDADE ECONÔMICA DE CUMPRIMENTO DE CONTRATO CELEBRADO ENTRE ESTADO-MEMBRO E A UNIÃO – TEORIA DA BASE OBJETIVA DO NEGÓCIO JURÍDICO

EROS ROBERTO GRAU

Professor Titular da Faculdade de Direito da Universidade de São Paulo
— Professor Visitante da Faculdade de Direito da Universidade de Montpellier, França, 1995-1996

O Dr. Alexandre de Paula Dupeyrat Martins, DD. Secretário de Estado da Fazenda de Minas Gerais, encaminhou-me a seguinte

Consulta

"A União e o Estado de Minas Gerais celebraram, em data de 18 de fevereiro de 1998, com a interveniência do Banco do Estado de Minas Gerais S/A (Depositário) e do Banco do Brasil S/A (Agente), nos termos do disposto na Lei n. 9.496, de 11 de setembro de 1997, e na Resolução n. 96, de 1996, do Senado Federal, 'contrato de confissão, promessa de assunção, consolidação e refinanciamento de dívidas'.

"Nele o Estado de Minas Gerais se confessa devedor, a vários credores, da importância total de R$ 11.827.540.208,92; a União, por sua vez, obrigou-se a assumir, mediante a celebração dos instrumentos próprios, essas dívidas; por outro lado estabeleceu-se que as dívidas do Estado assumidas pela União seriam refinanciadas.

"O contrato a seguir define os termos e condições desse refinanciamento, estabelecendo, a cláusula quinta, que o Estado pagaria a dívida refinanciada em trezentos e sessenta prestações mensais e consecutivas, vencendo-se a primeira 30 dias após a sua assinatura, observado o limite de dispêndio mensal de 1/12 (um doze avos) de 13% (treze por cento) da Receita Líquida Real-RLR. Esta corresponderia, nos termos do disposto no parágrafo primeiro dessa cláusula quinta, à receita realizada nos doze meses anteriores ao mês imediatamente anterior àquele em que se estiver apurando, excluídas as receitas provenientes de operações de crédito, de alienação de bens, de transferências voluntárias ou de doações recebidas com o fim específico de atender despesas de capital e as transferências aos municípios por participações constitucionais e legais.

Os parágrafos segundo e terceiro discriminam as deduções possíveis ainda de serem feitas ao valor apurado na forma do *caput* desta cláusula quinta, cogitando, os demais, dos pagamentos das prestações devidas.

"Ao assumir o Governo Estadual, o Governador Itamar Franco encontrou no caixa do Tesouro do Estado apenas 19 milhões de reais.

"Os ativos do Estado foram praticamente todos exauridos, não permitindo, se negociado o que ainda resta — a participação acionária na CEMIG e alguns imóveis ainda não totalmente cadastrados — o pagamento sequer da dívida flutuante do Estado, que no dia 6 de janeiro passado montava a R$ 3.339.008.453,81.

"A dívida para com os fornecedores de alimentação para detentos, não paga desde setembro, chega hoje, 7 de janeiro, a R$ 5.838.203,44. Só na Grande Belo Horizonte o atraso desde novembro monta a R$ 461.085,85 e na penitenciária Dutra Ladeira o atraso no pagamento está em R$ 107.991,98. Estamos no dia 7 de janeiro e os servidores não receberam seu salário de dezembro, nem parte substancial do décimo terceiro de 1998. De 13º salários vencidos e não pagos há a saldar 250 milhões. A folha de dezembro monta a 428.111 milhões. Há ainda a pagar o chamado custeio crítico de janeiro, isto é, as despesas que não podem deixar de ser pagas, sob pena de completo colapso da Administração e do Serviço Público. Trata-se da alimentação dos presos, das necessidades básicas dos serviços de segurança (civil e militar), da Administração indireta, dos outros Poderes (além do Executivo) que não receberam o que lhes era devido. Isto, numa estimativa parcimoniosa, monta a cerca de 64 milhões.

"Há, pois, em despesas insuscetíveis de serem comprimidas, 492.986 milhões. Se for pago apenas 1/3 do 13º salário represado sobrarão 14 milhões. Neste ponto cumpre indagar como pagar 74 milhões e 226 mil de prestação do acordo da dívida se sobram apenas 14 milhões no caixa?

"A opção que resta seria de não pagar salário e parcela do 13º; e não arcar com o custeio mínimo indispensável ao funcionamento do Estado, o que provocará o caos na Administração Estadual.

"Os números são incontestáveis. Ademais, ainda que se optasse pela absurda alternativa de comprimir o custeio da Administração além do piso crítico e não pagar o 13º, esta situação explosiva atingiria seu ponto crítico no mês seguinte.

"Até a assinatura do contrato de refinanciamento a maior parte da dívida mobiliária (em títulos) era rolada no mercado. Para que se tenha uma idéia do que isto representa em termos de efetivo desequilíbrio basta lembrar que, de janeiro a maio de 1998, o Estado desembolsou apenas 24,3 milhões para pagamento da dívida mobiliária, já que 98% dos títulos vencidos eram rolados no mercado, de acordo com a regra fixada pelo Senado Federal.

"Após a negociação, desde junho de 1998, até o final do exercício, foram desembolsados, a título de prestação mensal, cerca de 330 milhões. No entanto, os pagamentos efetuados não foram feitos com recursos ordinários do Estado, ou seja, aqueles provenientes de tributos e transferências federais obrigatórios.

"É que no período foram realizadas alienações de ativos e recebimentos de receitas extraordinárias, no valor total de 1,2 bilhões.

"Daí porque houve, então, um saldo positivo considerável. Estas receitas, por serem fruto de alienação patrimonial, realizaram-se uma única vez. E agora, como já dito, nada mais há de valioso suscetível de ser prontamente vendido. Portanto, as prestações mensais, que em 1999 passam a ser da ordem de 80 milhões/mês (74 em janeiro) só podem ser quitadas de uma forma: gerando *superávit* na execução orçamentária em montante equivalente.

"Ora, como fazer isso de plano, quando se sabe que o caixa vem operando com um *déficit* estrutural e crônico que chega à casa dos 90 milhões/mês? Como, em um mês ou mesmo em poucos meses, não só eliminar o *déficit* de 90 milhões, mas, concomitantemente, gerar um *superávit* de 80 milhões/mês, para pagar encargos da dívida?

"Em 1998, do valor inicial de 872,9 milhões, 642,4 foram pagos com a venda do Credireal (119,9 milhões) e do BEMGE (522,5 milhões). Os 385 milhões restantes, que deveriam ser pagos em 30.11.1998, tiveram o seu vencimento postergado por um ano, porque manifestamente o Estado já havia exaurido as suas reservas.

"O fato é que a posição do Estado de Minas Gerais face ao acordo da dívida não pode surpreender o Governo Federal que, reconhecendo a impossibilidade de os Estados arcarem com os ônus da parcela devida em novembro de 1998, baixou Medida Provisória suspendendo o respectivo vencimento por 12 meses. Nisso, sem nenhuma dúvida, o reconhecimento explícito da moratória em que se encontravam os Estados.

"E o Governo anterior, ao invés de agir com zelo, prudência, cautela e parcimônia, que a situação impunha, nos últimos meses e dias de gestão passou a realizar operações que esvaziaram por completo o caixa do Estado.

"Exemplifique-se.

"Promoveu, em dezembro de 1998, a antecipação de 109 milhões do ICMS que venceria nas primeiras semanas de janeiro e, portanto, consubstanciava receita de 1999, com a agravante de estipular que a contrapartida do contribuinte seria a de não pagar nada em janeiro e receber a bonificação dos dias correspondentes à antecipação a partir de fevereiro. O usual nestas operações é conceder-se a bonificação parcelada ao longo do ano, para não esvaziar completamente o caixa num único mês.

"Mas há fato tão ou mais grave do que este.

"O Estado de Minas Gerais tinha crédito perante a União, relativo ao Fundo de Compensação de Variação Salarial da Minas Caixa. Desse crédito, que o contrato original vinculava ao pagamento de parcela da sua dívida com a União, a parcela de 41 milhões foi liberada, para que o Estado gastasse tal montante como bem lhe aprouvesse. O mais grave, porém, é que isso se deu no dia 28 de dezembro de 1998 e, no mesmo dia, os títulos representativos dessa garantia foram negociados com o BNDES, que assegurou liquidez imediata ao referido montante. Vê-se bem, assim, que a União foi partícipe ativa de operação que subtraiu do contrato um crédito que estava originalmente vinculado ao seu pagamento. E isso tudo setenta e duas horas antes de findar-se o Governo.

"Não se limitam a esses, contudo, os atos praticados ao final do mandato do governo anterior, todos comprometidos com o desígnio de desestabilizar as finanças do Estado de Minas Gerais.

"Créditos do Estado, oriundos de ICMS não pago pela Rede Ferroviária Federal, foram transformados em títulos federais por acordo com a União. Na fase de transição, afirmou-se que estes títulos federais, num montante de R$ 22.000.000,00 estavam reservados para pagamento da prestação de janeiro do contrato da dívida. Sucede que o Governo anterior usou esses títulos para pagar a prestação de dezembro, criando assim mais um rombo para o mês de janeiro.

"E o que é pior: como se tratava de créditos de ICMS, a parcela que toca ao FUNDEF e aos Municípios neste montante foi depositada, em títulos, a favor destes. Resultado: hoje o FUNDEF e Municípios se quiserem realizar dinheiro com estes títulos, terão que vendê-los com deságio no mercado.

"Finalmente, as parcelas de transferência federais, relativas ao ressarcimento da Lei Kandir e ao Fundo de Participação dos Estados, foram utilizadas não para repasse das verbas devidas aos outros Poderes, como sempre foi feito, mas para outros gastos, cabendo ao Governo que assumiu há uma semana prover a transferência dos montantes devidos.

"Por derradeiro, ainda no tocante à execução do acordo da dívida, lembre-se que, na forma da legislação pertinente, todos os Estados, inclusive Minas Gerais, deviam aderir a um 'Programa de Ajuste Fiscal', previamente acordado com a União. Este compromisso era, pois, parte integrante do contrato.

"Procedida uma avaliação do desempenho e verificação do cumprimento das metas acordadas ao longo de 1998, verifica-se que todos os indicadores mostram que Minas Gerais, sob a administração passada, descumpriu-as integralmente.

"Por exemplo: a relação dívida/receita real líquida deveria ser 2,28 ao final de 1998 e foi, na realidade, de 2,7154; o resultado primário (*déficit* primário) não poderia ser superior a 10%, mas foi da ordem de 21,16% (em valores monetários: 642 milhões e 1 bilhão e 600 milhões, respectivamente).

"As receitas de tributos e contribuições deveriam crescer, em termos reais, 12,8%, mas tiveram queda de 5,8%.

"Em face de todo o exposto, indaga-se:

"· as circunstâncias referidas na consulta permitem a conclusão de que se verificou, na hipótese, alteração da base do negócio jurídico, de molde a exigir a revisão do contrato, mediante a restauração de seu equilíbrio econômico-financeiro?"

Parecer

1. A exposição contida na consulta pode ser sintetizada na afirmação de que o Estado de Minas Gerais encontra-se diante da *impossibilidade econômica* de cumprir o contrato celebrado com a União em fevereiro de 1988.

O tratamento da *impossibilidade econômica*, embora versado desde o Direito Romano, conheceu notável sucesso a partir da Primeira Guerra Mundial, quando se aprofundaram os estudos a propósito do impacto de problemas de ordem econômica, supervenientes à formação de vínculo obrigacional, sobre as obrigações contratuais, impondo a um dos integrantes do vínculo álea extraordinária, que *desbordasse o risco normal do negócio.*

Inúmeras teorias foram então elaboradas; outras retomadas com vigor. Entre as que mereceram maior acolhida alinham-se a *teoria da pressuposição*, de Windscheid,[1] ainda nos meados do século passado; a *teoria da imprevisão*, gestada pelo *Conseil d'État* francês em 1916;[2] a *teoria da base subjetiva do negócio*, de Oertmann;[3] a *teo-*

1. Para resolver as questões da relação entre o contrato e a realidade na qual ele se insere, principalmente quando nela se manifestam modificações substanciais, Windscheid criou o termo "pressuposição" (*Voraussetsung*), definindo-o, segundo aponta Clóvis do Couto e Silva, "como um conceito que tinha como fundamento o fato de as partes contratantes fazerem depender o seu acordo, ainda que de modo tácito, da existência de certas situações. Tratar-se-ia de uma 'condição não totalmente desenvolvida', talvez uma *conditio subintelecta* — conceito tão de agrado dos canonistas — pois a condição era tácita. Windscheid incluía no conceito de pressuposição não somente a hipótese de erro a respeito dos motivos, como também expectativas não realizadas e ainda certas modificações posteriores das circunstâncias" (*A Teoria da Base do Negócio*, Ed. RT, pp. 655-658). O texto de Windscheid encontra-se *in Archiv fur die civilistische Praxis*, v. 79, pp. 161 e ss.; para uma análise da doutrina de Windscheid ver Karl Larenz, *Base del Negocio Jurídico y Cumplimiento de los Contratos*, Ed. Revista de Derecho Privado, Madri, 1956; vide também Manuel A. Domingues de Andrade, *Teoria Geral da Relação Jurídica*, v. II, Almedina, Coimbra, 1993, pp. 403 e ss.

2. Conforme a célebre decisão de 30 de março de 1916, proferida no caso suscitado pela Compagnie Générale d'Éclairage de Bordeaux, in *Les Grands Arrêts de la Jurisprudence Administrative*, 5eme édition, Sirey, Paris, 1969, pp. 129 e ss.

3. Segundo a qual "base do negócio é a representação de uma parte, patente na conclusão de um negócio e reconhecida pela contraparte eventual,

ria da base objetiva do negócio, formulada por Larenz, hoje com aceitação dominante nas cortes alemãs; e a *doutrina da eccessiva onerosità*, creditada a Emílio Betti e acolhida expressamente no Código Civil italiano (arts. 1.467 a 1.469).[4]

Apesar das marcantes distinções entre elas existentes, a questão subjacente a todas, em maior ou menor grau, reside em saber se é *justo* — vale dizer, se é ou não conforme a *justiça material* — fazer recair sobre um dos contratantes as conseqüências da "*culpa*" (= a *responsabilidade*) por não ter previsto o imprevisível, ou, ainda, a conseqüência de suportar a quebra (insuportável) da *equivalência*, que é traço essencial aos contratos de intercâmbio.

Revigorou-se, assim, a antiga polaridade entre dois vetores fundamentais do direito contratual: (i) ou a estrita e rigorosa adstrição ao pactuado, expressa na fórmula *contractus est lex inter partes* (de onde derivado o *princípio da irretratabilidade do pactuado*); (ii) ou a consideração da força jurídica de certas circunstâncias supervenientes, mas *não necessariamente imprevisíveis*, que viessem a desequilibrar fundamentalmente as bases sobre as quais estabelecido o vínculo, vetor esse sintetizado na célebre cláusula *rebus sic stantibus*.[5]

Hoje superado o *voluntarismo* que caracterizou o direito contratual oitocentista, têm os tribunais reconhecido alinhar-se, entre as espécies de impossibilidade, "a modificação posterior das circunstâncias, determinante da frustração do fim do contrato ou da *quebra insuportável da equivalência*"[6] nem sempre sendo exigida, para tanto, que essa modificação de circunstâncias tenha sido imprevisível.

2. A questão proposta na consulta deve ser solvida tendo-se presentes os lineamentos da *teoria da base objetiva do negócio jurídico*, formulada por Larenz, acolhida no direito comum brasileiro por força da incidência do *princípio da boa-fé objetiva* e, em certas relações jurídicas de direito especial, mediante expressa disposição legislativa.

Larenz sustenta que o conceito da *base objetiva do negócio* vincula-se à finalidade real do contrato, que estaria obstada em razão da modificação objetiva da base sobre a qual pactuado:[7] "Cada contrato crea o re-

no seu significado, ou a representação comum de várias partes da existência ou do surgimento futuro de certas circunstâncias sobre cuja base se firma a vontade negocial" (*apud* Menezes Cordeiro, *Da Boa Fé no Direito Civil*, Livraria Almedina, Coimbra, 1984, t. II, p. 1.033).

4. Art. 1.467. "*Contratto con prestazioni corrispettive — Nei contratti a esecuzione continuata o periodica ovvero a esecuzione differita, se la prestazione di una delle parti è divenuta eccessivamente onerosa per il verificarsi di avvenimenti straordinari e imprevidibili, la parte che deve tale prestazione può domandare la risoluzione del contratto, con gli effeti stabiliti dall'articolo 1.458. / La risoluzione non può essere domandata se la sopravvenuta onerosità rientra nell'alea normale del contratto. / La parte contro la quale è domandata la risoluzione può evitaria offrendo di modificare equamente le condizioni del contrato*" (grifei; os arts. 1.468 e 1.469 referem-se, respectivamente, aos contratos com obrigações devidas por uma só das partes – contratos unilaterais – e aos contratos aleatórios).

5. Encontra-se hoje superada, em nosso direito, a discussão que o animou no início do século, a respeito da aplicabilidade, ou não, da cláusula *rebus sic stantibus*, na medida em que, apesar de ter sido esquecida pelos autores do Código Civil, propõe questões que continuamente se apresentam na prática.

6. Ruy Rosado de Aguiar Jr., *Extinção dos Contratos por Incumprimento do Devedor*, Aide, Rio de Janeiro, 1991, p. 144. É notável, nesse sentido, a fundamentação do voto proferido pelo então Desembargador do TJRGS, hoje Ministro do STJ, na Apelação Cível n. 588059113, 5ª CC, TJRGS, julgada em 6.12.1988, voto esse vencido na Apelação, o qual, no entanto, fundamentou a decisão a final vencedora nos Embargos Infringentes daí interpostos (EI n. 588059113, 3º Grupo de Câmaras Cíveis, TJRGS, julgados em 22.12.1989, rel. Des. Adalberto Libório Barros — transcrição e comentários in *Revista Ajuris* 50/207 e ss.).

7. *Base del Negocio Jurídico y Cumplimiento de los Contratos*, cit., pp. 97 e ss.

gula determinadas relaciones entre las partes, relaciones que, a su vez, son, en mayor o menor medida, una manifestación de las circunstancias sociales existentes y, hasta cierto grado, las presuponen. El que concluye un contrato piensa y obra partiendo de una situación dada, que no es preciso que se represente claramente, que, tal vez, ni siquiera estaba en condiciones de abarcar, pero cuyos sedimentos penetran en el contrato en forma de presuposiciones inmanentes. La interpretación de un contrato no depende, pues, exclusivamente de las palabras usadas y de su significación inteligible para las partes, sino también de las circunstancias en las que fué concluido y a las que aquéllas se acomodaron. Si posteriormente se realiza una *transformación fundamental de las circunstancias*, posibilidad en que no habían pensado las partes contratantes y que de ningún modo habían tenido en cuenta *al ponderar sus intereses y al distribuir los riesgos*, puede ocurrir que lo contrato, de ejecutarse en las mismas condiciones, pierda por completo su sentido originario y tenga consecuencias totalmente distintas de las que las partes habían proyectado o debieran razonablemente proyectar".[8]

A longa transcrição se justifica porque nela estão expostos os fundamentos e o alcance da teoria: não se trata, como se vê, de recorrer à mera *base subjetiva* (Oertmann), isto é, apenas à representação mental das expectativas das partes no momento da conclusão do negócio, sequer a um vago juízo de eqüidade contratual, mas à hipótese em que a modificação jurídica produzida *fundamenta-se no próprio contrato*: as circunstâncias puramente pessoais do devedor não entram em conta, considerando-se, ao contrário, *as circunstâncias objetivas à vista das quais o negócio foi concluído e a sua finalidade econômico-social.*

Por isso Larenz define a base do negócio como "el conjunto de circunstancias y el estado general de cosas cuya existencia o subsistencia es objectivamente necesaria para que el contrato, según el significado de las intenciones de ambos contratantes, pueda subsistir como regulación dotada de sentido",[9] sintetizando as condições ou pressupostos que devem ocorrer para que um acontecimento exterior ao contrato seja reconhecido como fator de desaparição da base do negócio da seguinte forma:

(i) quando a relação de equivalência entre prestação e contraprestação pressuposta no contrato se tenha destruído em tal medida que não se possa falar racionalmente de uma "contraprestação" (*destruição da relação de equivalência*);

(ii) quando a comum finalidade objetiva do contrato, expressa em seu conteúdo, tenha resultado definitivamente inalcançável, embora a prestação do devedor seja ainda possível (*frustração da finalidade*).[10]

3. A definição das condições de refinanciamento e do prazo e condições de pagamento no caso avençadas entre o Estado de Minas Gerais e a União estruturaram-se sobre a suposição de que fosse cumprido um "Programa de Ajuste Fiscal", que, todavia, não conduziu aos resultados esperados.

Esclarece a consulta que a relação dívida/receita real líquida, que deveria ser de 2,28 ao final de 1998, na realidade foi de 2,7154. O resultado primário (*déficit* primário) não poderia ser superior a 10%, resultando, no entanto, em 21,16% (em valores monetários: 642 milhões e 1 bilhão e 600 milhões, respectivamente). As receitas de tributos e contribuições deveriam crescer, em termos reais, 12,8%, mas sofreram queda de 5,8%.

Ora, a verificação dessa realidade, à qual se deve acrescer o fato de o Governo Estadual anterior ter atuado em franco *desvio de poder* ao antecipar receita de ICMS, ao alterar o contrato — com a participação da União — para liberar crédito relativo ao

8. Idem, pp. 97 e 98.

9. Idem, p. 224.

10. Idem, ibidem.

FCVS no dia 28 de dezembro, nesta mesma data efetuando pagamentos aparentemente não essenciais, enfim, ao pretender dificultar, tornando-a mais grave ainda, a situação deficitária do Estado, tudo isso conduz à destruição da *relação de equivalência* e, logo, ao perecimento da *base do negócio jurídico*.

Da destruição da base objetiva do negócio decorre a *revisão do negócio*, por acordo entre as partes ou determinação judicial, que se impõe quando for possível a manutenção do vínculo, com modificações nas prestações. A resolução é alcançável, presentes os seus pressupostos (Código Civil, art. 1.092, parágrafo único), se houver quebra insuportável da equivalência ou frustração definitiva da finalidade contratual objetiva.[11]

No caso concreto não há que falar em exercício de direito resolutivo, mas em revisão contratual para adequar as prestações do Estado de Minas Gerais, devedor do contrato atingido por circunstâncias supervenientes que alteraram a base objetiva sobre o qual ajustado.

4. No caso, à recusa da União em revisar o contrato corresponderá o *direito*, do Estado de Minas Gerais, à tutela ressarcitória.

Esta responsabilidade, na atual sistemática do nosso direito positivo, é *objetiva*: a Constituição da República dispõe, no seu art. 37, § 6º, que "as pessoas jurídicas de direito público e as de direito privado prestadoras de serviço público responderão pelos danos que seus agentes, nessa qualidade, causarem a terceiro, assegurado o direito de regresso contra o responsável nos casos de dolo ou culpa".

5. Em face de todo o exposto dou as seguintes respostas aos quesitos propostos na consulta:

· *sim*; as circunstâncias referidas na consulta permitem a conclusão de que se verificou, na hipótese, alteração da base do negócio jurídico, de molde a exigir a revisão do contrato, mediante a restauração de seu equilíbrio econômico-financeiro.

É o que me parece.

São Paulo, 11 de janeiro de 1999

11. Cf. Ruy Rosado de Aguiar Jr., ob. cit., p. 151, e Pontes de Miranda, *Tratado de Direito Privado*, t. XXXV, p. 257.

DISPENSA DE LICITAÇÃO POR MOTIVO DE URGÊNCIA – FUNDAÇÃO ESTADUAL DO BEM-ESTAR DO MENOR-FEBEM

Adilson Abreu Dallari

Consulta

Honra-nos o ilustre Presidente da Fundação Estadual do Bem-Estar do Menor — FEBEM com a formulação de consulta a respeito da viabilidade jurídica da dispensa de licitação para a contratação direta da execução de obras e serviços, por motivos de urgência.

A solicitação veio acompanhada de farta documentação comprobatória da efetiva ocorrência da situação emergencial invocada como fundamento para a almejada contratação direta.

Deseja o consulente a emissão de manifestação conclusiva a respeito da adequação dos fatos descritos aos condicionamentos legalmente estabelecidos para a dispensa de licitação.

Parecer

I — Os fatos

Não é o caso de se reproduzir aqui, detalhadamente, a descrição dos fatos que emerge da documentação trazida para exame. Cabe apenas referir, sintética e objetivamente (até mesmo em função da urgência), tópicos principais de alguns documentos examinados.

O relato mais completo, mais contundente e mais significativo está na Representação feita pelo Ministério Público a Mma. Juíza de Direito do Departamento de Execuções da Infância e da Juventude, descrevendo a situação dantesca em que se encontra atualmente a FEBEM, com uma exagerada superlotação, acarretando problemas de insalubridade, carências de bens e serviços essenciais, insegurança para internos e servidores e, por força disso tudo, exigindo que, com *urgência*, seja providenciada a remoção dos jovens para outros locais, a aquisição imediata de bens indispensáveis e a realização de obras e serviços nas unidades existentes.

Atendendo ao que lhe foi requerido e exatamente em função da necessidade premente da adoção imediata de algumas providências, a Mma. Juíza, Dra. Mônica Ribeiro de Souza Paukosky, concedeu medida liminar (que tem como condicionante exatamente o *periculum in mora*), determinando, entre outras coisas: em 30 dias a viabilização de outros locais para o recebimento de jovens com determinação judicial de internação provisória; em 90 dias a remoção dos internos excedentes da capacidade normal das unidades existentes; e em 120 dias a realização das reformas necessárias nessas mesmas unidades.

Obviamente, tais prazos jamais poderão ser cumpridos pelas vias normais, com a fiel observância dos procedimentos licitatórios, até porque existe uma alta probabilidade de que licitações feitas de afogadilho contenham imperfeições ou irregularidades que suscitem disputas intermináveis.

Respondendo à mencionada Representação a FEBEM deixou claro, mediante um extenso detalhamento de tudo quanto já foi e está sendo feito, que a presente situação emergencial não decorre de negligência e, o que é mais importante, que as contratações já previstas terão seu curso normal, e continuarão sendo feitas regularmente, de acordo, inclusive, com um plano de descentralização já existente, paralelamente às contratações diretas estritamente necessárias para superar a grave crise atualmente em curso.

Não é o caso de se discutir, aqui, se houve ou não houve negligência (se houve, os responsáveis deverão ser punidos, mediante o devido processo legal); o *fato* é que existe uma situação de emergência, que precisa ser imediatamente resolvida. Ao lado disso, ficou dito que a FEBEM não pretende se valer da urgência para contratar tudo sem licitação, mas, sim, somente aquilo que efetivamente tiver que ser feito no menor prazo possível.

O noticiário dos jornais, oferecido para exame, documenta tudo quanto foi relatado na referida Representação, destacando a ocorrência quase diária de rebeliões e fugas em massa, apontando a superlotação como a principal causa do caos desenhado e, além disso, evidencia o enorme risco existente para a população em geral, em razão da periculosidade de alguns desses jovens infratores (alguns, não todos; nem a maioria), que já estão começando a praticar novos delitos, inclusive assaltos à mão armada, seqüestros e até assassinatos.

A questão objeto do presente estudo já foi objeto de cuidadoso exame por parte da digna Assessora Jurídica da FEBEM, Dra. Ângela Maria Ribeiro Olaia, que emitiu o Parecer AJ n. 471/99, datado de 14.9.1999, cujos fundamentos e cujas conclusões merecem integral endosso. Desde então, a situação ainda mais se agravou.

II — O direito

A exigência de realização de procedimento licitatório, como providência preliminar à celebração de contratos pela Administração Pública tem sólidos fundamentos constitucionais. Entretanto, embora a exigência de licitação seja a regra geral, é certo que tal regra não é absoluta, comportando exceções que são disciplinadas pela legislação ordinária.

Para os efeitos deste estudo, o principal dispositivo sobre esse assunto é o que consta do inciso IV, do art. 24, da Lei n. 8.666/93, cujo teor é o seguinte:

"Art. 24. É dispensável a licitação: (...)

"IV — nos casos de emergência ou de calamidade pública, quando caracterizada urgência de atendimento de situação que possa ocasionar prejuízo ou comprometer a segurança de pessoas, obras, serviços, equipamentos e outros bens, públicos ou particulares, e somente para os bens necessários ao atendimento da situação emergencial ou calamitosa e para as parcelas de obras e serviços que possam ser concluídas no prazo máximo de 180 (cento e oitenta) dias consecutivos e ininterruptos, contados da ocorrência da emergência ou calamidade, vedada a prorrogação dos respectivos contratos."

A redação atual desse inciso é o resultado de uma evolução determinada pelos abusos que foram ocorrendo ao longo do tempo, sob a desculpa de urgência ou emergência, muitas vezes artificialmente criadas. O legislador procurou restringir o uso dessa faculdade, estabelecendo uma série de condicionamentos ou especificações, mas mantendo o que é realmente essencial: a existência de uma situação de urgência, exigindo uma atuação imediata da Administração Pública, incompatível com as delongas inevitavelmente inerentes ao procedimento licitatório.

O quadro descrito na documentação que acompanha a consulta permite que se invoque até mesmo a ocorrência de situação de calamidade pública, tal como conceituada por Sérgio Ferraz e Lucia Valle Figueiredo, em seu *Dispensa e Inexigibilidade de Licitação*, 3ª ed., Malheiros Editores, 1994, p. 48: "Calamidade pública, na dicção da lei, é o infortúnio de proporções, que atinge considerável extensão territorial ou considerável número de pessoas, suplantando os habituais níveis enfrentáveis de problemas sociais".

Justificada ou injustificadamente, por razões concretas ou como fruto do tratamento dado ao caso pela imprensa em geral, o fato é que a população paulistana está amedrontada, num grau muito superior ao normal. Mesmo que não se entenda haver uma situação de calamidade pública, não se pode afastar a ocorrência de uma situação emergencial, a requerer providências urgentes por parte das autoridades responsáveis.

Urgência, porém, não é uma palavra oca, desprovida de conteúdo. O mesmo pode ser dito com relação ou conceito de emergência, também utilizado pelo mesmo dispositivo. Convém, portanto, examinar, brevemente, como a doutrina já enfocou o significado dessas duas expressões.

Antônio Carlos Cintra do Amaral cuida da emergência no contexto da licitação, destacando, inicialmente, que tal situação gera não apenas uma faculdade, mas, sim, uma obrigação de atuar de maneira expedita, rapidamente, incompatível com o procedimento da licitação:

"A rigor, esse não é o caso de dispensabilidade de licitação, mas sim de dever jurídico de contratar sem licitação.

"Já tive, em meu *Licitações nas Empresas Estatais* (São Paulo, McGraw Hill, 1979), oportunidade de discorrer sobre as contratações de emergência, sem licitação prévia. Disse, na época (p. 54): 'A emergência é, a nosso ver, caracterizada pela inadequação do procedimento formal licitatório ao caso concreto. Mais especificamente: um caso é de emergência quando reclama solução imediata, de tal modo que a realização de licitação, com os prazos e formalidades que exige, pode causar prejuízo à empresa (obviamente prejuízo relevante) ou comprometer a segurança de pessoas, obras, serviços ou bens, ou, ainda, provocar a paralisação ou prejudicar a regularidade de suas atividades específicas. Quando a realização de licitação não é incompatível com a solução necessária, no momento preconizado, não se caracteriza a emergência'" (Antônio Carlos Cintra do Amaral, "Dispensa de licitação por emergência", in *Revista Trimestral de Direito Público* 1/189, Malheiros Editores, 1993).

Cármen Lúcia Antunes Rocha enfoca o significado jurídico do vocábulo urgência, deixando claro que a urgência real e concreta tem o condão de autorizar a adoção lícita de comportamentos alternativos ao que seria normal:

"Urgente é o que não pode esperar sem que prejuízo se tenha pelo vagar ou que benefício se perca pela lentidão do comportamento regular, demasiado lerdo para a precisão que emergiu.

"No Direito, o conceito de urgência não refoge a estas idéias que se alocam na definição leiga da palavra. Também o conteúdo jurídico da palavra urgência contém quer o sentido de tempo exíguo e momento imediato, de um lado, quer a idéia de necessidade especial e premente, de outro.

"Urgência jurídica é, pois, a situação que ultrapassa a definição normativa regular de desempenho ordinário das funções do Poder pela premência de que se reveste e pela imperiosidade de atendimento da hipótese abordada, a demandar, assim, uma conduta especial em relação àquela que se nutre da normalidade aprazada institucionalmente" (Cármen Lúcia Antunes Rocha, "Conceito de urgência no Direito Público brasileiro", in *Revista Trimestral de Direito Público* 1/234, Malheiros Editores, 1993).

A exigência de licitação, portanto, não é e nem pode ser absoluta, pois sua realização pode ser impossível, em algumas situações, ou altamente danosa a interesses públicos relevantes, em outras situações. No direito positivo, a regra geral da exigência de licitação é mitigada tanto por casos de dispensa, quanto pela previsão legal expressa de sua inexigibilidade, situações essas que não se confundem, como bem destaca a melhor doutrina:

"Dá-se a inexigibilidade de licitação quando for inviável a competição. O conceito de inviabilidade de competição não foi explicitado pela lei, retratando intencional amplitude de abrangência. Todas as situações que caracterizam a inviabilidade de competição podem propiciar a ausência de licitação e a contratação direta. A lei remete à verificação das circunstâncias de fato, reconhecendo implicitamente a impossibilidade de elenco exaustivo e adotado aprioristicamente. Configura-se, nesse ponto, a grande diferença prática entre as hipóteses de dispensa e de inexigibilidade de licitação.

"Nos casos de dispensa de licitação, os pressupostos de competição estão presentes e, teoricamente, seria cabível submeter a contratação a um procedimento prévio de seleção. Porém, a lei eliminou a obrigatoriedade da licitação, por reputar inconveniente sua efetivação. Avaliando os benefícios (possíveis) e os prejuízos (inevitáveis) que poderiam concretizar-se em virtude do desenvolvimento do procedimento licitatório, o legislador permitiu a contratação direta. Em tais hipóteses, a autorização legal para contratação direta deriva da previsão do legislador de prejuízos superiores aos potenciais benefícios.

"Quando se trata de dispensa, o legislador tomou a si a tarefa de discriminar os casos de contratação direta. Por isso, a dispensa de licitação depende de previsão explícita em lei, cujo rol é exaustivo e não pode ser ampliado. Já nos casos de inexigibilidade, o legislador reconheceu a impossibilidade de promover um elenco exaustivo, por ser logicamente impossível antever todas as situações em que ocorrerá a inviabilidade da competição. Por isso, ainda que a lei indique situações de inexigibilidade, o rol normativo tem natureza exemplificativa" (Marçal Justen Filho, *Comentários à Lei de Licitações e Contratos Administrativos*, Dialética, 5ª ed., 1998, pp. 250-251).

Fica claro, portanto, que os casos de dispensa são apenas aqueles legalmente previstos, não sendo dado ao administrador agregar novas hipóteses. Some-se a isso a regra elementar de hermenêutica no sentido de que as exceções devem ter interpretação estrita, não ampliativa.

Interpretação estrita, entretanto, não significa literalidade. Todo dispositivo legal é instrumental; visa atingir certos objetivos específicos inseridos no conceito mais amplo de interesse público. Todas as normas jurídicas que disciplinam a atuação da Administração Pública visam a satisfação de interesses públicos.

Carlos Maximiliano, o mais consagrado mestre da ciência que cuida da interpretação das normas jurídicas, já ensinou que:

"Toda prescrição legal tem provavelmente um escopo, e presume-se que a este pretenderam corresponder os autores da mesma, isto é, quiseram tornar eficiente, converter em realidade o objetivo ideado. A regra positiva deve ser entendida de modo que satisfaça aquele propósito; quando assim se não procedia, construíam a obra do hermeneuta sobre a areia movediça do processo gramatical.

"Considera-se o Direito como uma ciência primariamente normativa ou finalística; por isso mesmo a sua interpretação há de ser, na essência, teleológica. O hermeneuta sempre terá em vista o fim da lei, o resultado que a mesma precisa atingir em sua atuação prática. A norma enfeixa um conjunto de providências, protetoras, julgadas necessárias para satisfazer a certas exigências econômicas e sociais; será interpretada de modo que melhor corresponda àquela finalidade e assegure plenamente a tutela de interesse para a qual foi regida" (Carlos Maximiliano, *Hermenêutica e Aplicação do Direito*, Forense, 1984, pp. 151-152).

Muitas vezes, diante de situações concretas aparentemente não atingidas pela expressão literal utilizada na redação da regra de direito, deve o intérprete orientar-se pela finalidade almejada, procurando extrair do texto normativo aquilo que nele está implícito.

José Afonso da Silva, com sua inegável autoridade, faz uma aplicação desse processo interpretativo exatamente com relação à dispensa de licitação, que era prevista numa relação de casos expressamente elencados pelo § 2º, do art. 126, do então vigente Decreto-lei n. 200/67, destacando a existência de *casos implícitos*, comentando situação que se ajusta como uma luva à questão em exame neste estudo:

"As disposições que estatuem dispensa de licitação são de direito estrito, e a enumeração do § 2º do art. 126 do Decreto-lei n. 200/67 é, conseqüentemente, taxativa, não se admitindo a criação de outros por via interpretativa.

"Há, entretanto, hipóteses não claramente contempladas, que também dispensam a licitação, a nosso ver, como é o caso da aquisição de materiais e equipamentos de segurança pública (armas, munições etc.) mesmo não havendo no momento da aquisição qualquer perturbação da ordem; a segurança pública é conceito inconfundível com a segurança nacional, de sorte que ela não está consagrada nesta expressão. Mas é intuitivo que, para combater uma eventual grave perturbação da ordem, os órgãos de segurança pública devem estar devidamente preparados. Quem quer os fins, deve dar os meios. Se, no caso de perturbação da ordem, dispensa-se licitação, também é dispensável para preveni-la" (José Afonso da Silva, "Licitações", in *Revista de Direito Público* 7/58-59, Ed. RT, jan.-mar. 1969).

Na questão em exame neste estudo, existem situações já ocorridas que requerem imediata atuação corretiva, ao lado de situações que determinam a rápida adoção de providências preventivas. Na verdade, essas duas situações se entrelaçam e se exigem reciprocamente. De todo modo, ambas são efetivamente contempladas, expressa ou implicitamente, pela prescrição constante do inc. IV, do art. 24, da Lei n. 8.666/93, acima transcrito.

O que a ordem jurídica deseja, em última instância, é uma atuação eficaz da Administração Pública, no sentido de salvaguardar valores afirmados pela Constituição Federal, ao lado do princípio da isonomia (determinante da realização normal das licitações), tais como os direitos da criança e do adolescente, a segurança pública, a incolumidade e a vida das pessoas. Quem quer os fins, implicitamente autoriza os meios.

Isso ficou ainda mais acentuado no momento em que o art. 37 da Constituição Federal teve sua redação alterada, para que fosse expressamente agregado ao rol de princípios norteadores da Administração Pública o *princípio da eficiência.*

A Emenda Constitucional n. 19, de 4.6.1998, conhecida como Emenda da Reforma Administrativa, trouxe profundas modificações na Administração Pública brasileira. O propósito fundamental dessa reforma era a substituição do antigo modelo burocrático, caracterizado pelo controle rigoroso dos procedimentos, pelo novo modelo gerencial, no qual são abrandados os controles de procedimentos e incrementados os controles de resultados. Essa linha de pensamento, esse novo valor afirmado pela Constituição, não pode ser ignorado pelo intérprete e aplicador da lei.

Não por acaso, aos princípios já previstos na redação original do art. 37, foi acrescentado *expressamente* o princípio da eficiência. É óbvio que esse princípio já estava implícito. Ao torná-lo explícito, ao afirmá-lo expressamente, o que se pretendeu foi demonstrar a redobrada importância que ele passou a ter. Em termos práticos, deve-se considerar que, quando mera formalidade burocrática for um empecilho à realização do interesse público, o formalismo deve ceder diante da eficiência.

Diogo de Figueiredo Moreira Neto, em excelente estudo sobre a "Administração pública gerencial", publicado na *Revista de Direito Administrativo & Constitucional* (Editora Juruá, v. 2, 1999, pp. 122 a 124), alerta que essa nova concepção da Administração Pública especialmente em função da presença de particulares como instrumentos de realização de interesses públicos, deve ser animado por dois vetores essenciais: a ética e a eficiência. O significado deste último é assim esclarecido: "No tocante à segunda diretriz referida, a eficiência, abandona-se a idéia de que à gestão da coisa pública basta ser eficaz, ou seja, consista apenas em desenvolver processos para produzir resultados. A administração pública gerencial importa-se menos com os processos e mais com os resultados, para que sejam produzidos com o menor custo, no mais curto lapso de tempo e com a melhor qualidade possíveis".

Isso significa que é preciso superar concepções puramente burocráticas ou meramente formalísticas, dando-se maior ênfase ao exame da legitimidade, da economicidade e da razoabilidade, em benefício da eficiência. Muitas vezes, a realização do interesse público (que continua sendo o objetivo final da Administração Pública) vai depender do concurso de particulares, cujo relacionamento com o Poder Público também deve ser adaptado ao modelo gerencial.

Não basta ao administrador demonstrar que agiu bem, em estrita conformidade com a lei; sem se divorciar da legalidade (que não se confunde com a estrita legalidade), cabe a ele evidenciar que caminhou no sentido da obtenção dos melhores resultados.

Em síntese, o princípio da eficiência não é exatamente uma novidade, nem veio para substituir os demais, mas, sim, para conviver harmonicamente com eles, conforme já salientado pela doutrina:

"É de se concluir, portanto, ao cabo deste tópico, que a inclusão do princípio da eficiência no *caput* do art. 37 da CF/88 não inova o ordenamento jurídico pátrio, senão explicita e concentra sob a forma de princípio uma diretriz que se espalhava, até então, por mais de um dispositivo.

"Daí a importância de não se perder de vista que o princípio da eficiência não é filho único da Administração Pública, senão irmão mais novo dos princípios da legalidade, moralidade, impessoalidade e publicidade.

"Em síntese de todo o exposto, portanto, e especificamente à luz dos princípios enunciados no *caput* do art. 37 da CF/88, conclui-se que a Administração Pública está obrigada a atender os interesses dos cidadãos de maneira satisfatória e impessoal, mediante o máximo aproveitamento dos meios disponíveis, conferindo publicidade a seus atos, sempre de acordo com as disposições legais e a moralidade administrativa" (Ubirajara Costodio Filho, "A Emenda Constitucional 19/98 e o princípio da eficiência na Administração Publica", in *Cadernos de Direito Constitucional e Ciência Política*, Ed. RT, São Paulo, 27/216-217, abr.-jun. 1999).

Diante de todo o exposto, pode-se concluir que a invocação do princípio da eficiência não autoriza o desrespeito à lei, mas sua entronização constitucional de maneira explícita determina, sim, maior transigência no tocante a formalidades cuja observância possa prejudicar valores fundamentais da ordem jurídica.

No caso em exame, a dispensa de licitação, embora seja uma exceção à regra geral da licitação, está diretamente relacionada à eficiência da atuação administrativa, não comportando interpretação restritiva, que lhe diminua ou enfraqueça o conteúdo e prejudique sua finalidade.

Esse dever de eficiência reforça o entendimento de que a dispensa de licitação por razões de emergência não é uma simples faculdade, mas traz implícita a obrigação de atuar rapidamente, conforme também já foi salientado por Antônio Roque Citadini:

"Assim, a possibilidade da dispensa licitatória, nasce de fato que foge à ação do administrador, mas poderá produzir conseqüências, cuja responsabilidade será cobrada do gestor. A contratação, nestes casos, há de ser imediata, tão logo constatada a emergência ou calamidade; até porque, não o fazendo prontamente será difícil ao próprio administrador justificar uma contratação, se feita longo tempo depois e estribada em dispensa por emergência ou calamidade" (*Comentários e Jurisprudência sobre a Lei de Licitações Públicas*, 3ª ed., Max Limonad, 1999, p. 189).

Seja permitido lembrar que já abordamos esse ponto em obra monográfica sobre a licitação, na qual salientamos que a dispensa de licitação por razões de urgência afeta até mesmo a execução do contrato:

"A alegação de urgência ou de emergência traz uma qualificada responsabilidade para quem a profere. Com efeito, de imediato surge o dever de escolher o contratado que se acredita capaz de atuar com eficiência e rapidez. Mais importante, porém, é estar atento para que aquilo que justificou a alegação e a dispensa da licitação seja efetivamente atendido, pois a morosidade na execução compromete a própria alegação de urgência ou emergência. Nessa matéria, cada caso é um caso, que não termina com a celebração do contrato, mas com sua execução" (Adilson Abreu Dallari, *Aspectos Jurídicos da Licitação*, 4ª ed., Saraiva, 1997, p. 59).

Esta observação foi feita para destacar que talvez fosse mais seguro e mais tranqüilo para o administrador burocrata (no mau sentido), deixar que a situação fosse se arrastando, enquanto cumpria a morosa formalidade estabelecida como regra geral. Sempre se sabe como começa uma licitação; nunca se sabe como e quando ela termina. Na análise de questões referentes a dispensa de licitação, nunca pode ficar de lado o exame da postura adotada pelo gestor, cuja coragem, cuja determinação e cujo espírito público devem merecer especial consideração.

III — Conclusão

Diante do exposto, à luz dos fatos descritos na documentação trazida para exame, considerando o que foi solicitado pelo Ministério Público e as determinações judiciais decorrentes, resta apenas afirmar que, em nosso entendimento, estão efetivamente presentes os requisitos que autorizam e determinam a contratação direta, sem licitação, de fornecimentos, obras e serviços essenciais para a adoção imediata de providências corretivas e preventivas, com base no disposto no inc. IV, do art. 24, da Lei n. 8.666, de 21.6.1993.

S.M.J., é o parecer.

São Paulo, 24 de setembro de 1999

OS HONORÁRIOS ADVOCATÍCIOS DOS PROCURADORES PÚBLICOS E A LEI DE RESPONSABILIDADE FISCAL

CLÓVIS BEZNOS

Mestre em Direito Administrativo — Professor da Faculdade de Direito da PUC/SP

A Associação dos Procuradores do Estado de São Paulo — APESP, por seu ilustre Presidente, Dr. Nelson Lopes de Oliveira Ferreira Júnior, solicita-nos a elaboração de parecer, sobre questões atinentes à remuneração dos Procuradores do Estado de São Paulo e, mais especificamente, sobre a vantagem pecuniária, prevista no art. 97, inc. II, da Lei Orgânica da Procuradoria-Geral do Estado de São Paulo, a Lei Complementar Estadual n. 478, de 18 de julho de 1986, com suas posteriores alterações, consistentes nos "honorários advocatícios".

Oferecendo o material normativo pertinente, indaga a Consulente o seguinte:

a) Exauriu-se a eficácia do Decreto n. 34.665, de 26 de fevereiro de 1992, com a promulgação da Lei Complementar n. 677, de 3 de julho de 1992?

b) Configuram os honorários advocatícios, decorrentes da sucumbência imposta às partes *ex adversas* do Estado, *receita pública*, integrando o cálculo do limite da despesa total de pessoal do Executivo, nos termos dos arts. 19, inc. II e 20, inc. II, alínea *c*, da Lei Complementar Federal n. 101, de 4 de maio de 2000, a chamada "Lei de Responsabilidade Fiscal"?

c) Existem resíduos de honorários de advogado não distribuídos aos Procuradores do Estado? Podem ser os mesmos atribuídos aos Procuradores do Estado, independentemente do limite de despesa com o pessoal, fixado pela Lei Complementar Federal n. 101/2000?

Em atendimento ao que nos foi solicitado, passamos a emitir o seguinte

Parecer

A Lei Complementar Estadual n. 478, de 18 de julho de 1986, ao tratar das vantagens pecuniárias dos cargos de Procurador do Estado de São Paulo, fixou, entre outras, a vantagem consistente nos *honorários advocatícios*, conforme previsão de seus arts. 95 e 97, inc. II, nos seguintes termos:

"Art. 95. A retribuição pecuniária dos cargos de Procurador do Estado e dos cargos de provimento em comissão privativos de Procurador do Estado compreende vencimentos, vantagens pecuniárias e gratificação por dedicação exclusiva, observado o disposto neste capítulo. (...)

"Art. 97. As vantagens pecuniárias a que se refere o artigo 95 são as seguintes: (...)

"II – Honorários advocatícios referidos no artigo 55 da Lei Complementar n. 93, de 28 de maio de 1974, e alterações posteriores."

Por seu turno, o aludido art. 55, da Lei Complementar Estadual n. 93, de 28 de maio de 1974, com a redação dada pela Lei Complementar Estadual n. 205, de 2 de janeiro de 1979, fixava em seu inc. I que os honorários de advogado decorrentes da sucumbência, incidente nas causas vencidas pela Fazenda Pública, haveriam de ser distribuídos aos ocupantes dos cargos vinculados à Carreira de Procurador do Estado, e aposentados.

Além disso, estabeleciam os incs. II e III do artigo, a destinação dessa verba ao aperfeiçoamento intelectual dos integrantes da Carreira e à contratação de jurista para execução de tarefa determinada ou emissão de parecer.

Para o atendimento previsto nos incs. I a III, o § 1º desse art. 55 estabelecia que a Secretaria da Fazenda haveria de depositar mensalmente, *em conta especial à disposição da Procuradoria-Geral do Estado*, mais duas vezes a importância desses honorários, na forma a ser fixada por decreto, enquanto o § 2º dispunha que parte do total depositado, compreendidos os honorários de advogado mais duas vezes o valor dos mesmos, seria destinada às finalidades previstas nos incs. II e III, conforme percentual desse todo também a ser fixado por decreto.

Foi editado então o Decreto n. 13.219, de 6 de fevereiro de 1979, que, entre outras disposições, fixou que, do total supra-referido, 7% (sete por cento) configurariam receita do "Fundo de Despesa Especial" junto ao Centro de Estudos da Procuradoria-Geral do Estado, criado pelo inc. III do art. 4º da Lei Complementar n. 93, de 28 de maio de 1974.

Tal receita do Fundo, conforme a previsão desse Decreto, haveria de ser destinada, a critério do Procurador-Geral do Estado, ao aperfeiçoamento intelectual dos integrantes da Carreira de Procurador do Estado e à contratação de jurista ou especialista, para a execução de tarefa determinada ou emissão de parecer.

Os restantes 93% (noventa e três por cento) foram destinados, conforme o Decreto, à distribuição entre os cargos vinculados à Carreira de Procurador do Estado e atribuição de "gratificação por serviços especiais" a Oficiais de Justiça, conforme previsão do § 3º do art. 3º, da Lei complementar n. 205, de 2 de janeiro de 1979.

Posteriormente, foi editada a Lei Complementar Estadual n. 258, de 22 de maio de 1981, cujo art. 9º alterou a redação do § 1º do art. 55, da Lei Complementar n. 93, de 28 de maio de 1974, no sentido de fixar o montante a ser depositado pela Secretaria da Fazenda, na conta especial, à disposição da Procuradoria-Geral do Estado, consistente nos honorários de advogado decorrentes da sucumbência em favor da Fazenda Pública, adicionados a mais até três vezes esse valor.

Esse dispositivo, todavia, veio a ser alterado pela Lei Complementar Estadual n. 306, de 7 de fevereiro de 1983, que limitou o depósito a ser feito na conta especial aludida, simplesmente ao valor dos honorários advocatícios arrecadados em face da sucumbência em favor da Fazenda Pública.

Essa era a situação dessa vantagem pecuniária, quando o Executivo Estadual, considerando ter encaminhado à Assembléia Legislativa o Projeto de Lei Complementar n. 5/92, via Mensagem n. 11/92, editou o Decreto n. 34.665, em 26 de fevereiro de 1992, pelo qual resolveu efetuar, a título de adiantamento, o pagamento do pessoal abrangido pelo citado Projeto.

Com efeito, por esse Decreto autorizou-se a Secretaria da Fazenda a efetuar esse adiantamento, estendendo, conforme o parágrafo único de seu art. 1º, tal autorização à efetivação do depósito dos honorários de advogado, da importância arrecadada a esse título, adicionada a mais 2,5 (duas vezes e meia) nos meses de janeiro, fevereiro e março de 1992, e a partir do mês de abril de 1992, adicionada a mais 3 (três) vezes, nos seguintes termos:

"Art. 1º. A Secretaria da Fazenda fica autorizada até a promulgação da respectiva Lei Complementar, a efetuar o pagamento a título de adiantamento, aos funcionários e servidores abrangidos pelas disposições contidas no Projeto de Lei Complementar n. 5/92, encaminhado à Assembléia Legislativa do Estado, pela Mensagem Governamental n. 11/92.

"Parágrafo único. A autorização prevista neste artigo estende-se ao depósito mensal da importância arrecadada no mês anterior a título de honorários advocatícios, do qual trata o artigo 18 do mencionado Projeto de Lei Complementar, acrescida de:

"I — mais 2,5 (duas e meia) vezes, nos meses de janeiro, fevereiro e março do corrente ano;

"II – mais 3 (três) vezes, a partir do mês de abril do corrente ano, inclusive.

"Art. 2º. A autorização contida no art. 1º deste decreto estende-se nas mesmas bases e condições:

"I — ao cálculo dos proventos dos inativos; e

"II — ao cálculo da retribuição-base para determinação do valor da pensão mensal, devida pelo Instituto de Previdência do Estado de São Paulo e pela Caixa Beneficente da Polícia Militar do Estado.

"III – O valor das diárias será calculado, nos termos do art. 2º, do Decreto n. 28.962, de 3 de outubro de 1988, com base no valor da faixa 10, Tabela I da Escala de Vencimentos Cargos em Comissão constante do Projeto de Lei Complementar a que se refere o art. 1º deste decreto.

"Art. 4º. Este decreto entrará em vigor na data de sua publicação, retroagindo seus efeitos a 1º de janeiro de 1992."

Em 3 de julho de 1992, foi editada a Lei Complementar n. 677, oriunda do citado Projeto de Lei Complementar n. 5/92, cujo art. 18 restabeleceu a redação dada pelo art. 9º, da Lei Complementar n. 258, de 22 de maio de 1981, ao § 1º, do art. 55, da Lei Complementar n. 93, de 28 de maio de 1974.

Com isso restabelecia-se, pela Lei Complementar, o critério do depósito, em conta especial, junto ao Banco do Estado de São Paulo à disposição da Procuradoria-Geral do Estado, do valor dos honorários de advogado, resultantes da sucumbência judicial em favor da Fazenda Estadual, adicionados a até três vezes esse valor, conforme o disposto em Decreto.

Dessa forma, atendendo-se aos termos do inc. II, do parágrafo único do Decreto n. 34.665, de 26 de fevereiro de 1992, desde abril de 1992, a Secretaria da Fazenda passou a depositar em conta especial no Banco do Estado de São Paulo, à disposição da Procuradoria-Geral do Estado, o valor dos honorários de advogado decorrentes da sucumbência judicial, em favor da Fazenda Pública, adicionados a mais três vezes esse valor.

Em 8 de dezembro de 1993, o Sr. Procurador-Geral do Estado baixou a Resolução GPG 108, restringido a distribuição de quotas da verba honorária, aos Procuradores do Estado, aos limites dos vencimentos das demais Carreiras disciplinadas pelo Título IV, da Constituição Federal, em atendimento à isonomia de vencimentos, que se inferia do disposto no art. 135, da Carta Magna.

Diga-se, todavia, que essa Resolução em nada alterou a efetivação do depósito dos honorários advindos da sucumbência, adicionados a mais três vezes, considerando que durante vários anos os vencimentos dos Procuradores do Estado, incluindo-se a vantagem da verba honorária, com os acréscimos somados, não ultrapassavam os vencimentos das demais Carreiras disciplinadas pelo Título IV da Constituição Federal.

Entretanto, quando a verba dos honorários de sucumbência aumentou, surgindo então a possibilidade dos vencimentos dos Procuradores do Estado serem superiores aos das demais Carreiras Jurídicas, tratou a Administração de proceder a um mecanismo, para evitar-se tal situação.

Foi o que ocorreu a partir do mês de agosto de 1996, quando se resolveu, por trato verbal com a Administração, estabelecer uma limitação aos ganhos auferidos pelos Procuradores do Estado, fixando-se tal limite, ao cotejo dos vencimentos do Ministério Público e da Magistratura Estaduais.

Para tanto foi estabelecido o esquema de suprimir-se, *como base de cálculo*, parcela dos honorários advocatícios oriundos da sucumbência supra-aludida, de tal sorte que o valor remanescente, adicionado a mais três vezes, além do valor do padrão de vencimentos dos Procuradores do Estado não ultrapassasse os vencimentos da Magistratura e Ministério Público do Estado.

Assim, passou a Secretaria da Fazenda a disponibilizar financeiramente o valor dos honorários de advogado, provenientes da sucumbência, então informados com o corte aludido, adicionado a três vezes esse valor, passando a parcela correspondente ao corte a compor uma conta escritural junto à Procuradoria-Geral do Estado.

De outra parte, quando os honorários advindos da sucumbência eram de valor tal que, mesmo somados às três vezes, resultavam em vencimentos inferiores aos das demais Carreiras disciplinadas no Título IV da Constituição Federal, lançava mão a Secretaria da Fazenda, do resíduo dos honorários constante da referida conta escritural, para compor os vencimentos dos Procuradores do Estado, elevando-os de sorte a manter a paridade de vencimentos acima aludida.

Conforme se vê do encadeamento supra, sem perquirir-se as razões que levaram o Executivo Estadual a baixar o Decreto n. 34.665, de 26 de fevereiro de 1992, e mesmo supondo a relevância das mesmas, provavelmente para o atendimento de situação de emergência, em que não seria possível esperar-se a tramitação do Projeto de Lei Complementar n. 5/92, é incontestável que tal Decreto veio a lume sem a existência de lei vigente ao tempo de sua edição, cuja execução fosse o seu objeto.

Aliás, ao contrário, o dispositivo legal então vigente, o § 1º, do art. 55, da Lei Complementar n. 93, de 28 de maio de 1974, com a redação dada pela Lei Complementar n. 306, de 7 de fevereiro de 1983, dispunha em sentido oposto ao estabelecido pelo Decreto n. 34.665/92, eis que limitava o depósito a ser feito na conta especial à disposição da Procuradoria-Geral do Estado, ao singelo valor dos honorários advocatícios arrecadados, em razão da sucumbência favorável à Fazenda Pública.

Entre nós, inviável é a concepção de decreto autônomo, vez que se encontrando a Administração submetida ao princípio da legalidade, que se colhe expressamente do art. 5º, inc. II, da Constituição Federal: "ninguém será obrigado a fazer alguma coisa senão em virtude de lei", evidencia-se que a mesma somente pode atuar, quando a lei lhe defira a ação, ao contrário das pessoas privadas, que podem fazer o que não lhes seja proibido.

É de todos conhecida a clássica lição de Hely Lopes Meirelles, mas cuja transcrição sempre vale a pena: "Na Administração Pública, não há liberdade nem vontade pessoal. Enquanto na administração particular é lícito fazer tudo que a lei não proíbe, na Administração Pública só é permitido fazer o que a lei autoriza. A lei para o particular significa 'pode fazer assim'; para o administrador público significa 'deve fazer assim'".[1]

Significa isso que não se pode conceber entre nós senão o decreto para a fiel execução das leis, ou seja, o decreto meramente executivo, sendo inviável supor-se a validade de decreto autônomo que, em contrariedade à lei vigente, disponha originariamente situação nova.

A corroborar esse pensamento, veja-se a dicção do art. 84, inc. IV, da Constitui-

1. In *Direito Administrativo Brasileiro*, 15ª ed., Ed. RT, 1990, p. 78.

ção Federal, que entre as competências privativas do Presidente da República, elenca a de: "sancionar, promulgar, e fazer publicar as leis, bem como expedir decretos e regulamentos para sua fiel execução".

Idêntico dispositivo encontra-se no art. 47, inc. III, da Constituição do Estado de São Paulo, de 5 de outubro de 1989, a preconizar a competência do Governador, para sancionar, promulgar e fazer publicar as leis, bem com expedir decretos e regulamentos para a sua fiel execução.

O douto Celso Antônio Bandeira de Mello, repudiando a idéia de regulamento autônomo no Brasil, invoca o art. 37 da Carta Magna, enfatizando a devida obediência ao princípio da legalidade, inserto como diretriz fundamental de nosso Ordenamento Jurídico: "Em suma: consagra-se, em nosso Direito Constitucional, a aplicação plena, cabal, do chamado *princípio da legalidade*, tomado em sua verdadeira e completa extensão. Em conseqüência, pode-se, como Pontes de Miranda, afirmar: 'Onde se estabelecem, alteram, ou extinguem direitos, não há regulamentos — há abuso do poder regulamentar, invasão de competência legislativa. O regulamento não é mais do que auxiliar das leis, auxiliar que sói pretender, não raro, lugar delas, mas sem que possa, com tal desenvoltura, justificar-se e lograr que o elevem à categoria de lei'".[2]

A ilustre Lucia Valle Figueiredo, igualmente afasta a possibilidade de a Administração, sem lei, estabelecer regulamentos autônomos, ao enfoque da restrição de direitos:

"É forte a doutrina, e mesmo a jurisprudência, no sentido de *inadmitir* que a Administração possa sem lei impor obrigações ou restringir direitos.

"Nessa acepção encontram-se os constitucionalistas e administrativistas Celso Antônio Bandeira de Mello, o nosso saudoso Geraldo Ataliba, José Afonso da Silva, Michel Temer, Sérgio de Andréa Ferreira, Paulo Bonavides, dentre outros."[3]

Assim, para nós é inexorável a conclusão de que o Decreto n. 34.665, de 26 de fevereiro de 1992, quando de sua edição, configurava ato inválido e írrito, pelo franco contraste com a Lei então vigente, sem considerar-se o efeito retroativo que ao Decreto se deu, o que piora a situação, afastando-se por isso, desde logo, a idéia de que a sua eficácia tenha sido retirada pela Lei Complementar n. 677, de 3 de julho de 1992.

De fato, não obstante não se esteja a fazer confusão entre validade e eficácia, é certo que inexistindo possibilidade jurídica da existência no Ordenamento de decreto autônomo, e contrariando a lei, não se pode tê-lo como eficaz juridicamente, eis que efeito jurídico válido não era capacitado a produzir.

Deixe-se claro também que os efeitos produzidos pelo Decreto n. 34.665/92, não obstante sua invalidade, no período que vai de janeiro de 1992 até a edição da Lei n. 677, em 3 de julho de 1992, não acarretam qualquer possibilidade de cobrança de seus beneficiários, em razão do caráter alimentar das vantagens auferidas.

Pois bem, se o Decreto n. 34.665 não produzia efeitos válidos, é evidente, no plano jurídico, que não poderia a Lei Complementar n. 677 retirar-lhe uma eficácia que não tinha. O que ocorreu foi bem ao contrário. Vejamos.

A promulgação da Lei Complementar n. 677, de 3 de julho de 1992, ao invés de retirar uma suposta e até então inexistente eficácia do Decreto n. 34.665/92, ao contrário, passou a conferir-lhe *fundamento de validade*.

2. Esse mui douto Professor alude às lições doutrinárias desta e de outras plagas, no mesmo sentido: "Na doutrina, quer nacional quer alienígena, acotações do mesmo jaez podem ser colhidas aos racimos" (in *Curso de Direito Administrativo*, 12ª ed., Malheiros Editores, 2000, pp. 298 e 299).

3. In *Curso de Direito Administrativo*, 5ª ed., Malheiros Editores, 2001, p. 67.

De fato, conforme se vê, o disposto no art. 1º e seu parágrafo único, do Decreto n. 34.665, em 26 de fevereiro de 1992 é perfeitamente compatível com a previsão do § 1º, do art. 55, da Lei Complementar n. 93, de 28 de maio de 1974, com a redação dada pelo art. 9º, da Lei Complementar n. 258, de 22 de maio de 1981, restabelecida pelo art. 18, da Lei Complementar n. 677, de 3 de julho de 1992.

Com efeito, nessa redação, dispõe o § 1º, do art. 55, da Lei Complementar n. 93, de 28.5.1974: "Para atendimento do disposto nos incs. I a III, a Secretaria da Fazenda depositará mensalmente em conta especial no Banco do Estado de São Paulo S/A, à disposição da Procuradoria-Geral do Estado, a importância arrecadada no mês anterior a título de honorários advocatícios, mais até 3 (três) vezes a mesma importância *na forma a ser estabelecida em decreto*" (sublinhamos).

O Decreto n. 34.665, de 26 de fevereiro de 1992, de sua parte, como acima se viu, preconizou a efetivação desse depósito dos honorários advocatícios, adicionados a mais duas vezes e meia até março de 1992, e três vezes de abril de 1992 em diante.

Consigne-se que a previsão de seu art. 1º, quanto à autorização à Secretaria da Fazenda de efetuar pagamentos *até a promulgação da Lei Complementar* referida em sua ementa, deve ser entendida com pertinência ao termo *adiantamento*.

Assim, desde logo se afasta a idéia de vigência limitada desse Decreto simplesmente até a edição da Lei Complementar, para concluir que sua previsão é o pagamento, *sob a forma de adiantamento*, até a edição da Lei Complementar, o que não significa previsão de vigência temporal limitada do próprio Decreto, mas, sim, do pagamento sob a modalidade de *adiantamento*. Veja-se a redação: "A Secretaria da Fazenda fica autorizada, até a promulgação da respectiva Lei Complementar, a efetuar o pagamento a título de adiantamento, aos funcionários e servidores abrangidos pelas disposições contidas no Projeto de Lei Complementar n. 5/92, encaminhado à Assembléia Legislativa do Estado, pela Mensagem Governamental n. 11/92".

De fato, emerge dessa leitura que, até a edição da Lei Complementar, seriam os pagamentos autorizados pelo Decreto, efetuados sob a forma de adiantamento, e que, após, deixariam de configurar adiantamento, para tornar-se definitivos, de acordo com a previsão legal.

Assim, fica evidente que a Administração Estadual editou o Decreto n. 34.665, de 26 de fevereiro de 1992, em caráter de permanência, para viger além da promulgação da Lei Complementar a que se reportava, havendo de ser entendida a previsão do inc. II, do parágrafo único, de seu art. 1º que estabelecia o depósito de mais três vezes o valor dos honorários, juntamente com esses honorários, à disposição da Procuradoria-Geral do Estado, a partir de abril de 1992 *em diante*, sem limitação temporária prevista.

De outra parte, há a considerar, como se disse, que ocorrendo a compatibilidade do Decreto com a Lei Complementar superveniente, despicienda se torna a sua incompatibilidade anterior com a Lei Complementar vigente ao tempo de sua edição, eis que a superveniência da Lei compatível com suas disposições conferiu-lhe fundamento de validade.

Referindo-se a situação semelhante, porém relativa à lei viciada pela mácula da inconstitucionalidade, que com a edição de emenda à Constituição se torna com ela compatível, anota Celso Ribeiro Bastos lição que se nos afigura adequada à presente espécie:

"Mais delicado problema se coloca quando a norma subconstitucional apresenta algum vício diante da norma constitucional então em vigor.

"Com a substituição desta, desaparece a relação de antinomia. Alguns autores preferem achar que continua a haver o vício de inconstitucionalidade, mesmo debaixo da situação gerada pela emenda. Pensamos contrariamente. A inconstitucionalidade há de ser aferida a partir de uma relação atual de incompatibilidade entre a lei e a Constituição.

"A única exigência para que o direito ordinário anterior sobreviva debaixo da nova Constituição é que não mantenha com ela nenhuma contrariedade, não importando que a mantivesse com a anterior, quer do ponto de vista material, quer formal. Não que a nova Constituição esteja a convalidar vícios anteriores. Ela simplesmente dispõe *ex novo*."[4]

Assim, entendemos que a edição da Lei Complementar atribuiu fundamento de validade ao Decreto, que passou a produzir validamente efeitos.

Além disso, cabe agregar que incidindo a previsão legal expressa, no sentido de atribuir à via do *decreto* a fixação do número de vezes a adicionar-se à verba honorária da sucumbência, de uma a três, mesmo após a edição da Lei Complementar n. 677, de 3 de julho de 1992, continuou a Administração Estadual a efetivar o depósito dos honorários advocatícios, adicionados a mais três vezes o seu valor.

Ora, configurando a edição de decreto ato unilateral do Chefe do Executivo, e mantida ao longo dos anos a situação, mesmo após a edição da Lei Complementar n. 677/92, somente se pode concluir que a manutenção da situação era considerada adequada pela Administração, na sua missão de atender ao interesse público.

Assim, como a edição de Decreto configura uma manifestação de competência discricionária, no caso definindo o número de vezes dos honorários a depositar, entre uma e três, é inconteste que a manutenção da situação material regulada pelo Decreto evidenciou a integração da vontade psicológica do agente, com a vontade normativa, no dizer de André Gonçalves Pereira,[5] de sorte a indicar que a solução ideal que atendia o interesse público era a mantença do teor do Decreto em questão.

Com efeito, mesmo que não se admitisse a possibilidade da conferência de fundamento de validade ao Decreto, pela superveniência da Lei com ele compatível, é evidente que a manutenção dos efeitos de sua previsão, ao longo dos anos, pela vontade do agente competente para editar novo decreto, o Sr. Governador do Estado, por ato de sua exclusiva competência, significou, sem qualquer dúvida, a expressão da vontade do Executivo, tal como se fora editado novamente e incontáveis vezes o mesmo dispositivo contido no Decreto em trato.

Ainda que assim não se entendesse, o cumprimento continuado do comando em questão evidencia que a eficácia da norma foi conducente à sua vigência. Nesse sentido a lição do insigne Miguel Reale: "Por outro lado, há regras de conduta efetivamente cumpridas e que, por o serem durante certo tempo com convicção de juridicidade, atingem o plano da *vigência* e tornam-se *juridicamente positivas*. Donde poder dizer-se que a positividade surge tanto quando a eficácia se faz vigente, como quando a vigência se torna eficaz, em ambos os casos valendo o pressuposto de um valor a realizar, quando mais não seja o de ordem e segurança".[6]

Portanto, a conclusão que nos parece adequada é a de que a Lei Complementar n. 677, de 3 de julho de 1992, de forma alguma provocou a extinção da eficácia do Decreto n. 34.665, de 26 de fevereiro de 1992, conferindo-lhe, ao contrário, fundamento de validade, face ao qual passou a produzir efeitos válidos.

4. In *Curso de Direito Constitucional*, 11ª ed., Saraiva, 1989, pp. 115 e 116.

5. "No acto totalmente vinculado é irrelevante a vontade psicológica do agente. Mas quando há discricionariedade, o que sucede a nosso ver é que a lei faz coincidir a vontade normativa com a vontade psicológica do agente" (in *Erro e Ilegalidade no Acto Administrativo*, Ática, Lisboa, 1962, p. 107).

6. In *Filosofia do Direito*, v. II, 3ª ed., Saraiva, 1962, p. 515.

A segunda das questões suscitadas envolve o exame da natureza jurídica dos honorários advocatícios, impostos aos litigantes vencidos, nas contendas judiciais com a Fazenda Pública. Vejamos: Estabelece o art. 62, inc. V, da Lei Complementar n. 478, de 8 de julho de 1986 — a Lei orgânica da Procuradoria-Geral do Estado de São Paulo — como condição para a posse no cargo de Procurador do Estado, encontrar-se o candidato aprovado no concurso de ingresso nessa Carreira *inscrito na Ordem dos Advogados do Brasil.*

A inscrição na Ordem dos Advogados do Brasil impõe ao inscrito a sujeição a uma situação estatutária, implicando a submissão às regras emanadas do Estatuto da Advocacia, atualmente estabelecido pela Lei n. 8.906, de 4 de julho de 1994, que confere direitos e deveres ao advogado.

Por outro lado, os funcionários públicos igualmente são submetidos a um regime estatutário, que lhes confere direitos e deveres.

Desse modo, é indiscutível que as duas situações estatutárias, que incidem sobre os Procuradores do Estado, irradiam normas cogentes e obrigatórias aos mesmos, seja no que tange aos deveres, seja no que respeita aos direitos, somente cedendo passo à prevalência do Estatuto do serviço público, quando conflitantes com as da Advocacia.

Com efeito, fixando a própria Lei Orgânica da Procuradoria-Geral do Estado, como condição de posse no cargo de Procurador do Estado, a inscrição na Ordem dos Advogados do Brasil, evidencia-se que o Diploma em causa incorporou ao regime estatutário dos Procuradores do Estado o regime estatutário que rege a advocacia, cujas normas são integralmente aplicáveis, salvo a hipótese de conflito, como supra-exposto.

Pois bem, estabelece o art. 23, do Estatuto da Ordem dos Advogados do Brasil, a Lei n. 8.906, de 4 de julho de 1994: "Os honorários incluídos na condenação, por arbitramento ou sucumbência, pertencem ao advogado, tendo este direito autônomo para executar a sentença nesta parte, podendo requerer que o precatório, quando necessário, seja expedido em seu favor".

Tal regra, diga-se desde logo, não conflita absolutamente com qualquer outra regra proveniente do estatuto fixado pela Lei Orgânica da Procuradoria-Geral do Estado, e nem com outra qualquer, aplicável ao serviço público.

Igualmente, é a mesma aplicável também aos advogados empregados, porque o art. 21 do mesmo Estatuto da OAB, assim o torna expresso: "Nas causas em que for parte o empregador, ou pessoa por ele representada, os honorários de sucumbência são devidos ao advogado empregado".

Assim, evidencia-se que, pelas disposições estatutárias em referência, os honorários de sucumbência configuram um direito dos advogados, sejam autônomos, sejam empregados, e, inexistindo distinção legal, sejam advogados empregados privados, sejam advogados empregados públicos, como o são os Procuradores do Estado.[7]

O Excelso Pretório, ao julgamento do recurso extraordinário n. 217.585-SP, relator o ilustre Ministro Ilmar Galvão, examinou o tema referente à verba honorária dos Procuradores do Estado de São Paulo, colhendo-se do voto vencedor do douto Relator o seguinte tópico:

"A verba honorária pertence ao Advogado, é devida por força de lei e não é o Estado quem suporta o ônus de seu pagamento, mas a parte contrária que sucumbe nos feitos judiciais. Tanto assim que se por

7. Os Procuradores do Estado, alçados à condição de membros de Poder pelo § 4º, do art. 39 c/c os arts. 132 e 135, todos da Carta Constitucional, desempenham funções relevantíssimas. Todavia, dentro do contexto do Estatuto da Ordem dos Advogados do Brasil que enseja a classificação dos advogados em autônomos e empregados, a espécie em que se podem enquadrar os Procuradores é a de advogados empregados públicos, porque autônomos não são.

hipótese o Estado fosse vencido em todas as causas, com toda certeza seus Procuradores nada receberiam a esse título.

"Ademais, decorre de um serviço prestado e avaliado pelo Juiz da causa, que a quantifica em face do zelo e empenho do profissional do direito, dentre outros fatores de ponderação previstos nos §§ 3º e 4º do art. 20 do Código de Processo Civil.

"Ainda que por razões de eqüidade venham a ser repartidos entre os Procuradores Estaduais, para impedir que um venha a receber mais que seus colegas ou, até mesmo, para evitar uma possível escolha de causas, os honorários advocatícios são variáveis e, portanto, não podem integrar a expressão 'salário normal', embora sejam parte da remuneração" (*DJ* 10.12.1999, p. 34, *Ementário* v. 1.975, p. 482).

Assim sendo, é mais que evidente que *ex vi legis* os honorários de advogado advindos da sucumbência dos litigantes vencidos pela Fazenda Pública, não obstante integrem a remuneração dos Procuradores, não são pagos pelo Estado, mas pelas partes vencidas nas ações, e indeclinavelmente pertencem aos Procuradores do Estado.

Destarte, é evidente que esses honorários advocatícios não ostentam a natureza jurídica de receita pública.

De fato, a Lei n. 4.320, de 17 de março de 1964, que estatui Normas Gerais de Direito Financeiro para a elaboração e controle dos orçamentos e balanços da União, dos Estados, dos Municípios e do Distrito Federal classifica, em seu art. 11, as receitas públicas em *Receitas Correntes* e *Receitas de Capital.*

Os itens 1º e 2º desse artigo assim definem esses tipos de receita:

"1º. São Receitas Correntes as receitas tributária, patrimonial, industrial e diversas e, ainda, as provenientes de recursos financeiros recebidos de outras pessoas de direito público ou privado, quando destinadas a atender despesas classificáveis em Despesas Correntes.

"2º. São Receitas de Capital as provenientes da realização de recursos financeiros oriundos de constituição de dívidas; da conversão em espécie, de bens e direitos; os recursos recebidos de outras pessoas de direito público ou privado destinados a atender despesas classificáveis em Despesas de Capital e, ainda, o *superávit* do Orçamento vigente."

Emerge da leitura desses dispositivos que o entendimento pleno dos mesmos implica remeter-se o intérprete aos conceitos de despesas correntes e despesas de capital, vez que sua parte final define as receitas correntes e de capital pela destinação dos recursos recebidos, para o atendimento, respectivamente, de despesas correntes e despesas de capital.

Interessa-nos, para o exame da espécie, a abrangência do significado de *receitas correntes*, e para tanto mister se torna o exame da abrangência da expressão: *despesas correntes.*

A Lei n. 4.320, de 17 de março de 1964, em seu art. 12, classifica as despesas correntes em despesas de custeio e transferências correntes. As despesas de custeio, com se vê do art. 13 desse Diploma envolvem o custeio do pessoal civil, pessoal militar, material de consumo, serviços de terceiros e encargos diversos, enquanto as transferências correntes se subdividem em transferências destinadas a subvenções sociais, subvenções econômicas, inativos, pensionistas, salário família e abono familiar, juros da dívida pública, contribuições de previdência social e diversas transferências correntes.

Assim, vê-se que entre as despesas de custeio figuram as despesas com o pagamento do pessoal civil e militar, podendo-se concluir que se inclui no conceito de receita corrente a proveniente de recursos financeiros *recebidos* de outras pessoas de direito público ou privado, destinados ao pagamento do pessoal do serviço público.

Entretanto, não obstante integrem, por disposição legal, os honorários de advogado, os vencimentos dos Procuradores do Estado, como se viu, não são os mesmos pagos pelo Poder Público, mas pelas partes vencidas nas lides contra o Estado.

Desse modo, não configurando despesa pública, igualmente não se podem compreender no conceito de receita pública.

De outra parte, a Lei Complementar n. 101, de 4 de maio de 2000, "que estabelece normas de finanças públicas voltadas para a responsabilidade na gestão fiscal e dá outras providências", fixa em seu art. 2º, inc. IV o conceito de *receita corrente líquida* como o "somatório das receitas tributárias, de contribuições patrimoniais, industriais, agropecuárias, de serviços, transferências correntes e outras receitas também correntes", com as deduções de valores transferidos de uma para outra Pessoa Política, por força de dispositivos constitucionais, além das contribuições de servidores para o custeio do sistema de previdência social, e receitas provenientes da compensação financeira, prevista no § 9º, do art. 201, da Constituição Federal, referente à contagem recíproca, para efeito de aposentadoria.

O art. 19 da Lei, objetivando fixar a limitação de despesa com o pessoal do serviço público, estabelece percentuais sobre a receita corrente líquida das Pessoas Políticas da Federação, vedando sejam os mesmos ultrapassados.

Ao que respeita aos Estados Federados, o limite é de 60% da receita corrente líquida (art. 19, II), repartidos na base de 3% para o Poder Legislativo, 6% para o Poder Judiciário, 49% para o Poder Executivo e 2% para o Ministério Público Estadual (art. 20, II, alíneas *a* a *d*).

Esses limites dizem respeito ao período de um ano, pois são consideradas as despesas com o pessoal relativas ao mês da apuração, adicionadas às dos onze meses antecedentes, como estatui o § 2º do art. 18, do Diploma em exame.

Pois bem, o art. 18 da Lei fixa o conceito de "despesa total com pessoal" nos seguintes termos: "Para os efeitos desta Lei Complementar, entende-se como despesa total com pessoal: o somatório dos gastos do ente da Federação com os ativos, os inativos e os pensionistas, relativos a mandatos eletivos, cargos, funções, ou empregos, civis, militares e de membros de Poder, com quaisquer espécies remuneratórias, tais como vencimentos e vantagens, fixas e variáveis, subsídios, proventos da aposentadoria, reformas e pensões, inclusive adicionais, gratificações, horas extras e vantagens pessoais de qualquer natureza, bem como encargos sociais e contribuições recolhidas pelo ente às entidades de previdência".

Assim, limitado o conceito de "despesa total com pessoal" à *soma dos gastos da pessoa da Federação*, e não se constituindo, como se viu, o pagamento dos honorários de advogado oriundos da sucumbência, em uma despesa do Estado já, por esse aspecto, evidencia-se que os mesmos não se aninham no conceito de "gastos do ente da Federação", e que, portanto, sua atribuição aos seus titulares, *ex vi legis*, os Procuradores do Estado, não têm qualquer repercussão no limite de gasto estabelecido pela chamada "Lei de Responsabilidade Fiscal".

Além disso, cumpre considerar que a sistemática adotada pela Administração, a partir de agosto de 1996, de proceder ao corte dos honorários de advogado oriundos da sucumbência, para efeito de diminuir a base de cálculo da incidência de mais três vezes, conforme a Lei Complementar e seu Decreto executivo, não suprimiu o direito dos Procuradores do Estado aos valores que lhes eram devidos, e que também por força de Lei haveriam de ser depositados na Conta Especial junto ao Banco do Estado de São Paulo.

Destarte, ao que respeita às parcelas cortadas desses honorários de advogado, oriundos da sucumbência, encontrando-se em poder do Estado, por não ter ocorrido o depósito legalmente previsto, caracteriza-se o mesmo como mero depositário dessas diferenças, que se exigidas são determinantes de um dever de entrega.

Quanto aos valores relativos ao cômputo de três vezes o valor das importâncias correspondentes ao corte dos honorários advocatícios, advindos da sucumbência, constituem-se os mesmos em direito dos Procuradores do Estado, configurando simplesmente vantagens não pagas, em vulneração à lei.

Trata-se de direitos adquiridos, e como tais imunes à lei nova, nos precisos termos em que estatui o art. 5º, inc. XXXVI, da Constituição Federal.

Assim, não podem deixar de ser pagos, ao argumento dos limites da despesa com pessoal, preconizada pela Lei de Responsabilidade Fiscal, porque sendo vedado à Lei atingir o *direito adquirido*, não poderia atingir as situações já consumadas no passado, ainda pendentes de pagamento.

Nesse sentido, Hélio Saul Mileski, Conselheiro Presidente do Tribunal de Contas do Estado do Rio Grande do Sul, ao exame da Lei em referência, invoca o dispositivo constitucional supra-referido, e colacionando lição do eminente José Afonso da Silva, afirma:

"O dispositivo constitucional supracitado consagra proteção à segurança das relações jurídicas, sendo que, nesse aspecto, 'uma importante condição de segurança jurídica está na relativa certeza de que os indivíduos têm que as relações produzidas sob o império de uma norma devem perdurar ainda que tal norma seja substituída'.

"Portanto, considerando-se que uma lei é feita para vigorar e produzir seus efeitos para o futuro, de pronto, pode-se afirmar que o mero cumprimento de normas legais com anterior entrada em vigência, mas com repercussão no período vedado, está excetuado da proibição legal."[8]

Cabe também referir que o inc. IV, do § 1º, do art. 19, da Lei Complementar n. 101, de 4 de maio de 2000, excepciona do limite de despesas com pessoal, as decorrentes de decisão judicial e da competência de período anterior.

Ora, constituiria um rematado absurdo remeter-se o credor do Estado às lides judiciárias, ao argumento de que, somente após a decisão judiciária, estaria livre o Poder Público para efetuar o pagamento, além do limite de despesas com pessoal.

Com efeito, ninguém ignora que as condenações judiciais impõem sérios ônus ao vencido, de tal sorte que se remeter alguém a Juízo, quando se tem certeza da procedência de sua pretensão, significa onerar-se o futuro vencido, no caso, os cofres públicos.

Essa atitude iria em franco desencontro da própria diretriz moralizadora de contenção dos gastos públicos, de que a Lei de Responsabilidade Fiscal é fruto.

Destarte, parece-me que, em casos em que o direito é translúcido, como na espécie, desnecessário é trilhar-se o caminho judicial para a obtenção do direito, podendo o devedor honrar seu débito sem que haja repercussão no limite legal de gastos com pessoal, porque se judicialmente o devedor pode admitir o direito do credor, absurdo seria desconhecer-se essa possibilidade fora de juízo.

Além disso, tendo por base o crédito dos Procuradores do Estado fatos passados, e evidenciando-se que valor substancial da dívida tem referência à competência de período anterior à apuração dos gastos que vier a ser efetuada, fica seu pagamento isento do limite em questão.

Assim, concluímos que, tanto quanto os honorários advocatícios, advindos da sucumbência, os valores em atraso decorrentes da vantagem dos Procuradores do Estado consistente no direito ao pagamento de três vezes o valor desses honorários, no caso em exame, não se submete ao limite de despesas com pessoal, nos termos da Lei Complementar n. 101/2000.

Isso posto, passamos a responder aos quesitos formulados, nos seguintes termos:

8. In "Interesse público", *Revista Trimestral* 9/22, editada por Notadez Informação Ltda., Sapucaia do Sul-RS, jan.-mar. 2001.

a) Até a promulgação da Lei Complementar n. 677, de 3 de julho de 1992, carecia o Decreto n. 34.665, de 26 de fevereiro de 1992, de fundamento de validade para sua edição, não produzindo pois efeitos válidos. A edição da Lei Complementar conferiu-lhe fundamento de validade, enquanto a sua eficácia foi determinante de sua vigência para além da edição da Lei Complementar, situação que permanece até a presente data.

b) Os honorários de advogado impostos como sucumbência às partes *ex adversas* do Estado, em ações judiciais, pertencem aos Procuradores do Estado, por disposição legal contida no Estatuto da Ordem dos Advogados do Brasil, e sendo pagos por terceiros e não pelo Estado, não configurando, portanto, receita pública, não integram o cálculo do limite de despesa total de pessoal, nos termos do art. 19, inc. II e 20, inc. II, alínea *c*, da Lei Complementar Federal n. 101, de 4 de maio de 2000.

c) As diferenças dos honorários de advogado referidos no item supra, resultante do corte que foi efetuado a partir de agosto de 1996, não foram depositadas à disposição da Procuradoria-Geral do Estado, conforme o fixado por Lei. Existem os mesmos em conta escritural junto à Procuradoria-Geral do Estado, e materialmente encontram-se em poder do Estado, em depósito, podendo ser exigidos por seus titulares, os Procuradores do Estado, a qualquer tempo, sem qualquer interferência com o limite de despesa com o pessoal, previsto na Lei Complementar n. 101/2000.

É o nosso parecer.

São Paulo, 3 de maio de 2001

ESTUDOS E COMENTÁRIOS

O FEDERALISMO E O FINANCIAMENTO DE POLÍTICAS SOCIAIS NO BRASIL — UMA ANÁLISE DO FUNDEF*

GILBERTO BERCOVICI

Doutor em Direito do Estado pela Faculdade de Direito da Universidade de São Paulo

"El alacrán clavándose el aguijón, harto de ser un alacrán pero necesitado de alacranidad para acabar con el alacrán" (Julio Cortázar, *Rayuela*).

Apresentação

O objetivo do presente trabalho é analisar o impacto do financiamento das políticas sociais no Brasil na estrutura de repartição de rendas entre os entes federados. Iremos nos deter especificamente no financiamento da educação através do FUNDEF (Fundo de Manutenção e Desenvolvimento do Ensino Fundamental e de Valorização do Magistério), criado pela Emenda Constitucional 14, de 12 de setembro de 1996.

Este estudo se insere dentro da problemática "O Estado em Transformação", tendo em vista o crescente apelo à vinculação de receitas tributárias para o financiamento de certas políticas estatais em fundos públicos (decorrência direta da denominada "crise financeira" do Estado Social[1]), bem como a tendência de centralização de receitas e descentralização de encargos e políticas públicas no Estado Social brasileiro,[2] acentuada desde 1995.

* Trabalho apresentado no *Seminário "L'État en Mutation"*, coordenado pelo Professor Titular Eros Roberto Grau, realizado no quadro do Projeto CAPES/COFECUB n. 238/98, pela Faculdade de Direito da Universidade de São Paulo e pela Faculdade de Direito de Montpellier, Tiradentes (Minas Gerais), de 21 a 23 de outubro de 1999.

1. No decorrer deste trabalho, utilizaremos as denominações *Estado intervencionista* ou *Estado Social* em detrimento de *Estado de Bem-Estar* (*Welfare State* ou *État Providence*), seguindo a justificativa apresentada por García-Pelayo: "En una palabra, el *Welfare State* se refiere a un aspecto de la acción del Estado, no exclusiva de nuestro tiempo — puesto que el Estado de la época del absolutismo tardío fue también calificado como Estado de bienestar —, mientras que el Estado social se refiere a los aspectos totales de una configuración estatal típica de nuestra época", in Manuel García-Pelayo, *Las Transformaciones del Estado Contemporáneo*, p. 14.

2. Antes de prosseguirmos com nossa análise, cabe a indagação se podemos definir o Estado intervencionista brasileiro, denominado muitas

A "crise financeira" do Estado Social e o financiamento de políticas sociais: o apelo aos fundos públicos

Em termos de distribuição dos recursos financeiros e previsão de receitas e despesas estatais, acompanhou a idéia de Estado Social o chamado orçamento-programa. O orçamento-programa é o orçamento vinculado ao planejamento das atividades estatais. De acordo com José Afonso da Silva, não é apenas uma peça financeira, mas um instrumento de execução de políticas públicas tendo em vista o desenvolvimento.[3] Com o intervencionismo econômico e social do Estado, o orçamento ressalta ainda mais o seu caráter político, como elemento essencial da política de redistribuição de renda e serviços sociais essenciais (saúde, educação, previdência social),[4] que, na qualidade de objetivos extra-fiscais dos tributos,[5] acabam com a idéia de neutralidade da tributação.[6]

Com a crise econômica iniciada na década de 1970, o modelo de Estado Social começou a ser questionado e combatido. A idéia, hoje praticamente consensual em muitos meios, de "crise fiscal" do Estado Social foi desenvolvida pelo americano James O'Connor, em 1973. Para O'Connor, seriam contradições inerentes ao Estado capitalista a obrigação de se preocupar ao mesmo tempo com a acumulação do capital e a sua legitimação. Desta maneira, o Estado deve garantir e incentivar o sistema econômico capitalista e, simultaneamente, executar uma série de políticas públicas de cunho social para legitimar-se. A acumulação de capital e as despe-

vezes Estado Desenvolvimentista (sobre a conceituação de desenvolvimentismo, adotamos aqui a definição de Ricardo Bielschowsky, que entende ser o desenvolvimentismo "a ideologia de transformação da sociedade brasileira definida pelo projeto econômico que se compõe dos seguintes pontos fundamentais: a) a industrialização integral é a via de superação da pobreza e do subdesenvolvimento brasileiro; b) não há meios de alcançar uma industrialização eficiente e racional no Brasil através das forças espontâneas de mercado; por isso, é necessário que o Estado a planeje; c) o planejamento deve definir a expansão desejada dos setores econômicos e os instrumentos dessa expansão; e d) o Estado deve ordenar também a execução da expansão, captando e orientando recursos financeiros, e promovendo investimentos diretos naqueles setores em que a iniciativa privada seja insuficiente", cf. Ricardo Bielschowsky, *Pensamento Econômico Brasileiro: O Ciclo Ideológico do Desenvolvimentismo*, p. 7), como um Estado Social. Na opinião de Paulo Bonavides, o Estado Social foi implantado no Brasil desde a Constituição de 1934, sendo mantido pelas Constituições democráticas posteriores de 1946 e de 1988. No caso da atual Constituição de 1988, tanto Paulo Bonavides, como Eros Grau, concordam de que se trata de uma Constituição de um Estado Social, pois não apenas prevê os direitos sociais, como também os garante, prevendo uma sociedade organizada de acordo com o modelo de bem-estar social, cf. Paulo Bonavides, *Curso de Direito Constitucional*, pp. 331-340 e Eros Roberto Grau, *A Ordem Econômica na Constituição de 1988 (Interpretação e Crítica)*, pp. 35-36, 240-242 e 310-312. Devemos ressaltar ainda que há pesquisadores, como o sueco Esping-Andersen, que criticam a limitação do entendimento do Estado Social aos direitos sociais: "The Welfare State cannot be understood just in terms of the rights it grants", in Gosta Esping-Andersen, *The Three Worlds of Welfare Capitalism*, p. 21.

3. Cf. José Afonso da Silva, *Orçamento-Programa no Brasil*, pp. 20-24, 41-42 e 377-378 e *Curso de Direito Constitucional Positivo*, pp. 621-622.

4. Aliomar Baleeiro, *Uma Introdução à Ciência das Finanças*, pp. 395-398 e 403-405.

5. Fritz Neumark, "Principios y clases de gestión financiera y presupuestaria", in *Problemas Economicos y Financieros del Estado Intervencionista*, Madrid, Editorial de Derecho Financiero, 1964, pp. 178-184 e 191. Conforme afirma Neumark: "La moderna ciencia de la hacienda há dejado de preocuparse del antiguo problema de si el impuesto puede o debe ponerse al servicio de fines no fiscales. Lo que preocupa a esa ciencia es más bien si una medida fiscal es o no adecuada para el fin concreto que con ella se pretende lograr", in idem, pp. 179-180.

6. Fritz Neumark, "Principios y clases de gestión financiera y presupuestaria", cit., pp. 234-235.

sas sociais, enquanto processo contraditório, originariam crises econômicas, políticas e sociais, graças à tendência dos gastos estatais crescerem mais rapidamente do que a capacidade do Estado em financiá-los adequadamente.[7] Assim, desde a análise clássica de O'Connor,[8] os problemas de financiamento do Estado Social, embora possuam soluções financeiras ao menos teóricas, são os mais atacados pelos seus opositores.[9]

Juntamente com a crise financeira do Estado Social, a idéia de um orçamento-programa vinculado ao planejamento perde seu papel preponderante na estrutura das finanças estatais. Para tentar compensar a escassez de recursos para investimentos, os diversos Estados Sociais buscaram garantir verbas para programas de políticas sociais essenciais[10] (especialmente educação e saúde) através da criação de fundos públicos formados pela vinculação de receitas tributárias a determinadas políticas. As palavras de Ricardo Lobo Torres expressam bem a opinião dominante sobre o momento financeiro pelo qual passa o Estado Social: "Procura [o Estado Social], na via da despesa pública, reduzir as desigualdades sociais e garantir as condições necessárias à liberdade, máxime através da entrega de prestações públicas nas áreas da saúde e da educação, abandonando a utopia da inesgotabilidade dos recursos públicos, da viabilidade de atendimento de todas as necessidades sociais e da possibilidade de garantir a felicidade do povo. (...) Não abandona, porém, a responsabilidade pela proteção dos direitos sociais, senão até que serve de árbitro para a sua concessão, eis que tais direitos existem sob a 'reserva do possível', isto é, sob a reserva da lei orçamentária".[11]

Em termos orçamentários, com o apelo aos fundos públicos, enfraquece-se fundamentalmente o princípio da não-afetação da receita. Segundo este princípio, os recursos obtidos pelo Estado não devem ter vinculação quanto à sua destinação e devem servir para financiar todas as despesas estatais, sem afetação a nenhum fundo ou despesa específica. Esse princípio se justifica pelo fato de dar total liberdade ao Estado para determinar seus gastos com políticas públicas e investimentos.[12] E, conforme argumenta José Afonso da Silva, o princípio da não-afetação da receita é essencial à própria idéia de orçamento-programa: "A destinação de receita a programas de despesa de capital sem especificação não chega a constituir ofensa ou exceção ao princípio da não-afetação. No entanto, a técnica do orçamento-programa é a mais refratária a

7. James O'Connor, *The Fiscal Crisis of the State*, New York, St. Martin's Press, 1973, pp. 6-10, 40-42.

8. Apesar de utilizarem-se fartamente da crítica de O'Connor ao Estado intervencionista, o que os críticos do Estado Social não divulgam é a solução proposta por ele: a transição (inevitável, para um pensador marxista como O'Connor) para o socialismo. Nas palavras de O'Connor: "The fiscal crisis of the capitalism state is the inevitable consequence of the structural gap between state expenditures and revenues. It is our contention that *the only lasting solution to the crisis is socialism*" (grifos nossos), in James O'Connor, *The Fiscal Crisis of the State*, cit., pp. 221 e 255-256.

9. Pierre Rosanvallon, *A Crise do Estado-Providência*, Goiânia/Brasília, EdUFGO/EdUnB, 1997, pp. 13-15 e Francisco José Contreras Peláez, *Defensa del Estado Social*, Sevilla, Universidad de Sevilla, 1996, pp. 147-149.

10. Essas políticas sociais essenciais seriam o que O'Connor denomina *social consumption* e *social expenses*: "Social consumption consists of projects and services that lower the reproduction costs of labor and, other factors being equal, increase the rate of profit. (...) The second category, social expenses, consists of projects and services which are required to maintain social harmony — to fulfill the state's 'legitimization' function", in James O'Connor, *The Fiscal Crisis of the State*, cit., pp. 6-7.

11. Ricardo Lobo Torres, *O Orçamento na Constituição*, p. 16.

12. José Afonso da Silva, *Orçamento-Programa no Brasil*, cit., pp. 157-158 e Ricardo Lobo Torres, *O Orçamento na Constituição*, cit., pp. 208-210.

qualquer vinculação *a priori* de receita. Ela requer que os recursos sejam livres e à disposição para a realização de obras e serviços, em conformidade com as necessidades existentes e em obediência à escala de prioridades estabelecidas a partir de análise rigorosa da situação existente, como já dissemos de outra feita".[13]

A vinculação de rendas tributárias e partilha de recursos através de fundos públicos se caracteriza pelo fato das receitas ingressarem originariamente nos fundos e serem distribuídas de acordo com critérios estabelecidos em lei (número de habitantes, produto interno bruto, etc). Em um Estado federal, como o brasileiro, as entidades favorecidas com a participação em fundos públicos têm a expectativa de receberem as verbas provenientes de determinado tributo,[14] ficando a utilização correta do montante sujeita ao controle da União (Tribunal de Contas da União). Desta maneira, a distribuição dos recursos aos entes beneficiados, de acordo com Ricardo Lobo Torres, ocorre de maneira indireta, servindo o fundo como mecanismo contábil para o cálculo e a entrega das verbas.[15]

Nos últimos anos, a criação de fundos públicos com a vinculação de receitas tributárias vem sendo justificada para garantir recursos essenciais para políticas sociais, notadamente a educação,[16] cujo desenvolvimento é considerado essencial para a Nação.[17] Sendo o direito à educação um direito fundamental (conforme, entre outros, o art. 6º da Constituição de 1988[18]), a atuação do Estado nesta área é fundamental.[19]

O FUNDEF e o investimento público em educação

A Constituição de 1988 determina, em seu art. 212, *caput*,[20] que a União deve aplicar anualmente pelo menos 18% e os Estados, Distrito Federal[21] e Municípios pelo menos 25% de suas receitas na manutenção e desenvolvimento do ensino. Além disto, o art. 60 do Ato das Disposições Constitucionais Transitórias da Constituição de 1988 prescrevia em sua redação original: "Art. 60.

13. José Afonso da Silva, *Orçamento-Programa no Brasil*, cit., p. 158.

14. Em sentido contrário, na opinião de Sampaio Dória, não existe um vínculo direto entre a arrecadação do tributo e o direito de participar dela. Cf. Antonio Roberto Sampaio Dória, *Discriminação de Rendas Tributárias*, p. 21.

15. Ricardo Lobo Torres, *Sistemas Constitucionais Tributários*, pp. 726-727.

16. Manuel Zymelman, *Fondos Públicos para Financiar la Educación*, pp. 32-34 e 41.

17. Manuel Zymelman, *Fondos Públicos*, cit., pp. 39-40.

18. Art. 6º: "São direitos sociais a educação, a saúde, o trabalho, o lazer, a segurança, a previdência social, a proteção à maternidade e à infância, a assistência aos desamparados, na forma desta Constituição". Vide também o art. 205 da Constituição: "A educação, direito de todos e dever do Estado e da família, será promovida e incentivada com a colaboração da sociedade, visando ao pleno desenvolvimento da pessoa, seu preparo para o exercício da cidadania e sua qualificação para o trabalho".

19. Manuel Zymelman, *Fondos Públicos*, cit., pp. 46-54.

20. Art. 212: "A União aplicará, anualmente, nunca menos de dezoito, e os Estados, o Distrito Federal e os Municípios vinte e cinco por cento, no mínimo, da receita resultante de impostos, compreendida a proveniente de transferências, na manutenção e no desenvolvimento do ensino".

21. O Distrito Federal deixou de ser, pela Constituição de 1988, uma mera autarquia territorial para se transformar em uma unidade federada híbrida, com competências legislativas e tributárias reservadas tanto aos Estados como aos Municípios, conforme podemos depreender dos arts. 32, § 1º e 147. Sua autonomia, no entanto, é parcialmente tutelada pela União, que legisla sobre a organização e manutenção do seu Poder Judiciário, polícia, bombeiros etc. (arts. 21, XIII e XIV; 22, XVII e 32, § 4º). No tocante à competência tributária do Distrito Federal, pode-se dizer que ela é formada pela junção da competência tributária dos Estados com a dos Municípios. Vide José Afonso da Silva, *Curso de Direito Constitucional Positivo*, cit., pp. 553-554.

Nos dez primeiros anos da promulgação da Constituição, o Poder Público desenvolverá esforços, com a mobilização de todos os setores organizados da sociedade e com a aplicação de, pelo menos, cinqüenta por cento dos recursos a que se refere o artigo 212 da Constituição, para eliminar o analfabetismo e universalizar o ensino fundamental". O constituinte quis, portanto, estabelecer um prazo para a erradicação do analfabetismo e a universalização do ensino fundamental. No entanto, nenhum governo, desde a promulgação da Constituição, cumpriu efetivamente este dispositivo constitucional.[22]

Em 12 de setembro de 1996, foi promulgada pelo Congresso Nacional a Emenda Constitucional 14, que alterou essencialmente o art. 60 do Ato das Disposições Constitucionais Transitórias. Entre outras disposições, a emenda obriga os Estados, Distrito Federal e Municípios a aplicarem 60% do percentual constitucional mínimo de 25% de suas receitas (ou seja, 15% das suas receitas) no ensino fundamental até o ano de 2006.[23] Além disto, a Emenda 14 criou, no âmbito do Distrito Federal e de cada Estado, o Fundo de Manutenção e Desenvolvimento do Ensino Fundamental e de Valorização do Magistério (FUNDEF),[24] regulamentado com a Lei 9.424, de 24 de dezembro de 1996.

O discurso oficial destina-se a tentar convencer a opinião pública que o FUNDEF é de crucial importância para reduzir os problemas sociais do Brasil: "A criação do Fundo de Manutenção e Desenvolvimento do Ensino Fundamental e de Valorização do Magistério é um passo importante para a implementação de uma política redistributiva, objetivando corrigir desigualdades regionais e sociais".[25] No entanto, a realidade é bem diferente.

Embora nosso objetivo neste trabalho seja o de analisar o impacto do FUNDEF na repartição de rendas entre os entes federados, iremos nos deter antes à uma questão crucial de sua estrutura: a distribuição dos recursos através do critério de alunos matriculados nas redes de ensino fundamental.

O critério para a redistribuição dos recursos estaduais e municipais entre os entes federados é o da proporcionalidade em relação aos alunos matriculados nas redes estaduais e municipais de ensino fundamental. Este critério de redistribuição, no entanto, não pode ser considerado de modo algum como o ideal.

Em muitas regiões brasileiras, o número de matrículas de alunos na rede de ensino fundamental aumentou de maneira significativa, criando a suspeita de que este aumento deve-se ao desejo dos governantes locais de receberem mais verbas do FUNDEF.[26] Nicholas Davies cita o exemplo do

22. Cf. João Monlevade, *Educação Pública no Brasil: Contos & De$conto$*, pp. 64-65 e 107-108 e João Monlevade e Eduardo Ferreira, *O FUNDEF e seus Pecados Capitais: Análise do Fundo, suas Implicações Positivas e Negativas e Estratégias de Superação de seus Limites*, pp. 20-21.

23. Art. 60 do Ato das Disposições Constitucionais Transitórias, *caput* (alterado pela Emenda 14): "Nos 10 (dez) primeiros anos de promulgação desta Emenda, os Estados, o Distrito Federal e os Municípios destinarão não menos de 60% (sessenta por cento) dos recursos a que se refere o *caput* do art. 212 da Constituição Federal, à manutenção e ao desenvolvimento do ensino fundamental, com o objetivo de assegurar a universalização de seu atendimento e a remuneração condigna do magistério".

24. Art. 60, § 1º do Ato das Disposições Constitucionais Transitórias (acrescentado pela Emenda 14): "A distribuição de responsabilidade e recursos entre os Estados e seus Municípios a ser concretizada com parte dos recursos definidos neste artigo, na forma do disposto no art. 211 da Constituição Federal, é assegurada mediante a criação, no âmbito de cada Estado e do Distrito Federal, de um Fundo de Manutenção e Desenvolvimento do Ensino Fundamental e de Valorização do Magistério, de natureza contábil".

25. Barjas Negri, *O Fundo de Manutenção e Desenvolvimento do Ensino Fundamental e de Valorização do Magistério*, p. 16.

26. Curiosamente, um documento oficial da Secretaria de Educação do Estado de São Paulo,

Estado do Rio de Janeiro, onde a rede estadual de primeiro grau cresceu 6,42% entre 1982 e 1996 e, surpreendentemente, cresceu 12,82% entre 1997 e 1998, com o número de matrículas saltando de 607.111 em 1997 para 684.982 em 1998.[27]

Além disto, há a possibilidade de superlotação de salas de aula, sem qualquer investimento em infra-estrutura de ensino por parte das autoridades competentes. Ao restringir a redistribuição de recursos pelo critério das matrículas, os idealizadores do FUNDEF ignoraram qualquer padrão de qualidade mínima. Finalmente, não podemos deixar de salientar que a existência de elevado número de matrículas na rede de ensino fundamental não significa que há igual número de alunos nas salas de aula, ao contrário do que alardeia a propaganda oficial do FUNDEF.[28]

Existem inúmeras questões polêmicas sobre o FUNDEF, como, entre outros, o problema de sua fiscalização por conselhos de acompanhamento e controle formados por imensa maioria de representantes do Estado, não da sociedade.[29] No entanto, iremos nos limitar neste estudo a examinar o impacto do FUNDEF na repartição constitucional de rendas entre União, Estados, Distrito Federal e Municípios.

Impacto do FUNDEF na repartição de rendas entre os entes da Federação

A decorrência direta da repartição de competências em um Estado Federal é a distribuição das fontes de recursos financeiros para equilibrar os encargos e as rendas das unidades federadas.[30] No Estado federal é de crucial importância saber de que impostos vem a receita de cada ente federado. A distribuição da receita fiscal constitui, assim, o cerne da constituição do Estado federal.[31] Desta maneira, também no caso brasileiro, o núcleo do sistema tributário constitucional é a partilha das fontes tributárias entre os entes federativos, onde toda a legislação tributária material é originária do ente que efetua a arrecadação e incorpora o produto à sua receita, de acordo com o disposto no texto constitucional.[32] Entretanto, além da discriminação rígida e tradicio-

aumenta este tipo de desconfiança: "No entanto, o Fundo embute um mecanismo indutor da descentralização. Isso porque a tendência, segundo a lógica de funcionamento do Fundo, é de que os Municípios optem por assumir matrículas do Ensino Fundamental para não abrirem mão de parcela de suas receitas", in Estado de São Paulo, *Aspectos Financeiros: Fundo de Manutenção e Desenvolvimento do Ensino Fundamental e de Valorização do Magistério*, p. 27.

27. Cf. Nicholas Davies, *O FUNDEF e o Orçamento da Educação: Desvendando a Caixa Preta*, pp. 14-15.

28. Nicholas Davies, *O FUNDEF e o Orçamento da Educação*, cit., pp. 14-17. Sobre os problemas da distribuição de recursos para a educação através do critério de alunos matriculados, vide especialmente Manuel Zymelman, *Fondos Públicos*, cit., pp. 43 e 377-378.

29. Vide especialmente Nicholas Davies, *O FUNDEF e o Orçamento da Educação*, cit., pp. 26-30.

30. Dalmo de Abreu Dallari, *O Estado Federal*, pp. 18-23, 39-42, 59-62 e 69-71 e José Afonso da Silva, *Curso de Direito Constitucional Positivo*, cit., pp. 92-93 e 417-422.

31. Cf. Heinz Laufer, "O ordenamento financeiro no Estado Federativo alemão", in *O Federalismo na Alemanha*, pp. 149-150. Ou, mais explicitamente: "O poder financeiro do Estado na forma da Federação e dos Estados, a regulamentação do ordenamento financeiro entre o Estado central e os Estados-membros, o abastecimento das unidades organizacionais do Estado federativo com recursos financeiros é, por conseguinte, um problema central de todo e qualquer sistema federativo, pois as unidades organizacionais somente podem atuar de forma politicamente eficaz se elas dispõem dos correspondentes recursos monetários", in "O ordenamento financeiro no Estado Federativo alemão", cit., p. 139.

32. José Afonso da Silva, *Tributos e Normas de Política Fiscal na Constituição do Brasil*, São Paulo, mimeo., tese, 1968, p. 12 e Antonio Roberto Sampaio Dória, *Discriminação de Rendas Tributárias*, cit., pp. 18-19. Goffredo Telles Jr. denomina

nal das rendas por fontes, o Estado federal brasileiro caracteriza-se por realizar a distribuição da receita pelo produto arrecadado, ou seja, a participação de entes federativos na receita dos outros entes.[33]

A distribuição da receita pelo produto arrecadado, ou repartição de rendas, pode ocorrer de duas maneiras. A participação do ente na receita pode ocorrer devido a uma imposição constitucional (repartição vinculada e obrigatória) ou devido a uma deliberação livre e espontânea do ente federativo concedente (repartição não-vinculada e facultativa).

A repartição não-vinculada ocorre de forma aleatória, sendo motivada, segundo Sampaio Dória, por considerações de *solidariedade federativa*. O mesmo autor inclui a destinação de recursos especiais às regiões menos desenvolvidas, visando diminuir os desequilíbrios regionais, como espécie de repartição não-vinculada de rendas.[34]

São três as técnicas utilizadas na repartição obrigatória de rendas no Brasil, segundo a Constituição de 1988. A primeira é a participação direta, por meio da arrecadação de tributo de competência de outro ente.[35] O beneficiário arrecada, assim, o tributo atribuído como de competência de um outro ente federativo. O produto deste tributo não se incorpora à receita da pessoa competente, pertencendo à receita da pessoa beneficiada desde a arrecadação.[36]

Outra técnica é a da participação direta no produto da arrecadação feita pelo ente federativo competente.[37] A pessoa compe-

esse tipo de partilha como "divisão das espécies tributárias", cf. Goffredo Telles Jr., "Discriminação constitucional de fontes de receita tributária", *Revista de Direito Público* 4/129-131. Segundo Geraldo Ataliba, a questão da repartição de rendas, pela sua importância, mais do que uma matéria de Direito Tributário ou de Direito Financeiro, é uma questão de Direito Constitucional. Vide Geraldo Ataliba, *Sistema Constitucional Tributário Brasileiro*, pp. 126-128.

33. José Afonso da Silva, *Tributos e Normas de Política Fiscal*, cit., pp. 15-16; Antonio Roberto Sampaio Dória, *Discriminação de Rendas Tributárias*, cit., pp. 19-20 e Misabel de Abreu Machado Derzi, "Repartição das receitas tributárias — Finanças públicas — Normas gerais e orçamentos", *Revista da Faculdade de Direito* 33/361.

34. José Afonso da Silva, *Tributos e Normas de Política Fiscal*, cit., pp. 122-124; Antonio Roberto Sampaio Dória, *Discriminação de Rendas Tributárias*, cit., pp. 21-22 e Misabel de Abreu Machado Derzi, "Repartição das receitas tributárias — Finanças públicas - Normas gerais e orçamentos", cit., p. 361.

35. A participação direta, por meio da arrecadação de tributo de competência de outro ente ocorre nos arts. 157, I e 158, I da Constituição de 1988, onde é estabelecido que pertence aos Estados, Distrito Federal e Municípios o produto da arrecadação do imposto da União sobre renda e proventos de qualquer natureza, incidente na fonte, sobre rendimentos pagos, a qualquer título, por eles, suas autarquias e pelas fundações que instituírem e mantiverem.

36. Geraldo Ataliba, *Sistema Constitucional Tributário Brasileiro*, cit., pp. 128-129 e 221-222 e Misabel de Abreu Machado Derzi, "Repartição das receitas tributárias - Finanças públicas - Normas gerais e orçamentos", cit., p. 363.

37. A participação direta no produto da arrecadação feita pelo ente federativo competente ocorre nos arts. 157, II e 158, incs. II, III e IV da Constituição de 1988. Desta maneira, pertencem aos Estados e ao Distrito Federal (art. 157, II) 20% da arrecadação dos impostos instituídos pela União dentro de sua competência residual, de acordo com o art. 154, I da Constituição. Pertencem também aos Estados e Distrito Federal 10% do produto da arrecadação do imposto sobre produtos industrializados (IPI), da União, proporcionalmente ao valor das respectivas exportações de produtos industrializados. Este percentual refere-se ao total do IPI arrecadado pela União, sem descontar as quantias que deverão ser destinadas aos fundos de participação. O art. 159, § 2º, limita a partilha deste percentual do IPI. Nenhum Estado poderá receber mais do que 20% desta parcela do IPI. Se algum Estado tiver direito a mais de 20% dessa parcela, o excedente será rateado entre os demais Estados. Este dispositivo foi introduzido para compensar os Estados menos industrializados, permitindo que participem da partilha do produto do IPI. Já aos Municípios pertencem 50% do produto da arrecadação do imposto da União sobre a propriedade

tente institui, regula e arrecada o tributo de sua esfera de competência, devendo, por determinação constitucional, repassar parcela da renda arrecadada ao ente beneficiário na porcentagem estatuída pela Constituição.[38]

A última técnica utilizada é a da participação por expectativa, ou participação em fundos,[39] como o Fundo de Participação dos Estados e o Fundo de Participação dos Municípios (art. 159, I, *a* e *b* da Constituição de 1988).[40]

A repartição de rendas entre os entes federados no Brasil já havia sido abalada com a aprovação e prorrogação do FEF (Fundo de Estabilização Fiscal, antigo Fundo Social de Emergência), através da Emenda de Revisão 1, de 1º de março de 1994 e das Emendas Constitucionais nº 10, de 4 de março de 1996, e n. 17, de 22 de novembro de 1997, que desvinculou 20% de todas as receitas federais, ou seja, diminuiu nesta proporção os repasses da União para os Fundos de Participação dos Estados e dos Municípios.[41] Não bastasse o impacto do FEF, o Governo Federal patrocinou a aprovação da Emenda 14, criando o FUNDEF, que

territorial rural (ITR), relativamente aos imóveis neles situados (art. 158, II); 50% do produto da arrecadação do imposto do Estado sobre a propriedade de veículos automotores (IPVA) licenciados em seus territórios (art. 158, III) e 25% do produto da arrecadação do imposto do Estado sobre operações relativas à circulação de mercadorias e sobre prestações de serviços de transporte interestadual e intermunicipal e de comunicação (art. 158, IV). Neste último caso (do art. 158, IV), as parcelas, de acordo com o parágrafo único do mesmo art. 158 serão creditadas na proporção de ¾ (três quartos), no mínimo, proporcionalmente ao valor adicionado nas operações relativas à circulação de mercadorias e nas prestações de serviços, realizadas em seus territórios e até ¼ (um quarto), de acordo com o que dispuser lei estadual ou, no caso dos Territórios, lei federal. Os Estados também deverão entregar aos Municípios, de acordo com o art. 159, § 3º, 25% dos recursos que receberam da parcela do IPI (art. 159, II), devendo observar os requisitos do art. 158, parágrafo único na distribuição entre os entes municipais.

38. Geraldo Ataliba, *Sistema Constitucional Tributário Brasileiro*, cit., pp. 128 e 221-222 e Misabel de Abreu Machado Derzi, "Repartição das receitas tributárias — Finanças públicas - Normas gerais e orçamentos", cit., pp. 364-365. Sampaio Dória não diferencia essas duas técnicas, tratando-as conjuntamente sob a denominação "participação na arrecadação". Vide Antonio Roberto Sampaio Dória, *Discriminação de Rendas Tributárias*, cit., p. 21.

39. Antonio Roberto Sampaio Dória, *Discriminação de Rendas Tributárias*, cit., p. 21 e Misabel de Abreu Machado Derzi, "Repartição das receitas tributárias — Finanças públicas — Normas gerais e orçamentos", cit., pp. 365-366.

40. O Fundo de Participação dos Estados e do Distrito Federal e o Fundo de Participação dos Municípios (art. 159, I, da Constituição de 1988) são formados por parcela da arrecadação da União com os impostos sobre a renda e sobre produtos industrializados. A União deve utilizar 47% da arrecadação com esses impostos da seguinte maneira: 21,5% para o Fundo de Participação dos Estados; 22,5% para o Fundo de Participação dos Municípios. Entretanto, para efeito da entrega dessa renda aos fundos de participação, deve ser excluída, segundo o art. 159, § 1º, a parcela da arrecadação do imposto de renda e proventos de qualquer natureza pertencente aos Estados, ao Distrito Federal e aos Municípios, nos termos do disposto nos arts. 157, I, e 158, I. A Constituição ainda determina que, dessa porcentagem da arrecadação da União, 3% sejam destinados para programas de financiamento ao setor produtivo nas regiões Norte, Nordeste e Centro-Oeste, através de suas instituições financeiras de caráter regional, de acordo com os planos regionais de desenvolvimento. No tocante ao Nordeste há mais uma exigência: a de que seja assegurada ao semi-árido nordestino a metade dos recursos destinados à região.

41. Por pressão dos Governos Estaduais, o Governo Federal, ao patrocinar nova Emenda Constitucional para prorrogar o FEF (agora com a denominação de DRU — Desvinculação das Receitas da União), aprovada em 21 de março de 2000 (Emenda Constitucional 27), excluiu do percentual de 20% das receitas da União desvinculadas até 2003 aquelas destinadas ao Fundo de Participação dos Estados e ao Fundo de Participação dos Municípios, conforme o art. 76, § 1º do Ato das Disposições Constitucionais Transitórias, acrescentado pela Emenda 27.

retira ainda mais receitas dos Estados, Distrito Federal e Municípios.[42]

De acordo com as inovações introduzidas pela Emenda 14, a partir de 1998, com o FUNDEF,[43] 15% das receitas do Fundo de Participação dos Estados, do Fundo de Participação dos Municípios e das receitas geradas pelo ICMS (principal fonte de receitas tributárias dos Estados) passaram a ser retiradas dos Estados, Distrito Federal e Municípios, sendo devolvidas para os mesmos na proporção das matrículas realizadas no ensino fundamental.[44]

O art. 160, *caput* da Constituição de 1988[45] veda expressamente a retenção ou qualquer restrição à entrega e ao emprego dos recursos atribuídos aos Estados, ao Distrito Federal e aos Municípios. Este dispositivo choca-se frontalmente com o art. 60, § 2º do Ato das Disposições Constitucionais Transitórias, introduzido pela Emenda 14, tendo em vista que os recursos atribuídos aos entes federados foram em parte vinculados à composição do FUNDEF, devendo ser devolvidos proporcionalmente ao número de alunos matriculados nas suas redes de ensino fundamental. Desta maneira, criou-se uma restrição para a distribuição dos recursos do Fundo de Participação dos Estados e do Fundo de Participação dos Municípios entre as unidades da Federação, contrariando o disposto no art. 160, *caput* do texto constitucional. Esta restrição torna-se apropriação indébita quando a verba correspondente ao número de alunos matriculados no ensino fundamental em determinado Estado ou Município for menor do que o montante dos recursos vinculados ao FUNDEF, pois o ente federado perde recursos que lhe são atribuídos diretamente pela Constituição.

Nestes aspectos essenciais, a Emenda 14 é inconstitucional, por contrariar o disposto no art. 60, § 4º da Constituição de 1988: "Não será objeto de deliberação a proposta de emenda tendente a abolir: I — *a forma federativa de Estado*; II — o voto direto, secreto, universal e periódico; III — a separação dos poderes; IV — os direitos e garantias individuais" (grifos nossos). Afinal, a autonomia dos entes federados frente à União pode se transformar em farsa quando faltam os recursos financeiros necessários à sua manutenção,[46] nas palavras de Sampaio Dória: "a autonomia política das unidades que compõem a federação é alicerçada em correspondente autonomia financeira".[47] Além da autonomia financeira, o FUNDEF interferiu na autonomia política dos Estados, Distrito Federal e Municípios, obrigados compulsoriamente pela Emenda 14 a aderirem a essa política de redistribuição dos seus próprios recursos.[48]

42. Para considerações gerais sobre a criação de fundos públicos de financiamento da educação em Estados federais, vide Manuel Zymelman, *Fondos Públicos*, cit., pp. 83-91.

43. Art. 60, § 2º do Ato das Disposições Constitucionais Transitórias (acrescentado pela Emenda 14): "O Fundo referido no parágrafo anterior será constituído por, pelo menos, 15% (quinze por cento) dos recursos a que se referem os arts. 155, II; 158, IV; e 159, I, *a* e *b*; e II, da Constituição Federal, e será distribuído entre cada Estado e seus Municípios, proporcionalmente ao número de alunos nas respectivas redes de ensino fundamental".

44. João Monlevade, *Educação Pública no Brasil*, cit., pp. 65-67 e 103.

45. Art. 160, *caput*: "É vedada a retenção ou qualquer restrição à entrega e ao emprego dos recursos atribuídos, nesta seção, aos Estados, ao Distrito Federal e aos Municípios, neles compreendidos adicionais e acréscimos relativos a impostos".

46. Goffredo Telles Jr., "Discriminação constitucional de fontes de receita tributária" cit., p. 132 e Heinz Laufer, "O ordenamento financeiro no Estado Federativo alemão", cit., pp. 139-141.

47. Antonio Roberto Sampaio Dória, *Discriminação de Rendas Tributárias*, cit., p. 14. É também de Sampaio Dória a seguinte afirmação: "*O poder político, distribuído pelas camadas da federação, encontra seu necessário embasamento na simultânea atribuição de poder financeiro, sem o qual de pouco vale: autonomia na percepção, gestão e dispêndio das rendas próprias*", in *Discriminação de Rendas Tributárias*, cit., p. 11.

48. Demonstração inequívoca de que os entes federados foram obrigados a aderir ao FUNDEF

Com o FUNDEF, as receitas são divididas entre os Estados e Municípios, como vimos, proporcionalmente pelo número de matrículas no ensino fundamental. No entanto, se o valor anual dispendido por matrícula — que é calculado pela divisão da previsão de receita do FUNDEF estadual pelo número de matrículas no ensino fundamental das redes estadual e municipais —, não alcançar o valor mínimo anual por aluno fixado nacionalmente, o governo federal deverá complementar o FUNDEF estadual até que se alcance o valor mínimo nacional por aluno.[49] Em 1999; os Estados que necessitaram da complementação federal foram Pará, Maranhão, Piauí, Ceará, Paraíba, Pernambuco, Alagoas e Bahia,[50] ou seja, oito em vinte e sete.

O art. 6º, § 1º da Lei 9.424/96 prevê que o valor mínimo anual por aluno no ensino fundamental deve ser fixado por ato do Presidente da República. Este valor correspondeu a R$ 300,00 em 1997 e R$ 315,00 em 1998 e 1999.[51] O primeiro equívoco é a fixação de um valor mínimo para todo o território nacional, ignorando-se as disparidades regionais. Além disto, o fato de ser atribuição do Presidente da República fixar o valor mínimo anual por aluno faz com que este valor seja fixado sempre no "mínimo" possível, para evitar uma maior participação da União na complementação do FUNDEF. Neste sentido, podemos destacar as afirmações de Manuel Zymelman: "La efectividad de la justicia social distributiva obtenida por este sistema depende también de otros factores. Primero, que tan realista es el nivel mínimo de gastos fijados por alumno. Cuanto mayor sea el nivel de gasto mínimo, por supuesto, el gobierno central tendrá que aportar más. Por tanto, es frecuente que el nivel mínimo sea en realidad inferior a lo que debería ser en términos objetivos. En este caso, la equidad obtenida mediante el uso de la fórmula es muy limitada".[52]

Apesar de ter tido a iniciativa de criar o FUNDEF, o governo federal contribui com poucos recursos para o financiamento do ensino fundamental. Segundo Nicholas Davies, a União contribuiu com apenas 3,9% do total de receitas do fundo em 1998.[53] Além disto, a Emenda 14 alterou o art. 60 do Ato das Disposições Constitucionais Transitórias, diminuindo de 50% para 30% o per-

é o fato da Emenda 14 ter adicionado uma alínea ao inc. VII do art. 34 da Constituição Federal, que trata da intervenção federal: "Art. 34. A União não intervirá nos Estados nem no Distrito Federal, exceto para: (...) VII — assegurar a observância dos seguintes princípios constitucionais: (...) e) *aplicação do mínimo exigido da receita resultante de impostos estaduais, compreendida a proveniente de transferências, na manutenção e desenvolvimento do ensino*" (grifos nossos). Sobre o sistema de intervenção federal no Brasil, vide Enrique Ricardo Lewandowski, *Pressupostos Materiais e Formais da Intervenção Federal no Brasil*.

49. Art. 60, § 3º do Ato das Disposições Constitucionais Transitórias (acrescentado pela Emenda 14): "A União complementará os recursos dos Fundos a que se refere o § 1º, sempre que, em cada Estado e no Distrito Federal, seu valor por aluno não alcançar o mínimo definido nacionalmente". A complementação federal é realizada principalmente através de recursos obtidos com a contribuição social do salário-educação, que deveria ser destinada a financiar outros programas e políticas públicas (manutenção de escolas, TV-Escola, investimento na informatização das escolas etc), além de estar sendo contestada judicialmente em todo o país. A Lei 9.424/96 proibiu expressamente, em seu art. 6º, § 5º, a utilização do salário-educação para financiar a complementação federal ao FUNDEF, mas este dispositivo foi vetado pelo Presidente da República. Cf. João Monlevade, *Educação Pública no Brasil*, cit., pp. 187-190 e João Monlevade e Eduardo Ferreira, *O FUNDEF e seus Pecados Capitais*, cit., p. 44.

50. Nicholas Davies, *O FUNDEF e o Orçamento da Educação*, cit., pp. 7-9.

51. Barjas Negri, *O Fundo de Manutenção*, cit., p. 12 e João Monlevade e Eduardo Ferreira, *O FUNDEF e seus Pecados Capitais*, cit., pp. 70-72.

52. Manuel Zymelman, *Fondos Públicos*, cit., p. 93.

53. Cf. Nicholas Davies, *O FUNDEF e o Orçamento da Educação*, cit., p. 4.

centual da receita federal vinculada à educação que deve ser utilizada na erradicação do analfabetismo e na manutenção e desenvolvimento do ensino fundamental.[54] Finalmente, o já mencionado FEF desvincula 20% da receita de impostos federais.[55] Portanto, além de contribuir de maneira aquém de suas possibilidades com o FUNDEF, a União, convenientemente, diminui a sua receita constitucionalmente vinculada ao ensino fundamental.[56]

Ao contrário da propaganda oficial do Governo Federal, o FUNDEF não traz nenhuma verba nova para o desenvolvimento e manutenção do sistema educacional.[57] A idéia básica do FUNDEF, segundo João Monlevade, é o entendimento do Governo Federal de que a função da União no tocante ao ensino fundamental não é suplementar, mas simplesmente redistribuir as verbas estaduais e municipais, sem a devida contrapartida ou ajuda federal.[58] Em suma, o governo federal "empurrou" toda a responsabilidade, inclusive financeira, pelo ensino fundamental para Estados, Distrito Federal e Municípios.

Conclusões

O FUNDEF, conforme buscamos demonstrar acima, não soluciona o problema do financiamento público da educação no Brasil. Na realidade, trata-se apenas de uma reengenharia financeira que buscou livrar a União de suas responsabilidades com o ensino fundamental, num *verdadeiro exercício cortazariano* de retirar verbas dos Estados, Distrito Federal e Municípios e devolver parte dessas mesmas verbas com aparência de ajuda federal.

A criação do FUNDEF é apenas parte da política fiscal do governo federal, não uma real preocupação com o financiamento de políticas sociais,[59] notadamente a educação. O Estado tem responsabilidade de ser elemento fundamental no financiamento da educação,[60] não podendo a União tentar transferir quase toda essa responsabili-

54. Art. 60, § 6º do Ato das Disposições Constitucionais Transitórias (acrescentado pela Emenda 14): "A União aplicará na erradicação do analfabetismo e na manutenção e no desenvolvimento do ensino fundamental, inclusive na complementação a que se refere o § 3º, nunca menos que o equivalente a 30% (trinta por cento) dos recursos a que se refere o *caput* do art. 212 da Constituição Federal".

55. A nova versão do FEF, a DRU (Desvinculação das Receitas da União), criada pela Emenda Constitucional 27, de 21 de março de 2000, perpetua a desvinculação de 20% das receitas da União, inclusive as que deveriam ser destinadas ao ensino fundamental, mas excetua da desvinculação a arrecadação da contribuição social do salário-educação (art. 76, § 2º do Ato das Disposições Constitucionais Transitórias, acrescentado pela referida Emenda 27).

56. Nicholas Davies, *O FUNDEF e o Orçamento da Educação*, cit., pp. 4-7.

57. Nicholas Davies, *O FUNDEF e o Orçamento da Educação*, cit., pp. 13-14, 18 e 31-32.

58. João Monlevade, *Educação Pública no Brasil*, cit., p. 86. Vide também Nicholas Davies, *O FUNDEF e o Orçamento da Educação*, cit., pp. 12-13.

59. Conforme José Afonso da Silva: "Mas a política fiscal é sempre de alcance limitado. Será erro tentar fazer dela um instrumento de modificação da estrutura sócio-econômica. Tem finalidades preponderantemente reguladoras de distorções conjunturais. Deve ser, por conseguinte, compreendida dentro desses limites e como simples auxiliar da política econômica de reformas estruturais. Não substituirá, por insuficiência de seus métodos, mecanismos e imprevisibilidade de seus resultados, uma política de intervenção direta do Estado na ordem econômico-social, indispensável para a obtenção de modificações estruturais dos países subdesenvolvidos, que colimem sair, o mais depressa possível, desse estado. Não poderá ser transformada na política econômica, como parece ser a concepção monetarista, que põe na desordem financeira a causa do atraso, ou pelo menos, do entrave ao desenvolvimento", in José Afonso da Silva, *Tributos e Normas de Política Fiscal*, cit., p. 304.

60. Manuel Zymelman, *Fondos Públicos*, cit., pp. 44-45.

dade para os outros entes federados, sem qualquer tipo de compensação. Neste sentido, o FUNDEF encaixa-se perfeitamente no modelo excludente da redefinição do papel do Estado levada à cabo pelo Presidente Fernando Henrique Cardoso. De acordo com Eros Grau: "No que respeita à redefinição do papel do Estado, reclama a identificação de setores indevida e injustificadamente, do ponto de vista social, atribuídos ao setor privado — aqui as áreas da educação e da saúde — bem assim de outros nos quais vem ele atuando, como agente econômico, também do ponto de vista social, injustificada e indevidamente. É desde essas verificações que se haveria de orientar a política de privatização das empresas estatais. A política neoliberal também nessa matéria implementada pelo governo Fernando Henrique é incompatível com os fundamentos do Brasil, afirmados no art. 3º da Constituição de 1988, e com a norma veiculada pelo seu art. 170".[61]

O modelo de Estado Social no Brasil, previsto na Constituição de 1988, vem sendo desmantelado com grande ímpeto desde 1995. E o principal alvo deste desmonte tem sido a própria Constituição, vista pelo governo federal e parte da elite dominante como "entrave ao desenvolvimento do país" e desfigurada por mais de 20 emendas, contrárias, em boa parte, aos seus princípios, como os consagrados em seus arts. 1º e 3º.[62] Na realidade, na opinião de Paulo Bonavides, a crise vivenciada sob a vigência da Constituição de 1988 não é uma "crise da Constituição", mas da sociedade, do governo e do Estado, ou seja, uma "crise Constituinte",[63] da qual a problemática do FUNDEF e do financiamento das políticas sociais vem a ser apenas um episódio.

No entanto, apesar das tentativas de desmantelamento da denominada "revolução conservadora", o modelo do Estado Social não foi substituído. Eliminar as funções assistencial e redistributiva do Estado seria deslegitimá-lo de maneira irreversível.[64] Nas palavras de Francisco José Contreras Peláez: "En líneas generales, puede hablarse de un estancamiento del proyecto 'welfarista', con recortes selectivos de los presupuestos sociales (ciertamente doloroso para los sectores afectados), pero no de un desmantelamiento sistemático del Estado social".[65]

O que vem ocorrendo desde o início das tentativas de desmonte do modelo do

61. *A Ordem Econômica na Constituição de 1988*, cit., p. 35.

62. Art. 1º: "A República Federativa do Brasil, formada pela união indissolúvel dos Estados e Municípios e do Distrito Federal, constitui-se em Estado democrático de direito e tem como fundamentos: I — a soberania; II — a cidadania; III — a dignidade da pessoa humana; IV — os valores sociais do trabalho e da livre iniciativa; V — o pluralismo político. Parágrafo único. Todo o poder emana do povo, que o exerce por meio de representantes eleitos ou diretamente, nos termos desta Constituição" e Art. 3º: "Constituem objetivos fundamentais da República Federativa do Brasil: I — construir uma sociedade livre, justa e solidária; II — garantir o desenvolvimento nacional; III — erradicar a pobreza e a marginalização e reduzir as desigualdades sociais e regionais; IV — promover o bem de todos, sem preconceitos de origem, raça, sexo, cor, idade e quaisquer outras formas de discriminação".

63. Paulo Bonavides, *Curso de Direito Constitucional*, cit., pp. 346-355 e *Do País Constitucional ao País Neocolonial*, pp. 28-29 e 40-44. Os culpados por vivermos em crise constituinte foram denunciados por Fábio Konder Comparato: "Para o pensamento da Grécia clássica, um Estado não vive sem constituição (*politéia*). Ela é a alma da *pólis*, como disse Isócrates. (...) Se a 'alma da *pólis*' está sendo lentamente executada, é importante que se saiba quem é esse assassino espiritual da Constituição. Para dizer a verdade, são vários. É o conjunto dos Poderes da República, sem exceção alguma: o Executivo como autor principal, eficazmente acolitado pelo Congresso Nacional; os Tribunais Superiores, liderados pelo Supremo, com o acumpliciamento solícito do Procurador-Geral da República". Cf. Fábio Konder Comparato, "Réquiem para uma Constituição", *RTDP* 20/5-6.

64. Francisco José Contreras Peláez, *Defensa del Estado Social*, cit., pp. 166-171.

65. *Defensa del Estado Social*, cit., p. 167.

Estado Social é a concretização de profundos cortes setoriais. Busca-se eliminar serviços e prestações específicos, dirigidos a algum setor social não majoritário com pouca ou nenhuma capacidade de reagir ou buscar uma resistência bem-sucedida.[66]

No entanto, a chamada "crise do Estado Social" é uma crise que não se limita a aspectos financeiros da atuação estatal, mas é uma crise que diz respeito à própria sociedade (que deve definir a maneira pela qual quer organizar-se, nas palavras de François Ewald, o seu *contrato social*) e à democracia.[67] De acordo com Ewald, o tema da "crise do Estado Social" deve ser interpretado como uma crise de identificação de uma realidade a que ainda não se atribuiu existência própria, que não foi assimilada pelas ideologias tradicionais (de direita e de esquerda). Na sua opinião, precisamos abandonar a simples denúncia dos "males" do Estado Social para podermos passar a analisar e criticar a própria essência do modelo de Estado Social:[68] "Mais la crise traverse aussi les institutions nouvelles, les institutions de droit social qui avaient s'imposer comme solution aux premiers symptômes de la crise de la responsabilité: crise rampante et insistante de la Sécurité Sociale, que l'on présente d'habitude en termes comptables — le fameux 'déficit' —, ce qui permet de ne pas aborder les aspects politiques d'une crise qui semble constitutionnelle de l'institution. La question n'est plus de savoir pourquoi une institution comme la Sécurité Sociale est en crise — là-dessus, tout a été dit, toutes les raisons ont été données —, mais bien plutôt, pourquoi l'institution reste malgré tout, en déput de tout, irréformable.

"Certains parlent de crise de l'État providence, de crise du *Welfare State*. Expressions ambigues dans la mesure où elles risquent de masquer ce qui est au coeur du débat: peut-être beaucoup moin le problème de l'État, de as croissance ou de son excroissance que celui des pratiques et des politiques de la solidarité. On désigne comme le mal un État providence propre à réunir des consensus faciles et l'on propose comme alternative une multiplication des pratiques de solidarité. Peut-être est il temps de cesser de prendre l'effet pour la cause et d'abandonner la dénonciation de l'État providence pour une critique des pratiques qui l'ont institué comme tel, c'est-à-dire pour une critique des pratiques de la solidarité".[69]

Apesar de combatido, o modelo do Estado Social, em boa parte de sua essência, ainda permanece. O realinhamento que está ocorrendo na economia e na sociedade desde a década de 1970 faz com que não possamos elaborar nenhuma teoria consistente para o futuro do Estado Social, tendo em vista que mal conseguimos divisar os contornos da época em que estamos vivendo.[70] Falar nos dias de hoje em "fim do Estado", assim como há os que defendem o "fim da História", não possui qualquer fundamento.[71]

66. Francisco José Contreras Peláez, *Defensa del Estado Social*, cit., pp. 168-171. No caso brasileiro, este tipo de política buscou atingir diretamente o funcionalismo público e os aposentados e pensionistas, principais prejudicados com as mudanças instituídas pelas Emendas Constitucionais 19 e 20 à Constituição de 1988. Cumpre ressaltar que esses setores sociais, notadamente os servidores públicos, foram devidamente "satanizados" por uma campanha de difamação sem precedentes levada a cabo pelo Governo Fernando Henrique Cardoso e com o apoio dos principais meios de comunicação de massa do Brasil.

67. François Ewald, *L'État Providence*, pp. 385-387 e 542-550. De acordo com Ewald: "La crise actuelle est une crise du contrat social, non pas de sa gestion sociologique comme peut le faire croire l'opposition trop simple de la société civile et de l'État, mais de sa definition proprement juridique", in François Ewald, idem, pp. 386-387.

68. François Ewald, *L'État Providence*, cit., pp. 531-533.

69. François Ewald, *L'État Providence*, cit., p. 386.

70. Gosta Esping-Andersen, *The Three Worlds of Welfare* Capitalism, cit., pp. 221-222 e 229.

71. Sobre a questão do futuro do Estado, afirma Dalmo Dallari: "De acordo com os conhecimen-

Bibliografia

ATALIBA, Geraldo. *Sistema Constitucional Tributário Brasileiro*, São Paulo, Ed. RT, 1968.

BALEEIRO, Aliomar. *Uma Introdução à Ciência das Finanças*, 14ª ed, Rio de Janeiro, Forense, 1994.

BIELSCHOWSKY, Ricardo. *Pensamento Econômico Brasileiro: O Ciclo Ideológico do Desenvolvimentismo*, 2ª ed, Rio de Janeiro, Contraponto, 1995.

BONAVIDES, Paulo. *Curso de Direito Constitucional*, 7ª ed, São Paulo, Malheiros Editores, 1998.

_____. *Do País Constitucional ao País Neocolonial: A Derrubada da Constituição e a Recolonização pelo Golpe de Estado Institucional*, São Paulo, Malheiros Editores, 1999.

COMPARATO, Fábio Konder. "Réquiem para uma Constituição", *RTDP* 20/5-11, São Paulo, Malheiros Editores, 1997.

DALLARI, Dalmo de Abreu. *O Futuro do Estado*, São Paulo, mimeo., tese de titularidade, 1972.

_____. *O Estado Federal*, São Paulo, Ática, 1986.

DAVIES, Nicholas. *O FUNDEF e o Orçamento da Educação: Desvendando a Caixa Preta*, Campinas, Ed. Autores Associados, 1999.

DERZI, Misabel de Abreu Machado. "Repartição das receitas tributárias — Finanças públicas — Normas gerais e orçamentos", *Revista da Faculdade de Direito* 33/351-402, Belo Horizonte, Universidade Federal de Minas Gerais, out. 1991.

DÓRIA, Antonio Roberto Sampaio. *Discriminação de Rendas Tributárias*, São Paulo, José Bushatsky Ed., 1972.

ESPING-ANDERSEN, Gosta. *The Three Worlds of Welfare Capitalism*, reimpr., Princeton, Princeton University Press, 1998.

ESTADO DE SÃO PAULO. *Aspectos Financeiros: Fundo de Manutenção e Desenvolvimento do Ensino Fundamental e de Valorização do Magistério*, São Paulo, Secretaria de Estado da Educação/FUNDAP, 1997.

EWALD, François. *L'État Providence*, Paris, Grasset & Fasquelle, 1986.

GARCÍA-PELAYO, Manuel. *Las Transformaciones del Estado Contemporáneo*, 2ª ed., Madrid, Alianza Editorial, 1995.

GRAU, Eros Roberto. *A Ordem Econômica na Constituição de 1988 (Interpretação e Crítica)*, 4ª ed., São Paulo, Malheiros Editores, 1998.

LAUFER, Heinz. "O ordenamento financeiro no Estado federativo alemão", in *O Federalismo na Alemanha*, Série Traduções n. 7, Konrad Adenauer Stiftung, 1995, pp. 139-170.

LEWANDOWSKI, Enrique Ricardo. *Pressupostos Materiais e Formais da Intervenção Federal no Brasil*, São Paulo, Ed. RT, 1994.

MONLEVADE, João. *Educação Pública no Brasil: Contos & De$conto$*, Ceilândia, Idéa Editora, 1997.

_____ e FERREIRA, Eduardo. *O FUNDEF e seus Pecados Capitais: Análise do Fundo, Suas Implicações Positivas e Negativas e Estratégias de Superação de Seus Limites*, Ceilândia, Idéa Editora, 1997.

NEGRI, Barjas. *O Fundo de Manutenção e Desenvolvimento do Ensino Fundamental e de Valorização do Magistério*, Brasília, Instituto Nacional de Estudos e Pesquisas Educacionais (INEP), 1997.

NEUMARK, Fritz. "Principios y clases de gestión financiera y presupuestaria", in *Problemas Economicos y Financieros del Estado Intervencionista*, Madrid, Editorial de Derecho Financiero, 1964, pp. 97-250.

O'CONNOR, James. *The Fiscal Crisis of the State*, New York, St. Martin's Press, 1973.

PELÁEZ, Francisco José Contreras. *Defensa del Estado Social*, Sevilha, Universidad de Sevilla, 1996.

tos que se tem do Estado, desde suas formas mais primitivas até a atualidade, só uma conjetura pode ser feita: o Estado deverá existir ainda por muito tempo, não tendo sido revelada até agora qualquer tendência concreta que possa levar ao seu desaparecimento. Se o Estado for considerado coevo da sociedade humana será preciso então que a própria natureza do homem se modifique para que ele desapareça. Se, em lugar disso, se acreditar que o Estado teve origem em motivos de ordem econômica, surgindo quando a sociedade atingiu certo grau de complexidade, com mais razão se deve descrer de seu desaparecimento, uma vez que é crescente a influência dos fatores econômicos na vida social e as relações sociais vêm determinando o aparecimento de estruturas cada vez mais complexas, especialmente com a necessidade de conciliar a dinâmica interna dos Estados com um intenso intercâmbio de cunho internacional. Por último, se o desaparecimento do Estado for vinculado à superação dos conflitos sociais pelo aparecimento de uma ordem espontânea, em que o altruísmo predomine, não há dúvida de que o mundo sem Estado se coloca no plano das utopias, sem nenhum apoio nos comportamentos humanos já conhecidos". Dalmo de Abreu Dallari, *O Futuro do Estado*, pp. 236-237.

ROSANVALLON, Pierre. *A Crise do Estado-Providência*, Goiânia/Brasília, EdUFGO/EdUnB, 1997.

SILVA, José Afonso da. *Tributos e Normas de Política Fiscal na Constituição do Brasil*, São Paulo, mimeo., tese, 1968.

____. *Orçamento-Programa no Brasil*, São Paulo, Ed. RT, 1973.

____. *Curso de Direito Constitucional Positivo*, 9ª ed., São Paulo, Malheiros Editorres, 1993.

TELLES JR., Goffredo. "Discriminação constitucional de fontes de receita tributária", *Revista de Direito Público* 4/125-144, São Paulo, Ed. RT, abr./jun. 1968.

TORRES, Ricardo Lobo. *Sistemas Constitucionais Tributários*, Rio de Janeiro, Forense, 1986.

____. *O Orçamento na Constituição*, Rio de Janeiro, Renovar, 1995.

ZYMELMAN, Manuel. *Fondos Públicos para Financiar la Educación*, México/Buenos Aires, Centro Regional de Ayuda Técnica/Agencia para el Desarrollo Internacional (AID), 1974.

O PRINCÍPIO DA SEPARAÇÃO DOS PODERES E AS INTERFERÊNCIAS LEGISLATIVAS NA AÇÃO ADMINISTRATIVA

PAULO ROBERTO DE GOUVÊA MEDINA

Professor na Faculdade de Direito da UFJF — Conselheiro Federal da OAB por Minas Gerais

I — O tema e suas manifestações na vida institucional dos Municípios. II — Iniciativa da Câmara Municipal quanto à execução de obras públicas. III — Problemas análogos examinados pela jurisprudência. IV — O princípio da separação de poderes na perspectiva dos tempos atuais.

I — O tema e suas manifestações na vida institucional dos Municípios

1. A expansão da atividade estatal tem afetado a ortodoxia do princípio da separação dos Poderes, na medida em que se amplia, de um lado, a competência legiferante do Executivo e cresce, de outra parte, a função de controle exercida pelo Legislativo. Esta nem sempre se cinge, na prática, aos atos de fiscalização, tendendo, não raro, as Câmaras Legislativas a extrapolar os limites de suas atribuições, transformando o controle em monitoramento. Sobretudo no âmbito municipal, onde à vontade de servir dos legisladores às vezes não corresponde uma nítida consciência das limitações de sua competência, surgem, freqüentemente, conflitos entre os dois Poderes, levando o Legislativo a pretender traçar planos e estabelecer prioridades para o Executivo. Talvez por representarem as Câmaras Municipais uma espécie de caixa de ressonância das aspirações populares e de serem os edis mais sensíveis aos reclamos da comunidade, tornam-se comuns proposições legislativas que têm por objeto a execução de determinada obra pública pelo Prefeito, muita vez se assinando prazo para tanto. Situações dessa natureza justificam as reflexões que se seguem, na tentativa de balizar a competência dos dois Poderes e de definir os limites da interferência da Câmara sobre a ação administrativa do Executivo.

2. Tais considerações devem partir da exata noção de *atividade administrativa.* Impende, a esse respeito, distinguir *função de governo* de *função de administração.* E, para tanto, convém recordar a síntese precisa de Queiroz Lima: "Chama-se governo o conjunto de funções pelas quais o Estado assegura a ordem jurídica, e administração o complexo de atividades pelas quais o Estado realiza os serviços públicos".[1]

O festejado publicista não deixa de advertir para a circunstância de que "Essas

1. *Theoria do Estado*, Rio de Janeiro, Editora Freitas Bastos, 1936, p. 475, n. 101.

duas ordens de funções não se separam em linhas visíveis; ao contrário, completam-se, penetram-se, intimamente". Pondera, contudo: "A divisão nem por isso deixa de ser efetiva e real, e teoricamente deverão ser isolados os dois grandes sistemas de funções, para serem estudados de *per si*".[2]

Transposta a doutrina para o plano municipal, logo se vê que a Câmara de Vereadores, exercendo o Poder Legislativo, é órgão de governo, tanto quanto o Prefeito, cabendo, a este, porém, como chefe do Poder Executivo, o desempenho privativo da atividade de administração. Esta, por sua vez, se exerce nos termos da legislação municipal, observados, notadamente, o orçamento anual, a lei de diretrizes orçamentárias e os planos plurianuais, relativamente aos recursos exigíveis para a execução das obras públicas. Não pode, porém, a atividade administrativa ser conduzida mediante disposições específicas por meio das quais, a cada caso, pretenda o Legislativo preordenar a execução das obras públicas ou superintender a prestação dos serviços públicos.

II — Iniciativa da Câmara Municipal quanto à execução de obras públicas

3. Assim, não é lícito ao Legislativo dispor, em lei, sobre tal ou qual obra ou programa que o Executivo deva realizar, assinando-lhe prazo para tanto. Afinal, o ato de encetar esse ou aquele empreendimento, é ato de administração, incumbindo, pois, ao Executivo. A esse compete, antes de tudo, estabelecer as prioridades administrativas, tomar as opções que lhe pareçam adequadas, elaborar programas ou projetos e executá-los, realizando, com os recursos disponíveis — e observada a prévia consignação desses no orçamento anual —, as obras planejadas. Em suma, ao Executivo, presidido pelo Prefeito, é que compete administrar. E a programação e execução de obras inserem-se entre as atividades precípuas de administração!

4. Lembra Hely Lopes Meirelles, em estudo antigo, mas de permanente atualidade, que "o prefeito e a Câmara de Vereadores foram aquinhoados com prerrogativas e encargos diversos e bem diferençados". Ao Prefeito competem as funções administrativas, que são de dupla natureza: "a executiva precípua, e a normativa secundária", esta última "inerente ao poder regulamentar do Executivo". Já as atribuições da Câmara são de quatro espécies: a legislativa, propriamente dita; a administrativa, "restrita à sua organização interna", que é uma "atividade atípica"; a de *assessoramento*, que se exerce, notadamente, por meio "de indicações ao prefeito", e a de *fiscalização político-administrativa da atuação governamental do prefeito.* Essas funções se resumem na atividade de *verear a cidade*, que, outrora, era exercida pelos Conselhos de "Homens Bons".

Acrescenta o saudoso administrativista, em remate de suas considerações:

"A diferenciação conceitual de atribuições do prefeito e da Câmara responde a exigências de ordem prática, impostas pelo sistema de separação de poderes, adotado pelos Estados de Direito como o nosso, em que as atividades executivas, legislativas e judiciárias são monopolizadas pelos respectivos órgãos que, em conjunto, realizam a administração pública das três esferas estatais: União, Estados-membros, Municípios.

"Embora o Município não seja um Estado em miniatura, por diversificados em muitos aspectos, os seus órgãos Executivo e Legislativo se assemelham, na estrutura, composição e atribuições e, por isso, se sujeitam às mesmas normas constitucionais de independência, indelegabilidade e inacumulabilidade de funções.

"Essa verdade tem sido reconhecida e proclamada reiteradamente pela doutrina e pelos tribunais, que vêm impedindo o desempenho indiscriminado de atribuições de um órgão pelo outro, ou o exercício cumula-

2. Ob. e n. cits., p. 476.

tivo de cargos ou funções executivas e legislativas pelo mesmo agente. E sobejam razões administrativas e fundamentos constitucionais para que se mantenham distintas e separadas as atribuições específicas de cada órgão do governo municipal, pois são passíveis de nulidade os atos praticados com usurpação de atribuições."[3]

5. Não se compadece com o princípio da separação dos poderes (Constituição Federal, art. 2º) ato do Legislativo que implique exercício de atividade administrativa, nem pode a Câmara, por meio de lei específica, impor ao Executivo o encargo de realizar determinada obra pública. No primeiro caso, haveria usurpação de atribuições; no segundo, submissão indevida do órgão do Executivo ao monitoramento da Casa Legislativa.

Ora, é hoje ponto pacífico na doutrina do Direito Público não ser o Poder Executivo, nos países que adotam o sistema presidencial de governo, mero agente do Poder Legislativo. Para isso já advertia Annibal Freire da Fonseca, na sua obra clássica sobre o Poder Executivo. Observava o antigo Ministro do Supremo Tribunal Federal ser ilusória, sob certo aspecto, a denominação que se atribui a esse Poder da soberania nacional — e, por via de extensão, o mesmo comentário cabe ao órgão correspondente, no plano municipal. Executar a lei, expressão que outros autores, como Blunstchili, têm como imprópria (conforme, a seguir, se verá) não é atividade que pressuponha uma cega subordinação do Poder que a desempenha àquele de onde a lei emana. Diz, a esse respeito, Annibal Freire: "Se o executivo é obrigado a cingir-se às leis, o legislador não pode igualmente sair da órbita que lhe foi traçada. A lei é o regulador supremo e só há um poder que se lhe contrapõe, o da Constituição. Produto da vontade coletiva pelos órgãos autorizados a exprimi-la, não encontra no regime de direito senão a limitação da concordância com o estatuto básico. O legislativo não tem autoridade bastante para se sobrepor ao critério da Constituição. O próprio Judiciário tem a sua atividade funcional circunscrita".

Por isso, arremata o festejado publicista: "A natureza do Poder Executivo em nosso sistema constitucional é, em relação aos outros, a de um poder igual na sua origem, embora diferente nos seus fins. Nas suas múltiplas funções não o tolhe senão a lei e se esta, para completar-se, precisa, na generalidade dos casos, da interferência do Executivo, não é lógico pretender a subordinação jurídica deste ao Legislativo".[4]

6. É a falsa concepção de que o Legislativo possa dar ordens ao Poder Executivo que leva a distorções inaceitáveis do princípio da separação dos poderes. Conforme se assinalou acima, a denominação ostentada, tradicionalmente, por esse último, não tem o condão de transformá-lo em mero órgão executor da vontade do Legislativo, ainda menos quando essa vontade extrapole os lindes que balizam a órbita de atuação do poder legiferante. Era nesse sentido, exatamente, a advertência de Bluntschli, ao analisar o real alcance da expressão "Poder Executivo": "L'expression est même inexacte lorsque l'on veut la rapporter à l'exécution de la volonté d'autrui. Il n'est pas vrai que le gouvernement n'ait qu'à exécuter das les espèces ce que le pouvoir législatif établit d'une manière générale. Dans la règle, on ne peut même pas exécuter la loi; on ne peut que la respecter et l'appliquer. Dira-t-on peut-être que la promulgation de la loi en est déjà l'éxécution? Les règles que le législateur exprime et sanctionne, sont respectées par le gouvernement comme les normes et les limites juridiques de ses actes. Mais

3. "Funções do Prefeito e da Câmara", in *Assuntos Municipais*, publicação do Instituto de Direito Municipal do Rio Grande do Sul, Porto Alegre, 1965, pp. 51 e ss.

4. *O Poder Executivo na República Brasileira*, edição da Câmara dos Deputados e da Ed. UnB, Coleção "Biblioteca do Pensamento Político Republicano", v. 7, Brasília, 1881, p. 28.

dans le cercle qu'elles tracent, il décide librement (...)".[5]

Como ensinava o Mestre alemão, no círculo traçado pela lei o Executivo decide livremente, não sendo verdade, pois, que esse poder se limite a executar, em cada caso, o que o legislativo estabelece de uma maneira geral. Numa palavra, não se pode conceber o Executivo como mero agente da vontade do Legislativo!

7. Há órbitas distintas em que se desenvolve a atuação de cada um dos Poderes. Gomes Canotilho e Vital Moreira aludem, por isso, à *teoria do núcleo essencial*, "nos termos da qual a nenhum órgão da soberania podem ser atribuídas funções das quais resulte o esvaziamento das funções materiais específica e principalmente atribuídas a outro órgão. Isso significa — advertem — que nenhum dos órgãos de soberania pode intrometer-se no núcleo essencial das funções pertencentes a outro órgão".[6]

8. Desenvolvendo a *teoria do núcleo essencial*, o Supremo Tribunal Federal, na ADIn 766-1-RS, rel. o Min. Celso de Mello enfatizou que "há um modelo de organização dos Poderes Federais e de regras viabilizadoras de sua harmonia e de sua convivência que não pode ser desbordado pelos Estados, sob pena de ofensa à Carta Federal".

"Não podem, assim, os Estados, seja por norma constitucional, seja por lei complementar ou lei ordinária, ofender aquele substrato mínimo de cada Poder, tal como delineado pela Carta Federal."[7]

Ora, que pode haver de mais típico da atividade administrativa, atribuída ao Executivo, que a concepção de programas e a realização de obras públicas? A iniciativa do Poder Executivo quanto a essa matéria insere-se, iniludivelmente, no *núcleo essencial* de sua competência. Trata-se de algo inerente ao *substrato mínimo* daquele Poder, que não lhe pode ser subtraído, mesmo ocasionalmente, sem que disso resulte grave ofensa ao *princípio da separação dos Poderes.*

III — Problemas análogos examinados pela jurisprudência

9. Inspira-se, certamente, em considerações dessa ordem o acórdão do Supremo Tribunal Federal que declarou inconstitucional dispositivo da Constituição de Minas Gerais que sujeitava à prévia aprovação da Câmara Municipal a assinatura de convênios, pelo Município (cf. ADIn 770-0-MG, rel. Min. Sepúlveda Pertence).

Ressaltou o Procurador-Geral da República, na petição inicial daquela ação, conforme se lê no relatório da decisão: "A exigência de autorização prévia das Câmaras de Vereadores para a celebração de convênios e acordos pelo prefeito ou a de sua ratificação, quando negociados sem a aprovação preliminar, por motivo de urgência, implica diminuição de prerrogativa essencial do Executivo, ou seja, a de governo e administração. A celebração de convênios e acordos constitui poder inerente à função administrativa. A limitação dessa prerrogativa afeta a independência do Executivo, rompendo o equilíbrio entre os Poderes Municipais".[8]

Tem sido, aliás, iterativa a jurisprudência do STF a esse respeito. Mais recentemente, voltou o Supremo a advertir para a circunstância de que são ofensivos do princípio da independência e harmonia dos Poderes dispositivos de Constituições Estaduais que dão, "à Assembléia Legislativa, competência privativa para a autorização de convênios, convenções ou acordos a ser celebra-

5. *Théorie Générale de L'État*, traduzida do alemão por M. Armand de Riedmatten, 3ª ed., Paris, 1891, p. 465.

6. *Constituição da República Portuguesa Anotada*, 2º v., 2ª ed., Coimbra, 1985, p. 51, item V.

7. *Boletim de Direito Municipal — BDM*, fev./95, p. 97.

8. *Boletim de Direito Municipal — BDM*, jan./93, p. 48.

dos pelo Governo do Estado ou a aprovação dos efetivados sem autorização por motivo de urgência ou de interesse público", assim como "para aprovar previamente contratos a ser firmados pelo Poder Executivo e destinados à concessão e permissão para exploração de serviços públicos". Tal foi a decisão proferida na ADIn 462-0, rel. o Min. Moreira Alves, a 20.8.1997, por votação unânime, que tinha por objeto dispositivos da Constituição do Estado da Bahia, promulgada em 5 de outubro de 1989 (*Diário Oficial*, Seção I, 16.5.2000).

Se assim é no que diz respeito à assinatura de convênios e contratos, por implicar cerceamento ao exercício da função administrativa, também assim não será quanto à elaboração de programas de ação e à execução de obras públicas? Será lícito ao Legislativo dizer ao Poder Executivo que faça ou deixe de fazer determinada obra pública? Ser-lhe-á possível assinar prazo ao Executivo para que dê início a determinado programa de obras públicas que os Senhores Vereadores entendam conveniente ao interesse público? É inadmissível que se pretenda fazer com que o Executivo aja coartado por disposições de lei que não só determinam o que ele deve fazer, as obras que deve realizar, mas ainda lhe fixam prazos peremptórios para tanto!

Annibal Freire, na obra citada, observava que, sendo o Executivo "destinado a impulsionar e dirigir a ação administrativa, não é possível negar-lhe a plasticidade indispensável ao mecanismo governamental".[9]

10. Também em data mais ou menos recente, o Supremo Tribunal Federal voltou a decidir na linha do aresto citado no item anterior, ao censurar dispositivos de lei estadual que condicionava a prévia autorização legislativa "operações de recolhimento antecipado de ICMS com a concessão de desconto ao contribuinte ou responsável", estabelecendo a mesma condição para as "vendas de ações de empresas públicas, sociedade de economia mista e instituições pertencentes ao sistema financeiro público do Estado de Santa Catarina". Considerou a nossa mais alta Corte de Justiça tais dispositivos como "consubstanciadores de inegável intromissão do Poder Legislativo nas atividades administrativas do Estado, com ostensiva ofensa ao princípio da separação dos Poderes".[10]

Embora, quanto à segunda parte, houvesse votos divergentes, no que tange à primeira, a decisão foi adotada por unanimidade de votos. Colocando-se entre os que opunham ressalvas ao entendimento da maioria, naquela parte, salientou, contudo, o eminente Min. Sepúlveda Pertence "que não é a venda de qualquer ação do capital das empresas do Estado, mas só a alienação do controle acionário que depende de lei específica de autorização".[11] Não restou, portanto, qualquer dúvida, entre os ilustres Juízes do STF quanto à necessidade de assegurar, ao Executivo, liberdade para administrar.

IV — O princípio da separação de poderes na perspectiva dos tempos atuais

11. Diferentemente do que sucede em países que adotam o sistema parlamentar de governo, como a Inglaterra, não há lugar, entre nós, para a doutrina da supremacia parlamentar. Esta, como nota Bernard Schwartz, é "completamente estranha ao Direito Público americano",[12] a cujas matrizes nos filiamos. Nos Estados Unidos, conforme acrescenta o eminente professor da Universidade de Nova York, "embora a Constituição

9. Ob. cit., p. 27.

10. ADIn 1.703-SC (medida cautelar), rel. Min. Ilmar Galvão, acórdão de 27.11.1997, in *RTJ* 170/835.

11. Rev. e v. cits., p. 843.

12. *Direito Constitucional Americano*, trad. Carlos Nayfeld, Rio de Janeiro, Forense, 1966, p. 28.

não proíba o exercício de qualquer poder específico por parte do Legislativo, este não poderá exercê-lo se tal poder for de natureza não-legislativa".[13] Tal é o que sucede com a execução de obras públicas, cuja realização não deve partir do Legislativo, poder a que não compete nem a sua iniciativa nem o planejamento pertinente. É essa, tipicamente, uma atividade *não-legislativa*.

Efetivamente, nos tempos atuais, quando até mesmo o exercício do poder de legislar é transferido, em boa parte, ao Executivo (chegando-se, é certo, a exageros condenáveis, como em nosso país, com o uso da Medida Provisória, da forma como vem sendo expedida pelos Presidentes da República), impor restrições ao poder de administrar ou pretender dirigi-la mediante ordens ou planos emanados da Câmara legislativa, é um retrocesso. A concessão ao Executivo de competência legislativa, por meio, especialmente, do sistema de *leis delegadas*, atende à circunstância de que determinadas matérias, pela sua natureza técnica, podem ser pelo Executivo mais adequadamente disciplinadas, por dispor esse de órgãos e meios que melhor o habilitam para tanto. A prática das *leis delegadas* é comum ao direito anglo-americano. "Nos Estados Unidos, como na Inglaterra — diz Bernard Schwartz — as necessidades da administração moderna têm compelido o Legislativo a delegar ao Executivo poderes para promulgar regras e regulamentos que possuem força legal de um estatuto aprovado pelo Legislativo, sendo conseqüentemente difícil chegar-se a qualquer outra conclusão senão a de que a promulgação de regras e regulamentos pelo Executivo constitui um exercício da autoridade legislativa".[14] Isso não autoriza a crer, todavia, que deva ocorrer reciprocidade de comportamento, nesse particular, como se, pelo simples fato de existirem meios de transferência do poder legiferante ao Executivo, hajam também de ser concebidos processos de transferência do poder de administrar desse último para o Legislativo. A flexibilidade trazida pelos tempos modernos ao velho princípio da separação de poderes é um imperativo da maior agilidade que se quer imprimir à Administração Pública, não podendo ser distorcida nem aplicada às avessas. Exatamente porque tal concepção não visa a privilegiar a autoridade de um dos poderes, em detrimento do outro, mas a assegurar condições ideais de governabilidade, no interesse dos administrados.

Junho de 2000.

13. Ob. e p. cits.

14. Ob. cit., p. 34.

ANOTAÇÕES À MODALIDADE PREGÃO

JOEL DE MENEZES NIEBUHR

Doutorando em Direito Administrativo pela PUC/SP — Professor Substituto de Direito Constitucional na UFSC/SC, dos Cursos de Pós-Graduação em Direito Administrativo da UNISUL/SC e do IBEPEX/PR — Advogado e Consultor em Florianópolis/SC e São Paulo/SP

1. Nota introdutória

1. A Medida Provisória n. 2.026, de 4 de maio de 2000, criou nova modalidade de licitação, denominada *pregão*. Constitui ela inovação de monta, investida de pretensões audaciosas, com tópicos a serem festejados, boa parte a serem lapidados e outros tantos a serem extirpados.

2. Cabe ressaltar que o pregão vem sendo aplicado pela ANATEL, mesmo antes da edição da supracitada Medida Provisória, com base em sua Resolução n. 005/98.

3. Por ora, trocam-se as primeiras idéias sobre esta nova modalidade de licitação.

Mesmo antes de examinar o mérito dela, causa tristeza e desânimo constatar o modo flagrantemente inconstitucional utilizado para instrumentalizá-la, mediante Medida Provisória.

A tristeza e o desânimo aumentam com a perspectiva de sucessivas e inconstitucionais reedições desta Medida Provisória, com alterações cirúrgicas em seu texto.

4. Apesar dos pesares, diante da forte probabilidade de não vir a ser reconhecida a inconstitucionalidade desta Medida Provisória, fazem-se votos para que a Administração Pública aproveite o que de bom há nela, motivo pelo qual se tecem estas breves *anotações*.

Certa vez alguém disse que *é necessário olhar o novo com os olhos no novo*. Sem se esquivar de levantar os pontos obscuros e defeituosos desta nova modalidade, bem como alardeando-se a incompatibilidade vertical da Medida Provisória n. 2.026/2000 com a Constituição Federal — o que, *confessa-se*, denota certo paradoxo —, pretende-se, aqui, construir hermenêutica *com os olhos no novo*.

2. Medida Provisória

5. Ultimamente instituiu-se, no Brasil, verdadeira ditadura do Poder Executivo, que tomou de assalto a função legislativa mediante a edição incessante e inconstitucional de medidas provisórias.

A adoção desses malsinados atos normativos com força de lei encontra-se claramente delimitada no art. 62 da Constituição Federal, que a cinge a matérias *relevantes* e *urgentes*.

6. Muito embora o Poder Judiciário — um dos grandes culpados por este estado de coisas — se abstenha de analisar tais requisitos sob o argumento de que seriam discricionários, salta aos olhos a possibilidade concreta de apreciá-los.

Em primeiro lugar, é evidente que não há lei *irrelevante*. Tudo o que é legislado é *relevante* para a Sociedade. Portanto, o *relevante* atribuído às medidas provisórias é especialmente qualificado, excepcional, que extrapola a *relevância* das demais matérias.

Em segundo lugar, conforme a mesma linha de raciocínio, medidas provisórias tratam de assuntos que não podem aguardar o processo legislativo, se forem tomados por parâmetro os prazos estipulados para a apreciação de projetos de lei em caráter de *urgência*, assim requisitados e qualificados pelo Presidente da República (§ 1º, art. 64, Constituição Federal). Estes prazos são de 45 (quarenta e cinco) dias em cada casa, acrescidos de outros 10 (dez) dias se houver emenda, o que perfaz o total de 100 (cem) dias (§§ 2º e 3º, art. 64, Constituição Federal).

7. Nesse contexto, é crepitante a inconstitucionalidade da Medida Provisória n. 2.026/2000. Com efeito:

Não resta dúvida que a matéria poderia muito bem esperar em torno de 100 (cem) dias para ser apreciada, o que lança por terra o requisito de *urgência* requerida para as medidas provisórias. As modalidades consagradas na Lei n. 8.666/93 vêm sendo aplicadas há vários anos, sem ter havido qualquer situação anormal que justifique a criação, de cambulhada, da nova espécie.

Quanto à *relevância*, perceba-se que a modalidade pregão *poderá* ser adotada pelos agentes administrativos em substituição às modalidades já existentes. Isto porque as modalidades tradicionais não perderam sequer uma vírgula em sua vigência ou abrangência. É notório que algo *relevante* não pode ser de exercício facultativo.

Ademais, o Presidente da República preferiu privar os Estados e Municípios das pretensas benesses da modalidade pregão. Quer dizer que aparentemente ela só é *relevante* para a União, não para as demais unidades da Federação, conquanto todas elas enfrentem os mesmos problemas em licitação e contrato administrativo.

8. A conclusão é que a Medida Provisória n. 2.026/2000 não é *urgente* nem *relevante*, mas, a todas as luzes, *inconstitucional*. É de preocupar que a maioria dos autores trate dela sem mencionar esta afronta gritante ao texto constitucional. Parece que está havendo conformação geral, curvando-se todos à moderna baioneta do Executivo.

Roga-se que o Congresso Nacional efetivamente aprecie a matéria, livrando a vilipendiada ordem jurídica nacional de sucessivas, e também inconstitucionais, reedições.

3. Objeto

9. O art. 1º da Medida Provisória n. 2.026/2000 dispõe que, "para *aquisição de bens e serviços comuns*, a União poderá adotar licitação na modalidade de pregão, que será regida por esta Medida Provisória".[1]

De antemão, sem adentrar na perplexidade que causa conceito de tal forma indeterminado, deve-se apontar que a União só conseguirá *adquirir* bens, jamais serviços. Há impossibilidade material de se *adquirir* serviços, uma vez que eles são apenas *prestados*.

10. Para acalmar os espíritos, o § 1º desse art. 1º tenta esclarecer que "consideram-se *bens e serviços comuns*, para os fins e efeitos deste artigo, aqueles cujos *padrões de desempenho e qualidade possam ser objetivamente definidos pelo* ***edital***, *por meio de especificações usuais no mercado*".[2]

11. É sabido que todo o objeto a ser licitado precisa ser perfeita e objetivamente definido, incluindo padrões de desempenho e qualidade.

Todavia, nem todo objeto é assim descrito no *edital*, haja vista que vários deles

1. Grifo acrescido.

2. Grifo acrescido.

revestem de especial complexidade, devendo sê-lo em *projeto básico*.

Agregue-se que, desta vez com amparo no inc. IX do art. 6º da Lei n. 8.666/93, o *projeto básico* traduz o "conjunto de elementos necessários e suficientes, com nível de precisão adequado, para caracterizar a obra ou serviço, ou complexo de obras e serviços objeto da licitação (...)".

12. Dentro dessa perspectiva, o inc. I do § 2º do art. 7º da Lei n. 8.666/93 prescreve que as obras e os serviços "*somente poderão ser licitados quando houver projeto básico* aprovado pela autoridade competente e disponível para exame dos interessados em participar do processo licitatório".[3]

13. Bem se vê que, pela letra da Lei, *toda licitação de obra e serviço*, sem qualquer exceção, *deve ser precedida de projeto básico*. Por via de conseqüência, *a priori*, não há serviço comum, frustrando-se a incidência da Medida Provisória.

Jessé Torres Pereira Júnior já advertiu: "No caso do pregão para licitar-se a contratação de serviço, haverá incompatibilidade lógica entre as características da nova modalidade e o conteúdo do projeto básico, tal como enunciado no art. 6º, IX, da Lei n. 8.666/93. Se o serviço, em função de suas características técnicas, houver de ser especificado mediante projeto básico, com as minudências do mencionado inciso do art. 6º, não pode ser classificado como 'comum', descabendo licitá-lo na modalidade pregão".[4]

14. O próprio Poder Executivo da União, valendo-se da Instrução Normativa n. 18, de autoria do Ministério da Administração e Reforma do Estado, atual Secretaria de Estado da Administração, sob pretexto de disciplinar a contratação de serviços a serem executados de forma direta e contínua no âmbito do Sistema de Serviços Gerais-SISG, exige projeto básico para vários deles, frisando os relativos à vigilância, à limpeza e à conservação.

Na mesma linha exegética, o Tribunal de Contas da União, ao julgar o Processo n. 006.031/94-3, concernente a serviço de implantação de rede de computadores, anulou o procedimento em virtude da ausência de projeto básico, reputando o fato irregularidade insanável.

15. No entanto, a doutrina vem defendendo com acerto, sob o prisma de interpretação sistemática e do princípio da eficiência, que nem todos os serviços precisam de projeto básico.

Marçal Justen Filho vincula o projeto básico a serviços de engenharia, oferecendo exemplo segundo o qual, em serviços de vigilância, ele não seria necessário.[5]

Ivan Barbosa Rigolin e Marco Túlio Bottino sustentam que "o art. 7º dá a idéia de que sempre o projeto básico seria necessário, mas tal mera impressão não condiz com a interpretação que precisa sofrer o dispositivo, art. 7º, que no *caput* precisaria ter ressalvado 'quando couber', ou 'sempre que for o caso', ou 'quando existentes'".[6]

Também para Roberto Ribeiro Bazilli e Sandra Julien Miranda, "nem todo serviço depende necessariamente de prévio projeto básico, na acepção acolhida pelo estatuto, para vir a ser licitado. Em face da natureza do serviço, por exemplo, sua singeleza, como pode ocorrer na pintura de uma sala de aula, basta sua clara e cabal identificação para que o objeto do certame esteja em condição de ser licitado; nestes casos, importa a adequada e suficiente caracterização do objeto".[7]

3. Grifo acrescido.

4. Jessé Torres Pereira Júnior, *Licitações de Informática*, p. 367.

5. Marçal Justen Filho, *Comentários à Lei de Licitações e Contratos Administrativos*, pp. 109-110.

6. Ivan Barbosa Rigolin e Marco Tullio Bottino, *Manual Prático das Licitações*, p. 157.

7. Roberto Ribeiro Bazilli Sandra Julien e Miranda, *Licitação à Luz do Direito Positivo*, p. 66.

16. Com o propósito de se conferir interpretação bastante capaz de dar efetividade à modalidade pregão, deve-se sedimentar a orientação assinalada pela doutrina. A Secretaria de Administração e o Tribunal de Contas da União precisam rever suas posições, sob pena de a modalidade pregão não se aplicar a serviços.

17. Essa aguda discussão não afeta a aquisição de bens, isto é, as compras. O art. 14 da Lei n. 8.666/93 determina que "nenhuma compra será feita sem a adequada caracterização de seu objeto (...)". Por sua vez, os incs. I e II do § 7º do art. 15 da mesma Lei requerem, respectivamente, "a especificação completa do bem a ser adquirido (...)" e "a definição das unidades e das quantidades".

Como a caracterização do objeto da compra não é realizada em projetos especiais, tal qual o básico e o executivo, presume-se que tudo seja feito no próprio edital. Em face disto, realizando-se interpretação consentânea aos textos da Medida Provisória n. 2.026/2000 e da Lei n. 8.666/93, cumpre concluir que, em tese, todos os *bens* são *comuns* e, por corolário, para adquiri-los possível é adotar a modalidade pregão. Despicienda, pois, é a qualificação de *bens comuns*.

18. Em casos de dificuldade ou dúvida, razoável é se proceder à interpretação analógica, trazendo-se a lume o rol do art. 8º do Regulamento de Contratações da ANATEL, o qual qualifica como *comum*, quanto à aquisição de bens, (a) peças de reposição de equipamentos, (b) mobiliário padronizado, (c) bens de consumo, (d) combustíveis, (e) material de escritório, bem como, relativamente aos serviços, (f) limpeza, (g) vigilância, (h) conservação, locação e manutenção de equipamentos, (i) agenciamento de viagens, (j) vale-refeição, (l) digitação, (m) transporte, (n) seguro-saúde, entre outros.

Quanto a esse rol, importa sublinhar, especialmente no que respeita aos serviços, que boa parte deles não é tão comum. Muito depende do grau de complexidade especificamente exigido pela Administração em cada contrato. A singeleza de prestação de serviço de vigilância, *verbi gratia*, depende em tudo do que se vigia e da tecnologia a ser utilizada para tanto.

19. De mais a mais, a adoção da modalidade pregão não depende do valor do contrato, nem sequer ela vem a substituir qualquer das modalidades de licitação preexistentes. O agente administrativo é quem vai optar por adotá-la ou não.

20. Daí que um dos pontos altamente positivos desta nova modalidade é evitar celeumas administrativas e jurídicas em torno do parcelamento indevido de licitação.

Ocorre que, para fraudar as delimitações de valores das modalidades concorrência, tomada de preços e convite, ou, mesmo, para se alcançar a dispensa, em vez de licitar o contrato inteiro, ele era ilicitamente dividido em parcelas, parcelando-se, *pari passu* e ao largo do § 5º do art. 23, o valor do contrato e a modalidade a ser utilizada.

Tendo em vista que o pregão não depende de valores, mas de bens e serviços comuns, fez-se esvaírem os interesses espúrios de parcelar indevidamente a licitação e o contrato.

21. É intuitivo que bens e serviços comuns — que imperativamente devem ter padrões de qualidade e desempenho objetivamente definidos por meio de especificações usuais no mercado — não se harmonizam à licitação cujo critério de julgamento envolva nota técnica. Outrossim, o próprio procedimento da modalidade pregão, como se vislumbra no *tópico 5*, é todo voltado à disputa de preço, jamais à de técnica.

4. Incidência em Estados, Distrito Federal e Municípios

22. O art. 1º da Medida Provisória sob comento prescreve *literalmente* que a União poderá adotar a modalidade pregão, excluindo os demais entes da Federação.

Entretanto, hoje em dia, no patamar atual de evolução da ciência jurídica, é assentado que interpretações *literais* não são suficientes nem adequadas. Por ordem:

23. Renato Geraldo Mendes é incisivo ao questionar: "Ora, se o Pregão é bom para a União, por que não poderia ser também para os demais entes? Qual a razão que justifica a previsão (como faculdade) apenas para a União? Sendo facultativo para a União, por que não poderia ser, também, para Estados e Municípios? Se uma das justificativas da instituição do Pregão é a maior celeridade procedimental que passa a conferir às contratações, por que essa maior rapidez seria justificável apenas para a Administração Federal?".[8]

24. Essa restrição causa espécie, dado que os Estados, o Distrito Federal e os Municípios não podem, por si, criar novas modalidades de licitação, cujo espectro configura *norma geral*, de competência privativa da União (inc. XXVII do art. 22 da Constituição Federal).

25. Renato Geraldo Mendes[9] e Marçal Justen Filho[10] afirmam o caráter inconstitucional da restrição, que, segundo eles, estabelece tratamento diferenciado entre os entes da Federação, violando o inc. III do art. 19 da Carta Magna.

Jessé Torres Pereira Júnior, por sua vez, entende que os Estados, o Distrito Federal e os Municípios, conquanto não possam criar modalidade nova de licitação, poderiam adotar o pregão, porque já criado pela União.[11]

26. Há evidente esforço em fazer incidir a modalidade pregão em Estados, Distrito Federal e Municípios.

Muito embora as discussões estejam alvorecendo, acrescenta-se que, a teor do inc. XXVII do art. 22 da Constituição Federal, a União possui competência privativa para elaborar "*normas gerais* de licitação e contratação, *em todas as modalidades*, para as administrações públicas diretas, autárquicas e fundacionais da União, Estados, Distrito Federal e Municípios (...)".[12]

Atente-se que, por imperativo constitucional, *normas gerais* abrangem *todas as modalidades* de licitação. Melhor explicando: qualquer norma que discipline *modalidade* de licitação é qualificada como *geral*.

O desate do problema está no termo *norma geral*, pois se pressupõe que toda norma assim caracterizada verse sobre os princípios, as diretrizes, as linhas mestras que desenham traço comum de determinado instituto jurídico em todo território nacional.

Em decorrência disso, Geraldo Ataliba percebeu que as *normas gerais* traduzem *normas nacionais*, a saber, cujo espectro "transcende às distinções estabelecidas em razão das circunscrições políticas e administrativas".[13] No mesmo passo, Adilson Abreu Dallari esclarece que "norma geral é aquela que comporta uma aplicação uniforme pela União, Estado e Município (...)".[14]

Portanto, a norma geral afeta sempre a integralidade dos entes da Federação, destinando-se à aplicação uniforme em todo o território nacional, harmonizando o instituto jurídico pertinente. Não é possível haver *norma geral* para apenas uma parte da Federação.

Resumindo: considerando que *norma* criadora de modalidade de licitação é *norma geral* e, por ilação, *nacional*; a nova modalidade pregão incide, queira-se ou não, sobre a União, os Estados, o Distrito Federal e os Municípios.

8. Renato Geraldo Mendes, "A nova modalidade de licitação: o pregão — De acordo com a MP n. 2.026/00", *Informativo de Licitações e Contratos*, maio/2000.

9. Ibidem.

10. Marçal Justen Filho, ob. cit., p. 676.

11. Jessé Torres Pereira Júnior, ob. cit., p. 363.

12. Grifo acrescido.

13. Geraldo Ataliba, "Normas gerais de direito financeiro e tributário e autonomia dos Estados e Municípios", *Revista de Direito Público* 10/49, São Paulo.

14. Adilson Abreu Dallari, *Aspectos Jurídicos da Licitação*, p. 21.

5. Procedimento

5.1 Fase interna

27. Na modalidade pregão, a autoridade competente deve justificar a necessidade de contratação e precisar o objeto a ser licitado, sem limitar a competição (art. 3º, incs. I, II e III).

28. Em seguida, "a autoridade competente designará, dentre os servidores do órgão promotor da licitação, o pregoeiro, cuja atribuição inclui o recebimento das propostas e lances, a análise de sua aceitabilidade e sua classificação, bem como a habilitação e a adjudicação do objeto do certame ao licitante vencedor" (art. 3º, in. IV).

5.2 Fase externa

29. A convocação é instrumentalizada mediante edital, devendo ser publicado o aviso dele no *Diário Oficial*, em jornal de grande circulação e, facultativamente, em meios eletrônicos (art. 4º, inc. I). No aviso constarão as informações básicas sobre o edital, sendo que, da data de sua publicação, devem ser contados, no mínimo, 8 (oito) dias para a apresentação das propostas (art. 4º, incs. II a V).

30. Não há previsão, na Medida Provisória, de oportunidade para a impugnação do edital. Conquanto o seu art. 8º autorize a aplicação subsidiária da Lei n. 8.666/93, pode-se questionar o cabimento dela em razão da celeridade procedimental. Apesar disto, não há vantagem alguma em se inadmitir impugnações, levando-se adiante certame viciado e frustrando-se a competitividade. Deve-se, pois, adotar em caráter supletivo, os parágrafos do art. 41 da Lei n. 8.666/93.

31. No dia, hora e local designados, será realizada sessão pública para o recebimento das propostas, devendo o interessado ou seu representante identificar-se e, se for o caso, comprovar a existência de poderes para a formulação das propostas e para a prática dos demais atos (art. 4º, inc. VI).

32. Inicialmente, a verificação dos documentos de habilitação é substituída por mera declaração de regularidade perante a Fazenda Nacional, a Seguridade Social e o Fundo de Garantia, bem como por declaração de atender todas as exigências do edital (art. 4º, inc. VII).

33. Os licitantes entregam dois envelopes: o primeiro contendo as propostas e o segundo contendo os documentos de habilitação. Abrem-se os envelopes das propostas e verifica-se a conformidade delas aos requisitos estabelecidos no instrumento convocatório (art. 4º, inc. VIII).

34. Apurada a melhor proposta, convocam-se o licitante que a propôs e os demais que propuseram preço até 10% (dez por cento) superiores àquela; ou, se todas as outras propostas excederem os 10% (dez por cento), os outros 3 (três) melhores proponentes, para fazerem lances verbais e sucessivos, induzindo-os ao menor preço (art. 4º, incs. IX e X).

35. Alcançando-se a proposta de menor preço, o pregoeiro deve decidir, novamente, a respeito de sua aceitabilidade (art. 4º, inc. XII).

Nota-se que, por força do inc. VIII do art. 4º, o pregoeiro analisa apenas a conformidade da proposta com o edital, sendo que a aceitabilidade dela, de conformidade com o inc. XII do mesmo artigo, colacionando-se a questão relacionada à sua (in)exeqüibilidade, é apreciada após a classificação.

Nas modalidades previstas na Lei n. 8.666/93, segundo o inc. IV de seu art. 43, estes dois atos confundem-se, pelo que são realizados no mesmo momento.

Data venia, não se pode concordar com a observação de Marçal Justen Filho, que propugna a impossibilidade de desclassificação de proposta por efeito de inexeqüibilidade.[15] Ora, além da expressa disposição

15. Marçal Justen Filho, ob. cit., p. 700.

contida no inc. XII do art. 4º é despropositado obrigar a Administração a celebrar contrato que saiba ser futuramente descumprido, sem respeitar os princípios da indisponibilidade do interesse público, da eficiência e da competitividade, sob o argumento de celeridade.

36. Após verificar a aceitabilidade da proposta, o pregoeiro deve abrir o envelope com os documentos de habilitação do primeiro classificado. Se ele não atende às exigências do edital, é desclassificado. Então, passa-se a analisar a documentação do segundo colocado e assim sucessivamente até a apuração de uma proposta compatível ao edital, elaborada por licitante habilitado, que será declarado vencedor do certame. (art. 4º, incs. XIII, XV, XVI e XVII).

37. Situação pitoresca, porém que deve vir a ocorrer com freqüência, é aquela em que todos os proponentes convocados a fazerem os lances verbais sejam inabilitados ou têm suas propostas desclassificadas. Nesta situação, diante da ausência de específica e clara disposição legal, pode-se cogitar as seguintes alternativas:

A primeira opção é verificar as condições de habilitação dos demais licitantes — que não ofereceram lances verbais — e de aceitabilidade de suas propostas, em ordem sucessiva, conforme o preço ofertado, determinando-se o vencedor. Nestes termos, nem sequer se confere ao vencedor da licitação oportunidade de oferecer lances verbais, desnaturando os propósitos do procedimento erigido na modalidade.

A segunda opção é considerar a proposta apresentada com o menor preço, dentre aquelas oferecidas pelos licitantes não convocados a oferecerem lances verbais, e, a partir dela, se verificar quais as demais propostas não ultrapassam 10% (dez por cento) de seu valor ou as três melhores propostas, sucessivamente, e convocar todos estes proponentes a fazerem lances verbais, repetindo-se para eles, a partir daí, todo o procedimento.

A terceira opção é aplicar o § 3º do art. 48 da Lei n. 8.666/93 aos licitantes inabilitados ou aos que tiveram suas propostas desclassificadas, conferindo a eles o prazo de 8 (oito) dias úteis para escoimarem os vícios apresentados. Caso não o façam, só restaria realizar novo certame.

Todas as três opções são inadequadas. Dentre elas, em tributo ao texto do inc. XVII do art. 4º da Medida Provisória vertente, deve-se proceder de acordo com a primeira opção, isto é, verificar a habilitação do licitante e a aceitabilidade da melhor proposta, mesmo sem oferecer lances verbais, e, se ela observar os ditames editalícios, declarar vencedor da licitação o seu proponente.

38. Deste novo procedimento relativo à modalidade pregão, três inovações se destacam, quais sejam, o deslocamento das fases de verificação da aceitabilidade das propostas e de habilitação dos licitantes, bem como a possibilidade de oferecimento de lances verbais.

39. A inversão da fase de habilitação constitui-se reclame de expressiva parcela da doutrina nacional.[16] Com ela pretende-se conferir agilidade ao certame, evitando-se intermináveis recursos interpostos reciprocamente por todos os licitantes. Sucede que, na modalidade pregão, se apura primeiro a melhor proposta para, tão-só posteriormente, as condições pessoais do proponente. Daí os recursos são dirigidos apenas contra um proponente (o melhor classificado), não contra todos.

40. Em sentido contrário à corrente de entusiastas dessa inversão procedimental, Celso Antônio Bandeira de Mello levanta razões de ordem lógica, de ordem legal, e princípios fundamentais da licitação.[17] Segundo ele, em apertada síntese, a ordem preestabelecida nas modalidades tradicio-

16. Dentre outros, confira-se: Jessé Torres Pereira, ob. cit., p. 357.

17. Celso Antônio Bandeira de Mello, *Licitação*, p. 52.

nais evita que a classificação das propostas influa na apreciação dos documentos relativos à habilitação, o que comprometeria a objetividade e a isonomia.[18]

41. Trata-se de advertência em tudo pertinente. Há sério risco, para a Administração, de, ao colher excepcional proposta, tender a flexibilizar os critérios de habilitação ou mesmo, de (in)exeqüibilidade, atirando ao limbo a isenção e a objetividade indeclinável em licitação pública.

Vale lembrar que, se o contratante não for hábil ou a proposta for inexeqüível, nada obstante se pretenda agilizar e simplificar o procedimento, ferido de morte fica o interesse público. De nada adianta licitação rápida e preço baixo se combinado com contrato descumprido ou mal-executado.

42. Noutro tópico, o instituto da licitação pública sempre recebeu críticas em tributo à rigidez procedimental, que não permite à Administração negociar os seus contratos, obtendo condições mais favoráveis do que aquelas inicialmente propostas. Entretanto, esta rigidez é algo inerente ao princípio da indisponibilidade do interesse público, da isonomia, da moralidade e de todos os demais que tenham por escopo assegurar a eqüidade nas relações do Poder Público com terceiros.

43. Sem embargo, a modalidade pregão, mesmo sem admitir a negociação, oportuniza a renovação das propostas mediante o oferecimento de lances verbais, objetivando minimizar o preço inicialmente ofertado à Administração.

Essa inovação, que à primeira vista não implica maiores aprofundamentos, repercute na própria essência da doutrina sobre licitação pública e contratação administrativa.

44. É consolidada nos bancos acadêmicos a clássica lição de Marcelo Caetano, segundo a qual as propostas encaminhadas à Administração devem ser sérias, firmes e concretas.[19] Quer-se pressupor, como condição de participação em licitação, que os interessados avaliem com precisão e zelo o teor de suas propostas, empreendendo análise acurada daquilo que podem ou não oferecer, calculando a margem de lucro que lhes é possível e exeqüível.

Com a previsão de oferecimento de lances verbais, comprometem-se, sem dúvida alguma, o rigor e a seriedade das propostas. No afã de celebrar o contrato, envolto no clima de uma disputa aberta que será decidida naquele momento, não se pode imaginar que todos os licitantes mantenham a serenidade e calculem adequadamente as condições de exeqüibilidade dos lances ofertados, antevendo seus efeitos econômicos e operacionais.

Corre-se, mais uma vez, risco considerável. Não interessa à Administração preço abaixo do razoável, do justo. Interessa-lhe, apenas, preço compatível com o do mercado, que possa ser mantido e cumprido.

Reveste-se de especial relevância, a propósito, o inc. XII do art. 4º, que prevê, após a apuração do lance de menor valor, o exame de sua aceitabilidade, exigindo, imperativa e expressamente, que a decisão seja motivada.

45. Transparece, na sistemática da Medida Provisória sob comento, inesgotável sanha pelo menor preço, deixando em segundo plano outros aspectos igualmente importantíssimos para o regime licitatório. A maior prova disto é a previsão de oferecimento de lances verbais, que se constitui em faculdade de renovação das propostas inicialmente apresentadas.

Adilson Abreu Dallari, sob as luzes da legislação anterior à Medida Provisória n. 2.026/2000 e com decalque em Marienhoff e Alcides Greca, enfatiza: "Graças à lucidez dos juristas brasileiros que perceberam em tempo o perigo da exagerada importância do fator preço, não vingou entre nós uma

18. Ibidem.

19. Marcelo Caetano, *Princípios Fundamentais do Direito Administrativo*, pp. 233-234.

prática existente em outros sistemas, qual seja, a da melhoria das propostas. Em síntese, por meio desse expediente, após a classificação das propostas apresentadas, abria-se novamente a licitação, em busca de alguém que 'cobrisse' a melhor proposta classificada, isto é, que oferecesse um preço ainda menor do que o ofertado pelo melhor licitante".

Marienhoff verbera a chamada melhoria das propostas, dizendo que ainda que ela seja admitida pela legislação não deve ser utilizada, em virtude de sua inconveniência. Invocando o apoio de Alcides Greca, aponta três aspectos negativos: a) afasta proponentes sérios por propiciar a concorrência desleal daqueles que à última hora procuram obter vantagens de maneira não muito escrupulosa; b) desnatura o procedimento da licitação, cujo resultado já não é decisivo, uma vez que assegura aos perdedores uma igualdade de situação com os verdadeiros ganhadores; c) implica premiar a quem, tendo podido oferecer preço mais baixo, não o fez desde o primeiro momento, para tentar obter um lucro indevido à custa da Administração.[20]

46. A Medida Provisória criou mecanismo que desencoraja o licitante a propor inicialmente o menor preço, haja vista que há possibilidade de renová-lo. Aliás, é até prudente não propor de plano o menor preço, guardando fôlego para a disputa verbal.

No entanto, pode-se antever hipótese em que o oferecimento de lances verbais seja tímido, sem que o licitante melhor classificado seja forçado a oferecer o seu menor preço. Então, tudo o quanto se fez para aferir o menor preço, em análise detida, enseja quantia mais elevada do que aquela que seria inicialmente proposta, o que revela ineficiência.

47. Em que pese o alto risco defluente da inversão das fases do procedimento e do oferecimento de lances verbais, deve-se conter o pessimismo.

20. Adilson Abreu Dallari, ob. cit., p. 145.

As ressalvas e as críticas acima formuladas servem como advertência: expõe-se o que de ruim pode advir da modalidade pregão, advertindo os agentes administrativos e os interessados na área sobre os pontos que merecem especial atenção e que devem ser com rigor controlados.

Não há lei bastante para impedir, de forma absoluta, desvios de conduta. Pode-se somente evitá-los, controlá-los e reprimi-los.

A Medida Provisória n. 2.026/2000 admite sérios riscos. Neste sentido é imprudente esperar que o curso dos fatos seja benevolente com a incúria legislativa nacional. Urge incrementar os meios de controle.

48. Por enquanto, para a apreciação da habilitação e da (in)exeqüibilidade, deve-se contar com a veemente fiscalização dos demais licitantes e da presteza dos agentes administrativos.

Quanto aos perigos decorrentes da faculdade de renovação das propostas, acentua-se que apenas alguns dos proponentes são convocados a oferecer lances verbais. Ou seja, para renovar a proposta, é necessário que ela tenha se classificado entre as de menor valor, evitando preços por demais elevados.

5.3 Recursos

49. Somente depois de declarado o vencedor da licitação, os licitantes poderão interpor recursos administrativos, desde que manifestem na própria sessão, de modo imediato e motivadamente, a intenção de recorrer (art. 4º, inc. XX).

Uma vez exposta a intenção de recorrer, confere-se o prazo de 3 (três) dias úteis para os recorrentes apresentarem suas razões, ficando os demais licitantes, desde logo, intimados para apresentar contra-razões em igual número de dias, que começaram a correr no término do prazo conferido ao primeiro, sendo-lhes assegurado vista imediata dos autos (art. 4º, incs. XVII e XX).

50. Esse novo procedimento, na esteira de toda a Medida Provisória, pretende encurtar os prazos e reduzir formalidades. A idéia — venhamos e convenhamos —, é interessante, contudo algumas ponderações devem ser anotadas.

51. Sob a perspectiva da exigência de manifestação imediata e motivada de o licitante recorrer, é de bom alvitre delimitar a abrangência desta *motivação*.

Obviamente, o licitante não precisa tecer detalhes de seu recurso, o que será feito mediante a apresentação das razões. Contudo, terá que, na mais tênue hipótese, delinear seus fundamentos.

Imagine-se o caso em que, tendo manifestado o interesse de recorrer na forma da Lei, o licitante só se apercebe de uma irregularidade posteriormente, uma vez que não a enunciou em sua motivação, ou, ainda, o caso em que o licitante se equivocou em delinear os motivos de seu recurso.

Nessas hipóteses, se o recurso administrativo for aceito sob motivo diverso daquele aduzido na sessão, esta exigência perde por completo o seu sentido. Para resguardar seus direitos, todos manifestariam a intenção de recorrer, invocando qualquer motivo, bastando utilizar outros na exposição das razões.

Há estrita vinculação entre os motivos esposados na sessão e os que devem constar nas razões.

52. É certo que, com isso, o legislador aumentou as chances de levar a insatisfação de licitantes às barras dos Tribunais.

É certo, também, que não é muito inteligente provocar a intervenção do Poder Judiciário. Se a irresignação do licitante for procedente, é a Administração a maior interessada em tomar conhecimento dos fatos e aprumar sua conduta à legalidade, além do que, como é cediço, se evitam despesas judiciais, honorários e outros malefícios.

Talvez o legislador tenha contado com a redobrada cautela das autoridades e do pregoeiro, como também com o fato de que muitos licitantes não levam seus direitos às últimas conseqüências (não se quer dizer que isto se harmonize com o interesse público).

O fato é que os motivos do recurso não podem se apartar daqueles declarados previamente em sessão pública.

53. Essa opção talvez não seja a mais apropriada para a Administração, porém, para advogados, nada poderia ser melhor.

O licitante prudente terá que contratar um advogado para acompanhá-lo na sessão, a fim de lhe expor sob quais motivos os recursos serão interpostos, e, noutro vértice, o licitante imprudente terá que contratar um advogado para tomar as medidas judiciais cabíveis.

A prudência e a imprudência passam inarredavelmente pela contratação de advogados.

5.4 Adjudicação e homologação

54. A Medida Provisória pôs fim ao debate doutrinário sobre a relação de precedência entre a adjudicação e a homologação, acatando a tese de que a adjudicação antecede a homologação.

Com a homologação, o adjudicatário é convocado para assinar o contrato no prazo determinado no edital, sendo que o prazo de validade das propostas é de 60 (sessenta) dias (art. 4º, incs. XX a XXIII e art. 6º).

6. Penalidades

55. Dispõe o art. 7º da Medida Provisória que "quem fizer declaração falsa ou deixar de apresentar a documentação exigida para o certame ficará impedido de contratar com a União e, se for o caso, será descredenciado no SICAF, pelo prazo de até cinco anos, sem prejuízo das multas previstas no edital e no contrato e das demais cominações legais".

56. Sem olvidar da necessária seriedade para participar de licitações, as penalidades estabelecidas pelo artigo supracitado são por demais gravosas. É de se trazer o princípio da proporcionalidade, visando a restringir a incidência plena destas penalidades em consonância ao gravame que reveste a conduta do licitante.

Se a declaração falsa ou a não apresentação de documento for escusável, indevida é tão gravosa penalidade.

7. Considerações finais

57. Partindo-se do pressuposto de *olhar* o texto da Medida Provisória n. 2.026/2000, que institui a modalidade pregão, *com olhos no novo*, imprimindo interpretação favorável a dar efetividade e abrangência à *novidade*, sem eximir-se, por mais paradoxal que seja, de levantar seu nascedouro inconstitucional, defeitos e pontos a serem aprimorados, sublinham-se, com a máxima objetividade, as seguintes considerações:

57.1 A Medida Provisória n. 2.026/2000 é absolutamente inconstitucional, porque não se reveste dos requisitos de urgência e relevância prescritos no art. 62 da Constituição Federal.

57.2 Muito embora a Medida Provisória n. 2.026/2000 devesse ser integralmente extirpada da ordem jurídica vigente, é quase certa a sua permanência.

Dos males o menor: portanto, apesar de inconstitucional, que se interprete o texto dessa Medida Provisória de modo que contribua para a eficiência em licitação pública e contrato administrativo, sempre atentando à legitimidade e à lisura do procedimento.

57.3 A modalidade pregão, instituída pela malfadada Medida Provisória n. 2.026/2000, destina-se à aquisição de bens e à prestação de serviços comuns, que são aqueles cujo padrão de desempenho e qualidade possam ser objetivamente definidos no edital.

57.4 A propósito, a letra da Lei n. 8.666/93 exige que todos os serviços sejam descritos em projeto básico. Infere-se que, se necessário projeto básico para todos os serviços, é evidente que eles não podem ser descritos objetivamente no edital, revelando-se incompatíveis com a nova modalidade.

Todavia, conforme entendimento defendido pela doutrina, nem todos os serviços prescindem de projeto básico, servindo a eles a modalidade pregão.

57.5 Quanto à aquisição de bens — que se denomina *compra* —, não se prevê projeto especial algum, sendo que todos os bens devem ser objetivamente descritos no edital. Daí que toda compra pode ser feita mediante a modalidade pregão.

57.6 A modalidade pregão não depende de valor, o que faz dissipar interesses escusos em parcelar indevidamente a licitação e o contrato.

57.7 A modalidade pregão não alberga licitações avaliadas pelo critério de melhor técnica, pois o padrão de desempenho tem que estar previamente definido no edital, sem que possa sofrer nuanças de acordo com as propostas. Ademais, o próprio procedimento é centrado na disputa sobre o preço, jamais sobre a técnica.

57.8 Toda norma que versa sobre modalidade de licitação é qualificada como norma geral, e, por corolário, como norma nacional, traduzindo incidência em todos os entes da Federação.

Em face disso, apesar de a Medida Provisória declarar ser destinada somente à União, dado que dispõe sobre modalidade (norma geral), abrange todos os entes da Federação.

57.9 O procedimento previsto para essa nova modalidade de licitação é um tanto quanto ambicioso, destacando-se a inversão das fases de habilitação e de aceitabilidade das propostas, bem como a possibilidade de oferecimento de lances verbais e sucessivos com o escopo de reduzir os preços.

Não se pode descuidar da lisura do procedimento, mormente quanto aos riscos provocados pela inversão da fase de habilitação e a seriedade das propostas. Sucede que é intuitivo haver tendência a flexibilizar as exigências de habilitação, se a proposta mais bem classificada consignar preço consideravelmente reduzido, bem como, no oferecimento de lances verbais, com o propósito de reduzir o preço, acabar tornando-o inexeqüível.

57.10 A interposição de recurso administrativo só é admitida se o licitante manifesta sua inconformidade na própria sessão de julgamento, como também, já naquela oportunidade, delineia quais os motivos do futuro recurso. Para o oferecimento das razões, por imperativo lógico, os motivos declarados na sessão devem corresponder aos motivos a serem esposados.

57.11 A penalidade por declaração falsa é por demais gravosa, devendo ser ponderada levando em conta a gravidade ou culpabilidade da conduta praticada pelo licitante.

57.12 A licitação pública precisa ser simplificada, ganhando agilidade e eficiência. A modalidade pregão é uma tentativa neste sentido, entretanto, não se pode esquecer dos princípios da licitação pública, especialmente os da isonomia e da moralidade administrativa. Sanada a eiva de inconstitucionalidade que ofusca suas virtudes e feitos alguns reparos, que a modalidade pregão tenha vida longa, tornando-se de boa utilidade para a Administração Pública.

8. Referências bibliográficas

ATALIBA, Geraldo. "Normas gerais de Direito Financeiro e Tributário e autonomia dos Estados e Municípios", *Revista de Direito Público* 10, São Paulo.

BANDEIRA DE MELLO, Celso Antônio. *Licitação*, São Paulo, Ed. RT, 1985.

BAZILLI, Roberto Ribeiro e MIRANDA, Sandra Julien. *Licitação à Luz do Direito Positivo,* São Paulo, Malheiros Editores, 1999.

CAETANO, Marcelo. *Princípios Fundamentais do Direito Administrativo,* Rio de Janeiro, Forense, 1977.

DALLARI, Adilson Abreu. *Aspectos Jurídicos da Licitação*, 4ª ed., São Paulo, Saraiva, 1997.

JUSTEN FILHO, Marçal. *Comentários à Lei de Licitações e Contratos Administrativos*, 7ª ed., São Paulo, Dialética, 2000.

MENDES, Renato Geraldo. "A nova modalidade de licitação: o pregão — De acordo com a MP n. 2.026/00", *Informativo de Licitações e Contratos*, Curitiba, Zênite, maio/2000.

PEREIRA JÚNIOR, Jessé Torres. *Licitações de Informática*, Rio de Janeiro, Renovar, 2000.

RIGOLIN, Ivan Barbosa e BOTTINO, Marco Tullio. *Manual Prático das Licitações*, 3ª ed., São Paulo, Saraiva, 1999.

A PROTEÇÃO DO REFUGIADO NO ORDENAMENTO JURÍDICO BRASILEIRO: O FUNDAMENTO CONSTITUCIONAL E AS MEDIDAS LEGISLATIVAS E ADMINISTRATIVAS APLICÁVEIS

FERNANDO FERNANDES DA SILVA

Professor Universitário — Pesquisador Convidado do UNIDROIT
(Instituto Internacional para a Unificação do Direito Privado), com sede em Roma
— Mestre em Direito Internacional pela Universidade de São Paulo — Advogado

Introdução. Primeira parte — A gênese dos institutos do asilo e do refúgio: 1. O instituto do asilo; 2. O instituto do refúgio; 3. Os elementos de identidade e de distinção entre ambos os institutos. Segunda parte — Da política nacional de proteção ao refugiado: 1. O princípio constitucional do asilo político; 2. A proteção infraconstitucional do refugiado: 2.1 Conceito e extensão da condição de refugiado; 2.2 Das hipóteses de não-incidência do reconhecimento do refúgio: 2.2.1 As cláusulas de exclusão; 2.2.2 As cláusulas de cessação; 2.2.3 A perda da condição de refugiado; 2.3 Do procedimento administrativo para a apreciação do pedido de refúgio: 2.3.1 O ingresso do estrangeiro em território nacional; 2.3.2 A instrução do pedido de refúgio; 2.3.3 A decisão; 2.3.4 O recurso; 2.4 Os efeitos do Estatuto do Refugiado sobre a extradição e a expulsão. Terceira parte — Da política de assistência ou das soluções duráveis. Conclusões. Bibliografia.

Introdução

Um tratado internacional é um acordo formal e escrito celebrado entre Estados, que busca produzir direitos e obrigações entre os mesmos. Entretanto, a mera assinatura do representante do Poder Executivo assumindo o compromisso internacional do Estado não é o suficiente para garantir a plena aplicação das disposições do tratado. É necessário que cada Estado adote medidas legislativas e administrativas complementares, na forma exigida pelos seus respectivos ordenamentos jurídicos, para que o tratado adquira plena eficácia. Isto porque, as realidades políticas, sociais, econômicas e jurídicas de cada Estado são diversas, e, portanto, os tratados são elaborados, em muitas oportunidades, de forma a assegurar um amplo campo discricionário para os Estados signatários. Os tratados podem resultar, também, de negociações difíceis que geram textos ambíguos, próprios de uma conciliação arduamente obtida. Numa realidade ou outra, o que se conclui é que o tratado dependerá de *medidas complementares* de cada Estado para ser efetivamente aplicado.

Esta realidade levou o constituinte a adotar um artigo específico na Constituição Federal de 1988 (art. 4º) que estabelecesse os princípios do Estado Brasileiro nas relações internacionais. Esta disposição obriga o Estado Brasileiro a adotar medidas internas para a implementação de tratados na ordem jurídica brasileira, desde que consentâneos com tais princípios.

Neste artigo, demonstraremos como um dos compromissos internacionais assumidos pelo Estado Brasileiro é *internalizado*, ou seja, aplicado *através de medidas complementares de cunho legislativo e administrativo*. Trata-se da "Convenção Relativa ao Estatuto do Refugiado" (1951) e o "Protocolo Relativo ao Estatuto do Refugiado" (1967), cujos princípios foram introduzidos em nossa ordem jurídica pela Lei 9.474/97, que disciplinou o instituto do refúgio, uma modalidade de asilo político.

Na primeira parte serão abordados a origem histórica do asilo e do refúgio, a disciplina jurídica de ambos os institutos no plano internacional, e seus elementos de identidade e de distinção.

Na segunda parte o regime jurídico do instituto do refúgio no Direito Brasileiro: as normas constitucionais, legais, e administrativas, que disciplinam a sua concessão, a sua não aplicação, os direitos e deveres do refugiado, bem como, os direitos e deveres do Estado Brasileiro em relação ao refugiado.

Na terceira parte será analisada a política de assistência ao refugiado, prevista na Lei 9.474/97, que se resume nos meios oferecidos para a sua inserção na sociedade brasileira ou outra por ele pleiteada: integração local, reassentamento e repatriação.

Primeira parte — A gênese dos institutos do asilo e do refúgio

Neste tópico, verificaremos que os institutos do asilo e do refúgio são distintos, embora sejam aplicados em situações similares com o mesmo objetivo, qual seja, a proteção de uma pessoa perseguida.

1. O instituto do asilo

Asilo é o termo que indica o lugar oferecido pelo Estado à pessoa que sofre perseguições de outro Estado por motivos políticos. O principal efeito do asilo é a imunidade conferida ao beneficiário que impede a ação do Estado perseguidor. Esta imunidade é circunscrita ao lugar ou ao território do Estado concedente. O instituto do asilo político decorre de uma longa tradição no sentido de proteger e dar dignidade à vida humana.

Leopoldo César Fontenele considera que a origem do instituto do asilo vem da Grécia antiga, onde "as cidades-estados, em seus tratados, estabeleciam a proteção dos santuários comuns e reconheciam neles o direito de asilo para as vítimas de perseguição, para os fugitivos de campos de batalha ou para os sacerdotes, que se consideravam geralmente invioláveis".[1]

O instituto do asilo manteve-se na Roma antiga, reconhecido "nos templos religiosos, dedicados a Vestal Juno, Diana e deuses diversos, nos palácios imperiais, bosques sagrados e proximidades das estátuas de divindades e imperadores".[2]

No âmbito do Direito Internacional contemporâneo, a *Declaração Universal dos Direitos do Homem* (1948) ao consagrar a universalidade do direito à vida, à liberdade e à segurança, prescreveu o asilo como um dos instrumentos de proteção a tais direitos: "Todo homem, vítima de perseguição, tem o direito de procurar e gozar asilo em outros países".[3]

1. Cf. Leopoldo César Fontenele, *Asilo Político — Liberdades Individuais e Direito de Revolução*, p. 2.

2. Cf. Leopoldo César Fontenele, ob. cit., p. 3.

3. Cf. art. 14, § 1º.

No continente latino-americano, a consagração do instituto do asilo é plena, a exemplo da *Convenção sobre Asilo Diplomático* (1954),[4] que disciplina a outorga de asilo "em legações, navios de guerra e acampamentos ou aeronaves militares, a pessoas perseguidas por motivos ou delitos políticos";[5] e a *Convenção sobre Asilo Territorial* (1954)[6] que declara o direito de todo o Estado de "admitir dentro de seu território as pessoas que julgar conveniente",[7] desde que "sejam perseguidas por suas crenças, opiniões e filiação política ou por atos que possam ser considerados delitos políticos".[8]

2. *O instituto do refúgio*

A proteção da pessoa refugiada é mais recente em nossa história, *sendo uma modalidade de asilo*. Segundo José Enrique Fischel de Andrade,[9] a gênese do instituto se deu fundamentalmente em 1921, sob o patrocínio da Liga das Nações — organização internacional antecessora da ONU, que passou a coordenar uma ampla política de proteção e assistência a contingentes populacionais de refugiados que migravam de uma região a outra, em conseqüência da Guerra dos Bálcãs (1912-1914) e da Primeira Guerra Mundial (1914-1918). A título de exemplo, após a Guerra dos Bálcãs, houve uma transferência involuntária de minorias étnicas que perdurou até 1920, da seguinte ordem: "250.000 búlgaros da Romênia, Sérvia e Grécia, 50.000 gregos da Bulgária e 1.200.000 da Turquia".[10]

Esta política, que se manteve até 1938, é denominada de "fase da qualificação coletiva", caracterizada pela proteção dirigida a grupos inteiros de refugiados, que não dispunham de qualquer proteção jurídica, sobretudo em face da perda de suas nacionalidades, a exemplo, dos russos brancos, após a consolidação do regime bolchevique em 1921.[11]

A segunda fase da proteção, denominada de "perspectiva individualista" (1938-1952), privilegiou as convicções pessoais do refugiado como forma de caracterizá-lo como tal, e não em função de sua origem ou participação em grupos étnicos, religiosos ou políticos, como ocorreu anteriormente.[12]

A proteção moderna tem o seu marco jurídico na *Convenção Relativa ao Estatuto do Refugiado* (1951), e posteriormente, no *Protocolo Relativo ao Estatuto do Refugiado* (1967), ambos aprovados sob a égide das Nações Unidas. Em 1950, foi instituído o ACNUR — *Alto Comissariado das Nações Unidas para os Refugiados*,[13] organização vinculada ao sistema desta organização, que passou a elaborar e dirigir políticas de proteção ao refugiado.

Em face destes eventos, verificamos que a proteção internacional do refugiado deixou de ser aplicada através de ações circunstanciais para ser aplicada permanentemente pelo ACNUR e pelos Estados, através da aprovação das duas convenções mencionadas. Gradualmente, esta política tornou-se universal, principalmente, a partir do *Protocolo Relativo ao Estatuto do Refugia-*

4. Celebrada sob a égide da Organização dos Estados Americanos, na 10ª Conferência Interamericana, em 1954.

5. Cf. art. 1º.

6. Também assinada na 10ª Conferência Interamericana de 1954.

7. Cf. art. 1º.

8. Cf. art. 2º.

9. José Enrique Fischel de Andrade, *O Direito Internacional dos Refugiados — Evolução Histórica (1921-1952)*, p. 19.

10. Cf. José Enrique Fischel de Andrade, ob. cit., p. 21.

11. Cf. José Enrique Fischel de Andrade, ob. cit., p. 26.

12. Cf. José Enrique Fischel de Andrade, ob. cit., pp. 26-27.

13. O ACNUR foi instituído pela Resolução 428 (V) da Assembléia Geral das Nações Unidas, de 14 de dezembro de 1950.

do (1967) que considerou como refugiadas pessoas que sofreram perseguições em qualquer época e originárias de qualquer região da Terra. Também, podemos afirmar que esta política tornou-se universal, pelo fato do referido Protocolo ter sido assinado e ratificado por um número expressivo de Estados.

Em suma, a proteção internacional dos refugiados é uma política inserida na agenda internacional contemporânea.

3. Os elementos de identidade e de distinção entre ambos os institutos

Neste tópico, podemos descrever alguns aspectos de identidade e de distinção entre o asilo e o refúgio, para melhor compreensão da aplicação de cada instituto.[14]

Os aspectos de identidade entre ambos os institutos são: a) a proteção da pessoa humana, em face da perseguição; b) a marca humanitária; c) salvo algumas exceções, a proibição da saída compulsória do estrangeiro.

Os elementos de distinção entre ambos os institutos são: a) *do ponto de vista das fontes*, a disciplina jurídica do asilo obedece a tratados internacionais distintos daqueles aplicados ao refúgio, como demonstrado anteriormente; b) *do ponto de vista do local*, o asilo pode ser concedido no Estado de origem do solicitante — p. ex., concessão de asilo nas legações diplomáticas, enquanto o refúgio é concedido em território não pertencente ao país de origem do solicitante; c) *do ponto de vista da extensão*, o asilo é geralmente concedido para a pessoa que sofre perseguições políticas, mas pode haver outros motivos sem que se atenda a critérios objetivos, pois é ato soberano e discricionário do Estado-concedente; e o refúgio, segue critérios objetivos que obrigam o Estado a concedê-lo, quando observadas tais condições — vale dizer a pessoas que possuem um fundado temor de perseguição de ameaça a vida por motivos de raça, nacionalidade, religião, grupo social ou opiniões políticas; d) *do ponto de vista da supervisão*, não há organização internacional que fiscalize o cumprimento da aplicação do asilo, ao passo que no refúgio o ACNUR exerce esta tarefa, além de monitorar a implementação de políticas de assistência; e) *do ponto de vista da assistência*, o asilo, salvo se o Estado estabelecer, não produz nenhuma política de assistência, enquanto o refúgio, nos termos das convenções universais sobre o tema, prevê várias políticas de assistência, entre elas a denominada "integração local".

14. Cf. ACNUR, *Asilo y Refugio — Diferencias y Similitudes*, s/paginação.

Segunda parte — Da política nacional de proteção ao refugiado

A política nacional de proteção ao refugiado é alicerçada juridicamente em três níveis: Constituição Federal, normas infraconstitucionais e as resoluções do *Comitê Nacional para os Refugiados* — CONARE.

1. O princípio constitucional do asilo político

O art. 4º da Constituição Federal de 1988 define os princípios que regem o Estado Brasileiro nas relações internacionais, entre eles o asilo político.[15]

O princípio constitucional do direito de asilo vincula o comportamento do Estado Brasileiro no campo internacional e nacional. Em função de tal princípio, o Estado Brasileiro deve propor e apoiar todas as normas de Direito Internacional que asseguram o direito de asilo, e no Direito Interno, a implementar as regras internacionais de asilo — inclusive aquelas pertinentes ao refúgio, pois se trata de modalidade do asilo — através da ratificação dos tratados perti-

15. Cf. art. 4º, inciso X.

nentes a matéria, bem como, aprovar medidas legislativas e administrativas que possam regulamentar tais tratados, inclusive ampliando seu alcance.

Esta assertiva decorre do pensamento de Geraldo Ataliba que ensinava que os princípios "(...) apontam os rumos a serem seguidos pelos órgãos do governo (poderes constituídos)" e "(...) as linhas mestras da legislação, da administração e da jurisdição".[16]

Portanto, a Lei 9.474/97 resulta de um rumo obrigatório imposto pela Constituição aos poderes constituídos: a obrigação de aprovação de normas jurídicas para a proteção efetiva do refugiado. A Lei 9.474/97 é o corolário da aplicação interna do princípio constitucional do direito de asilo.

2. *A proteção infraconstitucional do refugiado*

A Lei 9.474/97 define as condições pelas quais é concedido o refúgio, bem como, a sua não-incidência, e de forma muito modesta cuida da política de assistência ao refugiado.

2.1 Conceito e extensão da condição de refugiado

Nos termos da Lei 9.474/97, é considerada refugiada[17] toda pessoa que:[18]

a) devido a fundados temores de perseguição por motivos de raça, religião, nacionalidade, grupo social, ou opiniões políticas encontra-se fora de seu país de nacionalidade e não possua ou não queira acolher-se à proteção de tal país;

b) não tendo nacionalidade e estando fora do país onde antes teve sua residência habitual, não possa ou não queira regressar a ele, em função das circunstâncias descritas no item anterior;

c) devido a grave e generalizada violação de direitos humanos, é obrigado a deixar seu país de nacionalidade para buscar refúgio em outro país.

Dispõe a Lei que a pessoa refugiada é aquela que possui "fundados temores de perseguição" (alínea *a*, supra). Esta expressão é fundamental, pois norteia todo o procedimento que poderá culminar com o reconhecimento da condição de refugiado. Deve-se, na avaliação para a concessão do refúgio, privilegiar as declarações do solicitante sobre a situação política e social do seu país de origem, isto é, as suas condições psicológicas que o levam a crer que está realmente sendo perseguido ou que poderá sofrer a perseguição, por motivos de raça, nacionalidade, religião, opiniões políticas ou por pertencer a determinado grupo social. A noção de *grupo social* compreende qualquer categoria de pessoas, cujos membros sofram uma mesma perseguição, a exemplo, das mulheres de certos países que sofrem maus tratos em virtude de preceitos religiosos rígidos.

Excluem-se os desejos de simples mudança de país para conhecer outros hábitos ou culturas, ou alegações sobre as péssimas condições de nível de vida e de emprego, ou seja, o instituto do refúgio não contempla os denominados *migrantes econômicos*.

Embora haja uma caracterização individualista para a concessão do refúgio, pois ela é marcada, sobretudo, pelas reações psicológicas do solicitante em relação ao seu país de origem, pode-se conceder a condição de refúgio a grupos inteiros, pois é necessário agir com máxima urgência diante de casos como guerra civil ou golpe de estado. Interessante neste aspecto, a orientação dada pelo ACNUR: "Assim, adotou-se o procedimento denominado 'determinação coletiva' do estatuto de refugiado, segundo o qual, salvo prova em contrário, cada mem-

16. Geraldo Ataliba, *República e Constituição*, p. 34.

17. Cf. art. 1º.

18. Esta definição decorre da *Convenção Relativa ao Estatuto do Refugiado* (1951), do *Protocolo Relativo ao Estatuto do Refugiado* (1967), e da *Carta de Cartagena*, de 1984.

bro do grupo é considerado, à partida (*prima facie*), como refugiado".[19]

Embora a *Convenção Relativa ao Estatuto do Refugiado* (1951) e o *Protocolo Relativo ao Estatuto do Refugiado* (1967) não possuam dispositivo expresso neste sentido, a Lei Federal 9.474/97 contempla tal hipótese, nos termos da alínea *c* já mencionada.

Este avanço dado pela legislação brasileira é de suma importância para facilitar a concessão de refúgio, pois, constatando-se que o país de origem do solicitante é marcado por grave perturbação de ordem interna, que provoque violência generalizada e a conseqüente violação dos direitos humanos, a concessão daquele benefício é imediata.

Além dos direitos humanos fundamentais previstos nas convenções relativas ao refúgio, outros direitos estão contemplados em vários instrumentos internacionais, entre eles, a *Declaração Universal dos Direitos do Homem* (1948) e o *Pacto Relativo aos Direitos Civis e Políticos* (1966).

A Lei 9.474/97 contém as expressões "encontra-se fora do país de sua nacionalidade" e "fora do país no qual tinha sua residência habitual", essenciais, também, para a avaliação da concessão do refúgio. O refugiado é a pessoa que não consegue obter a proteção do país de sua nacionalidade ou de sua residência habitual. Esta impotência do Estado em protegê-lo é que motiva o pedido de refúgio. Decorre desta assertiva, o denominado refugiado *sur place*. Trata-se da pessoa que já reside em território distinto daquele de seu país de origem, e após um certo lapso de tempo, resolve solicitar a condição de refugiada. Tal fato se deve a mudança de conjuntura política e social que ocorreu no país de origem: "Uma pessoa torna-se um refugiado *sur place* devido a circunstâncias que surjam no seu país de origem durante a sua ausência. Diplomatas e outros funcionários em serviço no estrangeiro, prisioneiros de guerra, estudantes, trabalhadores, imigrantes e outros têm solicitado o estatuto de refugiado durante a sua residência no estrangeiro e têm sido reconhecidos como refugiados".[20]

A Lei 9.474/97, de forma expressa, estende a condição de refúgio ao cônjuge, aos ascendentes e aos descendentes, e também a outros membros da família que dependem economicamente do refugiado.[21] Esta situação é denominada "reunião familiar" e visa a promover a integração do refugiado no território do Estado que o acolheu.

2.2 Das hipóteses de não-incidência do reconhecimento do refúgio

A Lei Federal 9.474/97 possui dispositivos que estabelecem a não-incidência da concessão do refúgio. São as cláusulas de exclusão, cessação e perda da condição de refugiado. As cláusulas de exclusão proíbem ou evitam a concessão do refúgio ao ser solicitado, as cláusulas de cessação e a perda incidem após a concessão do benefício.

2.2.1 *As cláusulas de exclusão* — No caso das cláusulas de exclusão não se beneficia da condição de refugiado o indivíduo que:[22]

a) desfrute de proteção ou assistência por parte de organismo ou instituição das Nações Unidas que não o ACNUR;

b) seja residente no território nacional e tenha direitos e obrigações nacionais relacionados com a condição de nacional brasileiro;

c) tenha cometido um crime contra a paz, um crime de guerra ou um crime contra a humanidade, crime hediondo, participado de atos terroristas ou tráfico de drogas;

19. Cf. ACNUR, *Manual de Procedimentos e Critérios a Aplicar para Determinar o Estatuto de Refugiado*, p. 13.

20. Cf. ACNUR, ob. cit. (nota de rodapé 19), p. 23.

21. Cf. art. 2º.

22. Cf. art. 3º da Lei 9.474/97.

d) seja considerado culpado de atos contrários aos fins e princípios das Nações Unidas.

De acordo com a alínea *a*, uma das condições para a concessão do refúgio é que a pessoa não desfrute da proteção do seu país de origem. Portanto, poderá receber a proteção de outro país, do ACNUR, ou de qualquer outra organização internacional, a exemplo da Cruz Vermelha. Nesta última hipótese, a proteção outorgada por aquela organização internacional torna desnecessária qualquer outra medida de proteção, pois o indivíduo já desfruta de direitos básicos que lhe asseguram a vida, a liberdade e a segurança.

Analisando-se a alínea *b*, verificamos que o mesmo fundamento da alínea *a*: aplica-se à pessoa que já desfruta de direitos e obrigações similares aos nacionais brasileiros, pois estando amparada pelo Estado Brasileiro não necessita de proteção humanitária, entre elas o refúgio. Infere-se do instituto apenas a sua concessão para as pessoas desamparadas, marginalizadas e que usufruem de respeito aos seus direitos humanos fundamentais.

A alínea *c* contempla crimes previstos em Tratados Internacionais e na Lei Brasileira.[23] O refúgio possui um caráter humanitário, de proteção a pessoas pacíficas e que sofrem perseguições. A concessão de refúgio a pessoas que praticaram crimes comuns – tráfico de drogas ou crime hediondo — é uma distorção que as acoberta sob o manto da impunidade. Como se verá adiante, uma das conseqüências do refúgio é a suspensão de qualquer saída compulsória do estrangeiro do país, entre elas a extradição.

Em relação à alínea *d*, temos que a prática de atos contrários aos fins e propósitos da ONU são aqueles que atentam contra a tolerância entre os povos e da convivência pacífica entre eles, como bons vizinhos, e a união de forças para a manutenção da paz e da segurança internacionais.[24]

2.2.2 *As cláusulas de cessação* — Em relação às cláusulas de cessação, a Lei 9.474/97 adotou todos os dispositivos da *Convenção Relativa ao Estatuto do Refugiado* (1951).[25] Cessa o refúgio quando o seu titular:

a) volta a valer-se da proteção do país de que é nacional;

b) recupera voluntariamente a nacionalidade outrora perdida;

c) adquire nova nacionalidade e passa a gozar da proteção do país cuja nacionalidade adquiriu;

d) estabelece-se novamente, de maneira voluntária, no país que abandonou, ou fora do qual permaneceu por medo de ser perseguido;

e) não pode continuar a recusar a proteção do país de que é nacional por terem deixado de existir as circunstâncias em conseqüência das quais foi reconhecido como refugiado;

f) por ser apátrida, estiver em condições de voltar ao país no qual tinha sua residência habitual, uma vez que tenham deixado de existir as circunstâncias em conse-

23. Em relação à primeira categoria, temos as *Convenções de Haia* de 1899 e 1907, que reúnem as "Leis e Costumes de Guerra"; as *Convenções de Genebra* de 1949 (Convenções I a IV), e os *Protocolos Adicionais I e II* de 1977, relativos à assistência humanitária em casos de conflitos armados; a *Declaração Universal dos Direitos do Homem* (1948); a *Convenção para a Prevenção e a Repressão ao Crime de Genocídio* (1948); o *Pacto Internacional sobre Direitos Econômicos, Sociais e Culturais* (1966); o *Pacto Internacional sobre Direitos Civis e Políticos* (1966); a *Convenção contra a Tortura* (1984); e, em âmbito regional, a *Convenção Européia sobre a Repressão do Terrorismo* (1977); além de várias resoluções sobre o tema, aprovadas no âmbito das organizações internacionais. A prática de crime hediondo, a participação de atos terroristas ou de tráfico de drogas estão contemplados na legislação penal pátria.

24. Cf. *Preâmbulo da Carta das Nações Unidas* de 1945.

25. Cf. art. 1º, *C*, 1 a 6.

qüência das quais foi reconhecido como refugiado.

Todas as hipóteses de cessação giram em torno da constatação de que o "fundado temor de perseguição" do refugiado não mais existe. Isto porque, o Estado de origem ou outro Estado podem lhe oferecer as condições de proteção.

2.2.3 *A perda da condição de refugiado* — Ao lado da exclusão e da cessação, a Lei 9.474/97 contempla um capítulo destinado a regulamentar as hipóteses de "perda" da condição de refugiado.[26] São elas:

a) a renúncia;

b) a prova da falsidade dos fundamentos invocados para o reconhecimento da condição de refugiado ou a existência de fatos que, se fossem conhecidos quando do reconhecimento, teriam ensejado uma decisão negativa;

c) o exercício de atividades contrárias à segurança nacional ou à ordem pública;

d) a saída do território nacional sem prévia autorização do Governo brasileiro.

Aqueles que perdem a condição de refúgio com fundamento nas alíneas *b* e *c*, ficam sujeitos à saída compulsória do país, nos termos da Lei 6.815/80 — Estatuto do Estrangeiro. É a hipótese da expulsão, sanção mais severa que a deportação, pois o estrangeiro "que não se retirar é passível de pena consistente geralmente em prisão, expirado o prazo da qual será conduzido à fronteira".[27] Ademais, caso retorne ao território nacional poderá sofrer pena de 1 a 4 anos de reclusão, sem prejuízo de outra expulsão, após o cumprimento da pena.[28]

Esta regra deve ser aplicada com certa dose de relatividade, dependendo das circunstâncias que motivaram a fuga. A pessoa que foge do seu país, pode estar tão temerosa de uma perseguição, que possa acarretar inclusive a sua morte e a de seus familiares, que se utiliza de vários meios, inclusive, ilegais para obtenção da saída, como por exemplo, atravessar a fronteira sem a permissão legal exigida; esconder passaporte ou jogá-lo fora para dificultar sua identificação; forjar declaração de que fora convidada por outro Estado para realizar uma pesquisa de caráter científico e portanto sai "legalmente" do país (*sic*); falsificar passaporte para impedir que, durante a viagem, ao passar por um país que mantenha uma relação diplomática muito próxima com o Estado perseguidor, seja mandado de volta. Assim, segundo certas circunstâncias, a falsificação de documentos, que possa facilitar a sua fuga, é o meio legítimo encontrado para proteger a sua vida. Neste sentido, a hipótese de "perda" contida na alínea *b* deve ser aplicada com absoluta cautela.[29]

Por outro lado, os refugiados que perderem essa condição, em qualquer uma das hipóteses acima, passam a se submeter ao regime jurídico da Lei Federal 6.815/80 — Estatuto do Estrangeiro — sendo que a permanência no Brasil poderá estar condicionada a possibilidade do estrangeiro portar algum tipo de visto emitido pelas autoridades brasileiras.[30]

26. Cf. art. 39, incisos I a IV.

27. Yussef Sahid Cahali, *Estatuto do Estrangeiro*, p. 272.

28. Cf. art. 338, Código Penal.

29. Este comentário está relacionado com o item 2.4 deste trabalho, relativo ao Título V da Lei 9.474/97: "Efeitos do Estatuto de Refugiados sobre a Extradição e a Expulsão".

30. Os vistos previstos pelo Estatuto do Estrangeiro são: a) visto de trânsito: concedido ao estrangeiro que para chegar ao país de destino deva passar pelo território brasileiro; b) visto de turista: concedido ao estrangeiro que venha ao Brasil em caráter recreativo ou de visita e que não tenha finalidade imigratória, nem a intenção de exercer atividade laboral; c) visto temporário: concedido ao estrangeiro para o exercício de atividades enumeradas expressamente pelo Estatuto, a exemplo de viagem cultural ou em missão de estudos, viagem de negócios, na condição de artista ou desportista, na condição de estudante, na condição de correspondente de jornal, revista, rádio, televisão ou agência noticiosa estrangeira, na condição de ministro de confis-

2.3 Do procedimento administrativo para a apreciação do pedido de refúgio

A Lei 9.474/97 disciplina o procedimento para a apreciação do pedido de refúgio feito pelo solicitante.

O CONARE[31] é o órgão competente para apreciar as solicitações de refúgio, e estabelecer os parâmetros da política de proteção ao refugiado no país, que se materializam através de suas resoluções.[32]

O procedimento administrativo compreende as seguintes etapas: o ingresso do estrangeiro em território nacional;[33] a instrução do pedido de refúgio;[34] a decisão;[35] e o recurso.[36]

2.3.1 *O ingresso do estrangeiro em território nacional* — Ao ingressar em território nacional o estrangeiro poderá expressar a sua vontade de solicitar refúgio a qualquer autoridade migratória que se encontre na fronteira. A realidade brasileira demonstra, geralmente, duas vias de acesso para a chegada do refugiado. Ou os refugiados entram, clandestinamente, nos navios dos seus países de origem, e chegam ilegalmente nos portos brasileiros; ou os refugiados saem dos seus países de origem, via aérea, munidos de passaporte e visto, se for o caso, e ao chegarem nos aeroportos brasileiros solicitam o refúgio às autoridades migratórias.

A constatação destes fatos é importante, pois segundo a lei, a solicitação suspende qualquer procedimento administrativo ou criminal pela entrada irregular, instaurado contra o peticionário e seus familiares.[37]

A autoridade migratória ao perceber que o estrangeiro possa ser um refugiado suspende imediatamente a sua *deportação*, embora a sua entrada tenha sido ilegal. Ademais, a própria lei estabelece expressamente que o "ingresso irregular no território nacional não constitui impedimento para o estrangeiro solicitar refúgio às autoridades competente".[38] Da mesma forma são suspensas a *expulsão* e a *extradição*.

são religiosa ou membro de instituto de vida consagrada e de congregação ou ordem religiosa; d) visto permanente: concedido ao estrangeiro que queira fixar-se definitivamente no Brasil; e) vistos diplomáticos, oficial e de cortesia: a critério do Ministério das Relações Exteriores definir os casos de concessão de tais vistos. A regra geral do Estatuto determina que todos esses vistos são concedidos ao estrangeiro para permanecer no Brasil pelo prazo inicial de 90 dias. Portanto, expirado o prazo fixado o estrangeiro pode ser deportado do país, o que não ocorre com os refugiados. Cf. arts. 4º a 21.

31. Nos termos do art. 14, o CONARE é constituído por: I — um representante do Ministério da Justiça, que o presidirá; II — um representante do Ministério das Relações Exteriores; III — um representante do Ministério do Trabalho; IV — um representante do Ministério da Saúde; V — um representante do Ministério da Educação e do Desporto; VI — um representante do Departamento de Polícia Federal; VII — um representante de organização não-governamental, que se dedique a atividades de assistência e proteção de refugiados no país. Atualmente, a representação é exercida por membros da CÁRITAS, entidade católica não-governamental, que tradicionalmente cuida da proteção dos refugiados no Brasil; VIII — um representante do ACNUR, cujo membro participa com direito a voz, mas sem voto.

Segundo o art. 12, compete ao CONARE: "I — analisar o pedido e declarar o reconhecimento, em primeira instância, da condição de refugiado; II — decidir a cessação, em primeira instância, *ex officio* ou mediante requerimento das autoridades competentes, da condição de refugiado; III — determinar a perda, em primeira instância, da condição de refugiado; IV — orientar e coordenar as ações necessárias à eficácia da proteção, assistência e apoio jurídico aos refugiados; V — aprovar instruções normativas esclarecedoras à execução desta Lei".

32. Até maio de 1999, seis resoluções do CONARE foram aprovadas para a regulamentação do procedimento administrativo de apreciação do pedido de refúgio.

33. Cf. arts. 7º a 10.

34. Cf. arts. 17 a 25.

35. Cf. arts. 26 a 28.

36. Cf. arts. 29 a 32.

37. Cf. art. 10 e ss.

38. Cf. art. 8º.

2.3.2 *A instrução do pedido de refúgio* — Esta etapa começa com a solicitação do refugiado apresentada à "autoridade competente". A lei silencia a respeito. A autoridade competente é definida pelo CONARE, podendo ser uma autoridade migratória, a Polícia Federal, ou membros de entidades não-governamentais que, tradicionalmente, cuidam da acolhida de refugiados no Brasil, a exemplo das CÁRITAS de São Paulo e do Rio de Janeiro.

No Brasil, os refugiados são enviados pelas autoridades policiais, ou por entidades da sociedade civil, às CÁRITAS de São Paulo e do Rio de Janeiro, onde o solicitante é *instruído* a formalizar o pedido.

O solicitante, muitas vezes sem quaisquer documentos, é qualificado através do preenchimento de um formulário, do qual constam a sua identificação completa, qualificação profissional, grau de escolaridade do solicitante e membros do seu grupo familiar que o acompanham. Neste formulário há ainda uma narrativa das circunstâncias que o levaram a solicitar o refúgio.

Em seguida, o solicitante submete-se a uma entrevista, na qual relata as circunstâncias e fatos que fundamentam o pedido de refúgio, indicando os elementos de prova pertinentes. A entrevista é a peça-chave da solicitação, pois ela fundamenta toda a análise do pedido.

A Lei 9.474/97 determina que a entrevista seja realizada por representantes do governo indicados pelo CONARE. A Lei, ainda, determina que a autoridade competente informe o ACNUR sobre a existência da solicitação de refúgio, e faculta a esta autoridade a realização de consulta àquela organização para oferecer sugestões que facilitem o andamento do processo.

Neste sentido, o ACNUR, interessado em promover a política de proteção no âmbito da sociedade civil, celebrou com a CÁRITAS de São Paulo e a OAB/SP — Ordem dos Advogados do Brasil, Seccional de São Paulo —, em 12 de maio de 1998, o *Convênio sobre Assistência Jurídica e Entrevistas a Refugiados e Solicitantes de Refúgio*.[39] Nos termos do Convênio, a OAB/SP indica advogados para entrevistar os refugiados e elaborar pareceres. Os pareceres devem conter a análise das declarações do solicitante, a situação política e social do país de origem, e a recomendação final, opinando pela procedência ou não do pedido de refúgio.

Assim sendo, temos que o solicitante de refúgio preenche um formulário e passa por duas entrevistas — uma com representantes do CONARE e outra com os advogados nomeados pela OAB/SP — antes de ter o seu pedido analisado.

As entrevistas e os pareceres promovidos pelos servidores indicados pelo CONARE, e pelos advogados indicados pela OAB, constituem o processo, cuja apreciação é submetida ao CONARE que deverá decidir pela procedência ou não da solicitação de refúgio.

Ainda nesta etapa, é assegurada ao refugiado a permanência no país até a decisão final do processo, mediante protocolo emitido pela Polícia Federal, bem como, o direito à carteira de trabalho provisória para o exercício de atividades remuneradas no Brasil.

2.3.3 *A decisão* — A decisão proferida pelo CONARE será considerada ato declaratório e deverá estar devidamente fundamentada.

Caso haja a decisão positiva do CONARE, o refugiado será registrado junto ao Departamento de Polícia Federal, devendo assinar termo de responsabilidade e solicitar a cédula de identidade de caráter permanente.

2.3.4 *O recurso* — Caso a decisão do CONARE seja negativa, o solicitante tem o direito a recurso encaminhado ao Ministro de Estado da Justiça, no prazo de quinze dias, contados do recebimento da notificação.

39. Convênio semelhante foi celebrado, em 1998, entre o ACNUR, a CÁRITAS do Rio de Janeiro e a OAB daquele Estado.

O recurso tem efeito suspensivo, possibilitando ao solicitante exercer todos os direitos como se refugiado fosse, até a decisão do Ministério da Justiça, podendo inclusive usufruir da carteira de trabalho, e do direito de reunião familiar.

No caso de improcedência do recurso, o solicitante será notificado da decisão e estará sujeito à legislação de estrangeiros, não devendo ocorrer sua transferência para o seu país de nacionalidade ou de residência habitual, enquanto permanecerem as circunstâncias que põem em risco sua vida, integridade física e liberdade, salvo nos casos em que o estrangeiro tenha cometido crime contra a paz, crime de guerra, crime contra a humanidade, crime hediondo ou tenha participado de atos terroristas ou de tráfico de drogas, bem como, tenha sido considerado culpado de atos contrários aos fins e princípios das Nações Unidas.

Embora a lei estabeleça que não cabe recurso em relação à decisão do Ministro da Justiça nada impede que o solicitante de refúgio faça um pedido de *reconsideração*.[40] A reconsideração deve ser endereçada ao próprio Ministro contendo o pedido de reformulação da decisão anteriormente proferida.

2.4 Os efeitos do Estatuto do Refugiado sobre a extradição e a expulsão

Segundo o Estatuto do Estrangeiro as formas de saída compulsória do estrangeiro do Brasil são a deportação,[41] a expulsão,[42] e a extradição.[43-44]

O Título V da Lei 9.474/97 dispõe sobre os *Efeitos do Estatuto de Refugiados sobre a Extradição e a Expulsão*. Um dos efeitos, salvo algumas exceções, é a não aplicação de qualquer dessas medidas ao estrangeiro. Embora a deportação não esteja prevista neste título, a ela também se aplicam tais efeitos por força do disposto no art. 8º da Lei 9.474/97.

A *deportação* é a saída compulsória do estrangeiro em decorrência de irregularidades administrativas na sua entrada ou permanência. Visto com prazo vencido, e inadequação entre a atividade exercida e o visto concedido ao titular são algumas das hipóteses de deportação.

A *expulsão* decorre da prática de atos que atentam contra a "segurança nacional, a ordem política ou social, a tranqüilidade ou moralidade pública e a economia popular, ou cujo procedimento o torne nocivo à conveniência e aos interesses nacionais".[45] Entre as hipóteses expressas da lei, convém mencionar que a prática de fraude a fim de obter a entrada e permanência no Brasil sujeita o autor à expulsão. Entretanto, esta hipótese, como já visto anteriormente,[46] deve ser analisada com absoluta cautela no sentido de evitar que o refugiado possa ser expulso injustamente.

A *extradição* é aplicável ao estrangeiro que cometeu crime no território do Estado de origem, ou que sejam aplicáveis a ele as normas penais deste Estado. Compete ao Supremo Tribunal Federal decidir pela procedência ou não da extradição a pedido do Estado requerente.

O Estado solicitante pode requerer, sob o pretexto de que o refugiado praticou crime comum, sua extradição a fim de reavê-lo e promover a perseguição tão temida pelo solicitante. Neste sentido, a concessão da extradição requer cautela.

40. Para Maria Sylvia Zanella Di Pietro "Pedido de reconsideração é aquele pelo qual o interessado requer o reexame do ato à própria autoridade que o emitiu". Cf. *Direito Administrativo*, p. 484.

41. Cf. arts. 57 a 64.

42. Cf. arts. 65 a 75.

43. Cf. arts. 76 a 94.

44. A respeito da saída compulsória do estrangeiro no Brasil, ver Jacob Dolinger, *Direito Internacional Privado* (Parte Geral), pp. 213-239.

45. Cf. art. 65.

46. V. item 2.2.3 "A perda da condição de refugiado".

Terceira parte — Da política de assistência ou das soluções duráveis

A Lei 9.474/97 prevê as denominadas "soluções duráveis".[47] Elas se constituem numa etapa posterior a regulamentação jurídica do refugiado no Brasil. Tais soluções também estão previstas na *Convenção Relativa ao Estatuto do Refugiado* (1951).

A primeira é a *repatriação* que se caracteriza pelo retorno voluntário do refugiado ao seu país de origem. A não ser que o refugiado não possa recusar a proteção do país de origem, pelo fato de não mais existirem as circunstâncias que determinaram o refúgio — p. ex., o fim de uma guerra civil.

A segunda é a *integração local* que consiste num conjunto de medidas a serem oferecidas pelos Poderes Públicos para o refugiado e sua família permanecerem no Brasil. Neste sentido, "o reconhecimento de certificados e diplomas, os requisitos para a obtenção da condição de residente e o ingresso em instituições acadêmicas de todos os níveis deverão ser facilitados, levando-se em consideração a situação desfavorável vivenciada pelos refugiados".[48]

E a terceira vem a ser o *reassentamento* que compreende a transferência do refugiado localizado no Brasil para outro país. O reassentamento deve ser, sempre que possível, voluntário.

Conclusões

Na primeira parte deste artigo, enfocamos a distinção dos institutos do asilo e do refúgio. Ambos os institutos possuem um caráter humanitário incontestável, mas suas origens são distintas, bem como, as suas fontes e o campo de aplicabilidade.

Na segunda parte, demonstramos os fundamentos constitucionais e legais do instituto do refúgio no Brasil. A Constituição Federal obriga o Estado Brasileiro a adotar todas as medidas legislativas e administrativas para a implementação de tratados pertinentes ao asilo político em nossa ordem jurídica (art. 4º, inciso X). No caso do refúgio, esta implementação foi realizada através da Lei 9.474/97, bem como, pelas resoluções do CONARE, que adotaram os princípios da *Convenção Relativa ao Estatuto do Refugiado* (1951) e o *Protocolo Relativo ao Estatuto do Refugiado* (1967).

A Lei 9.474/97 não cuidou apenas de uma mera regulamentação daquelas convenções, mas introduziu inovações em relação aos princípios tradicionais do refúgio. Em relação às *cláusulas de inclusão* a lei é mais ampla que a *Convenção Relativa ao Estatuto do Refugiado* (1951) e o *Protocolo Relativo ao Estatuto do Refugiado* (1967) ao incluir como hipótese para o reconhecimento do refúgio, a pessoa que se origina de país que sofre "*violência generalizada de direitos humanos*". Esta hipótese já vinha sendo aplicada na prática pelo ACNUR. Outra inovação, digna de nota, é a ampliação dos casos de não-incidência do reconhecimento do refúgio, cujo título recebeu a denominação "da perda da condição de refugiado".

A Lei 9.474/97 instituiu um procedimento administrativo específico para a apreciação do pedido de refúgio. Esta medida torna a aplicação dos princípios das convenções relativas ao refúgio mais efetiva, pois através do procedimento pode-se verificar com precisão e clareza a pertinência da solicitação do refúgio. Por outro lado, confere maior segurança jurídica ao solicitante, que se submete ao princípio, amplamente reconhecido pelo Direito Internacional e pelo Direito Interno da grande maioria dos países, denominado *devido processo legal*.

Em relação à terceira parte, na Lei 9.474/97 não há maiores detalhes sobre as "soluções duráveis". Elas dependem, em grande parte para a sua execução, da atuação das entidades envolvidas na assistência social ao refugiado. Neste aspecto, funda-

47. Cf. arts. 42 a 44.
48. Cf. art. 44.

mentais são os trabalhos executados pelas CÁRITAS de São Paulo e Rio de Janeiro, bem como, outras organizações não-governamentais, com o objetivo de promover a integração local dos refugiados no Brasil.

É de se destacar que a Lei 9.474/97 representa um avanço considerável em relação à política de proteção e assistência ao refugiado no Brasil. Ela é conseqüência direta da ação das entidades representativas da sociedade civil que ao longo dos anos vêm promovendo tal política.

Deste modo, verificamos que em relação à temática dos refugiados, o Brasil tem auxiliado na efetivação das regras de Direito Internacional, pois não somente as recepcionou em seu ordenamento jurídico interno, como também ampliou o seu âmbito de aplicação.

Bibliografia

ACNUR. *Asilo y Refugio — Diferencias y Similitudes.* "Paper" preparado pela Oficina Regional para el Sur de América Latina, 1998.

ACNUR. *Manual de Procedimentos e Critérios a Aplicar para Determinar o Estatuto de Refugiado*, Genebra, jan./1992.

ANDRADE, José Enrique Fischel de. *O Direito Internacional dos Refugiados — Evolução Histórica (1921-1952)*, Rio de Janeiro, Renovar, 1996.

ATALIBA, Geraldo. *República e Constituição,* 2ª ad., atualizada por Rosolea Miranda Folgosi, São Paulo, Malheiros Editores, 1998.

CAHALI, Yussef Sahid. *Estatuto do Estrangeiro*, São Paulo, Saraiva, 1983.

DOLINGER, Jacob. *Direito Internacional Privado* (Parte Geral), 4ª ed., Rio de Janeiro, Renovar, 1996.

DI PIETRO, Maria Sylvia Zanella. *Direito Administrativo*, 7ª ed., São Paulo, Atlas, 1996.

FONTENELE, Leopoldo César. *Asilo Político — Liberdades Individuais e Direito de Revolução*, Brasília, 1994.

GRAU, EROS R. *A Ordem Econômica na Constituição de 1988*, 3ª ed., São Paulo, Malheiros Editores, 1997.

MELLO, Celso D. de Albuquerque. *Direito Internacional Público*, 9ª ed., vs. 1 e 2, Rio de Janeiro, Renovar, 1992.

SILVA, José Afonso da. *Curso de Direito Constitucional Positivo*, 5ª ed., São Paulo, Ed. RT, 1989.

RANGEL, Vicente Marota. *Direito e Relações Internacionais*, 6ª ed., São Paulo, Ed. RT, 2000.

INEXISTÊNCIA DE FORO PRIVILEGIADO PARA AÇÃO CIVIL DE IMPROBIDADE ADMINISTRATIVA

Antônio Souza Prudente

Juiz Federal e Professor da Universidade Católica de Brasília

Não tem procedência a afirmativa de alguns doutrinadores de arribação sobre a incompetência absoluta do Juízo Federal de primeira instância, para processar e julgar ação de improbidade administrativa contra autoridade federal das altas esferas governamentais, tais como o Presidente e o Vice-Presidente da República, Membros do Congresso Nacional, dos Tribunais Regionais Federais, dos Tribunais Superiores, do Tribunal de Contas da União e o Procurador-Geral da República, dentre outros, em face do que determina a Lei n. 8.429/92, constitucionalmente amparada, pois não se cuida, aqui, de *ação penal comum*, a fixar a competência absoluta do Supremo Tribunal Federal, na espécie (CF, art. 102, inc. I, alínea *b*), nem de ação penal especial, para apurar crimes de responsabilidade do Sr. Presidente da República (CF, arts. 85, inc. V e 86, inc. II), do Vice-Presidente da República, dos Ministros de Estado, dos Ministros do Supremo Tribunal Federal, do Procurador-Geral da República e do Advogado-Geral da União, da competência absoluta do Senado Federal (CF, art. 52, incs. I e II), mas de *ação civil* de reparação de danos ao erário público, por supostos atos de improbidade administrativa, do que poderão resultar as sanções cabíveis, no momento oportuno e pela autoridade competente para aplicá-las.

Já é por demais sabida a lição dos administrativistas, na fala de que competência não tem quem quer, mas quem *pode* e *deve* exercê-la, nos *limites da lei.*

A Constituição Federal não dera tal competência ao Supremo Tribunal Federal. Tem-na, contudo, o Juízo de primeiro grau, por força do que determina o art. 109, inc. I, da Constituição Federal.

Não há como afastar o interesse econômico e jurídico da União Federal, em feitos dessa natureza, onde se busca apurar possíveis danos que lhe causara qualquer daqueles agentes públicos, em prejuízo do patrimônio público federal (art. 17, § 3º, da Lei n. 8.429/92).

Os comentários de juristas palacianos sobre a matéria em foco, não me impressionam, nem me convencem e, apesar de sua ampla divulgação no Parlamento e nos Tribunais do País, nunca a ninguém convenceram, senão a seus próprios protagonistas e sectários.

O art. 18 da prefalada Lei n. 8.429/92 apresenta-se taxativo em afirmar a natureza civil da ação de reparação de dano, a que se refere, afastando-se, assim, na espécie, qualquer aplicação analógica de natureza penal, *strictu senso*, em face das normas constitucionais retrocitadas.

A doutrina de Ricardo Antônio Andreucci nos mostra, com clareza solar, que, somente, *de lege ferenda*, poder-se-ia cogitar do crime em tese de "improbidade administrativa".

E, assim, nos explica:

"A improbidade administrativa, na sistemática jurídica em vigor, instituída pela Lei n. 8.429/92, é tratada apenas no aspecto cível, não tendo o legislador se preocupado, até o momento, com a abordagem criminal do tema, não obstante algumas tentativas mais recentes de se reconhecer caráter penal às sanções fixadas.

"Tem se resolvido a questão criminal, com essa lacuna, na análise dos dispositivos já existentes no Código Penal e na legislação complementar, buscando-se a subsunção das condutas em estudo às normas atinentes aos crimes praticados por funcionários públicos contra a Administração.

"Isso faz com que nem sempre, em atenção ao princípio da reserva legal, se consiga obter a efetiva punição do funcionário ímprobo.

"Na reforma penal que se avizinha, entretanto, o crime de improbidade administrativa foi incluído no rol das normas penais incriminadoras, passando essa *novatio legis* a figurar no Título X da Parte Especial do Código Penal ('Dos crimes contra a Administração Pública') — Capítulo I ('Dos crimes cometidos contra a Administração em geral'), art. 318, sob a rubrica 'improbidade administrativa'.

"Assim é que o mencionado artigo dispõe: 'Praticar o funcionário público ato de improbidade, definido em lei, lesivo ao patrimônio público. Pena — Detenção, de seis meses a dois anos, e multa, se o fato não constitui crime mais grave'.

"Esse novo tipo penal tem como objetividade jurídica a tutela da Administração Pública e do patrimônio público, no especial aspecto da garantia da probidade administrativa. A defesa do patrimônio público e dos princípios que regem a administração pública fundamenta-se na disposição constante do art. 1º, parágrafo único, da Constituição Federal.

"Trata-se evidentemente de crime próprio, tendo como sujeito ativo somente o funcionário público, assim entendido aquele que se encaixe nas disposições dos arts. 365 e 366 do Projeto. Nada impede, entretanto, que haja a participação de particular, como co-autor ou partícipe, nos moldes do disposto no art. 30 do Código Penal. Sujeito passivo é o Estado e, secundariamente, o particular eventualmente lesado pelo ato de improbidade" (in *O Crime de Improbidade Administrativa na Reforma Penal*, Editora Plenum, Porto Alegre/RS, 1999).

Evidentemente, os ilícitos civil e administrativo serão apurados na esfera jurisdicional própria, sem interferência na jurisdição penal, para o caso.

Nesta linha de convicção, o Superior Tribunal de Justiça, por unanimidade de sua colenda 3ª Seção decidiu com estas letras:

"Ação ordinária. Antecipação de tutela contra ato de Ministro de Estado. Art. 105, I, da Constituição Federal. Competência originária do Superior Tribunal de Justiça. *Numerus clausus*. Extravasamento. Descabimento.

"I — Ações populares, ações civis públicas, ações cautelares, ações ordinárias, medidas cautelares ainda que nelas figure autoridade jurisdicionada, originariamente, em sede de mandado de segurança, do Superior Tribunal de Justiça, devem ser processadas e julgadas pela instância comum, visto que, 'o regime de direito estrito, a que se submete a definição dessa competência institucional (...) por efeito da Taxatividade do rol constante da Carta Política', autoriza que se afaste, 'do âmbito de suas atribuições jurisdicionais originárias, o processo e o julgamento de causas de natureza civil que não se acham inscritas no texto constitucional' (STF, Pleno, Agravo Reg. em Petição 1.738-2, rel. Min. Celso de Mello, *DJ* 1.10.1999, p. 42).

"II — Não conhecimento da causa com remessa dos autos à Justiça Federal de 1º grau" (Petição 1.143-DF, *DJU* 29.11.1999, p. 119).

Com a mesma inteligência, a Corte Especial do STJ decidiu que "caberá à Justiça Federal de São Paulo, 12ª Vara, julgar o Juiz Délvio Buffulin, ex-Presidente do Tribunal Regional do Trabalho da 2ª Região, acusado de lesão ao patrimônio público, enriquecimento ilícito, ofensa à ordem jurídica e aos princípios da Administração Pública, pelas obras de construção da nova sede do TRT de São Paulo, entendendo o Ministro Relator que *não compete ao STJ processar e julgar, originalmente, a ação civil de improbidade administrativa*" (Reclamação n. 591-STJ/Corte Especial, rel. Min. Nilson Naves, j. 1.12.1999).

No julgamento da Reclamação n. 1.110, de que foi Relator o Min. Celso de Mello, o Supremo Tribunal Federal, decidiu, nestes termos:

"*Ementa*: Senador da República. Inquérito civil. Ação Civil Pública. Medida processual a ser eventualmente adotada contra empresas que estiverem sujeitas ao poder de controle e gestão do parlamentar, até a sua investidura no mandato legislativo. Alegada usurpação da competência originária do Supremo Tribunal Federal. Ausência de plausibilidade jurídica. Medida liminar cassada.

"O Supremo Tribunal Federal — mesmo tratando-se de pessoas ou autoridades que dispõem, em razão do ofício, de prerrogativa de foro, nos casos estritos de crimes comuns — não tem competência originária para processar e julgar ações civis públicas que contra elas possam ser ajuizadas. Precedentes. A competência originária do Supremo Tribunal Federal, por qualificar-se como um complexo de atribuições jurisdicionais de extração essencialmente constitucional — e ante o regime de direito estrito a que se acha submetida — não comporta a possibilidade de ser estendida a situações que extravasem os rígidos limites fixados, em *numerus clausus*, pelo rol exaustivo inscrito no art. 102, I, da Constituição da República. Precedentes."

Com este mesmo entendimento foi decidido o Agravo Regimental em Petição n. 1.738-2, assim redigida a ementa:

"Protesto judicial formulado contra deputado federal. Medida destituída de caráter penal (CPC, art. 867). Ausência de competência originária do Supremo Tribunal Federal. Recurso de agravo improvido. A prerrogativa de foro — unicamente invocável nos procedimentos de caráter penal — não se estende às causas de natureza civil.

"As medidas cautelares a que se refere o art. 867 do Código de Processo Civil (protesto, notificação ou interpelação), quando promovidas contra membros do Congresso Nacional, não se incluem na esfera de competência originária do Supremo Tribunal Federal, precisamente porque destituídas de caráter penal. Precedentes.

"A competência do Supremo Tribunal Federal — cujos fundamentos repousam na Constituição da República — submete-se a regime de direito estrito.

"A competência originária do Supremo Tribunal Federal, por qualificar-se como um complexo de atribuições jurisdicionais de extração essencialmente constitucional — e ante o regime de direito estrito a que se acha submetida — não comporta a possibilidade de ser estendida a situações que extravasem os limites fixados, em *numerus clausus*, pelo rol exaustivo inscrito no art. 102, I, da Constituição da República. Precedentes. O regime de direito estrito, a que se submete a definição dessa competência institucional, tem levado o Supremo Tribunal Federal, por efeito da taxatividade do rol constante da Carta Política, a afastar, do âmbito de suas atribuições jurisdicionais originárias, o processo e o julgamento de causas de natureza civil que não se acham inscritas no texto constitucional (ações populares, ações civis públicas, ações cautelares, ações ordinárias, ações declaratórias e medidas cautelares), mesmo que instauradas contra o Presidente da República ou contra qualquer das autoridades, que, em matéria penal (CF, art. 102, I, *b* e *c*), dispõem de prerrogativas de foro perante a Corte Suprema ou que, em sede de mandado de segurança, estão sujeitas à jurisdição imediata do Tribunal (CF, art. 102, I, *d*). Precedentes" (*DJU* de 1.10.1999, p. 42).

Resta afastada, assim, a alegação de incompetência absoluta do Juízo Federal monocrático para processar e julgar ação civil de *improbidade administrativa*, contra autoridades federais de todos os escalões, à luz dos precedentes jurisprudenciais em referência, com potencial convincente bem superior às razões dos pareceristas palacianos, por imperativo constitucional, em termos taxativos e absolutos, evitando-se, assim, que o Juízo Federal singular se reduza, de vez, às vertentes secantes da diminuta competência do prometido Juízo Federal de pequenas causas, a preencher o vazio de competência que resultará das possíveis Súmulas vinculantes e do autoritário incidente de inconstitucionalidade, no âmbito federal.

Brasília (DF), em 18 de janeiro do ano 2000

APONTAMENTOS DA REFORMA ADMINISTRATIVA

HERALDO GARCIA VITTA

Juiz Federal da 10ª Vara Cível em Curitiba
— Professor da Faculdade Curitiba — Mestrando na PUC/SP

1. Introdução. 2. Normas de licitação e contratação. 3. Princípios constitucionais da Administração Pública. 4. O subsídio e a remuneração dos agentes públicos: 4.1 De ordem geral; 4.2 Os subsídios dos Juízes, dos Promotores e das demais carreiras jurídicas; 4.3 O subsídio do Presidente da República; 4.4 O subsídio dos Parlamentares; 4.5 Subsídio nos Estados; 4.6 Subsídio nos Municípios. 5. A estabilidade. 6. Conclusão.

1. Introdução

A Emenda Constitucional 19/98, denominada "Reforma Administrativa", trouxe modificações constitucionais importantes, embora diversos dispositivos pudessem ser objeto de leis ordinárias, bastantes no sentido de obterem os mesmos resultados. Como a edição de emendas constitucionais está em voga, optou-se pela edição de mais uma, trazendo dificuldades de ordem prática e até mesmo institucional, ao centralizar no Poder Executivo funções da mais alta relevância e ferir direitos e garantias individuais dos cidadãos, tudo em prol da economia dos parcos recursos advindos da receita pública...

Analisaremos alguns temas, de forma sucinta, a ponto de não tentarmos esgotá-los, de maneira categórica e final, na medida em que estão por se definir na doutrina e na jurisprudência pátrias. Importa constatarmos, ainda, que algumas idéias são fruto dos seminários realizados na Sociedade Brasileira de Direito Público, em São Paulo, no Instituto de Direito Administrativo Paulista, e na II Jornada de Estudos Jurídicos da Justiça Federal em Curitiba, este último sob nossa coordenação.

2. Normas de licitação e contratação

Dispõe o art. 22, XXVII:

"Art. 22. Compete privativamente à União legislar sobre: (...);

"XXVII — Normas gerais de licitação e contratação, em todas as modalidades, para as administrações públicas diretas, autárquicas e fundacionais da União, Estados, Distrito Federal e Municípios, obedecido o disposto no art. 37, XXI, e para as empresas públicas e sociedades de economia mista, nos termos do art. 173, § 1º, III."

O dispositivo refere-se à competência privativa da União; e desdobra-se em dois pontos: o primeiro, para legislar sobre normas gerais de licitação e contratação, para as administrações públicas diretas, autárquicas e fundacionais, de todas as entidades políticas, obedecidas as garantias do art. 37, XXI (dispositivo não foi modificado pela emenda constitucional 19/98); o segundo, para legislar sobre normas gerais de licitação e contratação, em todas as modalidades, para as empresas públicas e sociedades de economia mista, nos termos do art. 173, § 1º, III. Este dispositivo estabelece:

"Art. 173. (...).

"§ 1º. A lei estabelecerá o estatuto jurídico da empresa pública, da sociedade de economia mista e de suas subsidiárias que explorem atividade econômica de produção ou comercialização de bens ou de prestação de serviços, dispondo sobre: (...);

"III — licitação e contratação de obras, serviços, compras e alienações, observados os princípios da Administração Pública."

a) Temos de admitir a competência da União também para a edição de normas gerais de licitação e contratação para as estatais "prestadoras de serviços públicos", em que pese a omissão constitucional quanto às empresas públicas e sociedades de economia mista, uma vez que o dispositivo (art. 22, XXVII) referiu-se, na sua primeira parte, apenas às administrações públicas diretas, autárquicas e fundacionais.

b) Mas esta questão leva-nos a outra, igualmente relevante e de percuciente análise constitucional. A segunda parte do dispositivo remete ao art. 173, § 1º, o qual menciona o estabelecimento de estatuto próprio para a empresa pública e sociedade de economia mista e suas subsidiárias, quando explorarem a atividade econômica de produção ou comercialização de bens ou de prestação de serviços. Para nós, no último caso, a expressão "prestação de serviços", refere-se àquela voltada apenas para a atividade econômica, como o são os bancos estatais. Logo, apenas as estatais prestadoras de atividade econômica estariam inseridos na hipótese normativa (art. 173, § 1º), e não as estatais prestadoras de serviços públicos. Com isto, estas devem ter o mesmo trato jurídico da Administração Pública direta, autárquica e fundacional. Em outras palavras: assim como antes, é possível o entendimento sufragado pela doutrina, quanto à diferença de regime jurídico das estatais prestadoras de serviços em relação às estatais que atuam na atividade econômica.

O art. 173, § 1º determina "à lei" o estabelecimento do estatuto jurídico da empresa pública, da sociedade de economia mista, e de suas subsidiárias, quando atuam na atividade econômica; a nosso ver, não seria possível, como muitos admitem, cada entidade ter seu estatuto próprio, notadamente por intermédio de ato administrativo e decretos, por exemplo. Pensamos haver os seguintes caminhos: a) a União edita normas gerais para as estatais que atuem na atividade econômica, de todas as entidades políticas (art. 22, XXVII, parte final); b) cada entidade política (União, Estados, Municípios e Distrito Federal), na órbita de sua competência, edita lei própria, específica e detalhada, criando o estatuto destas estatais; c) a edição de atos administrativos estipuladores de regras procedimentais ocorreria apenas e na medida em que a lei específica (*c*) outorgasse à autoridade competente tais poderes, uma vez estabelecidos os requisitos ou pressupostos por ela. Apenas desta maneira poderíamos obedecer ao princípio da legalidade, aliás, de observância obrigatória, nos termos do mencionado art. 173, § 1º, III, parte final, pois é um dos princípios da Administração Pública, incrustado no art. 37, *caput*, da Constituição Federal.

Logo, são de observância obrigatória, no estatuto das estatais que atuem na atividade econômica, os princípios da Administração Pública, entre os quais, além o da legalidade, como referido, o da isonomia (igualdade), publicidade, eficiência (no sentido, aqui, de produtividade, qualidade, relação custo-benefício, economicidade), impessoalidade, moralidade, razoabilidade, proporcionalidade.

3. Princípios constitucionais da Administração Pública

Neste tópico, abordaremos algumas modificações trazidas pela denominada "Reforma Administrativa"; outras, igualmente inseridas no art. 37, da CF/88, serão oportunamente verificadas, ao analisarmos a remuneração dos servidores públicos. Deixaremos de mencionar alguns incisos do art. 37, da CF/88 ante o teor claro da norma e por não haver dúvidas, a princípio, de sua aplicação.

a) Houve a introdução do princípio da eficiência (art. 37, *caput*), a fim de que a Administração Pública busque resultados satisfatórios na sua atividade, com o menor custo possível. Seria a relação custo-benefício, na atividade da Administração Pública; ou seja, análise da produtividade e da qualidade do serviço prestado à população, com o menor custo possível (economicidade), além do respeito ao orçamento, à lei de defesa do usuário e ao ordenamento jurídico. Mas este princípio deve ser visto em face a um interesse maior: o da comunidade. Muitas vezes, a atuação estatal vê-se compelida a destinar volumes de recursos a determinado programa governamental, em detrimento do ponto de vista econômico e, dessa maneira, não permitir à população falta dos bens e recursos necessários à sua sobrevivência. Esta dimensão de endereçar recursos públicos para as necessidades básicas do cidadão, mesmo em havendo, sob o prisma econômico, gastos excessivos, não correspondendo à relação custo-benefício, tem respaldo no princípio da eficiência, porque tal princípio não pode ser entendido apenas no sentido da "economicidade", senão também quanto ao aspecto valorativo das necessidades humanas, sobretudo num país ávido por empregos e salários justos. Parece-nos, então, que o princípio referido não pode ser visto somente sob o prisma econômico, mas, igualmente, em face dos valores protegidos pela Lei Maior, como os descritos no art. 1º e outros, esparsos na Carta. Finalmente, tal princípio (o qual, na verdade, reporta-se à ciência da administração, mediante os adjetivos "qualidade e produtividade" no serviço público) é apenas um "meio" para a realização do serviço prestado pelo Estado, não é um "fim em si mesmo".

b) O inciso II do art. 37, ao referir-se a concurso público de provas ou de provas e títulos, de acordo com a natureza e a complexidade do cargo ou emprego, na forma prevista em lei, merece alguns apontamentos. Primeiro, a "natureza e a complexidade" do cargo ou emprego exigirão do legislador ordinário (de cada órbita estatal, segundo o lugar em que for realizado o concurso) critérios de "razoabilidade e proporcionalidade", em vista dos fins a que se destina o concurso. A discricionariedade legislativa, se assim podemos nos expressar, está balizada, limitada a tais critérios, sob pena de "inconstitucionalidade". Além disso, apenas a lei (e não atos administrativos) poderá moldar a forma e a constituição dos requisitos exigidos para a realização do concurso público. E se aquela "delegar" ao administrador esta atividade legiferante, pensamos haver inconstitucionalidade. Finalmente, cumpre lembrar da possibilidade de o legislador (apenas ele, e não o administrador, por meio de ato administrativo) estabelecer "requisitos diferenciados de admissão quando a natureza do cargo o exigir" (art. 39, § 3º).

c) No mesmo entendimento, o inciso V, do art. 37, estabelece duas regras importantes: a) as funções de confiança serão exercidas apenas (exclusivamente) por servidores ocupantes de cargo efetivo; b) os cargos em comissão serão preenchidos por servidores de carreira, nos casos, condições e percentuais mínimos previstos em lei. Esta lei, específica de cada ente político estatal, precisa ser razoável; isto é, para poder estabelecer os percentuais necessários ao preenchimento da exigência constitucional, o Legislativo deverá atuar com bom senso, segundo critérios de proporcionalidade, em face da realidade jurídico-administrativa da entidade política. Não teria sentido, com efeito, o Poder Legislativo condicionar percentual mínimo de pouca expressão constitucional. Exige-se mais. Moralidade administrativa, no estabelecimento do percentual, dos casos e das condições para o preenchimento dos cargos em comissão.

O mesmo dispositivo constitucional, na parte final, *em relação às duas hipóteses acima referidas*, estabelece sua destinação: direção, chefia e assessoramento — logo, as funções de confiança, exercidas exclusivamente por servidores ocupantes de cargo efetivo serão destinadas às atribuições de direção, chefia e assessoramento; os cargos em comissão, preenchidos por servidores de carreira, nos casos, condições e percentuais mínimos previstos em lei, destinam-se às atribuições de direção, chefia e assessoramento.

Entendemos ser auto-aplicável a primeira parte do dispositivo, não necessitando de lei que complete a vontade constitucional; a segunda parte, porém, requer alguns cuidados especiais. De fato, ainda que não haja lei estabelecendo os percentuais mínimos necessários aos servidores de carreira, os cargos em comissão deverão, necessariamente, destinar-se às atribuições de direção, chefia e assessoramento, pois, quanto a este aspecto, a norma constitucional é clara e prescinde de norma ordinária que lhe dê eficácia.

d) Apenas para não deixarmos em branco, o inciso VII, do art. 37, ao condicionar o direito de greve (dos servidores) aos termos e aos limites definidos em lei específica, leva-nos às seguintes conclusões: a) não se exige mais lei complementar (antes da emenda, era necessária); b) a lei específica será debatida, pela doutrina e jurisprudência, em vários sentidos, entre os quais: editada por cada ente político, na órbita de sua administração; ou lei federal, de aplicação a todos os entes políticos, cunhando-se a expressão "lei específica" no sentido de "exclusividade no tema" — lei cujo teor deverá abordar apenas a greve dos servidores públicos federais, estaduais ou municipais; ou lei para determinada categoria de servidor público.

A princípio, segundo pensamos, a lei deveria ser editada pela entidade política interessada, a fim de preservarmos a autonomia administrativa da União, dos Estados, e dos Municípios. Cada entidade política editaria a norma legal de aplicação apenas a seus servidores.

e) O art. 37, § 8º da Constituição Federal tem a seguinte redação, vale a pena transcrevermos:

"Art. 37. A Administração Pública direta e indireta de qualquer dos Poderes da União, dos Estados, do Distrito Federal e dos Municípios obedecerá aos princípios da legalidade, impessoalidade, moralidade, publicidade e eficiência e, também, ao seguinte: (...);

"§ 8º. A autonomia gerencial, orçamentária e financeira dos órgãos e entidades da administração direta e indireta poderá ser ampliada mediante contrato, a ser firmado entre seus administradores e o poder público, que tenha por objeto a fixação de metas de desempenho para o órgão ou entidade, cabendo à lei dispor sobre:

"I — o prazo de duração do contrato;

"II — os controles e critérios de avaliação de desempenho, direitos, obrigações e responsabilidade dos dirigentes;

"III — a remuneração do pessoal."

Trata-se de "contrato" firmado entre a Administração Pública direta e indireta e seus administradores, quanto à "ampliação" da autonomia gerencial, orçamentária e financeira dos órgãos e entidades do poder público, cabendo à lei (de cada ente político) dispor sobre o prazo de duração do contrato, os controles e critério de avaliação de desempenho, direitos, obrigações e responsabilidade dos dirigentes, a remuneração do pessoal.

Houve intenção, a nosso ver, de estender o princípio da eficiência, insculpido no art. 37, *caput*, à equivalência de "resultados específicos" em determinadores setores da Administração.

Algumas observações temos de fazer. Essa autonomia não reflete o princípio da legalidade, também contido no *caput*, do art. 37. A competência na Administração Pública está toda baseada na lei; sabe-se, o administrador age segundo e de acordo com a autorização legal. Na hipótese, estabelecida no dispositivo comentado, por intermédio de "um contrato", firmado entre os administradores e o poder público, haveria a ampliação da autonomia gerencial, orçamentária e financeira dos órgãos da Administração Pública. Com isto, estaríamos possibilitando caminho tortuoso da modificação da competência gerencial, orçamentária e financeira da administração por meio de instrumento jurídico diferente da lei.

Seria, como chegam a dizer alguns doutrinadores, "modalidade de contrato de gestão", firmado entre o poder público e seus administradores, uma situação extremamente diferente do que sempre pregou a doutrina, pois os órgãos públicos, como se sabe, são simples centros de competência e não têm personalidade jurídica; um "acordo" entre o órgão e o Poder Público não teria sentido. Além do mais, a hierarquia existente na Administração Pública seria suficiente para determinar a busca de resultados satisfatórios ao interesse público (art. 37, *caput*), com base na lei. Se o servidor, ocupante de cargo público, incrustado no órgão, não atender à determinação superior, seria punido, bastando invocarmos o poder disciplinar, inerente à Administração Pública. Logo, parece-nos que a única finalidade do dispositivo é a de abrir exceção constitucional ao princípio da legalidade, cláusula pétrea, nos termos do art. 5º, II, c/c o art. 60, § 4º, IV, da CF/88. Muitas discussões surgirão, com absoluta certeza.

É patente, no entanto, entendermos este dispositivo constitucional mediante interpretação conjunta com as demais normas postas pela Constituição Federal, especialmente as inseridas pela Emenda 19/98 (por exemplo, a nova redação do art. 169): todas as regras relacionadas a finanças, orçamentos, remuneração de pessoal etc. devem ser cumpridas e observadas na realização deste "contrato" e na edição da lei a ser editada. Não se pode concluir, apressadamente, por força do art. 37, § 8º, a ocorrência de exceção às normas constitucionais limitadoras da atuação governamental.

4. O subsídio e a remuneração dos agentes públicos

4.1 De ordem geral

4.1.1 O inciso X do art. 37 cuida da fixação e revisão da remuneração e dos subsídios: serão realizadas apenas por lei específica, observada a iniciativa privativa em cada caso, assegurada revisão geral anual, sempre na mesma data e sem distinção de índices. Apenas a lei e somente ela poderá fixar ou alterar a remuneração dos servidores públicos e o subsídio a que faz jus determinados agentes públicos.

4.1.2 O inciso imediato, XI, trata do que a doutrina vem denominando de "teto" da remuneração e do subsídio dos agentes públicos, de todas as entidades políticas, das autarquias e das fundações: não poderão exceder o subsídio mensal, em espécie, dos Ministros do Supremo Tribunal Federal. Há uma ressalva, a do § 9º: o referido teto remuneratório aplica-se às empresas públicas e às sociedades de economia mista, e suas subsidiárias, *apenas* se receberem recursos da União, dos Estados, do Distrito Federal ou dos Municípios, para pagamento de despesas de pessoal ou de custeio em geral.

O inciso XI, do art. 37, deve ser analisado em face do § 4º, do art. 39, no qual determina o pagamento de subsídio mensal, fixado em parcela única, vedado o acréscimo de qualquer verba, a membro de Poder, detentor de mandato eletivo, Ministros de Estado e os Secretários Estaduais e Municipais, obedecido o art. 37, X e XI (acima).

Em face destes dois incisos, algumas considerações podemos fazer. Primeiro, a de que a fixação do teto não respeita os direitos adquiridos, devendo toda e qualquer remuneração ou subsídio fixar-se nos novos patamares constitucionais. Com efeito, dispõe o art. 29 da emenda: "Os subsídios, vencimentos, remuneração, proventos da aposentadoria e pensões e quaisquer outras espécies remuneratórias adequar-se-ão, a partir da promulgação desta Emenda, aos limites decorrentes da Constituição Federal, não se admitindo a percepção de excesso a qualquer título". Muitos doutrinadores refutam este entendimento (o da prevalência da emenda constitucional sobre os direitos adquiridos), com argumentos jurídicos fortes e de certa medida coerentes. Realmente, o órgão elaborador da emenda constitucional, o Poder Constituinte Derivado, não pode ferir "direito adquirido"; trata-se de cláusula pétrea, insculpida, entre nós, no art. 60, § 4º, IV, da CF/88, na medida em que o direito adquirido é garantia individual, nos termos do art. 5º, XXXVI, da CF/88. Embora este último dispositivo reporte-se à "lei", poder-se-ia considerá-la de maneira ampla, no seu sentido maior, o de norma e, como tal, a emenda constitucional, como norma jurídica, sobretudo editada pelo órgão reformador da Constituição, e não pelo que a elaborou, deveria respeitar todos os direitos adquiridos, isto é, os que se incorporaram no patrimônio das pessoas. Na realidade, não se pode ter direito adquirido contra a Constituição; mas, o mesmo não ocorre em relação à emenda constitucional, perante a qual os direitos adquiridos devem ser respeitados.

De todo modo, acrescentamos, a possibilidade de pagamento de "indenizações", afora o subsídio, como diárias e ajuda de custo a tais agentes públicos, e da indenização a que fazem jus os parlamentares, quando da realização da sessão extraordinária, como veremos.

4.1.3 A outra questão relacionada ao inciso é por conta do art. 39, § 3º, segundo o qual:

"Art. 39. (...).

"§ 3º. Aplica-se aos servidores ocupantes de cargo público o disposto no art. 7º IV, VII, VIII, IX, XII, XIII, XV, XVI, XVII, XVIII, XIX, XX, XXII e XXX, podendo a lei estabelecer requisitos diferenciados de admissão quando a natureza do cargo o exigir."

Ora, se fôssemos entender a expressão "servidores ocupantes de cargo público" de forma apenas literal, os agentes públicos que tem direito a subsídio não poderiam obter os direitos sociais enunciados na norma jurídica; haveria exclusão de tais benefícios aos agentes políticos e aos juízes, por força do § 4º, do mesmo art. 39. Esta interpretação não se afeiçoa aos ditames de uma Constituição democrática (art. 1º), a qual tem como fundamento, entre outros, a dignidade da pessoa humana; e o princípio da isonomia como um dos pilares desta sustentação democrática (art. 5º, *caput*; art. 37, *caput* — impessoalidade). A exclusão de direitos sociais dos agentes "detentores de poder" não tem razão de ser, diante de uma interpretação sistemática mais ampla, interpretação esta realizada em consideração do conjunto de normas constitucionais, e não de forma isolada. Aliás, os "detentores de poder" também ocupam cargo público e são servidores públicos. Finalmente, a Constituição Federal permite o pagamento de outras parcelas, como a "indenização" aos parlamentares pela sessão legislativa extraordinária, nos termos do art. 57, § 7º, sobre a qual falaremos mais adiante. Pelo princípio da moralidade administrativa, pensamos, seria acertado o pagamento dos direitos sociais aos magistrados e a outros agentes detentores de poder: se aos parlamentares assegura-se pagamento de valor determinado constitucionalmente (indenização por comparecimento à sessão extraordinária), além do subsídio, é moralmente legítimo o pagamento dos direitos sociais a que se reporta o preceptivo àqueles agentes públicos.

O § 8º do art. 39 é preocupante, pois permite à Administração Pública organizar o sistema de remuneração dos servidores públicos organizados em carreira mediante o pagamento de subsídios, na forma já estudada. Ora, teoricamente, em especial Estados e Municípios, poderão adotar, como regra, o pagamento de subsídios a seus servidores, de maneira a passarem a receber "parcela única", e não vencimento (padrão), mais as vantagens (gratificações, adicionais). Com o tempo, poderá ocorrer a redução gradual da remuneração dos servidores destas administrações.

É importante fixarmo-nos num ponto. Outrora, nos termos do art. 39 da CF/88, antes da emenda, tínhamos o regime jurídico único, com base no qual os servidores públicos da Administração Pública direta, das autarquias e fundações tinham estatuto próprio, estatuindo direitos e deveres. Com a edição da Emenda 19/98, por força da nova redação do art. 39, tem-se entendido, corretamente, ser "faculdade da Administração Pública" a adoção do "regime jurídico único" a tais servidores. Não se cuida de pura extinção deste regime; apenas faculta-se à administração sua adoção, ou não, por lei. O mesmo se pode dizer quanto aos profissionais de ensino, aos quais se têm garantido planos de carreira para o magistério público, piso salarial profissional e ingresso por concurso público de provas e títulos: não há mais a obrigatoriedade (no caso, à União, conforme a redação anterior) da instituição de regime jurídico único.

Parece-nos ser estas as modificações mais importantes, no tocante ao aspecto geral, embora outras tenhamos na redação do art. 37.

4.2 Os subsídios dos Juízes, dos Promotores e das demais carreiras jurídicas

Relativamente aos subsídios dos magistrados, a emenda constitucional deu nova redação ao art. 93, V:

"Art. 93. (...).

"V — o subsídio dos Ministros dos Tribunais Superiores corresponderá a noventa e cinco por cento do subsídio mensal fixado para os Ministros do Supremo Tribunal Federal e os subsídios dos demais magistrados serão fixados em lei e escalonados, em nível federal e estadual, conforme as respectivas categorias da estrutura judiciária nacional, não podendo a diferença entre uma e outra ser superior a dez por cento ou inferior a cinco por cento, nem exceder a noventa e cinco por cento do subsídio mensal dos Ministros dos Tribunais Superiores, obedecido, em qualquer caso, o disposto nos arts. 37, XI, e 39, § 4º."

Ante seu teor, podemos concluir: apenas o subsídio dos Ministros dos Tribunais Superiores tem vinculação imediata com o dos Ministros do Supremo Tribunal Federal, não necessitando de lei infraconstitucional para sua efetivação, embora, a fixação e alteração do subsídio dos Ministros do STF dependam de lei, consoante a norma descrita no art. 48, XV, da CF. Mas, uma vez fixado o subsídio destes, automaticamente, os Ministros dos Tribunais Superiores passarão a receber 95% de seu valor mensal.

O mesmo não ocorre com os juízes das demais carreiras do Judiciário, a nível federal e estadual. Os subsídios destes magistrados serão fixados em lei e escalonados, apesar de haver garantias, na Constituição Federal, quanto à diferença entre as categorias (art. 96, II, *b*, c/c o art. 93, V).

Pode acontecer, e neste país não nos parece fora de propósito, a edição de uma lei estabelecendo subsídio ínfimo aos juízes dos tribunais inferiores; a partir daí, haveria o escalonamento, respeitado o limite da diferença constitucional. O que estamos enfocando, sob o prisma científico, é a perda da garantia da "vinculação constitucional" ("os vencimentos dos magistrados serão fixados com diferença não superior a dez por cento de uma para outra as categorias da carreira, não podendo, a título nenhum, exceder os dos Ministros do Supremo Tribunal Federal" — art. 93, V, antes da emenda constitucional) dos juízes dos tribunais inferiores e de primeiro grau, diante dos Ministros dos Tribunais Superiores.

O subsídio dos magistrados observará o "teto" do art. 37, XI e será pago em parcela única, na forma do art. 39, § 4º. Remetemos aos comentários anteriormente feitos. Entendemos ser obrigatória a revisão geral anual do subsídio dos magistrados, por força do art. 37, X, o qual, embora não conste do art. 93, V, está inserido no art. 95, III ("irredutibilidade de subsídio, ressalvado o disposto nos arts. 37, X e XI, 39, § 4º (...)").

A fixação do subsídio dos Ministros do STF tornou-se imperiosa. Será o teto, o limite remuneratório, em tese, de todos os agentes públicos. Mas sua fixação é complexa: depende de lei, de iniciativa conjunta dos Presidentes da República, da Câmara dos Deputados, do Senado Federal e do Supremo Tribunal Federal (art. 48, XV). Ora, a fixação de um valor justo dependerá da vontade política dos mandatários da Nação — ocupantes de mandatos eletivos, nem sempre atuando em sintonia com os anseios dos servidores públicos. Há quem diga, ainda, a inconstitucionalidade do dispositivo, em face do princípio da separação de poderes (art. 2º). Não nos parece ocorrer esta inconstitucionalidade, pois a "harmonia" existente entre as funções estatais tem pertinência lógica com o sistema adotado. Apenas entendemos ser politicamente inviável o estabelecido pela reforma, por depender de manifestação conjunta dos presidentes dos Poderes da Nação: como ficaria a situação, se houvessem modificações no Congresso Nacional, por emenda ao projeto de lei, e o Presidente da República o vetasse? Além do mais, esta "harmonia" poderia, em tese, deixar de existir, dificultando a relação entre o Presidente da Suprema Corte e os Presidentes da República, da Câmara e do Senado: bastaria, num caso rumoroso e de grande envergadura política, o STF julgar determinada lei inconstitucional, com o apoio de seu presidente, com a qual os mandatários (políticos) não concordassem...

Os membros do Ministério Público, do mesmo modo, passarão a receber subsídios, e não vencimentos: o art. 128, § 5º, *c*, garante a "irredutibilidade de subsídio" (e não de vencimentos, na redação anterior), "fixado na forma do art. 39, § 4º (...)". Devemos verificar que idêntico tratamento foi conferido aos magistrados (art. 95, III). Cabe ao Ministério Público propor ao Poder Legislativo a "política remuneratória e os planos de carreira" (art. 127, § 2º) de seus membros.

Aliás, estamos convictos: os Procuradores dos Estados, os Advogados da União, os Defensores Públicos estão acobertados pelo art. 39, § 4º, e receberão subsídio, conforme a redação do art. 135. Apenas os Procuradores Municipais estão excluídos, a princípio, desta possibilidade.

4.3 O subsídio do Presidente da República

Aplica-se ao Presidente da República o disposto no art. 39, § 4º; receberá subsídio, porque "é membro de Poder e exerce mandato eletivo"; além do mais, é da competência exclusiva do Congresso Nacional fixar os subsídios do Presidente e do Vice-Presidente da República e dos Ministros de Estado (art. 49, VIII).

Uma questão deve ser posta. O art. 49, VIII, ao mencionar a competência congressual de fixar o subsídio do Presidente e do Vice-Presidente da República, além dos Ministros de Estado, não indica de que forma isto poderia ser efetivado. A redação do dispositivo é a seguinte:

"Art. 49. É da competência exclusiva do Congresso Nacional: (...).

"VIII — fixar os subsídios do Presidente e do Vice-Presidente da República e dos Ministros de Estado, observado o que dispõem os arts. 37, XI, 39, § 4º, 150, II, 153, III e 153, § 2º, I."

Ora, a norma jurídica determina a observância dos arts. 37, XI e 39, § 4º, além de outros, mas não a do art. 37, X, com base no qual apenas a lei poderia fixar ou alterar o subsídio. Então, a fixação dos subsídios do Presidente, do Vice-Presidente da República e dos Ministros de Estado far-se-á mediante resolução do Congresso Nacional.

4.4 O subsídio dos Parlamentares

Os parlamentares receberão subsídios (art. 39, § 4º), sem prejuízo, porém, do recebimento de "parcela indenizatória", correspondente à sessão legislativa extraordinária em que atuarem, a qual não será em valor superior ao do subsídio mensal (art. 57, § 7º). Por conseguinte, os parlamentares, durante a sessão legislativa extraordinária receberão: a) subsídio mensal, fixado por resolução do Congresso Nacional, nos termos do art. 49, VII; b) parcela indenizatória, fixada em resolução do Congresso Nacional, e podendo ser inferior ou igual ao valor do subsídio mensal, conforme o art. 57, § 7º.

Como mencionado, o deputado ou senador independerá de lei para a fixação de seus subsídios (art. 49, VII); o mesmo não acontece em relação a seus serviços auxiliares: cabe às respectivas Câmaras a iniciativa de lei para a fixação da respectiva remuneração (arts. 51, IV e 52, XIII).

4.5 Subsídio nos Estados

Os Governadores, os Secretários e os Deputados Estaduais passaram a receber subsídio (art. 39, § 4º), todos fixados por lei de iniciativa da Assembléia Legislativa (arts. 27, § 2º e 28, § 2º). Por aí, vemos o tratamento diferente dos Deputados e Senadores da República, beneficiados mediante a fixação de subsídio por ato interno do Congresso Nacional. Aqueles se sujeitam à tramitação dos projetos de lei, inclusive ao veto do Governador; porém, os Deputados federais e os Senadores fixam seu subsídio, o do Presidente e Vice-Presidente da República e o dos Ministros de Estado, na forma de resolução congressual.

Aos Deputados estaduais aplica-se a "indenização" pelo comparecimento à sessão extraordinária, nos termos do art. 27, § 2º.

4.6 Subsídios nos Municípios

Do mesmo modo, o Prefeito, os Secretários e os Vereadores recebem subsídios, fixados por lei de iniciativa da Câmara Municipal. Os últimos têm direito à parcela indenizatória, assim como os parlamentares da União e dos Estados (art. 29, VI).

É importante ressaltarmos: as Câmaras Legislativas, federais, estaduais ou municipais, podem fixar seus subsídios durante o próprio ano em curso, não havendo mais a exigência de ser fixado ou alterado para o ano subseqüente, como antes ocorria. A alegada ofensa à moralidade administrativa, a exigir a observância do princípio da anterioridade da fixação do subsídio não tem fundamento constitucional, pois se forem observadas as normas constitucionais de controle de gastos de pessoal, nenhum óbice haverá para que ocorra nova fixação, quer por ato do Congresso Nacional, quanto aos parlamentares da União, quer mediante iniciativa de lei pela Casa respectiva, quanto aos Deputados estaduais e Vereadores.

5. A estabilidade

A estabilidade para os servidores nomeados para cargos em provimento efetivo em virtude de concurso público passou a ser de três anos de efetivo exercício (art. 41). Atenuou-se a modificação por conta do disposto no art. 28 da emenda, ao garantir o prazo de dois anos aos atuais servidores em estágio probatório, mas sem prejuízo da avaliação especial de desempenho, feita por comissão instituída para essa finalidade (art. 41, § 4º). Logo, todos os servidores em estágio probatório, nomeados para cargos em provimento efetivo em virtude de concurso público, independentemente de terem ingressado no serviço público antes ou após a promulgação da emenda constitucional, deverão submeter-se à avaliação especial de desempenho; isto é, enquanto não se submeterem a esta avaliação, não adquirirão a estabilidade, ainda que tenha transcorrido o referido prazo. E esta avaliação deverá ser feita por uma comissão, de nada valendo a realizada por apenas uma pessoa, por exemplo, o chefe da repartição. Defendemos, assim, a possibilidade da referida avaliação, ainda que não haja lei específica regulando-a; para tanto, poder-se-á fazer uso da legislação em vigor (mesmo por intermédio de atos administrativos), a qual serviria para a finalidade constitucional, observando-se, porém, o quanto se disse da inviabilidade de apenas uma pessoa avaliar o servidor em estágio probatório.

Após a aquisição da estabilidade, o servidor poderá ser demitido. Afora os casos de demissão já conhecidos, a emenda incluiu o da "avaliação periódica de desempenho", na forma de lei complementar (art. 41, § 1º, III). Esta explicitará a maneira pela qual será realizada a avaliação, e também o período no qual será obrigatória. Se se provar não estar satisfatória a conduta do servidor (no sentido de não ser eficiente, art. 37, *caput*), perderá o cargo. Mas o art. 247 da Emenda, quanto ao servidor que atue em atividade exclusiva de Estado, determina o estabelecimento de critérios e garantias especiais para a perda do cargo, a ser efetivado pela lei complementar já referida. Indagações poderão ocorrer, e certamente ocorrerão, acerca da competência para a edição de tais leis, a complementar referente à avaliação periódica de desempenho, e a garantidora de critérios especiais ao servidor estável que atue em atividade exclusiva do Estado. Num primeiro momento, embora reconheçamos a necessidade de uma análise mais profunda e detalhada, a lei complementar referida à avaliação periódica de desempenho comportaria competências das entidades políticas, em relação aos respectivos servidores. Isto porque a avaliação dependerá, e muito, das diversas atividades e funções dos servidores públicos, desenvolvidas diferentemente por cada ente estatal, sobretudo em face da realidade político-administrativa; depois, cada ente político poderia determinar a forma pela qual a avaliação deveria realizar-se, de acordo com critérios próprios do lugar, e o período em que poderia ocorrer... Evidentemente, tudo sob o prisma da razoabilidade. Com os mesmos propósitos, as garantias e critérios de exoneração do servidor estável, por insuficiência de desempenho, que atue na atividade exclusiva do Estado, devem ser levados a cabo pela respectiva administração, garantindo-se, dessa maneira, sua autonomia administrativa. E, neste caso, conforme o parágrafo único do art. 247 da emenda, a perda do cargo somente poderá ocorrer mediante processo administrativo, com ampla defesa. Tais argumentos são reforçados, pois, não há determinação constitucional de edição de normas gerais da União, as quais seriam de observância obrigatória aos Estados e aos Municípios, como ocorreu com o § 7º, do art. 169, o qual cuida da exoneração dos servidores estáveis.

A disponibilidade remunerada, nas hipóteses constitucionais, passou a ser "proporcional" ao tempo de serviço (art. 41, §§ 2º e 3º), e não "integral", como antes vinha sendo admitido pela doutrina e pelos tribunais (ADIn 313-3-DF, *RTJ* 137/984).

Uma das mais importantes mudanças em face do texto anterior refere-se à possibilidade de o Poder Público exonerar, de ofício, seus servidores estáveis, uma vez excedidos os limites de despesa estabelecidos em lei complementar (art. 169). Para isto acontecer, no entanto, a emenda constitucional condicionou-a da seguinte forma, em ordem seqüencial: a) redução em pelo menos vinte por cento das despesas com cargos em comissão e funções de confiança; b) exoneração dos servidores não estáveis, considerados tais os admitidos na Administração direta, autárquica e fundacional sem concurso público de provas ou de provas e títulos após o dia 5 de outubro de 1983 (art. 33 da Emenda) — isto porque os que ingressaram antes dessa data tornaram-se estáveis, nos termos do art. 19 do ADCT; c) apenas se as medidas adotadas não forem suficientes, o servidor estável poderá perder o cargo, desde que por "ato normativo motivado" (ato geral e abstrato, devidamente fundamentado) editado por cada um dos Poderes, especificando a atividade funcional, o órgão ou unidade administrativa (art. 169, § 4º).

A última alínea, acima referida, menciona a expressão "o servidor poderá perder o cargo"; pode-se interpretar o termo "poderá" segundo autorização para o poder público agir, devendo agir, não havendo mera faculdade ou discricionariedade administrativa. No entanto, parece-nos admissível alternativa.

O § 3º do art. 169 (letras *a* e *b*, acima) estabelece a adoção de providências a cargo do poder público no sentido de cumprir os limites contidos na lei complementar. Neste parágrafo não se inclui a exoneração dos servidores estáveis, a qual está no § 4º do mesmo artigo, portanto, em destaque, separado das providências anteriores. Esta colocação topográfica não é sem sentido. O § 3º, ao aludir à adoção de providências (redução dos cargos em comissão e funções de confiança; exoneração dos servidores não estáveis) do poder público, determina-as, expressamente, de acordo com o termo "adotarão"; em seguida, no § 4º, adota-se a palavra "poderá". Sendo assim, entendemos haver discricionariedade da administração de adotar ou não a alternativa do § 4º (demissão de servidor estável). Ainda que adote as providências determinadas no § 3º, e não consiga chegar no limites de despesas de pessoal estabelecido na lei complementar, sua discricionariedade permanecerá inalterável, inarredável. Nesta situação, ou seja, no exercício da discricionariedade (exoneração de servidores estáveis), a sanção determinada no § 2º, do art. 169 não se aplica: a suspensão dos repasses de verbas federais ou estaduais aos Estados, ao Distrito Federal e aos Municípios que não observarem os limites estabelecidos na referida lei complementar. De fato, por cuidar-se de mera opção administrativa, a exoneração do servidor estável, segundo critério do poder político competente, no qual o agente público exerça sua função, seria rematado deschavo, incongruente mesmo, a determinação constitucional de aplicação de sanção por descumprimento de uma discrição administrativa concedida pela própria norma constitucional. Evidentemente, o Estado ou Município que tiver gastos exorbitantes com os servidores públicos, e não adotar a providência referida, mesmo em se cuidando de discrição administrativa, poderá ter problemas de ordem financeira, na medida em que a transferência voluntária de recursos e a concessão de empréstimos, inclusive por antecipação de receita, pelos Governos Federal e Estaduais e suas instituições financeiras, são vedados para pagamento de despesas com pessoal ativo, inativo e pensionista, dos Estados, do Distrito Federal e dos Municípios (art. 167, X). Apenas a não adoção das providências mencionadas no § 3º (redução em pelo menos vinte por cento das despesas com cargos em comissão e funções de confiança; exoneração dos servidores não estáveis) levará à sanção determinada no § 2º (suspensão de todos os repasses de verbas).

O § 7º do art. 169 estabelece competência privativa da União para dispor sobre as normas gerais relativas à exoneração do servidor estável; e o art. 247 da emenda determina o estabelecimento de critérios e garantias especiais para a perda do cargo pelo servidor estável o qual desenvolva atividades exclusivas de Estado (por exemplo, fiscais).

Dois pontos acerca das proposições. A União editará normas gerais (mais uma vez vamos ver acirrados debates sobre o conceito de normas gerais, pois a emenda não as definiu), de aplicação às demais entidades políticas dispondo sobre a exoneração do servidor estável; os Estados, evidentemente, legislarão minuciosamente a respeito do tema; assim como os Municípios e o Distrito Federal. Todos, porém, não poderão contrariar as normas gerais editadas pela União Federal. Aliás, esta, além das normas gerais, obedecidas por todos os entes políticos, editará normas específicas cuja aplicação recairá sobre seus servidores (federais).

No entanto, a "obediência" a que nos referimos, pelos Estados e Municípios, em face das normas gerais da União, apenas ocorrerá *se e quando a entidade política adotar a providência de exoneração do servidor estável.*

O outro ponto tem como parâmetro a prevalência da lei federal, ao dispor sobre os critérios e garantias ao servidor estável que desenvolva atividade exclusiva do Estado: cabe à lei federal, de competência da União, estabelecê-los, de observância obrigatória às demais entidades políticas, excetuados os casos nos quais o Estado ou Município, a par das normas da União, editar outras, com maiores garantias a tais servidores. Na verdade, à União compete estabelecer normas gerais a respeito dos critérios e garantias especiais a tais servidores, cabendo aos Estados e Municípios legislar em relação a seus servidores (e à União em relação aos servidores federais), obedecendo às normas gerais editadas por aquela. As normas gerais da União adotarão critérios e garantias ao servidor estável que desenvolva atividade exclusiva do Estado e, dessa forma, sua exoneração estaria mais dificultada, em relação ao servidor que não tenha o mesmo cargo. O raciocínio feito antes merece ser dito: os Estados e Municípios devem respeitar as normas gerais da União apenas *se e quando adotarem a providência de exoneração do servidor estável que desenvolva atividade exclusiva do Estado.*

6. Conclusão

Diante do exposto, podemos fazer algumas conclusões, perante as quais devemos nos debruçar para reflexões futuras, com a advertência de não se cuidar de soluções definitivas, à medida de novos estudos a serem feitos pela doutrina:

a) a União continua com a competência para editar normas gerais a respeito de licitação e contratação, para as administrações públicas diretas e indiretas, inclusive as estatais prestadoras de serviços públicos e estatais da atividade econômica, sem prejuízo de estas últimas possuírem regramento específico, mais enxuto e de acordo com as necessidades próprias da iniciativa privada (estatuto criado por lei);

b) o princípio da eficiência deve ser observado pela administração, a fim de verificar-se o atingimento de determinadas metas baseadas no interesse público primário, isto é, no bem-estar social, diante dos valores constitucionais, consagrados normativamente, e não considerando o interesse público secundário (da administração como órgão público);

c) a natureza e a complexidade do cargo ou emprego, e os requisitos diferenciados para a admissão de cargos, precisam ser levados em conta pelo legislador apenas e na medida em que houver necessidade da diferenciação, segundo critérios de razoabilidade e proporcionalidade;

d) os cargos em comissão devem ser destinados apenas às atribuições de direção, chefia e assessoramento, ainda na falta de lei estipuladora dos percentuais mínimos de servidores de carreira que os ocuparão; o mesmo ocorre com as funções de confiança, destacando-se, porém, deverem ser exercidas apenas por servidores ocupantes de cargo efetivo;

e) o direito de greve (abstraída a discussão acerca de poder ou não se realizar em face da ausência de lei que a normatize) não depende de lei complementar, mas de lei ordinária, a ser editada pela entidade política, de aplicação a seus servidores;

f) a realização de um "contrato" entre o poder público e seus administradores, com a finalidade de ampliar a competência administrativa e financeira dos órgãos públicos, não se afeiçoa ao princípio da legalidade, constituindo, na verdade, sua exceção, mediante o qual abusos poderão ocorrer; apesar disso, as normas constitucionais de contenção da ação governamental devem ser observadas;

g) as administrações públicas têm a faculdade de adotar, ou não, o regime jurídico único para seus servidores, não houve a pura e simples extinção desse regime, por ser útil ao interesse público;

h) o servidor detentor de poder, como os políticos, os magistrados, e outros agentes públicos, recebem subsídios, na forma da lei, considerando-se tal o valor de parcela única, vedado qualquer acréscimo remuneratório, excetuados apenas indenizações, como a ajuda de custo e diárias, além dos direitos sociais mencionados no art. 39, § 2º, o qual igualmente se aplica ao servidor não-detentor de poder, ocupante de cargo público;

i) apenas a lei poderá fixar e alterar a remuneração e os subsídios dos servidores públicos, garantindo-se a revisão geral anual, sempre na mesma data e sem distinção de índices; mas a remuneração e o subsídio não poderão exceder o subsídio mensal de Ministro do Supremo Tribunal Federal (fixado por lei de iniciativa conjunta dos Presidentes da República, da Câmara e do Senado), respeitados, porém, os direitos efetivamente adquiridos;

j) os juízes, os membros do Ministério Público e de outras carreiras jurídicas, passam a receber subsídio, mas a vinculação "constitucional" ocorre apenas entre os membros dos Tribunais Superiores, enquanto os demais, dependem de lei para sua fixação e escalonamento;

k) o Presidente, o Vice-Presidente da República e os Ministros de Estado receberão subsídio, fixado mediante manifestação do Congresso Nacional, independentemente de lei;

l) o subsídio dos parlamentares federais independe de lei, bastando a manifestação do Congresso Nacional, sem prejuízo da indenização pela sessão legislativa extraordinária, fixado por ato interno do Congresso Nacional, nos limites fixados pela Constituição;

m) quanto aos Governadores, Secretários e Deputados estaduais; Prefeitos, Secretários e Vereadores, passarão a receber subsídio, todos dependentes de lei: no primeiro caso, de iniciativa e aprovação pela Assembléia Legislativa; no segundo, de iniciativa e aprovação pela Câmara de Vereadores;

n) todas as Câmaras Legislativas podem alterar seu subsídio durante o ano em curso, não dependendo mais de sua fixação para o ano subseqüente;

o) a estabilidade depende do transcurso de três anos de efetivo exercício, exceto nos casos em que o servidor já estiver no estágio probatório, nos quais o prazo é de dois anos, como no regime antigo, embora estes e aqueles dependam da avaliação especial de desempenho para sua aquisição;

p) a avaliação periódica de desempenho, causa da demissão do servidor estável, depende de lei complementar, a ser editada pela Administração Pública a que o servidor estiver vinculado; é da competência dessa mesma administração a lei que estabeleça critérios e garantias especiais para a perda do cargo do servidor estável que atue na atividade exclusiva do Estado;

q) é possível ao Poder Público exonerar, de ofício, seus servidores, uma vez excedidos os limites de despesa estabelecidos em lei complementar; para tanto, deve atentar para a seguinte ordem: redução dos cargos em comissão e das funções de confiança; exoneração dos não estáveis. Se a administração que teria competência para adotar as medidas omitir-se, serão suspensos os repasses de verbas federais ou estaduais;

r) a exoneração dos estáveis, a cargo da Administração Pública, apenas ocorrerá se as medidas adotadas acima não forem suficientes para atingir o limite estabelecido na lei complementar, ainda assim observando-se as normas gerais editadas pela União, quer quanto à exoneração propriamente, como em relação aos critérios e garantias do servidor estável que atue na atividade exclusiva do Estado;

s) se a Administração Pública não exonerar os estáveis, mesmo que não alcance a meta fixada na lei complementar, não será sancionada, pois se cuida de mera faculdade, de acordo com os interesses públicos dela.

Curitiba, 7 de outubro de 1998

A REALIDADE ATUAL E A SITUAÇÃO JURÍDICA DO TRANSPORTE ALTERNATIVO EM AUTOLOTAÇÃO NOS MUNICÍPIOS DA GRANDE SÃO PAULO

HÉLCIO DE ABREU DALLARI JÚNIOR

Advogado em São Paulo — Especialista em Direito Constitucional pelo IBDC — Mestrando em Direito do Estado na Faculdade de Direito da USP

As Administrações Públicas dos Municípios da Grande São Paulo estão enfrentando sérios problemas relacionados com o serviço de transporte municipal de passageiros, devido a conflitos de interesses existentes entre as empresas concessionárias do serviço de transporte coletivo e os taxistas locais contra alguns condutores de autolotação, denominados popularmente como perueiros, que atualmente realizam transporte irregular de passageiros. De forma geral, todos aqueles que regularmente já vêm prestando esse serviço têm se manifestado com a intenção de que alguma medida coercitiva seja adotada contra esses perueiros clandestinos.

Todavia, neste momento, diante dos graves problemas sociais e econômicos pelas quais atravessa nosso País, a questão mais comum que surge diz respeito à possibilidade de vir a ser regularizado o serviço de transporte por peruas. Para podermos responder a tal pergunta, devemos analisar alguns aspectos relevantes contidos em nosso ordenamento jurídico.

Primeiramente, devemos lembrar que o serviço de transporte coletivo compete aos Municípios, conforme o art. 30, inc. V, da Constituição Federal de 1988. Determina o texto constitucional:

"Art. 30. Compete aos Municípios: (...)

"V — organizar e prestar, diretamente ou sob regime de concessão ou permissão, os serviços públicos de interesse local, incluído o de transporte coletivo, que tem caráter essencial."

Logo, nenhuma dúvida há de pairar sobre a competência da Administração Municipal para a prestação desse serviço.

Feita esta primeira colocação, passemos a analisar a situação atual.

Normalmente, os Municípios da Grande São Paulo apresentam em vigor contratos de concessão de serviço público — especificamente de transporte coletivo municipal de passageiros — com empresas particulares. Esses contratos possuem cláusulas específicas que asseguram às empresas concessionárias a exclusividade na execução do serviço de transporte coletivo urbano, nos termos de Lei Municipal própria, dispondo sobre a administração do Sistema Municipal de Transporte Coletivo.

O que caracteriza esse tipo de contrato é exatamente a estabilidade contratual da qual gozam ambas as partes, sendo garantido ao concedente a obtenção de um serviço adequado, e ao concessionário a rentabilidade de seu investimento em condições previstas.

Cabe abrirmos um parêntese para verificarmos o que estabelecem genericamente as legislações locais que tratam dos transportes. Leis municipais preceituam e definem serviços de transporte coletivo basicamente como sendo de quatro espécies: regulares (serviços de transporte coletivo, básicos dentro do sistema municipal de transporte, executados e explorados de forma contínua e permanente, obedecendo a horários e intervalos de tempo preestabelecidos); especiais (serviços de transporte coletivo executados e explorados através de fretamento); experimentais (serviços de transporte coletivo executados e explorados em caráter provisório para averiguar sua viabilidade); e, finalmente, extraordinários (serviços de transporte coletivo executados e explorados para atender necessidades excepcionais de transporte por motivo de força maior ou caso fortuito).

Depreende-se dessas leis municipais que o contrato de concessão de transporte coletivo de passageiros trata do transporte regular.

É fato que, na maioria das vezes, os perueiros que atualmente trabalham de forma irregular, ou seja, sem o consentimento do Poder Público, estão efetuando o transporte de passageiros no mesmo percurso das linhas regulares de ônibus, inclusive fazendo uso dos seus pontos de parada, constituindo grave ameaça à estabilidade do contrato. Este serviço irregular fere os direitos das empresas concessionárias.

Uma empresa que detém concessão exclusiva do serviço público de transporte coletivo regular de passageiros enfrentou processo licitatório, do qual sagrou-se vencedora por ter apresentado a melhor proposta.

Agora, no decorrer do contrato, a concessionária passa a sofrer concorrência de motoristas que efetuam transporte de passageiros em peruas sem a devida regulamentação legal. Tal concorrência abala a estabilidade do contrato, uma vez que a empresa concessionária passa a ter a rentabilidade de seu investimento prejudicada.

Ademais, tais contratos de concessão geralmente prevêem, em cláusula específica, que o concedente tem o dever de impedir a operação irregular do serviço, providenciando sempre o recolhimento de todos os veículos que trafegarem com infração a normas legais sobre a matéria.

Seguramente, podemos afirmar que a atuação irregular de alguns perueiros caracteriza verdadeira afronta ao equilíbrio econômico-financeiro da outorga, e, por conseguinte, a alguns dispositivos da legislação municipal, como, por exemplo, aqueles que tratam dos direitos dos outorgados.

Descabido aceitar a alegação de que o serviço prestado pelos perueiros viria suprir eventual ineficiência ou insuficiência do serviço prestado pelas empresas concessionárias. Os contratos de concessão prevêem medidas concretas que podem ser aplicadas contra as concessionárias em caso de ineficiência. Também prevêem a possibilidade do Poder Público concedente determinar a alteração do número de veículos quando a demanda assim exigir. Ao que se sabe, nenhuma destas medidas foi adotada alguma vez. Logo, não há que se falar em ineficiência ou em insuficiência do serviço que as empresas concessionárias prestam.

É possível notar que a questão acabou por envolver os taxistas dos vários Municípios, que também estão cobrando do Poder Público medidas concretas contra estes motoristas em situação irregular, sob a alegação de sua atividade estar sendo prejudicada. Cabe, portanto, analisarmos outros aspectos legais.

Normalmente, existem leis municipais que estabelecem normas para a execução de serviços de transporte individual de passageiros em veículos de aluguel. Tais leis definem os veículos que serão utilizados como táxi (automóvel de duas ou quatro portas, com taxímetro ou aparelho registrador, podendo transportar de três a cinco passageiros, conforme seu número de portas), bem como os veículos que serão utilizados como autolotação (utilitários com pelo menos quatro portas, tipo furgão, podendo transportar até oito passageiros). Nesta última categoria se inserem os chamados perueiros.

Dessas mesmas leis municipais também extraímos a idéia de que ambos os meios de transporte constituem serviço de interesse público e somente poderão ser executados mediante permissão da Prefeitura Municipal, obedecidos os vários aspectos legais.

Um destes aspectos legais é o de que o número de veículos destinados ao transporte individual de passageiros será proporcional ao número de habitantes do Município, obedecendo a uma determinada proporcionalidade — como, por exemplo, a razão de 1 (um) veículo para cada 1.000 (um mil) habitantes — distribuídos os veículos na proporção referida, para cada distrito ou bairro.

E as leis dos Municípios da Grande São Paulo, em geral, estabelecem que alguma proporcionalidade deverá ser sempre mantida, até que esta se torne comprovadamente insuficiente. Na hipótese de virem a ser criados pontos novos, as respectivas vagas deverão ser preenchidas por meio de remanejamento dos permissionários já licenciados, caso o número de veículos já autorizados seja igual ao limite da referida proporcionalidade.

Assim sendo, sabemos que sempre deverá ser respeitada uma razão entre um número de veículos de transporte individual de passageiros para cada tantos habitantes.

Nos Municípios da Grande São Paulo, observamos que o número de veículos de transporte individual de passageiros já excedeu a tal proporcionalidade, ou seja, o seu limite, o que impossibilita a expedição de novas licenças a novos veículos de transporte individual de passageiros, sejam eles táxis ou autolotações.

Assim sendo, verificada a situação irregular em que se encontram alguns condutores de peruas que transportam passageiros, usurpando o direito daqueles que legalmente receberam delegação para fazê-lo, e verificada a impossibilidade de regularização desses mesmos perueiros clandestinos, frente à inexistência de vagas para a prestação do referido serviço, sob pena de omissão, o Poder Público concedente deve adotar medidas imediatas contra a circulação desses perueiros, sob pena da referida Prefeitura Municipal poder vir a ser responsabilizada.

JURISPRUDÊNCIA

TRIBUNAL DE JUSTIÇA DO ESTADO DE SÃO PAULO

Voto n. 7749
Reclamação n. 068.915.0/3-00-SP
Recte.: Otávio Alves Garcia
Recdo.: Uebe Rezek (Prefeito Municipal de Barretos)

Reclamação. Instrumento instituído pela CF para a preservação da competência dos tribunais superiores e garantir o cumprimento de suas decisões. Recurso destinado, no âmbito estadual, exclusivamente à adequação de atos de magistrados às decisões das cortes a que estejam vinculados. Anulação de atos administrativos de outros Poderes. Inadmissibilidade. Reclamação não conhecida, com determinação para o envio de cópia dos autos ao Ministério Público.

Trata-se de reclamação interposta por Otávio Alves Garcia contra o Prefeito Municipal de Barretos, Uebe Rezek, com pedido de liminar, objetivando a demissão de servidores públicos contratados em desacordo com decisão proferida pela 9ª Câmara de Direito Público desta Corte de Justiça, no Agravo de Instrumento n. 93.520-5/7, bem como a fixação de multa para o caso de novas admissões e, ainda, o envio de cópias dos autos ao Ministério Público para a apuração de eventual afronta ao art. 1º do Decreto-lei n. 201/67.

Relata o reclamante, em suma, que ajuizou ação popular contra o reclamado para obstar a admissão de servidores municipais sem a observância do disposto no art. 37, II, da Constituição Federal. Denegada a liminar requerida em primeira instância, ingressou com agravo de instrumento, ao qual foi dado provimento, para que não fosse realizada qualquer contratação, sem concurso público, até o julgamento definitivo do feito principal. Diz, mais, que o reclamado, não obstante tivesse sido pessoalmente intimado da referida decisão, levou a cabo as contratações proibidas.

Processada a reclamação, foram os autos distribuídos ao Desembargador David Haddad, da 1ª Câmara Criminal, que se declarou incompetente para apreciar o recurso, por envolver matéria afeta à Seção de Direito Público (fls. 183), tendo sido, então, os autos redistribuídos a este Relator, por prevenção (fls. 190).

O reclamado prestou informações, nas quais alega que cumpriu o acórdão, mediante o envio de projeto de lei ao Legislativo Municipal, afinal aprovado, no qual propôs a extinção dos cargos criados irregularmente, sustentando, ainda, que as contratações impugnadas dizem respeito a cargos criados por leis municipais que não foram declaradas inconstitucionais na ADIn n. 42.757-0/1, julgada procedente por este Tribunal (fls. 197/199).

A Procuradoria de Justiça manifestou-se no sentido do conhecimento e da procedência da reclamação, protestando pelo recebimento de cópias dos autos para a adoção das medidas cabíveis (fls. 223/234).

Com a vinda das informações e do parecer ministerial, denegou-se a liminar requerida na presente reclamação (fls. 236).

É o relatório.

Bem examinados os autos, e em que pesem os ponderáveis argumentos em contrário, verifica-se que a presente reclamação não pode ser conhecida, posto que não constitui meio hábil para a desconstituição de atos administrativos editados pelo Poder Executivo.

Com efeito, a reclamação encontra-se expressamente prevista nos arts. 102, I, *l*, e 105, I, *f* da Carta Magna como instrumento para a preservação da competência do Supremo Tribunal Federal e do Superior Tribunal de Justiça e para a garantia da autoridade das respectivas decisões, estando regulamentada na Lei n. 8.038/90 e nos Regimentos Internos das mencionadas Cortes.

Embora esteja também o recurso em comento previsto no art. 74, X, da Carta Paulista e nos arts. 659 a 666 do Regimento Interno do Tribunal de Justiça de São Paulo, cumpre observar que existe grande controvérsia na doutrina e na jurisprudência quanto à admissibilidade da reclamação no âmbito dos tribunais estaduais.

Aqueles que lhe atribuem natureza processual entendem que se trata de matéria inserida na competência privativa da União, em razão do que o recurso somente existiria no âmbito do STF e do STJ e nos limites estabelecidos pela legislação federal, sendo defeso aos Estados ampliar o seu campo de incidência.

Os que aceitam a possibilidade de sua criação e regulamentação ao nível estadual, conferem-lhe natureza administrativa ou correicional, contornando, dessa maneira, o obstáculo representado pela competência privativa da União para legislar em matéria processual.

Ora, como até o momento os dispositivos normativos estaduais que instituíram e disciplinaram a reclamação em São Paulo não foram ainda contestados judicialmente quanto a sua constitucionalidade, forçoso é convir que continuam em pleno vigor, fazendo-se mister, portanto, extrair deles toda a sua potencialidade jurídica, observadas as ressalvas acima explicitadas.

E, nesse passo, admitindo-se que os Estados, de fato, não têm competência para legislar sobre normas processuais, a teor do disposto no art. 22, I, da Carta Magna, segue-se que a reclamação somente pode ser admitida como recurso de natureza disciplinar, para obrigar magistrados estaduais a cumprir, com exação, as decisões emanadas dos tribunais aos quais estejam vinculados.

Esse é o entendimento do Órgão Especial desta Corte, trazido a lume na Reclamação n. 32.686-0-SP, julgada em 20.8.1997, que teve como relator o Desembargador Nigro da Conceição, cuja ementa vai abaixo transcrita:

"Reclamação. Atos praticados pelo prefeito municipal e secretário municipal da saúde, descumprindo liminar concedida em ação direta de inconstitucionalidade. Não conhecimento. A reclamação prevista nas Constituições Federal (art. 102, I, *l*) e Estadual (art. 74, X), regulamentada no âmbito deste Tribunal pelos arts. 659/666 do Regimento Interno, visa a garantir a autoridade de suas decisões contra atos de magistrado, não se prestando para a anulação de outros, de natureza administrativa, apontados como violadores de decisões judiciais."

Assim, embora se tenha notícia de que a jurisprudência do STF e do STJ venha admitindo, em determinadas hipóteses, o emprego da reclamação para o desfazimento de decisões administrativas, tal recurso, por apresentar caráter meramente correicional, não pode ser utilizado, na esfera estadual, para anular ou cassar atos emanados de outros Poderes, como é o caso dos autos, em que se pretende a demissão de servidores públicos municipais contratados sem concurso, em desobediência a liminar concedida por uma das Câmaras deste Tribunal.

Tal desiderato pode ser alcançado por outros meios previstos na legislação processual, registrando-se, ademais, que o ordenamento jurídico prevê sanções específicas para o descumprimento de decisões judiciais.

Isto posto, não conheceram da reclamação e determinaram o envio de cópia dos autos ao Ministério Público para as providências que couberem.

Ricardo Lewandowski, Relator sem voto.

Impressão e acabamento:
GRÁFICA PAYM
Tel. (011) 4392-3344

REVISTA
TRIMESTRAL DE
DIREITO PÚBLICO

DOUTRINA: DA JURISDIÇÃO CONSTITUCIONAL: ASPECTOS INOVADORES NO CONTROLE CONCENTRADO DE CONSTITUCIONALIDADE – Carlos Mário da Silva Velloso • DESAPROPRIAÇÃO DE IMÓVEL RURAL POR ESTADOS E MUNICÍPIOS – Celso Antônio Bandeira de Mello • A MP DOS PREGÕES: INCONSTITUCIONALIDADES E ILEGALIDADES – Toshio Mukai • FUNDAMENTOS TEÓRICOS E FILOSÓFICOS DO NOVO DIREITO CONSTITUCIONAL BRASILEIRO (Pós-modernidade, teoria crítica e pós-positivismo) – Luís Roberto Barroso • ASPECTOS REGULATÓRIOS A SEREM CONSIDERADOS NA FORMULAÇÃO DE UM NOVO MODELO PARA O SETOR DE SANEAMENTO BÁSICO NO BRASIL – Floreano de Azevedo Marques Neto • O PODER DO ESTADO E O EXERCÍCIO DA POLÍCIA ADMINISTRATIVA – Fernando Andrade de Oliveira • INVALIDAÇÃO ADMINISTRATIVA NA LEI FEDERAL N. 9.784/99 – Vladimir da Rocha França • ***PARECERES:*** IMPOSSIBILIDADE ECONÔMICA DE CUMPRIMENTO DE CONTRATO CELEBRADO ENTRE ESTADO-MEMBRO E A UNIÃO – TEORIA DA BASE OBJETIVA DO NEGÓCIO JURÍDICO – Eros Roberto Grau • DISPENSA DE LICITAÇÃO POR MOTIVO DE URGÊNCIA – FUNDAÇÃO ESTADUAL DO BEM-ESTAR DO MENOR – FEBEM – Adilson Abreu Dallari • OS HONORÁRIOS ADVOCATÍCIOS DOS PROCURADORES PÚBLICOS E A LEI DE RESPONSABILIDADE FISCAL – Clóvis Beznos • ***ESTUDOS E COMENTÁRIOS:*** O FEDERALISMO E O FINANCIAMENTO DE POLÍTICAS SOCIAIS NO BRASIL – UMA ANÁLISE DO FUNDEP – Gilberto Bercovici • O PRINCÍPIO DA SEPARAÇÃO DOS PODERES E AS INTERFERÊNCIAS LEGISLATIVAS NA AÇÃO ADMINISTRATIVA – Paulo Roberto de Gouvêa Medina • ANOTAÇÕES À MODALIDADE PREGÃO – Joel de Menezes Niebuhr • A PROTEÇÃO DO REFUGIADO NO ORDENAMENTO JURÍDICO BRASILEIRO: O FUNDAMENTO CONSTITUCIONAL E AS MEDIDAS LEGISLATIVAS E ADMINISTRATIVAS APLICÁVEIS – Fernando Fernandes da Silva • INEXISTÊNCIA DE FORO PRIVILEGIADO PARA AÇÃO CIVIL DE IMPROBIDADE ADMINISTRATIVA – Antônio Souza Prudente • APONTAMENTOS DA REFORMA ADMINISTRATIVA – Heraldo Garcia Vitta • A REALIDADE ATUAL E A SITUAÇÃO JURÍDICA DO TRANSPORTE ALTERNATIVO EM AUTOLOTAÇÃO NOS MUNICÍPIOS DA GRANDE SÃO PAULO – Hélcio de Abreu Dallari Júnior • ***JURISPRUDÊNCIA***

MALHEIROS EDITORES

REVISTA TRIMESTRAL DE DIREITO PÚBLICO

24/1998

M